तू देख तमाशा टीवी का

सुधीश पचौरी

वाणी प्रकाशन

वाणी प्रकाशन

4695, 21-ए, दरियागंज, नयी दिल्ली 110 002

फ़ोन : +91 11 23273167 फ़ैक्स : +91 11 23275710

शाखाएँ

अशोक राजपथ, पटना 800 004, बिहार

कॉफ़ी हाउस कैम्पस, महात्मा गांधी मार्ग, इलाहाबाद 211 001, उत्तर प्रदेश

महात्मा गांधी अन्तरराष्ट्रीय हिन्दी विश्वविद्यालय, वर्धा 442 001, महाराष्ट्र

www.vaniprakashan.in
marketing@vaniprakashan.in
sales@vaniprakashan.in

TOO DEKH TAMASHA TV KA
by Sudhish Pachouri

ISBN : 978-93-5000-785-3
Media/Literature

प्रथम संस्करण 2012
आवृत्ति 2019

मूल्य : ₹695

आर. टेक ऑफ़सेट, दिल्ली-110 095 में मुद्रित

वाणी प्रकाशन का लोगो मक़बूल फ़िदा हुसेन की कूची से

भूमिका

टीवी को देखना निरन्तर चंचल 'हाइपर रीयल' वर्तमान को देखना है। मनोरंजन के कार्यक्रम देखने हैं। खबरें देखनी हैं। विज्ञापन देखने हैं। विज्ञप्तियाँ देखनी हैं। सुननी भी हैं। लेकिन टीवी जैसा माध्यम 'देखने-सुनने' से भी कहीं ज्यादा कहता है।

टीवी जितना दिखाता-बताता है, उससे ज्यादा छिपाता-दबाता है। टीवी की किसी भी टेक्स्ट को पढ़ना है तो 'छिपाए-दबाए' को पढ़ना जरूरी हो जाता है।

अपनी 'हाइपर रीयल टेक्स्ट' में टीवी कार्यक्रम अपने मूल सन्द्रर्भों से स्वतन्त्र हो जाते हैं। वे जमीन से सन्दर्भ न लेकर, 'साइबर स्पेस' में अपने सन्दर्भ आप बनाने लगते हैं। टीवी की दृश्य-श्रव्य-लीला इसीलिए, साधारण समीक्षा बुद्धि से परे चली जाती है। आप टीवी को देखकर उसकी अतियों को देखकर निराश हो सकते हैं; प्रतिक्रिया में उसकी भर्त्सना, निन्दा कर सकते हैं; उस पर प्रतिबन्ध लगाने की खिसियाहट दिखा सकते हैं और इस तरह आप उसे अपने ऊपर हावी होने दे सकते हैं। परम्परागत सांस्कृतिक समीक्षा के औजार उसका कुछ नहीं बिगाड़ सकते। वह बड़ी पूँजी, बड़े संजाल की निर्मित है।

वह जिन्दगी की पैरॉडी बनाता है। आप उसकी पैरॉडी बनाएँ, वह कटखना है। आप कटखने हों। वह नटखट है, आप उससे नटखटी करें। वह अर्थहीनता तक अर्थ ले जाएगा आप उसकी इस अर्थ हीनता को पकड़ें, उसके अस्थिर चंचल सन्दर्भों को स्थिर करें; कटाक्ष करें। 'कटाक्ष' से ही उसकी समीक्षा शुरू होती है। विखण्डन ही उसका इलाज है।

यह लेखक पिछले पच्चीस-छब्बीस साल से यही कर रहा है। पढ़ने वाले इस शैली को सराहते हैं। यही हमारा मेहनताना है। जनसत्ता में यह 'देखी सुनी' (कालम) के रूप में छपता है। *जनसत्ता* के सम्पादक ओम थानवी जी का आभार। पहली बार इस रूप में यहाँ प्रस्तुत है। वाणी प्रकाशन का आभार।

सुधीश पचौरी

अनुक्रम

नन्दीग्राम संग्राम

लेफ्ट राइट लेफ्ट, लेफ्ट राइट लेफ्ट, लेफ्ट राइट है कि राइटर लेफ्ट है। गजब कन्फ्यूजन है। नन्दीग्राम लेफ्ट का वाटरलू है कि क्या है?

सीपीएम की पिटाई जारी है। अहंकारियों की अकड़ ढीली की जा रही है। इस बात पर बोलने वालों से सवाल पूछे जा रहे हैं। चैनल वाले पता नहीं क्यों, मगर खुश से नजर आते हैं। भाषा में तुर्शी है। आशुतोष की खबर और आवाज हण्टर की तरह सवाल पूछती जाती है। टाइटिल ही है : नन्दीग्राम का घिनौना सच।

गोलियाँ चल रही हैं। स्टॉक शॉट नहीं है। नन्दीग्राम के भीतर का फुटेज है। किसने लिया? बताया नहीं गया है। कब लिया? यह भी कहीं लिखा नहीं। किस डेट का है, यह भी नहीं है। मगर गोलियाँ चल रही हैं। बन्दूक वाले लोग सेना की तरह खेतों में रेंगकर बढ़ रहे हैं। फायरिंग जारी है। एक बालक खेत में भागते हुए गिरता है। ओह! यानी कि सच है जो बताया जा रहा है! सीएपीएम को क्या हुआ? टीवी की खबरें सीएपीएम से हजार सवाल पूछने को कहती हैं। इतने सवाल कि बहस में भी नहीं आते।

सीपीएम के सहयोगी नाराज। गोपाल गाँधी ने बयान दिया कि यह युद्धक्षेत्र है। कट। मौसमी चटर्जी का बयान। सवाल-जवाब। मौसमी चटर्जी कहती रही कि कलाकार विरोध कर रहे हैं। चालीस विरोध करते हैं, शीर्षक बताता है। तीस को गिरफ्तार किया जाता है। बाकी कहाँ गये? कैमरा कलाकारों को जुलूस में जाते दिखाता है। नीचे लाइन दी जाती है कि रितुपर्ण घोष भी गिरफ्तार किये गये। तो क्या?

जिज्ञासा हुई कि *सीएनएन आईबीएन* जो एकदम कड़क लाइन ले रहा है, उसके मुकाबले *एनडीटीवी* किस तरह की लाइन ले रहा है। विचारधारात्मक मसला है तो समझदार चैनल लाइन पहले बिछाते हैं। *एनडीटीवी* पर नीचे की पट्टी में सीपीएम के नेता श्यामल का बयान एक लाइन में लिखा आया कि नन्दीग्राम आतंक से मुक्त है। अब लोग अन्दर जा सकते हैं। क्या नन्दीग्राम अब लिब्रेट हुआ है? किससे?

आईबीएन नन्दीग्राम के अन्दर के सीन बार-बार दिखा रहा है जिनमें नन्दीग्राम में गोलियों के चलने की तड़तड़ आवाजें आ रही हैं और इलाके की तस्वीरें भी हैं।

एक बार वही बालक गोली की आवाज के बाद गिरता है। हाँ, एक लड़का गिरा। वाचक ने बताया कि गोली सीपीएम के काडर की रही। सीपीएम की सेना गयी और नन्दीग्राम आजाद कराया। पुलिस तमाशबीन रही।

ऐसे में सीपीएम का एक बन्दा निकला और बचाव करने पर आमादा हुआ। नीलोत्पल बसु को डेरक ओ ब्रायन ने क्या-क्या नहीं सुनाया? क्रोध का रेचन हुआ। मगर नीलोत्पल बोले कि मैं उनका इस तरह की भाषा में मुकाबला नहीं कर सकता। गजब की विनीत भाषा। मगर सच्चाई ये है, ये है, ये है। इतने लोग बेघर पड़े रहे। बहस गरम है। पता नहीं कौन सही है। ओ ब्रायन नाराज हैं। वे सीपीएम को बख्शते नहीं। नीलोत्पल ठंडे से जवाब देते रहते हैं। एकदम बुर्जुआ नेताओं की शैली। वाम सहयोगी सीपीएम को दोषी मानते हैं। आपका क्या कहना है। ग्यारह महीने से ये लोग बेघर रहे थे। नन्दीग्राम तो ग्यारह महीने से कैदखाना रहा है। अब आकर मुक्त हुआ है।

खबर देखते-सुनते वही घपला होने लगा है। लेफ्ट राइट हो रहा है। राइट लेफ्ट हो रहा है। मुक्त क्षेत्र गुलाम है कि गुलाम क्षेत्र मुक्त है, पता नहीं पड़ रहा है। कैमरे खबर बना सकते हैं, खबर के मर्म को नहीं बता पाते। उसकी व्याख्या उसका मर्म होती है। उन लोगों से कोई बात नहीं करता जो साइकिलों पर पैदल अपना सामान लादे लौट रहे हैं।

आतंक पहले था कि अब है, मुक्त पहले थे कि अब हैं? बहस में विभाजन है। दर्शक ऊबते हैं।

लीजिए मिल गये अपने शाहरुख खान जिन्होंने सिक्स पेक एब्स क्या बनाये हैं कि हर वक्त पेट अन्दर मरोड़कर बाबा रामदेव का पेटासन करते नजर आते हैं। इसके लिए इतनी कसरत की जरूरत नहीं थी। बाबा रामदेव पेट की छह सतरें तो यों ही दिखला देते हैं! मगर हीरो हैं। और जब शुक्रवार की रात की रिपोर्ट बता रही थी कि दिवाली के मौके पर साँवरिया और ओम शान्ति ओम ने पिचानवे फीसद बुकिंग दिखायी है तो पेश करने वाले भ्रम में पड़े कि अब क्या करें। कैसे शाहरुख को कम बतायें। कैसे लीला भंसाली को छोटा करें। दोनों अपने चैनलों के मनोरंजन के बॉस ठहरे। सुपर बॉस ठहरे। नाराज किया तो पीटेंगे न! बहस से तय नहीं हुआ। दर्शक तक मुँहदेखी करने लगे। दो दिन बचके खेले तो तीसरे दिन धीरज छूट गया। *आईबीएन* ने फैसला दिया कि जी असली हीरो तो किंग खान ही रहे। *साँवरिया* पीछे रह गयी और *ओम शान्ति ओम* आगे निकल गयी है।

लीला भंसाली तुरन्त मैदान में हाजिर हुए एक चैनल में बैठ गये। वे खुद अपनी बात बेचने आये। कहे कि अभी हम लौटेंगे। शाहरुख के बारे में भली-भली

कही। लेकिन अपने काम के बारे में भरोसा जताते रहे कि अभी फिल्म को वापस होना है।

अब आखिर में आप उन पट्टियों का क्या करें जो बिना घाव के खबरों पर बँध जाती हैं। इतने दिनों से पट्टियाँ बताती रहीं कि लेफ्ट समर्थन वापस अब ले रहा है कि अब ले रहा है, कि अब लेने वाला है कि समझौता तो गया, डील हो गया और मंगल की रात पट्टी आती है कि समझौता हो गया। फिर वही लेफ्ट राइट लेफ्ट!

18 नवम्बर, 2007

मोदी नाम जप

सारे चैनल मोदी मोहित लगते हैं। मोदी मोदी मोदी। मोदी की गोदी में लोट लगाते हैं चैनल। वे भी, जो उनकी आलोचना करने के इरादे से चलते लगते हैं, बीच में ठिठककर मोदी-मोदी करने लगते हैं। मोदी का नाम इतनी बार आता है कि आप गिन नहीं सकते। पाँच मिनट के भीतर कि आप गुजरात तक को मोदी समझने लगते हैं। कभी-कभी तो लगता है कि हम हिन्दुस्तान में नहीं गुजरात में और गुजरात भी नहीं मोदी के नाम में रहते हैं।

इधर मोदी उधर मोदी। मोदी को और क्या चाहिए था? जो चाहा वही मिला। चैनलों ने दिया। दिन-रात नाम, भजन-कीर्तन किया। मोदी जीते-हारे। टीवी पर मोदी हर बार जीते। मीडिया हारा मोदी जीते। चुनाव हुआ तो भैये एक्जिट पोल का मजा क्यों छोड़ा जाए? सबसे मनोरंजक बात यह है टाइमिंग की। कौन कब दिखाये अपने आँकड़े। पहले दिखाये सो मीर या फकीर? कौन कब बताये कि उसने गुजरात के चुनाव में किसको कितनी सीट दी है? बड़ी दुविधा है। सब अपने धन्धे में हैं। लेकिन बेच एक ही माल रहे हैं—मोदी और मोदी।

टाइम्स नाउ, एनडीटीवी और सीएनएन-आईबीएन लाइन में लगे हैं कि दर्शक को बता ही डालें कि कितनी सीट किसको जाएँगी? जब गलती का प्रतिशत दस फीसद से भी ज्यादा नजर आ रहा हो तो भैये कितनी भी दे दो। एक्जिट ही हुआ न। लोग मानते हैं कि मरते वक्त आदमी सच बोलता है। उसी तरह एक्जिट खेल करने वाले आँकड़ेबाजों और चैनलों को लगता है कि निकासी के वक्त भी बोलता होगा। ऐसा मानकर निकासी मतगणना होती होगी। लेकिन निकासी का पानी तो गन्दा होता है। बहुत कुछ मिलावटी हो जाता है और वोटर बन्दा कैसा जो सच बोले? एक चैनल छोड़कर कोई एक बार को नहीं ठिठकता कि निकासी के बन्दे यों ही चला रहे भी हो सकते हैं।

पूरे सप्ताह से ज्यादा मोदी-मोदी करने के बाद एनडीटीवी मोदी की जीत-हार के कारकों की फेहरिस्त बनाता है। विकास : इतने फीसद खुश। करिश्मा : इतने लोगों को भय। विपक्ष का अभाव : इतने फीसद को ठीक लगा। हिन्दुत्व : इतने लोग

नाराज या खुश। असन्तुष्ट : इतनों को ठीक लगे। कुल मिलाकर फिर भी मोदी। कमजोर होकर आयेंगे, घायल होकर आयेंगे। डरो-डरो। पहले डरावना बनाया। अब वही आ रहा है। आँकड़े हरा नहीं पा रहे हैं। तो काहे को कोई डरे? अरे देख लेंगे यार।

सीएनएन-आईबीएन के रणबाँकुरे से मिलते हैं। इधर भी बड़े-बड़े सूरमा हैं। योगेन्द्र यादव ज्यादा नहीं बोलते। उनके आँकड़े उनके विश्लेषण के संग चलते हैं मगर सीट का हवाला वे नहीं देते, कहते हैं कि कांग्रेस जन असन्तोष को वोट में बदलने में कामयाब नहीं हुई लगती। अरे यही तो मोदी का रास्ता है कि मोदी इसी नाकामयाबी का ही सुफल हैं।

तब तक आईबीएन सेवन मोदी को छोड़ छात्र अभिषेक की हत्या का मामला इस तरह उठाता है, मानो किसी देश नायक की हत्या हो गयी हो। स्टूडियो में खड़े वाचक प्रस्तोता इस केस पर पूरे देश की क्लास-सी लेने लगते हैं। तीन लड़कों ने गोली मारी बाद में दो रह गये। आपसी मनमुटाव रहा। अभिषेक बुली था। लीजिए मोदी की जगह आईबीएन सेवन पर एक और खबर है : सानिया ने मुस्लिमों से माफी माँगी। विज्ञापन किया था इजाजत नहीं ली थी। लीजिए बेटे का उदय। करुणानिधि के बेटे स्टालिन का उदय। देखिए पिता बैठा है। बोल रहा है, पुत्र को स्थापित कर रहा है। सब देख रहे हैं। कल तक जो राहुल के थापन पर हँसा करते थे, वे रोते भी नहीं हैं। सब चलता है। सब अपने-अपने पुत्तरों को लेकर आगे आयेंगे तो कौन आलोचक रह जाएगा।

लीजिए एनडीटीवी बड़ोदरा के एक मन्दिर के प्रांगण में गुजरात चुनाव पर ही अटका है। उधर राहुल महाजन-श्वेता का तलाक हो गया है। मगर कोई दिलचस्पी तक नहीं लेता। गुड़गाँव के बालक का मर्डर बड़ी खबर बनती रहती है। मगर मोदी की बात ही निराली है। सबसे बड़े खबर निर्माता मोदी ही हैं।

हर टीवी बहस को भाजपा वाले, मोदी वाले जीतते हैं कोई किसी को बोलने नहीं देता। मोदी जीत रहे हैं कोई हरा नहीं सकता। एकदम लाइन आती है आखिरी पोल की जो मोदी ही देते हैं कि ऐतिहासिक जीत होगी।

एक बात कहें : आईबीएन सेवन को नारको टेस्ट की रीलें न दिखाएँ, सो ही ठीक। पंढेर पड़ा है। फन्ने खाँ किस्म की अंग्रेजी बेहोशी में बोले जा रहा है। अपनी जिन्दगी की कहानी सुना रहा है कि वह कितना अकेला रहा है और उसके शौक क्या रहे हैं। सुन-देख मितली आती है। एक तो बन्दा बेहोश है, लाचार है। उसे नहीं मालूम कि क्या कह रहा है और दूजे इस आरोपित बन्दे की लाचारी की कहानी हम सुन रहे हैं। उसके अपराधों का हलफनामा हम सुन रहे हैं और कुछ देर बाद उसे एक कहानी की तरह सुनने लगते हैं और देखते-देखते अपराधी से हमारी

हमदर्दी-सी बनने लगती है। अपराधी खपने लगता है।

पुलिस के पास तक यह सब रिकॉर्ड रहे सो ठीक। पब्लिक इस रिकॉर्ड का क्या करेगी? हाँ इससे अपराध का उदात्तीकरण-सा होने लगता है। इसी तरह कोली का नारको टेस्ट आया। वही सीन उसके हत्यारे शौक के किस्से-किस-किस तरह वह क्या करता था। किस तरह वह मांस खाता था। जुगुप्सा वीभत्स में इस कदर बदलती रही कि आप तुरन्त चैनल बदलते हैं। जो रिकॉर्ड पुलिस फाइलों का मामला है, उसे इस तरह दिखाना क्या आरोपित व्यक्ति की आजादी का हनन नहीं है? क्या दर्शक की अभिरुचि पर अत्याचार नहीं है? सोचना चाहिए। तिस पर प्रस्तोता दहाड़ते कहते हैं, आगे हम आपको दिखाने जा रहे हैं कि किस तरह कॉल गर्ल आती थीं और वह कॉल गर्ल कौन थी जो पंढेर के लिए थाने पहुँची थी। जो मामला थाना, कोट कचहरी का रहा, वह चौराहे पर धर दिया। घिन लगती है।

प्रणय राय कन्फ्यूज्ड लगते हैं दोराब भी लगते हैं। मोदी ने मार डाला है। गुजरात हर तरह से मोदी के खिलाफ होना था, लेकिन नहीं हो पा रहा, क्या करें? मोदी जीतते हैं। लीजिए इतने नकारात्मक स्विंग के बावजूद सीटों में जीते दिख रहे हैं। टाइम्स की दुविधा कम है। वह गुजरात के विकास के रिकार्ड को सबसे पहले दिखाता है। अपने एक्जिट में जीतता दिखाता है। मोदी को रेणुका जी कहती हैं कि अभी इन्तजार करें। कांग्रेस इन्तजार करती ही रह जाती है। इस सारी बात में तरुण विजय की यह बाइट असली रही कि गुजरात का मॉडल पूरे देश में भाजपा का मॉडल है। यूथ ने, औरतों ने वोट दिया है। योगेन्द्र मानते हैं कि सारी राजनीतिक प्रक्रिया को अपने आसपास केन्द्रित करने में मोदी कामयाब रहे हैं। चन्दन मित्रा ने तो कह ही दिया कि चुनाव तो हो चुका है। उसका बताया जाना बाकी है। मीडिया ने मोदी को खलनायक बनाया तो मोदी ने मीडिया को ही बना डाला। जो बन्दा मीडिया को खलनायक बना दे, उससे बड़ा नायक कौन होगा?

23 दिसम्बर, 2007

गुजरात की बात

अति-खबर सहज खबर को मारती है। गुजरात की अति की 'अति खबरों' ने अपने आप गुजरात की अतियों को अन्त कर डाला। टीवी मेटा नेरेटिव का खात्मा करता है। उसके विलोम का भी अन्त करता है।

पूरे सप्ताह हर पल एक-एक गुजरात बनता-बिगड़ता रहा। एक गुजरात नहीं रहा। अनेक रहे। सबका अपना-अपना। चैनलों का अपना-अपना है। यहाँ तक कि आस्था चैनल पर भाजपा का विज्ञापन अपने आप एक गुजरात को बताता है।

कांग्रेस मुख्य चैनलों पर विज्ञापन दे रही है—कांग्रेस आयेगी तो खुशहाली लायेगी। उसके लक्षित नये लोग हैं। उधर भाजपा का आस्था पर विज्ञापन देना बताता है कि वह धर्मप्राण जनता को लक्षित कर रही है। विज्ञापनों तक में अपना-अपना गुजरात है।

एनडीटीवी सदा की तरह सारी टीम लेकर गुजरात में बैठ गया है। एक्शन जहाँ, एनडीटीवी वहाँ-यही उसका नारा है। हरेक बन्दा उधर से इधर बताने पर लगा है। गुजरात की थीम बदल रही है जो मीडिया ने सेट की। वही चल रही है।

चुनाव कवरेज कहता है कि मोदी हर सभा में अपना मुद्दा बदल डालते हैं। वे लगातार चंचल लाइन ले रहे हैं। बाकी सारे उस पर प्रतिक्रिया कर रहे हैं। पिछड़ रहे हैं। लीड मोदी के हाथ में है।

सारी चर्चाएँ रिपोर्ताज पीछे से बोलते लगते हैं। 'मुकाबला' में मुकाबला इतना भीषण रहता है कि पता नहीं चलता कि बात चल रही है कि बातों में लात चल रही है। बरखा को भी कोई आधा दर्जन बार लोगों को शान्त रहने के लिए कहना पड़ रहा है कि आप शान्त रहें। अभी आते हैं ब्रेक के बाद और ब्रेक के बाद भी जो लाइन निकलती है, वह है दो हजार दो के आगे की सोचो! शिकार यही सोचते हैं और आश्चर्य शिकारी भी यही कहते हैं।

कांग्रेस बोलने लगी है। मगर हकलाहट है। भाजपा की हकलाहट बोलने में बदल गयी है।

टीवी का मोरचा भाजपा के हाथ ही है।

पूरा सप्ताह बाइट की व्याख्या और उसके शास्त्र में निकलता है। पूरा हरमेन्यूटिक्स हो रहा है। अर्थवाद चल रहा है। अनर्थ की जगह हर बार दूसरे अनर्थ आ रहे हैं जिसे हर दूसरा काटता चलता है। अर्थ ठहर ही नहीं रहा।

'मौत के सौदागर' की व्याख्या की व्यवस्थाएँ देखें और देखें कि टीवी स्वयं बाइट के अर्थवाद में फाइट देने लगा है। हर चैनल इन्तजार में है कि ऑफीसियल कहा जाए तो कहें।

सोनिया गाँधी बेहद अटकते हुए 'वे मौत के सौदागर' कहती हैं।

कसूरवार मोदी! कसूरवार मोदी! कसूरवार मोदी!

सिर्फ एक दिन कसूरवार होता है। जवाबी हमले में अर्थ के सन्दर्भ बदल जाते हैं। भाजपा जानती है कि जोरदार ढंग से चारों तरफ से कहते रहो तो अर्थ बदल जाता है। पलटवार करते रहो।

भाजपा के रविशंकर प्रसाद और अरुण जेतली सौदागर के अर्थवाद पर उतरते हैं : एक दिन दो दिन पूरे दो दिन : कहते हैं 'कि मोदी ने जो कहा वह सोनिया जी की बात का जवाब था। राजनीतिक बहस है। पब्लिक डोमेन में है। उस पर किसी का जोर नहीं है। यानी न सोनिया कहतीं, न सोहराब को निपटा दिये जाने पर ताली पीटी जाती।'

कसूरवार सोनिया! कसूरवार सोनिया! कसूरवार सोनिया!

सोनिया के सिपाही आते हैं। कपिल सिब्बल कहते हैं कि वह मोदी के सन्दर्भ में नहीं कहा गया। एक चैनल अगले दिन कहता है कि नहीं कांग्रेस की लाइन है। फिल्म फ्लॉप है कि सोनिया जी ने मोदी के लिए ही कहा है। तीसरे दिन फिर लाइन आती है कि नहीं, वह किसी एक नाम को लेकर नहीं कहा है।

चैनल हर्षित होकर कांग्रेस की पल्टी पर हँसते हैं। वे हर बात में थर्ड पार्टी जो बन जाते हैं : भाजपा ने बाजी पलट दी है। कांग्रेस ही जवाबदेह हो उठी है। चुनाव आयोग ने पत्र दिया है कि जवाब दीजिए।

चर्चाएँ बरसती हैं।

समेटने में नहीं आती। बस गनीमत यही है कि लोग एक-दूसरे पर टूट नहीं पड़ते। 'मुकाबला' की चर्चा सड़क छाप बनी रहती है। मोहम्मद सलीम जमकर बोलते हैं और देखते-देखते बहस गुजरात से हटकर नन्दीग्राम मार्क्सवादी पार्टी की ओर चली जाती है।

'मुकाबला' गुजरात के मौत के सौदागरों की व्याख्या का था और बात नन्दीग्राम की ओर चली गयी। जवाबदेही लेफ्ट की हो गयी? यह दो हिन्दी कार्यक्रमों में हुआ।

अंग्रेजी में 'वी द पीपल' में गुजरात का अर्थ और बदला। सारी चर्चा जहाँ से चली

वहा न ठहरकर अन्ततः दो हजार दो के आगे सोचने की ओर मुड़ गयी। सारा पुराना अर्थवाद पिटने लगा। गुजरात को दो हजार दो में नहीं अटकना है। आगे देखना है। अंग्रेजी में सब मान गये। हाय! बन्दूकवाला बोले। दो मुसलमान व्यापारी बोले जो बर्बाद हो चुके थे। गुलबर्गा के एक और व्यक्ति बोले। बस एक आदमी कह सका कि नहीं मेरा बेटा किडनेप हुआ। दंगा हुआ, मुसलमानों ने मुझे बचाया। ऐसी बाइटें कितनी कम रही चर्चाओं में। चर्चाएँ इसीलिए पोजीशनल होती रहती हैं। इस या उस ओर झुकी रहती हैं।

हर गरीब आहत बोला कि कैसे भूल जाएँ? दो औरतें बोलीं कि हम बर्बाद हुए। आप कहते हैं कि भूल जाएँ। बहस में अमीर शिकार और शिकारी एक ओर रहे और गरीब शिकार अकेले रह गये।

बरखा ने दो हजार दो को भूलने की बात पर ज्यादा जोर दिया। ऐसा लगा।

16 दिसम्बर, 2007

कहाँ हो तसलीमा

पब्लिक एंगर आपके खिलाफ है। *टाइम्स नाउ* पर सवाल पूछा गया।

जब संसद में आडवाणी बहस कर रहे थे, तभी कोलकाता में यह सब हुआ। यह हिंसक था। नन्दीग्राम पर भी विरोध कर रहे थे बुद्धिजीवी तो हिंसा नहीं थी। अब है। संसद में बात हो रही थी, तो भी यह हुआ। कोई संयोग था? यह अस्थिर करने के इरादे से किया गया।

दासगुप्ता का जवाब रहा।

कट। लाइव।

- मैं गुण्डागर्दी का विरोध करता हूँ। लेकिन नन्दीग्राम में माइनॉरिटी का दमन हुआ है। भाजपा के चन्दन मित्र का जवाब रहा।

- नन्दीग्राम में शान्ति आ रही है। हिंसा से नन्दीग्राम को जोड़ना कुतर्क है। सिर्फ मुसलमान मरे हैं, यह कहना सही नहीं है। दासगुप्ता का जवाब आया।

कट।

तसलीमा के दृश्य। बहस जारी है। *टाइम्स नाउ* बहुत चिन्ता कर रहा है। उसे सच के कई पहलू दिखाने हैं। साथ ही किसी की ओर खुद को झुके भी नहीं दिखाना है। टीवी पर तटस्थता का नाच बड़ी भरी तपस्या है। *एनडीटीवी* इधर झुका लगता है तो *आईबीएन* जरा-सा उधर लगता है। अर्णव तटस्थता बरतना चाहते हैं। एक सुर में तप करते जा रहे हैं। दूर-दूर और पास-पास जोड़कर रखे गये लोगों की बहस की आयोजना लाइव मार के हो रही है।

अगर वही भीड़ अराजक होती तो एक्शन होना था। एक्शन हुआ, एक भी नहीं मरा। मैं तो राज्य सरकार की तारीफ करूँगा कि इतना संयम रखा। एक व्यक्ति बोलता है।

टाइम्स नाउ का संयम इसलिए नहीं टूटता कि अर्णव प्रायः चोट खुद सह लेते हैं। वे कार्यक्रम और विचार को दैनिक राजनीति से ऊपर रखने का आग्रह करते रहते हैं। यह अजीब अन्तर्विरोध है कि हार्ड पॉलिटिक्स करने वालों के बीच वे करन थापर की तरह तंग करने वाले, जिद भरे सवाल नहीं पूछते। थोड़ा कोमल-कोमल,

नरम-नरम रहे तो अच्छा है। यह *टाइम्स नाउ* का अपना मुहावरा है। सीताराम येचुरी के तर्क के आगे वे चुप रह गये। नन्दीग्राम की अपनी व्याख्या उन्होंने चुप रहकर वापस ले ली। कई तो ऐसे संयोजक हैं जो अपनी बात कटती देख खिसिया जाते हैं। एकदम कुश्ती के मूड में आने लगते हैं। अर्णव नहीं आते। यह इन गरमागरम चर्चाओं में राहत-सी देता है।

चैनलों को आप उनकी कहानियों से, उनके शीर्षकों से पहचान सकते हैं। सावधान, सावधान होशियार, होशियार, खबरदार, खबरदार। बंगाल जाने वाले होशियार...

वो देखो सुलग रहा है बंगाल...

ये देखें कोलकाता में कोहराम...

इस तरह के अर्थ देने वाली तीन पट्टियाँ जिस चैनल में आयीं उसका नाम रहा *आईबीएन सेवन*। यह तब रहा जब कोलकाता शान्त था। वहाँ सेना थी। कर्फ्यू था। और एक इलाके भर में था। ऐसी डरावनी पट्टियाँ यथार्थ को कहाँ तक व्यक्त करती हैं भई? चैनल को अपनी ओर ऐसे संजीदा मसलों को भड़की भाषा में तो नहीं ही कहना चाहिए। लेकिन अनुप्रास की छटा बिखेरने का मौका हो तो अलंकारवादी लालच क्यों छोड़ें?

हर खबर में अलंकार होते हैं। यथार्थ भी समाचार बनने की प्रक्रिया में कुछ न कुछ अलंकृत हो ही जाता है। देखना होता है कि अलंकार भार तो नहीं बन रहे। पट्टियाँ बोझ तो नहीं बन रहीं?

'तसलीमा ऑन द रन'—शीर्षक अंग्रेजी में बराबर रहा। *ऑन द रन* का मतलब भगोड़े के नजदीक आता है जबकि तसलीमा को तो निकाला गया है। उसने कहा भी कि उसने तो जाना तय नहीं किया।

यूपी के सीरियल ब्लास्ट।

देर तक सभी चैनल हिंसा के सीन दिखाते रहे। अदालत के सीन। लोग भागदौड़ रहे हैं। साइकिलें पड़ी हैं। रक्तपात है। लाशें भी दिखीं। इतना न दिखाया जाता तो बेहतर रहा होता। लोमहर्षकता दिखाकर आप घबराते हैं। आतंकवाद और हावी होता है।

आईबीएन सेवन ने फिर बाजी मारने की कोशिश की। एक गवाह ढूँढ़ लिया गया। सनी नाम के गवाह से पहले चैनल ने ही बात की और कहा कि सात घंटे तक जिसे पुलिस न कर पायी उसे हमने कर दिखाया। सनी हमारे साथ है। यह अकेला चश्मदीद गवाह है। बताओ उस दिन क्या हुआ? तुम कहाँ थे? साइकिल स्टैंड की परची काटने वाले सनी ने अपनी डरती जुबान में बोला कि वह परची काट रहा था। एक आदमी आया धूप का चश्मा पहने था। लम्बा था, सलेटी रंग की कमीज रही।

नतीजा निकला कि लीजिए यह है आतंकवादी का हुलिया। चैनल ने एक गवाह से सारे मामले को निपटा दिया। सन्देह जाँच का पर्याय बन गया।

चैनल ने कहा कि देखिए यह यहाँ था कि पुलिस आ गयी है। उसने स्टूडियो पर हमला कर डाला है जबकि हमने कहा था कि आप इस गवाह को आराम से ले जाइए। हम अभी देते हैं। दे दिया है। मगर जरा पुलिस की वहशत तो देखिए।

सच कहें भैया। पुलिस की वहशत दिखाकर आप किसी को शर्मिन्दा नहीं करते। दृश्य में पुलिस वाले धक्का-मुक्की करते दिखते हैं। आप बार-बार दिखाते रहिए। हजार बार दिखाते रहिए। पुलिस और इनाम पाती है।

इन दिनों पत्रकार ज्यादा पिटने लगे हैं। निजी चैनलों के ज्यादा पिटते हैं। *डीडी* के ऐसा कुछ करते ही नहीं, सो पिटते नहीं। राजनेता अब पत्रकारों को सीधे पीट देते हैं। टीवी से डरते तक नहीं। बनारस में ही मायावती की पार्टी के विधायक के लोगों ने कैमरे वालों को जमकर धुन दिया। धुनाई दिखायी जाती रही। कई चैनलों के पिटे। किसी की नाक टूटी दिखी, खून टपकता दिखा। कारण इतना रहा कि वे बसपा विधायक के किसी आचरणमूलक घपले का सुराग लेने गये थे कि हमला कर दिया गया। पत्रकारों पर ऐसे हमले क्यों किये जाते हैं?

2 दिसम्बर, 2007

दुखियारी सरकारें

आजा नच ले कि आजा बच ले? आजा हिट ले। आजा पिट ले। और भाई जी माधुरी दीक्षित का गाना न हिट हो तो हो जाए और जी पिक्चर पिट रही हो तो हिट हो जाए और जी अब तो सब समझने लगे हैं कि यह कथित विवाद का फैशन किसी पिटी चीज को बिकवाने के लिए है। ग्राहक बनाने, बाजार बनाने का आखिरी तरीका यही है कि आप मिलीभगत का विवाद करा दें और फिर दर्शक जुटायें। सरकारें तो ऐसे मामले में तुरन्त तैयार नजर आती हैं। गजब का टीवी इम्पेक्ट होता है इन दिनों 'जनता' पर। और होता है सीधे सरकारों पर। सब तरह के राजनेताओं पर। एकदम एक्शन में आ जाते हैं। अपनी सरकारें जनता के बिजली-पानी के लिए नहीं पिक्चर के लिए एक्शन करती हैं। उनकी भावनाओं का हर पल खयाल रखा करती हैं। इतनी दुखियारी सरकारें कभी नहीं हुईं। इतनी संवेदनशील सरकारें कहाँ है भइया?

यूपी सरकार ने फिल्म देखी। सरकार को दुख हुआ। उसने फिल्म 'आजा नच ले' पर तुरन्त बैन लगा दिया। कानपुर में एक सिनेमाघर पर हंगामा हुआ। 'आजा नच ले' के एक गाने के बोल पर हुआ जिसमें जाति विशेष पर आक्षेप बुरा लगा बताया गया। इसके बाद विवाद को अखिल भारतीय यात्रा करनी थी। अगर एक शहर में कुछ होता है तो दूसरे शहर में होना ही होता है। हंगामे का समाजवाद अखिल भारतीय है। सर्वत्र फलने-फूलने लगता है हंगामा। लीजिए सब निपट गया तो शिवसेना ने मुम्बई से दुख जताया कि उसे दुख हो रहा है। संवेदनशील हो रही है वह कि फिल्म ने उसकी भावनाओं को चोट पहुँचा दी है। पंजाब सबसे आगे रहा। उसने जो बैन लगाया वह यूपी के खोलने पर भी नहीं खोला। मुकाबले में हरियाणे ने भी कर दिया।

सब जगह नाचना बन्द। माधुरी का वह गाना? कौन-सा गाना जी? लीजिए एक चैनल ने कोई दस बार दिखा डाला वह गाना कि उसमें जो बोल हैं वे इस तरह के हैं जिन पर आपत्ति है। और लीजिए यशराज से लेकर पिक्चर से जुड़े हर बन्दे ने कह दिया कि कान पकड़कर माफी माँगते हैं जी आपसे और जो आपत्तिजनक है, उसे निकालकर दिखाएँगे। और जी कि आनन-फानन में आपत्ति पर एक्शन हो उठा। बैन हट गया। आश्वासन पर हट गया। लेकिन एक मुए फिल्मी बिजनेस वाले

ने एक चैनल पर कह ही डाला कि पिटी पिक्चर को हिट करने के ये तरीके आजकल चल निकले हैं। इस फिल्म का कलेक्शन ज्यादा नहीं था। अब देखें क्या होता है? सेंसर की मुखिया शर्मिला टैंगोर ने तो पहले ही माफी माँग ली थी। इतनी सारी माफी इकट्ठी हो गयी कि समेटकर रखना मुश्किल रहा। इधर माफी, उधर माफी। जिधर देखो उधर माफी।

अब सोचें कि इन दिनों बड़ी खबर कितनी बड़ी होती है?

एक गज की, दो गज की, तीन गज की या मीटर की, एक इंच की, दो इंच की... कितनी बड़ी? खबर या स्टोरी टीवी पर टाइम स्केल से नापी जाती है तो पूछना चाहिए कि स्टोरी बड़ी कब होती है? जब वह दो मिनट चले या दो दिन चले तो उसमें भी वह कितनी रिपीट हो और कुल कितने दिन चले? खबर का महत्त्व उसके टाइम स्केल में है। कुछ कहानियाँ बीच-बीच में रुककर आती हैं। कुछ वातावरण में रहती हैं और कभी-कभी 'प्रोमो' दिया करती हैं। उनका हिसाब कैसे करोगे?

मसलन, नन्दीग्राम का सीन उतरा। तसलीग्राम का सीन आया और उस पर जन-पंचायतें लगीं। फिर अरुंधती राय कुछ कहती नजर आयीं। लेकिन तसलीमा की स्टोरी अपना एक्शन खो चुकी थी और अब वह स्टोरी ही नहीं बन रही है। आखिर में बुद्धदेव भट्टाचार्य आते हैं और समय में पुण्य प्रसून वाजपेयी बताते हैं कि देखिए वे क्या कह रहे हैं। वे कह रहे हैं कि नन्दीग्राम प्रशासनिक और राजनीतिक असफलता है। ऐसा आगे नहीं होगा। अब बुद्धिजीवी भी समझने लगे हैं, शुरू में तो प्रतिक्रिया तीखी थी। लेकिन लेखक मानिक मंडल नहीं मानते। वे इस चक्कर में सुनील गंगोपाध्याय की खिंचाई कर डालते हैं कि वे तो सरकार के चम्पू बन गये हैं। पहले अपनी-सी कर गुजरो। फिर माफी माँग लो। मजेदार नीति है। गुजरात भी एक कहानी है जो अब तक तो कांग्रेस के प्रचार विज्ञापनों में दिखती रही है। रह-रहकर कहती रही है कि गुजरात में बड़ा अन्याय हुआ है। अब कांग्रेस आने वाली है। वही आएगी और सबके कष्ट दूर करेगी। एकदम अवतारवादी भाव है। सोनिया जी सभा में बोलती हैं तो हिन्दी में पढ़कर भाषण देती हैं। उनके परचे का गुस्सा उनके चेहरे पर आता है और उनके वाक्य और ज्यादा बिगड़ जाते हैं और आप जो सुनते हैं, उसको सुनने में ही सारा ध्यान लग जाता है। इसके मुकाबले मोदी का बयान ज्यादा जगह किसी भी चैनल पर न आ सका। उनके पक्ष में सिर्फ एक बीजेपी प्रवक्ता रहे। मोदी को ज्यादा टाइम नहीं दिया गया।

एक कहानी रह-रहकर आती रही। बीएमडब्लू कांड की कहानी। अब लोगों को उसके जोड़-तोड़ और मोड़ तक याद नहीं हैं। *एनडीटीवी* के अजय शुक्ला याद दिलाते हैं कि बीएमडब्लू का किस्सा अब यहाँ से यों बढ़ता है कि वकील आरके आनन्द

की कुलकर्णी नामक गवाह से निकटता-सी है और उसे उन्होंने अपने शिमला स्थित बड़े चार मंजिला भव्य भवन में अठारह महीने रखा है। उससे बात करते आरके आनन्द के फुटेज को लगाया है ताकि सनद रहे। दर्शक कनेक्ट कर सकें। कहानी का दूसरा वकील अभी नहीं बोलता। चैनल कहता है कि उसकी पत्रकार, सुनेत्रा बात करने गयी थीं, लेकिन उसके और टीम के संग दुर्व्यवहार किया गया। धमकी दी गयी। भई, आप मुकदमा चला लो या खबरिया बना लो। आजकल टीवी पत्रकारों से कोई नहीं डरता। कितनी जल्दी लोग निडर हो गये हैं और कितनी जल्दी टीवी का रुतबा कम हो गया है। कई जगह पत्रकारों को पीटा गया है। यह चिन्ता की बात है।

नाइन एक्स चैनल किस तरह से दिखे? विज्ञापन दिखता है। चैनल नहीं दिखता।

9 दिसम्बर, 2007

सबसे बड़ी कहानी

सन् सात की सबसे बड़ी कहानी कौन-सी रही? याद करें। बतायें। कौन-सी रही?

अच्छा, बड़ी याद न आये तो बतायें सबसे छोटी कहानी कौन-सी रही?

टीवी के खेल में टीवी समीक्षक से पूछा ही जाता है कि बीते साल की सबसे बड़ी कहानी कौन-सी रही?

जिन दिनों हर वक्त चैनल अपनी-अपनी बड़ी कहानी लिए बैठे रहते हैं। ऐसे में किसे बड़ी बतायें?

एक कहता है : मेरे पास दो फुट बड़ी है।

एक कहता है : मेरी सौ मीटर बड़ी है।

एक कहता है : एक किलोमीटर बड़ी कहानी है। नाप ले। और आप हैं कि साल के आखिरी दिनों में लाख सोचते हैं कि पूरे साल में किस कहानी ने ज्यादा प्रभावित किया?

प्रभाव से बड़ी-छोटी तय होगी न!

और आप पाते हैं कि किसी ने भी तो नहीं किया?

सब धन बाईस पसेरी बिक गया। एक लहर आयी, एक गयी। पल दो पल ठहरी। जितनी देर देखी-सुनी, उतनी देर देखी गुनी। उसके बाद सब गायब। साफ एकदम चिकनी स्लेट की तरह।

फिर कोई कहानी पल-दो पल की चलती आती है। रेले पे रेला आता रहता है।

टीवी अपनी ही कहानियों को विस्मृत करने और मृत करने की कला का माहिर कथाघाती माध्यम है।

टीवी पल-दो पल की कहानी बताता है। बिग स्टोरी भी इसीलिए बिग कही जाती है कि वह पल-दो पल की ही होती है। ज्यादा पल न चल सकती है, न रम सकती है। बाइटों के शोर में एक के बाद एक चली आती, धक्का मारती हुई बाइटें एक-दूसरे को मारती चलती हैं। आप किसी को टिकाऊ कहानी नहीं कह सकते। सब पल-दो पल की होती हैं।

इसलिए सन सात की कहानी भी पल-दो पल की कहानी की तरह ही बतायी जानी चाहिए।

तो पूछिए, पूछिए कौन-सी कहानी बड़ी कहानी रही?

सेनसेक्स की सेक्सी चढ़त की कहानी? दो हजार के पार पहुँच जाने की बल्ले-बल्ले की कहानी? जी नहीं। मनमोहन मोंटेक की जीडीपी की कहानी? नहीं जी कतई नहीं। न्यूक्लीयर समझौते की कहानी? मायावती की कहानी? जी नहीं। अभिषेक और ऐश की शादी की कहानी? यार, कोई मतलब की बात करो। बोर न करो।

अमिताभ पर मुकदमे की कहानी? फिर वही बात।

अच्छा शाहरुख के छह 'एबो' की कहानी जो उनके पेट में पड़ते हैं।

क्या...? राजू की हँसाई की कहानी?

शिल्पा शेट्टी के बिग ब्रदरनी बन जाने की कहानी का हाइप? राखी सावन्त की हर बार अपमानित होते जाने की कहानी?

ये तो चलती रहनी है जी।

तब क्या उस पूजा चौहान की क्लीपिंग, जिसमें बिकनी पहले वह एक हाथ में डंडा लिए अपनी अस्मिता की रक्षा के लिए गुजरात के गौरव को पुकार रही है?

जी नहीं?

मोदी की कहानी? 'मरद मानुष/गुजरात के शेर/छप्पन इंची छाती की कहानी?

यार अगर यही बड़ी कहानी है तो उन्हें डब्लूडब्लूएफ के पहलवानों के बीच भेज दो। सब नप-तुल जायेगी।

मोदी की गुजरात की कहानी? गुजरात क्या मोदी का खरीदा है?

नन्दीग्राम की कहानी? तसलीमा की कहानी? सोनिया की 'मौत का सौदागर' की कहानी? पुत्तर राहुल के पधराये जाने की कहानी? अरे नहीं यार, कौन-सी टकियल कहानियों की बात कर रहे हो?

बताओ सबसे गरीब की कहानी किसी भी चैनल ने दी? क्या किसी सचमुच भूख से मरते लावारिस आदमी को किसी कहानी में दिखाया गया? क्या एक कहानी भी हमारे इत्मीनान में खलल डालती निकली?

वही ताकत, वही माचो, सेक्सी, खाये-पिये मस्त चेहरे। सब नाचते-गाते नच बलिए करते, थिरकते चेहरे। बॉलीवुड के टीवी पर छा जाने के खेल। वही क्रिकेट के छा जाने के खेल। सरकस के आइटमों की तरह सबके गुजर जाने के खेल। क्या कभी कोई उन उबाऊ छवियों से पिंड छुड़ा सका है जो हर वक्त अपनी मांसपेशी दिखाती-मुस्कुराती आ बिराजती है?

किसी एक दुख का दुख की तरह होना। किसी आनन्द का बच्चे के निर्मल आनन्द की तरह होना। किसी शृंगार का प्रकृति की तरह होना। ऐसा कोई एक पल हो किसी कहानी में?

एक कहानी नहीं आयी पूरे साल जिसमें शोर न हो, दुहराव न हो, ऊब न हो। चिढ़ाती जो न लगे, न लगे अपमान करती हुई?

नोट : आखिर में एक क़हानी बड़ी आयी, वह भी एक विज्ञापन में : दो बच्चे हैं। दो बच्चे काँटेदार तारों के बीच अपनी-अपनी देश की सीमाओं में खड़े हैं। एक फिलस्तीनी लगता है, एक इजराइली। एक बच्चे की फुटबाल दूजे की ओर गयी है। वह दूजे से कहता है अपनी भाषा में कि फुटबाल को फेंक दे इधर। दूजा बच्चा किक मारता है। फुटबाल पहले के पाले में आ जाती है। दोनों में दोस्ती हो जाती है। फिर पहला दूजे को अपने पाले में बुलाता है। वह उसे काँटेदार तार पार कराता है और फिर दोनों आनन्द के साथ नो मैंस लैंड में फुटबाल खेलने चल पड़ते हैं।

एअरटेल का सन्देश आता है : हमें कोई भी एक-दूसरे से दूर नहीं कर सकता। बस जरूरी है कि हम आपस में बातचीत करते रहें। पल भर की यही कहानी रही जो बातचीत को लौटाने वाली रही। लेकिन वही पल दो पल। यही कह लीजिए, बड़ी कहानी, बड़ा विचार रहा जो हजार बार पल-पल आता रहा। अच्छा लगता रहा। सात के साल की यही कहानी बड़ी रही।

30 सितम्बर, 2007

दिमाग की बत्ती

विज्ञापन : एक लड़का क्लास में लेट है। आता है तो टीचर कहता है : कहाँ थे? बाहर निकल जाओ।

थोड़ी देर में वही लड़का पीठ किये अन्दर घुसता है तो टीचर कहता है : कहाँ जा रहे हो? बैठ जाओ। यह है 'मैन्थोस फैक्टर' पिपरमिण्टी तत्त्व। दिमाग की बत्ती जलाने वाला। अब दिमाग की बत्ती जलाने का दावा करने वाले दो मनोरंजन चैनल मुकाबले पर हैं। एकदम पिपरमिण्टी च्यूइंगम युग वाले चैनल। एक है : एक्साइन, जिसका पोस्टरी दावा है नौ सेकेण्ड में ठीक कर दे। दिमाग की बत्ती जला दे।

दूसरा है प्रणव राय का *एनडीटीवी इमेजिन*। यहाँ भी पिपरमिण्टी मामला है। मगर जरा कलात्मक, नजाकत छाप।

सीईओ समीर नायर बताते जाते हैं कि उनके पिटारे में क्या-क्या है? राधा की बेटियाँ हैं जो कुछ कर दिखाएँगी। एक झलक देख लें कि कुछ कर रही हैं कि नहीं? फिर जरा तलवारबाजी के युग में भी आइए। देखिए धर्मवीर। अब जरा आशावादी बनिए। देखिए उम्मीद भवन। अब असल बात देखनी हो तो माधुरी दीक्षित की वापसी पर उसका प्रोमो कम, अपना चैनल प्रोमो पेश है। यही तो है दिमाग की बत्ती जलाने वाला तत्त्व। दर्शकों के सामने माधुरी जी हैं। जवाब देती हुई। भारी मेकअप नजर आता है। जब बातचीत हो चुकती है तो प्रणय जी कहते हैं कि माधुरी जी आप जरा नच के दिखा दें। आइए दो-तीन लड़के-लड़की आइए। माधुरी अपनी नयी फिल्म के नये गाने पर डांस करेंगी। उनके साथ नाचिए। भइया, आप ही एक ठुमका लगा देते तो ठीक रहता। संग में समीर होते तो क्या बात रहती। आने वाले दिनों में नाचना तो पड़ेगा। माधुरी ने नाच के एक्शन दिये कि ऐसे नाचना है और फिर बात पाँच सेकेण्ड भी नहीं चलीं कि कट। गम्भीरता के रोगी चैनल वालों का यही रोग है। कमाई के लिए मनोरंजन चाहिए मगर अपने पैरों में घुँघरू नहीं चाहिए।

सप्ताह तो भी नन्दीग्राम के नाम रहा। सीपीएम वाले सोच रहे होंगे कि नन्दीग्राम टीवी खबर की मौत की तरह ही मर जाएगा। एक सप्ताह बजेगा फिर कुछ और आ जाएगा। मगर नन्दीग्राम है कि मानता ही नहीं। सीपीएम की विरेचनकारी पिटाई

जारी है। दम्भी यानी अभिमानी गर्दनें पहली बार झुकी नजर आती हैं। 'अब आया है ऊँट पहाड़ के नीचे' वाला डायलॉग याद आता है दर्शकों को। एसएमएसों में भी ज्यादा पिटाई हो चुकी है। तरस भी आता है कि सीपीएम का समाज प्रबन्धन इतना दरिद्र क्यों हो गया है? पिछले कई बरसों से सीपीएम टीवी पर एक राजनीतिक दल से ज्यादा एक दैनिक हस्तक्षेपकारी विचार की तरह मौजूद रही है। हरदम सुर्खरू। अब चेहरा रक्षात्मक है। दर्शकों के आगे पनाह माँगता। सारे चैनलों को मौका है। *एनडीटीवी* बचाकर खेलता है तो भी मुकाबला कराना पड़ता है। उसे भी *आईबीएन* से अपना बाजार बचाना है।

एनडीटीवी का मुकाबला : अहम साल : नन्दीग्राम

आईबीएन सेवन पर एबी बर्धन से बातचीत आशुतोष की बातचीत। मुद्दा : नन्दीग्राम।

एनडीटीवी पर बरखा का सवाल : क्या सीपीएम अपने को बचा पाएगी?

खबरों में हर रोज नन्दीग्राम! संसद में तो नन्दीग्राम। लोकसभा चैनल में हंगामा दिखता है। नन्दीग्राम! नन्दीग्राम। बन्दीग्राम बन्दीग्राम। कल को कोई नारा देगा : मेरा नाम नन्दीग्राम नन्दीग्राम।

सीपीएम कठघरे में खड़ी है तो भी उसका एकाध पक्षधर मुकाबला करता है। नीलोत्पल बसु करते हैं। वे भी रक्षात्मक हैं। सरकार को बचा पाना कठिन है। हिंसा को ठीक कहना मुश्किल हुआ जा रहा है। हँसी आती है। मार्क्सवादी अचानक हकलाने क्यों लगे हैं? मीडिया की मार है। जनमत की मार है। सबकी मार पड़ती है तो बड़े-बड़ों की चूलें हिल जाती हैं। तो भी शिकायतों में बहुत कुछ मुरव्वत बरती जाती है। सीपीएम को आलोचकों का धन्यवाद करना चाहिए कि इन दिनों सबसे ज्यादा चरचा में वही हैं।

एबी बर्धन को आशुतोष घेरते रहे कि आप लोग भी तो मोरचे के साथ हैं। मगर बर्धन धीरज से, बिना क्रोध किये बचते-बचाते रहे और गरिमा बनाये रखी। अपने ही वाम मोरचे पर तमाचा कैसे मारें?

चैनलों को मजा आ रहा है। अभिमानी सीपीएम नेताओं की खबर लेने का अवसर है तो क्यों चूकें। सीपीएम अपनी करनी भुगत रही है। मीडिया-न्याय यही कहता है।

दूसरे सप्ताह में बहस ब्लेम गेम के रूप में जारी है। तृणमूल सीपीएम पर आरोप लगाती है। फासिस्ट कहती है। बीच में आ जाते हैं बुद्धिजीवी और सीपीएम हकलाने लगती है। नकवी बीजेपी वाले मुकाबलों में कहते हैं कि यह दाग है। सीपीएम मतलब सेण्ट्रल प्रोटक्शन मर्डरर। दूसरे जन कहते हैं कि जिस तरह हिटलर ने गैस चेम्बरों में मारे, नन्दीग्राम लोगों के लिए गैस चेम्बर बना दिया गया है। नीलोत्पल

कहते रहते हैं कि बातचीत से शान्ति का रास्ता निकलेगा। लोग पूछते हैं : जब मारा तब बातचीत क्यों नहीं याद आयी? जाहिर है इस टीवी-तात्कालिकता में यही होता है कि आपको तुरन्त जवाबदेह होना होता है। संयोजक कहता है कि इस दाग को साफ करने में बहुत देर लगेगी और हो सकता है इसकी सजा भी भुगतनी पड़े।

बहस की सकल भाषा में आलोचकों की सीपीएम से अपेक्षाएँ नजर आती हैं कि उसे तो यह सब नहीं करना था। शायद इसीलिए क्षोभ ज्यादा है। गनीमत है कि अभी भी सीपीएम को मूलतः लिबरल आलोचना ही झेलनी पड़ रही है, टीवी पर बहसों की सीमा यही है। विचारधारात्मक आलोचना झेलनी पड़ती तो क्या कीमा बनता?

टाइम्स नाउ पर अर्णव ने पीएम द्वारा सीपीएम को नसीहत देने को दो टूक बात करना बताया। अगर यही दो टूक है तो फिर मनमोहन दो टूक ही है।

चरचाओं में इन दिनों तृणमूल के डेरक ओ ब्रायन छाये हुए हैं। वे किसी पर भी भारी पड़ते हैं, दो सप्ताह से वे हर कहीं बहस में हैं, और जब वे बोलते हैं तो कोई भी मुकाबला नहीं कर पाता।

25 नवम्बर, 2007

हैप्पी हैगा

आपात काल इतने पास हो रहा है। लेकिन अपने विचारशील चैनल 'साँवरिया', 'ओम शान्ति ओम' और 'सैफ-करीना' के मिलन प्रसंग की सेल पर लगे हैं। मुशर्रफ की नीति को लेकर मसूद साहब इस्लामाबाद से आपात काल के बाद की स्थिति का विश्लेषण करते हैं। लेकिन बात पकड़ में नहीं आती। आपात काल के वर्णन नजर आते हैं, विश्लेषण नहीं। गहन तो बिल्कुल नहीं। *एनडीटीवी* भी बात को दुलरा के निकल रहा है। *आईबीएन* भी निकल रहा है। *बीबीसी* जरूर अपनी टीन में चिन्तित-सा नजर आता है।

हाँ, बनारस में गोलीबारी अपने चैनलों में आपात से बड़ी खबर बन जाती है क्योंकि कहीं कुछ हिचक है जो पाक के आपात काल पर आपात चर्चा खुलकर नहीं करा रही है। *आईबीएन* ने बता दिया है कि अफीम कैसे खिलायी-पिलायी जाती है। उसे हाथ की अँजुरी में भरकर मेहमान को अँजुरी से पिलाया जाता है। यही मान देने का पुराना तरीका बताया जाता है। जसवन्त सिंह का स्टाइल यही है। लेकिन चैनल अपने असर में मगन रहा। कहा कि इसका बहुत ज्यादा असर हुआ है। अफीम का नहीं, अफीम पिलाने की खबर का। असर किस तरह हुआ है कि अब यह मामला चर्चा में आ गया है। भाजपा ने परम्परा का नाम लेकर पल्ला झाड़ लिया है। भाजपा के एक नेता ने भी कहा है कि परम्परा से ऐसा होता रहा है। राजस्थान में जब बच्चे रात को रोते हैं तो माताएँ अपने बच्चों को अफीम चटा देती हैं। फिर कहानी आगे कही जाने लगती है कि राजस्थान में अफीम की खेती होती है और ये है और वो है? लेकिन इसका खरीदा-बेचा जाना जुर्म है। इत्यादि।

कहानी जसवन्त को लेकर रही या भाजपा को लेकर या कि अफीम को लेकर। पता लगाना मुश्किल रहा। हाँ, *आईबीएन* का असर कहाँ-कहाँ हो गया है, इसकी चिन्ता ज्यादा रही।

मुशर्रफ को सब बाइटें दी जा सकती हैं। जो कुछ पाक के नाम पर दिखता है वह सब मुशर्रफ की बाइटें हैं। कोंडालीजा राइस बोलती हैं सोमवार को कि उसे कुर्सी छोड़ देनी चाहिए। मुशर्रफ की आफत बढ़ रही है। सारे यूरोपीय दूतों ने कहा है कि

यह ठीक नहीं हुआ। पाकिस्तान गृहयुद्ध की ओर बढ़ रहा है। विदेश मन्त्रालय खेद प्रकाश कर पीछे हट गया है। कूटनीति का ऐसा विषय है और इस कदर चुप्पी। पाकिस्तान ने मीडिया का गला दबा ही दिया है और इण्टरनेट आदि से भी कोई बड़ी खबर इधर-उधर नहीं हो रही है। *जिओ* टीवी बन्द है, जो खुला है ऑफीसियल है और यह सन्दिग्ध है। कहाँ है अपनी विदेश नीति के पैरोकार और पक्के व्याख्याकार, जो बता सकें कि अब क्या होगा और भारत को क्या करना है? कोई भूमिका है कि नहीं?

हैप्पी दिवाली है। लेकिन अब हैप्पी शॉपिंग का जमाना है। एक लड़की वहाँ स्क्रीन के भीतर खड़ी कर दी गयी है। वह लोखण्डवाला की दिवाली की हैप्पी शॉपिंग दिखाने की जिद करती दिखती है। भई, मान भी जाइए। देखिए कि हैप्पी शॉपिंग क्या होती है? दिवाली है तो कुछ तो होगा ही, तो जो रौनक कही जाती है, वही हैप्पी हो रही है। मुम्बई के लोखण्डवाला में कुछ हो रहा है। जगमग है दिवाली की, लेकिन शॉपिंग को कैमरा कैसे दिखाये? उसकी कला अभी तक किसी के पास नहीं है। शॉप दिखती है। कुछ ऊबे हुए-से लोग दिखते हैं। बच्चे दिखते ही हैं, लेकिन वे विण्डो शॉपिंग करते नजर आते हैं। शॉपिंग करते तो नहीं नजर आते।

तब क्या यह लोखण्डवाला की पेशल दिवाली सेल है?

चलिए, अब पुलिस वाले भी मना रहे हैं दिवाली और उनके कहने पर सितारे न आयें, यह हो नहीं सकता इसलिए पुलिस सितारों की दीवाली का लुत्फ उठाइए।

सारे चैनलों पर ऐसे बालक-बालिकाएँ आ गये हैं जो 'अशरर' का या गाइड का काम करते हैं : आइए हुजूर हम आपको ले चलते हैं फलाँ जगह सैर कराने को, ऐसे ये तो आपने कभी देखा ही नहीं होगा लोखण्डवाला बाजार? ये दुकान देखिए, देखिए न, चलिए इस पुलिस वाले को देखिए जो इस सितारे को अपने साथ ले आया है दिवाली की हैप्पी हैप्पी में। हे सितारे, तू क्यों पिछलग्गू की तरह पुलिस दिवाली में आ गया रे? कोई मजाक भी नहीं उड़ाता। अशरर आपको लिए चलता है। गाइड आपको बताता चलता है और वे सब मिलकर आपको एक बेहूदा दुकान में पटक देते हैं। दर्शकों से ऐसा भदेस ट्रीटमेंट तो नेता भी नहीं करते।

अब क्या बतायें। एक सीरियल में भद्दे मजाकों का सिलसिला चल रहा है। यह बिन्दास चैनल है। एकदम बेशर्म-सा आइटम है। यह हद से बाहर है। हँसने को हद में रखना होता है। औरत की कीमत पर हँसना बदतमीजी ही है। लीजिए विज्ञापन में पेण्ट बिक रहा है। पेण्ट का दिवाली में पटाखे जितना ही महत्त्व बनता नजर आता है। उसी की शॉपिंग कर ली जाए तो क्या बुरा है?

11 नवम्बर, 2007

तोतो होतो होतो तोतो

प्रस्तोता तोता बन जाता है। खुशियों के पल बनाता-बनाता तोता होकर 'होतो होतो तो होतो' करने लगता है। तोतो को हिदायत है कि बाजार को, उत्सव को, मरने गिरने को, सदा ही एक भावेन 'होहोतोतो' करते रहा करो वरना...।

खुशियाँ दी गल्लाँ द गल होवे तो तोते खुश दिखने लगे हैं। वे गमी की खबर पर खुश रहते हैं। तोता प्रस्तोता को सिखाया जाता है कि तेरी मुस्कान तेरी खबर से बड़ी, तेरे बाँचने से ज्यादा ठण्डी होनी चाहिए। लम्बाई-चौड़ाई में इतने सूत की होनी चाहिए। बाजार की खबर हो या उत्सव की या किसी के मर जाने की, कहीं गोली चल जाने की, तुझे एक सूत दो सूत के दाँत दिखाते रहने हैं।

बाजार चढ़ा तो सारे दाँत ही दिखने लगे। एंकर सर्वत्र मस्त पाये गये। बाजार समझ में आया न आया, लेकिन 'इतना देखकर समझ आ ही गया कि बेगानी शादी में अब्दुल्ले अगर दीवाने होते हैं तो अपने प्रस्तोताओं की तरह'।

एनडीटीवी हो या सीएनएन आईबीएन, इंडिया टीवी हो या जी, सबको देख लगा कि बाजार का चढ़ना अगर किसी की समझ में आया तो इन्हीं एंकरों की। बाकी अगर न भी समझ में आया हो तो उनकी मुस्कान देख समझ जाइए कि मामला मुस्कुराने का बन रहा है। और हे दर्शकजन मुस्कुराइए।

वे इसी तरह थीम के अनुकूल व्यवहार की शिक्षा देते हैं कि बाजार चढ़े तो आपको भी प्रसन्न होना चाहिए।

जिस खबर पर निजी चैनलों के प्रस्तोताओं की बाँछे हर जगह से खुली और खिली नजर आ रही थीं उसी पर सदा के उत्तम पुरुषोचित व्यवहार के आदी डीडी नेशनल की खबर में वह इतनी बड़ी नहीं बनायी गयी। जितनी बनायी गयी वह तीसरे या चौथे नम्बर पर डाली गयी। यहाँ चेहरे प्रसन्न नहीं थे। अवसन्न भी नहीं थे। वे चिदम्बरम या मनमोहन के चेहरे की तरह भावहीन थे। खुशी फैल रही थी। समाए नहीं समा रही थी कि मेहँदी रचने की प्रथा राष्ट्रीय बन उठी जिस दिन बाजार चढ़ा उसी दिन मेहँदी के भाव चढ़े। दिल्ली का हनुमान मन्दिर उसके मेहँदी वाले धन्य हो उठे। दुल्हनें गृहस्थिनें अपने पतियों को आइटम की तरह पेश करती नजर

आती थीं। उनके पतिदेव सब प्रसन्नायमान दिखने के लिए आकुल रहे। वे कैमरे में आकर करवाचौथ पर अपने प्रेम का इजहार करने को लालायित रहे।

एक मुस्कान कितनी देर तक चेहरे पर बाँधे रखी जा सकी है दो सेकंड, एक मिनट। दो मिनट में तो खैर जबड़ा बरबाद हो जाता है। लेकिन अगर आपको ऐसे रिकॉर्ड महारथी देखने हों तो चैनलों पर नये एंकरों को देखें। वे कम से कम इतनी ट्रेनिंग तो ले ही आये हैं कि रिसेप्शनिस्ट की तरह बात करते रहें।

पीएम जब बाजार की बोली में बोले तो उनकी झलक डीडी ने दिखलायी। कहे कि यह सब सकारात्मक है। निवेश उत्साहित होगा। अगले दिन सुहाग का दिन करवाचौथ। इंडिया टीवी को मौलिक करना है। ऐसे अवसर पर अक्सर टीवी में दिखने वाली सुषमा स्वराज की जगह अब बहुत-सी सुहागिनों ने ले ली है। इस बार मर्द ज्यादा दिखे। पूरा जबड़ा खोल के हँसते दिखते रहे।

तीसरी बड़ी खुशी मुकेश अम्बानी के दुनिया के सबसे बड़े अमीर बनने की आयी। जिस दिन आयी सर्वत्र छायी रही। दलाल गली की दिवाली रही। और इस बीच एक गरीब रैली भूमिहीनों की पुकार करती पैदल चलती हुई दिल्ली आयी। उसके संक्षिप्त से सीन यत्र-तत्र बिखेर दिये गये। इसके आगे एक बात नहीं। इतने लोग दिल्ली आये और एक भूमिहीन तक का प्रोफाइल नहीं दिया गया। चैनलों के द्वारा उनके संयोजक सन्तुष्ट दिखे।

इस बीच 'वी द पीपल' में पीएम की दुर्दशा पर देर तक तरस खाया गया। कांग्रेस अपने पर ही तरस खाती रही। सीपीएम के नीलोत्पल की समझ में आया कि ये लोग उन्हें ही गुनहगार क्यों ठहरा रहे हैं। रविशंकर प्रसाद कहें कि वे पीएम के गुनहगार नहीं हैं। मगर एक कमजोर पीएम एक ताकतवर देश का नेता कैसे रह सकता है? बात अन्ततः पोटेंसी पर ही आकर रुकनी थी। ताकत की दवा की बात खुलकर आते-आते रह गयी। शशि थरूर ने जरूर बात को ताकत की दवा न्यूक्लीयर से जोड़ा। लेकिन कमजोर पीएम को ताकत भी देने की बात करना उन्हें कमजोर दिखाना रहा। पीएम की इतनी सेवा तो पीपल करते ही।

4 नवम्बर, 2007

प्यार प्रोमो पिस्तौल

सुबह : देहरादून। अमरमणि त्रिपाठी को उम्रकैद। हेडलाइनें। चैनल दर चैनल, तीन चैनल लाइव। देहरादून। लखनऊ। दिल्ली। मधुमिता शुक्ल के काव्यपाठ के सीनों की मिक्सिंग। तो अब आपको कैसा लग रहा है? आपकी प्रतिक्रिया क्या है? आप क्या सोच रही हैं : रिपोर्टर एक ही सवाल को तीन वाक्यों के पर्याय में ढाल रही है। मधुमिता की बहन से सवाल दर सवाल हैं : 'अगर यह आदमी मेरे जीते जी बाहर आया तो मैं अपने को मरा समझूँगी। फाँसी होनी चाहिए इसे।' अमरमणि की गिरफ्तारी के पुराने सीन। मधुमिता का काव्यपाठ। बहन ने भी एक अंश सुनाया।

स्क्रीन पर सीन चल रहा है। स्क्रीन के नीचे की पट्टी कन्फ्यूज कर रही है। वहाँ लिखा आ रहा है ब्रेकिंग न्यूज में : सत्रह लोग अपराधी माने गये। कोयम्बटूर बम विस्फोट। किसी को फाँसी नहीं दी गयी है। नीचे के खलनायक एक-एक करके दिखाए जा रहे हैं। ये। ये। ये। इन्हें-इन्हें। इन्हें। इन्हें। ये सजा हुई है।

मधुमिता वाले में भी 'आगे कोर्ट' का दरवाजा खुला है। कोयम्बटूर वाले में तो वकील कहता है कि जाएँगे। खबर खुली है। आगे आनी है। सारे कट्स उपलब्ध हैं। सँभालकर रखे हैं।

सुबह से दोपहर बाद तक सारे देश में सिर्फ दो कहानियाँ हैं। दिन भर बजने के लिए तैयार। सवाल उसी भाव से हैं। जवाब भी उसी भाव के। एक रात पहले, उसी दिन सुबह से कोलकाता। रिजवान। मर्डर। तोडी। प्रियंका तोडी का बयान। 'पिता मारने वाले इनसान नहीं हैं। मगर प्रियंका का चेहरा ज्यादा देर नहीं दिखाया मीडिया ने। तोडी की भी पहली तस्वीरें हैं। वही-वही सीन दुहराते हुए।

अपराध में, अपराध की कथा में बड़ा फर्क है। सुबह एक कथा मिल जाती है तो खबर की दिहाड़ी बन जाती है। आप उसे तीन दिन तक पूरे दिन बजा सकते हैं। बस कहते रहें : ऐसा क्यों हुआ? इसके बारे में बताते हैं : एक छोटे-से ब्रेक के बाद! और यकीन करें। यह ब्रेक आएगा घोषणा के तीन-चार घंटे बाद।

प्यार किया तो डरना क्या? यह अनारकली नहीं गाती। गाने की किताब में लिखा नहीं आता। एनडीटीवी इंडिया में शीर्षक रूप में छपा-सा दिखता है। प्यार करने वाले

कौन? देवानन्द-सुरैया। राजकपूर-वैजयन्ती माला। गुरुदत्त-वहीदा। और लीजिए शाहिद कपूर-करीना। फिर सैफ और करीना। लीजिए अभिषेक-ऐश्वर्या राय। प्यार करने के बाद डरने से मना करने की लाइन तो तब जँचे जब प्यार हो। प्यार की जगह प्रोमो हो तो शीर्षक को थोड़ा बदलकर आना चाहिए : प्यार या प्रोमो? प्यार और प्रोमो? चैनल का प्यार और किसी फिल्म का प्रोमो। वक्त अच्छा कटता है। 'स्टार डस्ट' का गॉसिप कॉलम ही जब खबर बन सकता हो तो क्यों न बनाया जाए। 'हैलो', 'स्टार डस्ट', 'ओके इंडिया' की पत्रकारें एक स्वर से प्यार के यथार्थ को बताने लगती हैं। उधर, पुराने नये हीरो-हीरोइनों के फिल्मी गानों के पाँच सेकिंड़िया टुकड़े एक स्टारडस्टी भी नहीं। फिल्मी कलियाँ, फिल्मी दुनिया वाला फीचर। हिन्दी में क्या अब भी इसका मारकेट बचा है? यह फिल्म का विटनैस है। विटनैस क्या उम्र है आपकी?

पीएम जी आपको कैसा लग रहा है? सवाल तो यही सम्भव था मगर किया नहीं। जो नहीं किया गया और जवाब में दिया गया उसका स्वरूप था : दुखी पीएम मनमोहन सिंह का बयान। राजनेता में मेलोड्रामा का टच डालते ही 'हाई पॉलिटिक्स' फिसड्डी कहानी बन जाती है। पीएम बोल रहे हैं। और कोई दुखी नहीं दिख रहा। यह कैसा दुखी चेहरा जो दुखी नहीं दिखता था और बताया दुखियारा जाता था।

तब फिर एक 'प्यार किया तो डराने वाले आ गये' वाला सीन यह दक्षिणी कथा है। चिरंजीवी के भाई लोडेड रिवाल्वर हवा में लहराते बोलते हैं कि हम उसके दुश्मन नहीं हैं। हमारे फैन हैं। इसे प्यार और पिस्तौल नाम दिया जा सकता है। इसके संग एक प्रोमो 'साँवरिया' का डाल देते हैं। कहानी फिल्मी है और हल्की भी, दोनों सीन मिक्स नजर आते हैं।

मगर जिस दिन अन्य खबर है चैनलों को इंडिया टीवी की मौलिकता का तोड़ मिल जाएगा, खबरों की दुनिया बदल जाएगी। इधर एक वटवृक्ष की कहानी है। रावण ने मन्दोदरी भाभी को ले जाते वक्त यहीं पूजा की थी। विजय दशमी रावण भक्तों के लिए शोक का दिन होता है। रावण बिजनौर के किसी होटल में नहीं रुका था। वट वृक्ष के नीचे रुका था। वही 'रावण होटल' रहा होगा। अब साधु लोग तेरह दिन तक उलटा लटककर 'ओम नमः शिवाय' का जाप करते हैं। वे तेरह दिन तक कुछ नहीं खाते। बिजनौर में रावणपुरी है। रिपोर्टर अपनी मौलिकता पर चौंका हुआ है। ये लंकइया समुदाय है। नहीं लंकड़िया समुदाय है। ये पाँच-छह हजार की संख्या में आये थे। आप पूजा करेंगे तो रावण की आत्मा प्रसन्न होगी। वरदान देगी। पिछले पाँच साल से यह रावण पूजा चल रही है। क्या कोई है इंडिया टीवी से मुकाबला करने वाला?

अजी ये तो रावण की महिमा हुई। अब देखिए एक लड़की ने कह दिया कि वह आज रात इतने बजे पत्थर की बन जाएगी। हमेशा तैयार रहने वाले श्रद्धालु उमड़ रहे हैं। आइए देखते हैं। क्यों कर रही है वह ऐसा दावा? कैसे बनेगी वह पत्थर की? बस बताते हैं छोटे-से ब्रेक के बाद। यह लड़की सजी मचान पर बैठी लगती है। श्रद्धा उमड़ रही है। रिपोर्टर की भी।

सप्ताह की सबसे बड़ी चर्चा योग्य चर्चा 'डेविल्स एडवोकेट' में करन-मोदी की रही। सबको पानी मँगवाने वाले मोदी जी करन के सवालों से विचलित होकर पानी माँगने लगे। बीच में उठकर चल दिये। चेहरा नाराज था। मगर नियन्त्रण में था। करण इधर-उधर से उनकी छवि सम्बन्धी सवालों को छेड़ रहे थे। वे अन्त में उठ ही गये। बस एक बार कहा—आप अपने सवालों को एंज्वॉय कीजिए।

28 अक्टूबर, 2007

स्वागत की सभ्यता

सब खबर चैनल नये साल की आगमनी में टल्ली होने लगते हैं। कभी-कभी तो लगता है कि वो जो सामने बैठकर पढ़ रहा/पढ़ रही है, कहीं वो भी टल्ली न हो। एमएच वन के एक वाचक तो लहरकर ही पढ़ते हैं। खबरें झूम-झूपट के आती हैं। टीवी खबर चैनल हर साल आखिरी दिन से काफी पहले नये साल का स्वागत करने की सभ्यता की दीक्षा देते हैं। खाना-पीना, नाचना, गाना और टल्ली होकर बदमाशी करना, यह स्वागत की सभ्यता है।

नये साल के स्वागत में जो भी जश्न मना रहे हैं, वे या तो मुम्बई में हैं या अन्य शहरों यानी दिल्ली, कोलकाता, बंगलौर, चेन्नई में। नोएडा, गुड़गाँव, गोवा में तो हैं ही। सबके पास एक ही होटल, एक ही वक्त रिपोर्ट करने को हो तो वे क्या करें? हमें लगा कि एक ही वक्त *सीएनएन आईबीएन* जिस होटल की आरती कर रहा था, उसी वक्त *एनडीटीवी* कर रहा था—जै हो भैया होटल वाले की। फ्री की पब्लिसिटी ले रहा है। इकतीस दिसम्बर की शाम अगर आप टीवी देखते हैं तो बेनजीर खबर के लिए देखते हैं, न कि गोवा के एक होटल में चन्द मटकते लोगों को देखने के लिए। मटकना तो झूम इण्डिया में और नच बल्लिए में दिन-रात चल रहा है।

तब आपने क्या-क्या सुना एन साल के स्वागत में?

जश्न सुना। फिर सावधानी आण्टी की लाइनें आयीं कि पी के न चलाना। पुलिस का सख्त इन्तजाम है। मनचले छेड़छाड़ करते हैं, इसलिए यहाँ-वहाँ देर रात तक इन्तजाम है सुरक्षा का। संग में आ रहा है सोडा का प्रोमो। आप लीजिए और जश्न मनाइए।

वह रिपोर्टर जो होटलों से रिपोर्ट कर रही है, होटलों की रंगीनी को दिखाती-बताती रहती है और रिपीट करने लगती है। वह नहीं जानती कि कितना क्या-क्या बोले? बस बोलती रहती है : चारों ओर लोग जश्न मना रहे हैं...। जश्न को दिखाती रहती है। जश्न यानी मटकना।

बताइए, चैनल नये साल के कवरेज में ज्यादातर कन्या रिपोर्टरों को ही कवरेज के

लिए क्यों भेजते हैं? और जश्न का भेद चैनल दो दिन बाद खोलते हैं कि पी के चलाने वालों में तीन सौ से ऊपर इस शहर में धरे गये। मुंबई में शेम-शेम हुआ। लड़कियों को फिर मॉलेस्ट किया गया। रात के दो बजे किया गया। ये देखिए तस्वीरें। स्लो मोशन में एनडीटीवी, सीएनएन-आईबीएन दोनों दिखाते हैं कि देखिए जी ये हो रहा है इन लड़कियों के साथ। देख-देखकर मनचले अपनी लीला पर मुग्ध होते होंगे। पिछले साल एक केस हुआ था। इस साल तो कोच्चि में भी हो गया। देखिए लड़की का स्वीडिश पिता बात कर रहा है और उसकी लड़की को उसके ऐन बाजू से पीछे घसीटकर एक मनचला ले जाता है छेड़ने के लिए। गजब का सीन है। उसकी चीख-पुकार सब सुनायी दे रही है। छाया में कुछ होता भी दिखायी दे रहा है। बाद में पिता इतना भर कहता है कि आपको अगर अपने सुन्दर देश को दिखाना है तो आप दूसरों का आदर करना सीखें। इससे आगे क्या कर लेगा भई?

जश्नवादी लम्पट मन प्रसन्न होता होगा। लम्पटता का जश्न जब बार-बार महिमामण्डित किया जाएगा तो ऐसा होना स्वाभाविक बन जाएगा। यही हो रहा है।

मजा किरकिरा करने वाली खबर लगातार आती रही बेनजीर की। ऐसा लगा कि बेनजीर अपने ही मुल्क की रही हों। इतना अपनापन वहाँ के बाजार के लिए उमड़ा कि चैनल लरकाना और इस्लामाबाद जाकर पसर गये। अचरज नहीं हुआ कि वे सिन्ध की तबाही की एक तस्वीर तक नहीं दिखा पाये जबकि बुधवार को मुशर्रफ ने अपने प्रेस वक्तव्य में सिन्ध में दो दिन तक तबाही का राज चलने की बात कही। लोग वहाँ रॉकेट लांचर कन्धे पर लिए घूमते हैं, ऐसा कहा।

चैनल बेनजीर की उन तस्वीरों को बार-बार देते रहे जो उनके मारे जाने से सम्बन्धित थीं। दो टेप एक के बाद एक। एक में दो आदमी दूर खड़े हैं। एक फायर करता है पिस्तौल से। दो बार, तीन बार और उसके बाद विस्फोट की आवाज है। बेनजीर का क्या बना? पता नहीं लगता। दो दिन बाद दूसरी क्लिप आती है, हवाला *चैनल फोर* का है। स्लो मोशन में कोई सौ बार दिखाया गया अपने यहाँ। कैमरा बैक में है कि बेनजीर की पीठ-सिर दिखते हैं। गाड़ी के उधर पास दो-दो हमलावर खड़े बताये जाते हैं। एक धूप का चश्मा पहने है। वह पिस्तौल दागता है और आवाजें होती हैं। बेनजीर के सिर का पल्लू उड़ता है। वे ढेर हो जाती हैं। गाड़ी में खून पड़ा है। उनके सैण्डिल पड़े हैं। ये सन् सात की भाषा है। धूप का चश्मा, पिस्तौल, बमबाज, खुदकुश यानी आत्मघाती। तिस पर ज़श्न।

लोकसभा चैनल थोड़ा सुकून बख्शता है। यहाँ नया साल उस तरह से नहीं आता जिस तरह से *डीडी* के लिए आता है। डीडी के लिए भी जरा सँभलकर आता है। लेकिन निजी चैनलों तक आते-आते फुल टल्ली हो जाता है।

लोकसभा चैनल कभी-कभी देख लिया जाना चाहिए। यों उसमें कुछ ऐसे कच्चे

चेहरे भी संयोजन करते दिखा करते हैं जो मेहमानों की डाँट प्यार से खाते हैं। वहीं सामने। उनके चेहरे उनके कैशोर्य को बताते हैं। यह लोकसभा चैनल का अपना कंट्रास्ट है कि लगता प्रौढ़ चैनल है। मगर बिठाता बच्चा चेहरों को है।

एक कार्यक्रम याद रहेगा जो इस चैनल ने दो हजार सात के अन्तिम दिनों में दिया मृणाल पाण्डे का 'बातों-बातों में'। मुलाकात खय्याम साहब से। उनकी गायिका पत्नी साथ थीं। और जनाब क्या तो बढ़िया बातचीत थी? इस शोर भरे रीमिक्स के जमाने में परम सुरीले खय्याम को सुनना अच्छे पॉपुलर संगीत के इतिहास को समझने जैसा रहा।

6 जनवरी, 2008

थप्पड़ महिमा

दो चैनलों पर थप्पड़ की गूँज थी। थप्पड़ यूपी के सिपाही का था। गाल भी यूपी वाले का ही था। और स्पेशल रिपोर्ट भी यूपी से ही थी। थप्पड़ रिपोर्टर, जिसने थप्पड़ के बारे में काफी पढ़ रखा था, यह तो पढ़ ही रखा था कि थप्पड़ की गूँज थप्पड़ से बड़ी होती है। रेडियो पर गूँज होती है, सो अब टीवी के चित्रों में क्यों न रहेगी? लगे थप्पड़ तो बताओ कि आवाज आयी कि नहीं?

दो चैनल एक-दूसरे से स्पर्धा करते हुए परेशान रहे होंगे कि थप्पड़ को किस तरह से पेश करें? सबको मालूम है कि थप्पड़ लगता है तो थप्पड़ित कान के पास आवाज ज्यादा आती है। दूर वाले को सुनायी दे तो थप्पड़ को जोरदार होने की गरिमा से विभूषित किया जाता है। कारण है कि हर एक को बचपन में कभी-न-कभी एक थप्पड़ या एकाधिक रसीद होता ही है। जिसके थप्पड़ न लगा वह भी क्या आदमी हुआ?

सो, दोनों चैनल वालों ने बड़ी माथापच्ची करके शीर्षक दिया : थप्पड़ की गूँज। थप्पड़ को सीधे गाल पर लगते दोनों रिपोर्टरों व कैमरे वालों ने एक ही एंगिल से देखा था। इतने प्रामाणिक तमाचे के बाद कहानी तो तमाचादार होनी ही थी। रिपीट का अलग सौन्दर्य होता है। टीवी में आप उसे स्लो में देखते हैं। उसी क्रम से वही एक्शन दिखता है। आप अधीर होते हैं कि जरा ज्यादा साफ दिखे तो मजा आये। बस यही स्लो मोशन का खेल होता है कि दर्शक उद्ग्रीव और उत्कंठित बना रहता है। हर बार और ज्यादा बारीकी से देखने के लिए।

तीन-चार बार देखा तो पाया कि किसी की कनपटी पर एक लम्बे हाथ ने धर दिया है। थप्पड़ इतना महान रहा कि उसके खिलाफ हो रहे हंगामे को किसने देखने योग्य समझा होगा?

थप्पड़ एक बड़ी खबर बना। टारगेट यूपी रहा। उस महिमावान थप्पड़ को बार-बार दिखाया गया। तुरन्त मायावती पर एक चैनल अति कृपालु हो उठा। ऐसे हर मौके पर यह चैनल मायावती से बेसिक सवाल पूछता रहता है कि माया का मतलब क्या यही माया है जी? मायावती इस चैनल को अभी तक रास नहीं आयीं।

चैनल अपनी जात और जाति नहीं भूलते। मायावती सम्बन्धी कोई भी खबर

उनके जातिवादी चिह्न उजागर कर देती है। यहाँ से जो बात संकेत में बनती है, वह जातिवादी ही हो सकती है। इससे अधिक कहना जरूरत से ज्यादा पढ़ने का आरोप लगवाने के बराबर है।

टाइम्स का शीर्षक सही था 'माया मुलायम स्पेट', बाकी दो चैनल थप्पड़ गूँज दिखाते रहे। जिसने मारा वह सिपाही नहीं दिखाया जा सका। उस हीरो को देखा जाना चाहिए। नायक तो वही था।

टीवी खबर चैनलों को झगड़े-टंटे वाली तमाम कहानियाँ पसन्द हैं। कहीं दो पत्ते लड़ें तो ब्रेकिंग न्यूज का खेल हो जाता है। तिस पर जब ऑस्ट्रेलिया में हरभजन के ऊपर नस्लवाद का उल्टा इल्जाम लगे तो क्या कहने? कहानी की छूँछ निकाल कर देशप्रेम को क्रिकेट के साथ डबल मलाई मारके वाली स्टाइल में जो पेश किया जाता है तो क्या मजाल कि पाकिस्तान की मरहूम बेनजीर साहिबा की किसी को याद भी आये या प्रवासी भारतीयों की खबर भी कुछ ध्यान खींच सके।

इसके बाद अखाड़ा सिद्धूजी के हाथ में था। एक बार टीवी पर आ जाने के बाद वे आउट होने नहीं देते। उनके धाराप्रवाह मौलिक मुहावरों और रूपकों को कौन रोक सकता था? वे चकित कर देने वाले सुन्दर सांगरूपक मारते हैं। साहित्यकार लज्जित होते हैं। वे खेल के महाकवि की तरह बोलते हैं। चरचाकार तक आनन्दित कि अब आगे का आधा घंटा सिद्धू ही बोलेंगे। और क्या-क्या तो नहीं कहा भैया सिद्धू ने? बकनर, ऑस्ट्रेलिया, रिकी पोंटिंग आदि को ऐसी खरी-खोटी सुनायी कि वे याद रखेंगे। कहीं-कहीं तो रूपकों का औचित्य तक समझ नहीं आया। न आये। आपकी अक्ल ठहरी। मगर सिद्धू तो अपनी रौ में बोलते ही जायेंगे।

सुभाषितों में कौन जीत सकता है हमसे? ऐसी राष्ट्रभक्ति बरसी कि मसले पर सन्देह का एक फीसद लाभ तक किसी विपक्ष को नहीं दिया जा सका। क्रिकेट प्रेमी देश के क्रिकेट प्रेमी चैनलों में बैठे क्रिकेट प्रेमी खबर देने वाले। जब किसी ने हरभजन को सुना नहीं और अन्याय हुआ तो न्याय की माँग होनी ही थी। लेकिन इतने चैनल रहे और पूरा भारत एक्शनायमान न हो तो लानत है ऐसे टीवी परिदृश्य पर। अन्ध-देशभक्ति की परीक्षा में हर बार हम सौ फीसद नम्बर लाते हैं। ऐसा होना ही था। क्रिकेट अब हिसाब-किताब है। खेल नहीं। गब्बर का नारा क्रिकेट का नारा बन चला : जो डर गया सो मर गया। पूछिए कि कितने आदमी थे? इसके बाद गोली ही रह जाती है। गाली गोली बनकर निकलती है। खेल में गाली तो अब ऐसे निकलती है जैसे आशीर्वाद निकलते हैं। शिष्टता का खेल अशिष्ट भाषा में खेला जाता है, और तो और बिशन सिंह बेदी पर जब फारूक अब्दुल्ला देशभक्ति के जरिये भारी पड़ने लगे तो क्या तो बचना है?

उज्जैन की कहानी विद्यार्थी परिषद के नाम रही जिसमें दल के लोगों ने एक प्रिंसपल को इसलिए पीटा कि उसने इनके मित्रों को नकल करने का अधिकार नहीं दिया। पीटने की संस्कृति ही तो कहानी है। टीवी भी पीटने-पिटवाने की संस्कृति को खबर योग्य पाता है।

क्या किसी ने मुशर्रफ की पूरी प्रेस कांफ्रेंस देखी? किसी चैनल ने पूरी दिखायी? अचरज है। जो चैनल पाकिस्तान को अपने सूबे की तरह ही डील करते रहे, वे मुशर्रफ से इस कदर बरतरफ हो जाएँ, ठीक नहीं लगता। इन दिनों मुशर्रफ को कोई नहीं पूछता। मुशर्रफ की प्रेस कांफ्रेंस ज्यादा देर आयी तो कहाँ? एमएच वन की खबरों में और जब एक विदेशी पत्रकार ने पहला ही सवाल दागा कि आपके हाथ खून से रंगे हैं तो भैया जी मुशर्रफ का चेहरा गुस्से में तमतमाता दिखा। बड़े जब्त के साथ वे बोले कि उनकी परवरिश ऐसे ही हुई कि ऐसा नहीं है।

13 जनवरी, 2008

नस्ली असली

लीजिए माँ की गाली हैलो-हाय बना दी गयी। खबर की ताकत, तिस पर मिक्स देशभक्ति की ताकत। इस सब पर भारी खबर चैनलों की क्रिकेटिया भक्ति की ताक़त। सबने मिलकर मंकी की मांकी को स्थापित किया। नस्ली की जगह असली को लगाया। और फिर विद्वान बोले कि इतना तो चलता है जी। क्या करें और शरीफों का खेल माँ की शरीफ गाली से नवाजा जाकर स्वीकृत हो गया।

सिर्फ एक चैनल की खबर देखिए :

बीसीसीआई के प्रवक्ता ने कहा : महात्मा गाँधी ने नस्लवाद के खिलाफ लड़ाई लड़ी थी।

आशय : बापू को हम सब मानते हैं, उनका बोलना हमारा आचरण है। हम तो जन्मना नस्लवाद के ख़िलाफ हैं।

- हम नस्लवादी कैसे हो सकते हैं?

हमें गाँधी जी ने कुछ दिया हो, न दिया हो नस्लवाद के विरोधी होने का लाइसेंस दिया है।

वाचक बोलता है : अब स्थिति चाहे जैसी हो, यानी 'मांकी' हो या 'मंकी' हो, हमें क्या जी खेल का फायदा हुआ है। फायदा ही हमें देखना है जी। खेल का फायदा मनी का आना है। मांकी आये या मंकी आये, मगर मनी हर हाल में आये।

हम क्रिकेट की देशभक्ति का नजारा देखने के लिए चलें भज्जी के घर। घर में एक युवा बोलता है : मैदाँ में अगर हम डट जाएँ मुश्किल है कि पीछे हट जाएँ ... अब हम जीत के आयेंगे। एक लड़की बोली : हरभजन की जीत हुई। हमारी जीत हुई। वाचक बोला : आखिरकार जीत सच्चाई की हुई है। यह सिद्ध हो गया है कि भारत नस्लवादी नहीं हो सकता।

कितनी गारंटी चाहिए होती है भारत को, भारत के एक खिलाड़ी को, उसके प्रबन्धकों को? मंकी कहा होता तो बात थी। भाषा के उच्चारण श्लेष में 'मंकी' कहो या 'मांकी', बात एक से संचालित होठ कहेंगे। जब स्पष्ट रिकॉर्ड नहीं हो सका तो लिप मूवमेंट रहे और वे एक से ही रहेंगे। इस तरह देखते-देखते मांकी वाला जुमला

वैध हो गया। एक बार कहीं न सुनायी पड़ा कि मंकी न कहा हो ठीक है। लेकिन मांकी कहना कैसे ठीक हो चला?

आगे से शब्दकोश की सभ्यता में यह चल निकला तो कुछ गलत न होगा? चर्चाओं में हैलो-हाय जी की जगह यदि कुछ ऐसे ही जुमले आने लगें तो चर्चाएँ और हिट हो जाती हैं। अरे, खेल भावना से लीजिए न। *टाइम्स नाउ* की चले तो ओबामा को जिताकर दम ले। कम-से-कम उस एक बाइट से ऐसा लगा जिसे जैसी जैक्सन के हवाले से दिया गया। जैक्सन भी जमकर बोले कि अमेरिकी चुनाव में गाँधी जी किस तरह से सक्रिय नजर आते हैं। अच्छा लगा कि गाँधी के बलिदान दिवस पर कोई गाँधी को एक ग्लोबल तत्त्व की तरह पेश कर रहा है। मगर क्रिकेट बाजार से ज्यादा बड़ा यूनिफायर है। यह बात जरा हजम नहीं होने वाली लगी।

शिबू सोरेन जैसे नेता को सलाम, जो एक बात नहीं छिपाते। जो होता है दिल में साफ-साफ बोल डालते हैं और खबरिया पत्रकार जितना बताते हैं, खुद उससे ज्यादा बता जाते हैं। व्याख्या के लिए कुछ बचता ही नहीं। विनोद दुआ की खबर भाषा में कहा गया : कोयला मन्त्रालय से अब दूर नहीं रह पा रहे हैं शिबू जी तो उत्तर में शिबू हाजिर रहे कि—हाँ मुझे कोयला मन्त्रालय ही चाहिए। गजब की विनम्र स्पष्टता रही। विनोद दुआ की कापी अपनी जगह मसखरी करती रही।

भगवन्! चर्चाएँ और उनके विषय थक चले हैं। तिरंगा और देशभक्ति पर बहसें थक चली हैं। अब कुछ नया चाहिए भई। नये अकथित कथन करने वाले नया विचार देने वाले चाहिए। वे ही चेहरे आते हैं। यत्र-तत्र फैल जाते हैं और उसी क्रम से मध्यवर्गीय जवाब-सवाल होते रहते हैं।

जब एक चर्चा में आशीष नन्दी आ गये और बात क्रिकेट के बोली लगने वाले नीलामी बाजार पर आयी तो अपनी-सी ही हिन्दी-अंग्रेजी में वे कुछ बड़े तत्त्व बोल गये कि अमेरिका में ऐसा हो चुका है। काले लोगों में इसी तरह की क्रिया ने गतिशीलता पैदा की है। अपने यहाँ भी मनोरंजन, खेल, अपराध और राजनीति ऐसा ही काम कर रहे हैं। उनकी यह मौलिक स्थापना कायदे से संयोजक द्वारा सँभाली नहीं जा सकी।

जब एक चैनल सिगरेट को छुड़ाने के पीछे रामदॉसी नीति को बेचने लगे तब क्या होता है? वही सुपरहिट 'सिगरेट सुलगावन लीला' होती है जिसमें रजनीकान्त के सिगरेट सुलगाने का पिस्तौली सीन दस पन्द्रह बार दिखाया जाता है और रामदॉस का बयान कि शाहरुख खान सिगरेट वाले सीन न करें, रजनीकान्त से सीखें। लेकिन रिपोर्टर ने खबर निचोड़ी कि रामदॉस तो ऐसा खबर में बने रहने के लिए शायद करते रहते हैं। वरना सिगरेट के पैकेट पर खतरनाक के चित्र आने थे। लेकिन अभी तक नहीं आये।

छब्बीस जनवरी को सब चैनल थोड़ी-थोड़ी परेड़ दिखाते रहे। लेकिन डीडी पूरी दिखाता रहा। *डीडी* पर शाम को आपकी बैठक में एक चर्चा भी नजर आयी जिसमें समाज, सरकार और संविधान विषय पर गणतन्त्र का विश्लेषण, आकलन रहा जो चर्चा का कुछ बेहतर नमूना कहा जा सकता है। *एनडीटीवी* का इंडियन ऑफ दी इयर एक तरह का दिव्य मजमा रहा।

उधर दूसरे चैनल को लगा कि वे किसे-किसे लायें तो वह भी निकाल लाया अपने-अपने लोग। अपने चैनल, अपने लोग। ऐसी अभिमुखता भी विकास की निशानी है।

3 फरवरी, 2008

रावण के हवाई अड्डे

लड़के ने गोली मारी
लड़के ने लड़की को गोली मारी
गोली पिस्तौल से मारी
पिस्तौल बरामद
प्रेम का किस्सा था
खुद को गोली मारी
दोनों मर गये।

यह कोई उत्तर आधुनिक कविता नहीं है। चाहें तो आप उसे उस तरह भी पढ़ सकते हैं। बल्कि यह उन तमाम ब्रेक या खास लाइनों का एक क्रम-सा है जिसे बनाया गया है।

एक-एक लाइन में एक कहानी ठिठककर आगे बढ़ती है। एक लाइन की कहानी विजुअल में प्रिंट का टच देने के चक्कर में कई लाइन में बदलती है। अगर इस कहानी को इसी क्रम से छाप दिया जाए तो गजब की कविता बन सकती है।

खबरों को नाम देना, शीर्षक देना पत्रकारिता की बड़ी कला है। ब्रेकिंग को ब्रेक करना फिर शीर्षक को ब्रेक करना, फिर कहानी को ही ब्रेक कर देना और उस छोटी-सी पट्टी में से एक मजेदार अनुभव निकालना छोटा काम नहीं। यह एकदम क्रीड़ा-भाव हिन्दी खबर के प्रस्तुति शिल्प का अपना विकास है। बताइए किस अंग्रेजी चैनल के पास यह कला है? यह हिन्दी की अपनी मौलिकता है कि छोटे-छोटे वाक्य मिलाकर एक छोटी-सी कहानी, एक छोटी-सी अतिघटित बात को बता गयी। *समय* की पट्टी की लीला मनोहारी लगी।

समय ने न्यूज कास्टरों के जाने-पहचाने चेहरे लाकर अपने को एक खास पहचान दी है। यह और हिन्दी चैनलों को टक्कर देने वाला चैनल बन रहा है।

अब आप दो और चैनलों की कम से कम दो पट्टी खबरों का लुत्फ लें : एक में कहा जाने लगा कि दरियागंज में गाली देने वाला गिरफ्तार। कितनी महानता है, गोली वाला नहीं पकड़ में आता है। पुलिस गाली वाले को धर लेती है। गाली गोली

पर भारी है। दूसरे की ब्रेकिंग न्यूज रही : मोदी ने पतंगबाजी का लुत्फ उठाया।

ब्रेकिंग न्यूज बनाना अब एक क्रीड़ामय कर्म बन चला है। खबरों के घमासान में दर्शकों की दो आँखें अपनी ओर खींचने के लिए हजार हाथ चाहिए। पट्टी पर आने वाली लाइन तक में घमासान रहता है। मगर हिन्दी चैनलों ने अपने प्रयोगों से भले कुछ अतिवादी होकर ही अपनी अनूठी कला बना डाली है। थोड़ी खबर। थोड़ी शब्द-क्रीड़ा। एकदम नया अनुभव होता है। अख़बार के टाइटल और विजुअल मिलकर खबर को लीलामय बना डालते हैं।

दर्शक की आँखें अपनी ओर टिकाना सबसे बड़ी चुनौती है। एक ही तरह की कहानियों को देखता हुआ थका-पका हकबका दर्शक जब हर सेकंड पर चैनल बदलता है तो उसकी आँखें क्या देखकर जमें? सबसे बड़ा सवाल होता है।

इस चक्कर में एक चैनल अरसे से रामकथा के घटनास्थलों को, महाभारत के घटनास्थलों को मिथक से बाहर सच की तरह और सच से बाहर कभी-कभी मिथक की तरह दिखाने में लगा है। पाठकों को उनकी टीम द्वारा स्वर्ग की सीढ़ी दिखाने वाली दृश्यावली याद होगी ही। वह सारे स्थानों को श्रद्धा से दिखाता आया है। दर्शकजन ने अपने को धन्यभाग समझा है और इन्हीं आँखों से उन स्थलों के दर्शन किये हैं जिनके लिए हजारों मीटर ऊँचाइयों पर कहीं भटकना पड़ता। एकदम देवी-देवताओं के स्थान, तपोभूमियों और लीजिए यथावत, देश के हर कोने में नजर आती है। चैनल में लगता है, एक मिथक शोधक कारखाना है जो दिन-रात काम करता है। हिट काम करता है।

दूसरे चैनल भी कम नहीं। अपने अड़ोसी-पड़ोसी भी कम नहीं। वे निकालकर ले आये रावण की गुफा।

एकदम गजब और जब बताया जोर-जोर से सप्तम से भी आगे के सप्तम स्वर में। घोषित किया कि रावण की गुफा मिल गयी है तो कौन दर्शक होगा जो टकटकी लगाकर न देखता रह जाए? यह काम *जी न्यूज* ने कर डाला, एकदम आगे निकल गया लगा। ब्रेकिंग न्यूज रावण बनाने लगा। न्यूज जब ब्रेक हो तो हमारा कहना है कि आप उसकी वाक्यावली पर गौर फरमायें। उसके दृश्य की तलाश न करें। अब भी लिपि ज्यादा बोलती है। सो बोली।

ब्रेकिंग न्यूज : रावण के पाँच हवाई अड्डे मिले हैं। चार हनुमान जी ने जला दिये थे लंका दहन के दौरान। 'उलट पुलटि सब लंका जारी' वाला छन्द याद आया। हवाई जहाजों का कारखाना भी था।

ये रहे रावण के खुफिया रास्ते। *जी न्यूज* की अब तक की सबसे बड़ी खोज। विज्ञान को चुनौती। जिसे रामायण में पुष्पक विमान कहा ज़ाता है वह लोहे का बना था।

खास खबर जब खोज खबर बन गयी, जिस पर श्रीलंका सरकार को मिले सबूतों ने पुष्ट कर दिया, तब भी क्या कोई सन्देह कर सकता है? राम की कहानी, जो एक चैनल पर अब स्वाद खो चुकी रही और रामायण जो एक चैनल पर आने वाली रही, उन सबके आगे की कहानी रही रावण की खबर। रावण का एक-एक आइटम एक-एक खबर हजार खबरों पर भारी रहा।

लीजिए कार एक्सपो के बारे में म्याऊँ वाले एफएम चैनल वाली संयोजिका ने किया म्याऊँ और कहा कि कार शो में देखा गया कि भीड़ थी। लेकिन कार देखने से ज्यादा भीड़ स्किनी मॉडलों को देखने आयी थी। इतने कम-कम कपड़ों में कारों के बीच ऐसा खड़ा कर देना एक तरह से औरत का बाजारीकरण है। म्याऊँ बोली।

20 फरवरी, 2008

जनता ही गायब

टीवी के खेल को आप उसके छोड़ दिये गये कपड़ों से जान सकते हैं।

टीवी ने जनता को गायब कर दिया है। यह आप आसानी से जान सकते हैं। आगे आप ये न पूछें कि जब जनता गायब है तो दर्शक कहाँ से आएँगे?

टीवी की जादूगरी के खेल को, दृश्य की सफाई के खेल को भी पढ़ सकते हैं। कौन-सा विज्ञापन गायब हुआ? कौन-से ने जगह ली? कौन-सा सीरियल अपनी साख खो बैठा? कौन-सा नया मैदान में आया है? कौन-से हैं जिनकी बैटरी डाउन होने लगी है? कौन-से हैं जो कमर कस रहे हैं? चैनल की रेटिंग को आप उसमें आने वाले विज्ञापनों की क्लास से जान सकते हैं। इसी तरह किस चैनल के दर्शक कौन-से लोग हो सकते हैं, इसे जानने के लिए आपको एंकर के लिबास को, उसकी भाषा को देखना है। यों आप ध्यान से एंकर की लिपिस्टिक तक से अनुमान लगा सकते हैं कि चैनल किसका है?

जो चीजें टीवी से दिखनी गायब होती गयी हैं और इन दिनों एकदम गायब-सी नजर आती हैं उनमें सबसे बड़ा आइटम जनता है। जनता में भी गाँव की जनता है। रिपोर्टर न गाँव का चित्रण जानते हैं, न जनता को पेश करना जानते हैं।

टिकैत प्रकरण को ही लीजिए। गिरफ्तारी और मुक्ति के बाद बड़ी महापंचायत की रैली की खबर का निर्माण देखें। टिकैत के पुराने फुटेज कट करके हाफ में मायावती। उसके आगे टिकैत की रैली की एक विहंगम झलक। वाचक का एक लाख आदमियों का आना, कहना। एसपी, चौटाला आदि का उल्लेख और सामने बार-बार अजित सिंह पर फोकस। फिर टिकैत पर कैमरा टिका और उतरकर पीस टू होकर रिपोर्टर से कहलाने लगा कि टिकैत ने मायावती का नाम लेकर कुछ नहीं कहा। इससे जाहिर है कि उत्तर प्रदेश में सबसे ताकतवर आदमी होता है मुख्यमन्त्री!

सिसौली गाँव का एक नजारा नहीं। ग्रामीणों में से दो-तीन का एकाध वाक्य, महापंचायत का सीन, जनता गायब। वह सामने बैठी एक भीड़ मात्र। कोई पूछे कि मुद्दा क्या था और अब किसी को मालूम है कि मुद्दा क्या था? एक सप्ताह में किसी भी चैनल की टिकैत कहानी में नहीं मालूम पड़ता कि बात कहाँ से शुरू हुई थी।

हर कहानी का किस्सा ऐसा ही होता है। शुरू में भी नहीं मालूम होने दिया

जाता। शायद कई बार चैनलों के रिपोर्टर तक को मालूम नहीं होता कि असल मसला क्या है? एंकर दो-तीन दिन कहानी खिंचने के बाद अपने आप भूल जाती हैं कि किस बात पर शुरू हुई थी। रिपोर्टिंग की ऐसी कला खबर करने की तत्काल, सुपर तत्काल सेवा है। निरन्तर वर्तमान और वर्तमान और वर्तमान!

आईबीएन ने मराठी लोकमत चैनल शुरू किया। राज ठाकरे अपना लाने वाले रहे। शिवसेना अपना लाने वाली है। राज ठाकरे फैक्टर ने मराठी को तीन चैनल तो दिला ही दिये। बहरहाल *आईबीएन* ने लोकमत के शायद पहले दिन खबर वाचक एंकर की तरह पेश किया अमिताभ बच्चन को। वे मानो राज ठाकरे को जवाब देने के लिए मराठी में बोले। *आईबीएन सेवन* ने यथावत कवर किया। बार-बार खबर में दिखाया। मराठी में दो-तीन वाक्यों में कहा कि महाराष्ट्र ने उन्हें क्या-क्या दिया? करियर दिया, बाल-बच्चे परिवार दिया। कहानी बोली कि राज ठाकरे के बयान के जवाब में अमिताभ ने ये किया। नीचे पट्टी आयी कि शिवसेना ने पलटी मारी है। कहा कि अमिताभ तो पूरे देश के सुपरस्टार हैं।

इस कोई एक-डेढ़ महीने पुरानी कहानी में से मुम्बई, पुणे से भगा दिये गये उत्तर भारतीय हिन्दी भाषियों के दुख-दर्द को कोई जगह नहीं दी गयी। कभी नहीं दी गयी। वे क्या महसूस करते हैं। उसका एक हिस्सा पक्का नहीं दिखाया गया। यहाँ भी जनता को कायदे से गायब किया गया। अपने चैनलों से उनकी जनता गायब है। उसके निशान तक गायब मिलते हैं। तिब्बत, दलाई लामा की कहानी चीन ओलम्पिक और मशाल पर आकर रुक गयी है। *सीएनएन-आईबीएन* पर समाचार वाचिका पंचायत लेकर बैठ गयी है। पत्रकार मनोज जोशी, एक चीन विरोधी युवक, एक चीनी पक्षधर रेन यान बोल रहे हैं। मनोज के लिए चीन को खुलना चाहिए। प्रसंग वे बताते हैं कि कश्मीर में एक वक्त एक भी भारतीय पत्रकार नहीं आने दिया जाता था। सब विदेशी होते थे। विरोधी बोलता रहा कि चीन उपनिवेशवादी है। तिब्बत, मंचूरिया, मंगोलिया उसने जबरन लिया हुआ है। चीन के अर्ध प्रवक्ता बोले कि सब मीडिया का पक्षपातपूर्ण रवैया है। बहरहाल तीन बार पेरिस की बुझी टॉर्च की कहानी एक चीनी टीवी खबर के इस टुकड़े के साथ खत्म होती नजर आयी जिसमें चीनी वाचिका ने कहा कि यह सब गलत है। इस क्रिटिकल कहानी को चीनी वाचिका के पाठ से क्यों खत्म होना चाहिए था? चैनल को भी चीन का डर है क्या? क्या इस वस्तुतः द्विपक्षीय कहानी को पहले से ही 'ज्ञात' नहीं कहा जा सकता कि यह इसी तरह से कहेगी?

इंडिया टीवी के चरणों को प्रणाम! एक दिन उसने देश के सब दर्शकों को

सीधे मोक्ष का टिकट काटा। उस दिन उसने कहा ही कि जो देखेगा सो मोक्ष पायेगा और जो नहीं देखेगा पछतायेगा। वह उस अमोघ मन्त्र को बताने वाला है जिसके सुनने मात्र से मुक्ति मिल जाती है और गारण्टी है कि मिलेगी। लेकिन कहा कि इससे पहले आपको मोक्ष मिले, आप खबरें देखिए। ये खबर मोक्ष से पहले की आखिरी खबरें ही होंगी। अब संगीत बजने लगा। मोक्ष के मार्ग का संगीत। जब विष्णु ने किया पाप तो इसी पर चलकर उन्हें मुक्ति मिली थी। आप सब पापी हैं, इसी पर चलकर मिलेगी। पंडित आये, बोले कि देखिए पूरी मुक्ति नहीं मिलती। लेकिन चैनल बोला कि हम दिखायेंगे बतायेंगे सच्चे मोक्ष का मार्ग। देखिए पहाड़ी रास्ते में टट्टुओं पर सवार कुछ लोग जा रहे हैं। कहा यही है मुक्ति का मार्ग।

वाचक ने खबरदार किया : दर्शक अपनी-अपनी जगह बैठ जाइए, ये रहा मुक्ति मार्ग। इन दिनों अक्षय फिर कोल्ड ड्रिंक के लिए स्टण्ट करते दिखते हैं। बेहद रफ-टफ इमेज दी है पेय के मतवाले को। बीवी-प्रेमिका वो चाहे जो हो, उसकी परवाह नहीं है। परवाह तो पेय की है। वही दीवानापन कि चलती दूसरी गाड़ी से अपनी गाड़ी सटाकर कोक की बोतल निकालना, हाथ-पैर तुड़वा लेना और फिर भी बोतल पीकर मुस्कराना। हाँ, आखिर में लिखा जरूर आता है कि नकल न करना यह काम विशेषज्ञों ने किया है।

13 अप्रैल, 2008

आज की रामायण

एनडीटीवी इमेजिन ने रामनवमी के मौके पर पूरे दिन ही अपनी 'रामायण' दिखायी। एक प्रकार का अखण्ड पाठ ही करा दिया। यह अखण्ड, हर पाँच मिनट पर शायद दो-तीन मिनट के विज्ञापन के जरिये खण्डित होता लगता था। लेकिन ऐसा तर्कवादी ही सोच सकता है। भक्त के लिए तो यह सब भी भगवान रामजी का प्रसाद होना चाहिए। रामजी की लीला कि इन दिनों विज्ञापन अलग से नहीं दिखते। कथा के हिस्से लगते हैं।

इमेजिन का सीरियल 'मैं तेरी परछाई' या शैम्पू आदि के विज्ञापन भी भक्ति-भाव से देखने पर मन की मुक्ति का मार्ग और आनन्दभाव की ओर ले जाने लगते हैं। जब राम के नाम के लिखने मात्र से पत्थर पानी पर तैरने लगते हैं तो विज्ञापन रामकथा में आकर पवित्र नहीं हो सकते क्या? भाव से देखो तो समझोगे न! जै श्रीराम! जै श्रीराम!

मंगल भवन अमंगल हारी
द्रवहु सो दशरथ अजिर बिहारी

ऐसी अमरकथा के वाचक हैं परमपूज्य भगवत आचार्य रमेश भाई जिन्हें धार्मिक चैनलों पर रामकथा कहते भक्तों ने सुना-देखा ही होगा। वे रामायण-एक के रामानन्द सागर से बेहतर भूमिका बाँधते हैं और कथा की महिमा को बेहद सटीक शब्दों में बताते चलते है। रामानन्द की तरह आँख मूँदकर भक्ति विह्वल होकर वे नहीं बोलते। एक लम्बे कथान्तराल के बाद रमेश भाई ने कहा : राम को परम विग्रह माना गया है। वे जो करते हैं वही धर्म है। राम का अनुसरण धर्ममय बनाता है। रामकथा में त्याग, समर्पण की स्पर्धा है। रामायण के चरित्रों में भी लड़ाई है। यह लड़ाई आदर्श लड़ाई है। यह लड़ाई प्रेम की लड़ाई है। घरों में झगड़ा होता है। लेकिन यह झगड़ा कुछ 'लेने' के लिए नहीं 'देने' के लिए है। विश्व के इतिहास में यह मिसाल है कि यहाँ देने के लिए झगड़ा है। लेने के लिए नहीं है। रामकथा जीवन की आदर्श आचार संहिता है... रमेश भाई ने यह भूमिका आगे के लिए बाँधी है।

प्रसंग में चारों भाई खेलने आते हैं। एक पेड़ से आम तोड़ने लगते हैं। सब तीर चलाते

हैं, लेकिन राम का तीर आम गिराता है। यह लक्ष्मण के तीर से गिरा कि राम के तीर से गिरा? बाल-बहस हो जाती है। राम कहते हैं—भाई, यह आम सबका है, सब खायेंगे। बाललीला का तनिक बड़ा वर्णन अच्छा लगता है। बालरूप में राम नग्न रूप में हैं। छुटपन में अपने यहाँ बालक ऐसे ही रहा करते हैं। यह ज्यादा सटीक लगा। इन दिनों डाइपर वाले बच्चों के विज्ञापन आते हैं। मगर नंगे बालक अलग ही सुन्दरता बिखेरते हैं। यह स्वाभाविक लगता है। भगवान के रूप स्वाभाविक रहें तो ठीक है। ऐसा सोचना है *इमेजिन* की रामायण का।

वे घुटने चलते हैं और खड़े हो जाते हैं। राम बना बालक शायद किलसा होगा कि वह प्रसन्नता के सीन में भी रोता ज्यादा लगता है। मगर राम होते ही उसका रोना अर्थ-परिवर्तन कराने के लिए काफी है। श्रद्धावान का पाठ अश्रद्धावान से विपरीत ही होगा।

राम जी क्षमा करें इस कलजुगी भक्त को। अपनी कलजुगी श्रद्धा कुलबुला रही है। रामायण तो अभी बहुत बाकी है रे। आगे भी देखनी लेखनी है।

विश्वामित्र के यज्ञ विध्वंस का प्रकरण है। यज्ञ की समकालीन व्याख्या इस प्रकार है कि विश्वामित्र परमाणु अस्त्र प्राप्ति के लिए यज्ञ कर रहे हैं। रावण के पास उनकी मोनोपोली लगती है। उसके एजेण्ट मारीच और सुबाहु उनके यज्ञ का विध्वंस करते हैं। प्रसंग से पहले रमेश भाई एक बार फिर भूमिका देते हैं कि राम ने सिर्फ विश्वामित्र का यज्ञ ही सम्पन्न नहीं कराया। एक साथ तीन यज्ञ सम्पन्न कराये। विश्वामित्र, जनक और परशुराम का यज्ञ भी पूरा कराया।

जै श्रीराम!

रामायण से पब्लिक पकड़ में आती है। इमेजिन इंडिया ने यही किया। विज्ञापन बताते हैं कि दर्शक खूब मिल रहे हैं। कितने? यह पता नहीं चल पाता। टीआरपी का रहस्य सब जानते ही हैं।

सब चरित्र चिर पुलकित भाव का अभिनय करते रहते हैं, मानो पुलक-प्रसन्न भाव ही सारे अभिनयों और भावों का सार हो और श्रद्धा का समाहार हो। किलक-पुलक के प्रसंग इतने ज्यादा हैं कि ऊब होने लगती है। भक्ति में विविध भाव प्रदर्शन नहीं होता।

मंथरा प्रथम क्षण से खलनायिका है। वह मोटीवेटेड है। मगर जरूरत से ज्यादा मुखर है। जब बच्चे घुटने चलने की स्टेज पर होते हैं और माता कैकेयी अपने पुत्र भरत की जगह राम को ज्यादा दुलार देने लगती है तो मंथरा आगबबूला हो जाती है और कैकेयीं से साफ कह देती है कि उसके होते भरत का अहित नहीं हो सकता। वह ऐसा नहीं होने देगी। मंथरा अपनी कुमन्त्रणाओं में किसी राजनीतिक पार्टी की तरह सक्रिय रहती है। वह तुलसी की 'गयी गिरा मति फेर' वाली मंथरा नहीं है।

वह कुटनी और दिलचस्प है। एक्शन उसी के पास है। महाभारत के शकुनि मामा की तरह वह सोद्देश्य है। खुला खेल है उसका।

यह नयी पीढ़ी की रामायण है। स्वरूप बेहतर चुने हैं। सेट भी बेहतर हैं। इसके राम रामानन्दी रामायण के अरुण गोविल की तरह गोलमटोल नहीं हैं, बल्कि सुडौल हैं।

इमेजिन की मार्केटिंग रामायण से हो रही है। परम सेकुलरों को अपनी चर्चाओं में लाने वाले *एनडीटीवी* के इस फड़ में रामायण और रमेश भाई की व्याख्याएँ क्या एक चरचा का विषय नहीं होनी चाहिए? यह चरचा भी तो कर लेनी चाहिए कि क्या दिखा रहे हैं? *एनडीटीवी* के बुके में रामायणावतार होने के बाद जरा सेकुलर विचार हो जाए तो कुछ सन्तुलन बने!

20 अप्रैल, 2008

इन दिनों खबरें

आईपीएल ने क्रिकेट का जो कलाबत्तू बनाया सो बनाया हो, खबरों का कलाबत्तू ऐसा बनाया है कि अब शाम की प्राइम टाइम की सारी खबरें 'जंगल में मोर नाचा किसने देखा' जैसी हो चली हैं। कोई देखता है? इसमें शक है। युवा तो देखता नहीं। वह मैच में अटका-लटका रहता है।

इसी तरह बीते मंगल की शाम थी। *सोनी मैक्स* पर आईपीएल का मैच था और उससे ज्यादा उसका शोर था। उससे पहले एक छोरा बता चुका था कि किस तरह आप गोदरेज का एक करोड़ का घर जीत सकते हैं। बस, आपको सवालों के जवाब देते जाने हैं और अगर आप एक करोड़ का न जीत पायें तो कोई बात नहीं, सान्त्वना के लिए भी कई-कई लाख के भेंट कूपन हैं। आप मैच देखिए टीवी पर और जीतिए घर बैठे।

आईपीएल के उत्तेजक मैचों और चीयर लीडर्स के नाच की एक झलक पाने के लिए बेताब दर्शक, खबर किस वक्त देखें? नसीहतों के बाद अब कितने कपड़े पहनकर नाच किया जा रहा है, इसकी तलाश ने भी दर्शक बढ़ाये हैं। और तभी आदत से लाचार के रिमोट से खबर चैनल दब गया और लीजिए जयपुर में विस्फोट। गुलाबी नगरी लाल-लाल, खूनमखून नजर आने लगी।

एक बड़ी खबर उन्हीं के नसीब में पहले पहल आयी जो खबर चैनल खोलकर आदतन बैठे रहते हैं। खबर जिस तरह से आयी, उसमें तात्कालिकता रही। *जी न्यूज* की वह लड़की जो शायद घटनास्थल पर थी, कुछ ज्यादा अटक-अटककर बोल रही थी। सात जगह धमाके हुए थे। अफरातफरी है और अस्पताल में हैं लोग। कैमरा लाइव दिखा रहा था।

फिर धीरे-धीरे जयपुर की खबरें एकत्र होने लगीं। कोई आध घंटे तक सब खबर की तरह रहा। *टाइम्स नाऊ* को कुछ देर बाद बमकांड की व्याख्या की सूझी और एक भाजपा नेता पेश कर लिए गये। वे छूटते ही केन्द्र पर बरसने के मूड में रहे। एक बार तो वे कह ही बैठे कि सूचनाओं में हिस्सेदारी नहीं रही। यानी उन्हें किसी ने नहीं बताया कि यह सब हो सकता है? अर्णव ने उचित ही उन्हें टोका कि

भई ऐसे मौके पर राजनीति न करें, जो समस्या आन खड़ी हुई है, उसका उपचार मिलकर सोचें।

ऐसे कांडों की खबरों के बाद खबर का मैनेजमेंट जरूरी होता है। राजनेताओं को उसमें अपना भुट्टा भूनना होता है। उनको कभी न बुलाया जाना चाहिए। उनकी जगह जब भी बात की जानी चाहिए प्रशासन से की जानी चाहिए या पुलिस से की जानी चाहिए। नेताओं का बोलना ऐसी त्रासद घटनाओं को राजनीतिक अखाड़ा बना डालता है। इससे बचा जा सकता है।

साम्बा एनकाउंटर घंटों तक चला। लाइव कवरेज हर खबर चैनल पर रहा। एक्शन के ऐन पास कैमरे रहे और एक फोटोग्राफर मारा भी गया। अब तक नौ पत्रकार मारे जा चुके हैं। कश्मीर कवरेज में नेता जल्दी नहीं लाये गये। पुलिस ही बोली। मारे गये फोटोग्राफर का मित्र बोला कि उसे सबसे पहले चित्र लाने का जुनून रहता था। आज भी इन्तजार नहीं किया और यह हो गया। वह किस-किसके लिए क्या करता था? यह सब खबर से गायब रहा। *आईबीएन सेवन* की गाड़ी को भी क्षति पहुँची है, यह पट्टी आयी। कवरेज इतना करीब था कि गोलियों के चलने की आवाजें अनकरीब की लगती थी। अगर यहाँ राजनेता लगाये गये होते तो क्या होता? ऐसे स्पाट की खबर को जितना देना होता है, उससे ज्यादा उसे अनुशासित करना होता है। बेलगाम खबर का फलागम बम से कहीं ज्यादा होता है। इसलिए ऐसी खबरों को राजनीति से दूर रखना चाहिए। लेकिन आप जब मारामारी को, हिंसा को, हर खबर का, हर विज्ञापन का मुहावरा बनाकर पैसा कमाने के चक्कर में हों तो कोई क्या करे? आईपीएल के एक बड़े फ्रेंचाइजी शाहरुख खान का नोकिया का नया विज्ञापन आईपीएल के खिलाड़ियों की मारामारी से भरा है। एक दूसरे के गाल पर घूँसा जड़ता है। यह भज्जी-श्रीसन्त कांड के संकेत देता है। हालाँकि विज्ञापन में घूँसा किसी और का है, गाल किसी और का, और आप सुनते हैं कि शाहरुख खान कहते हैं कि इस मारामारी का क्या किया जाए? जवाब में नोकिया का एक नया ब्रांड देते हैं।

नोकिया के विज्ञापन के कापीराइटरों! बात कुछ जमी नहीं।

पूरे सप्ताह अर्जुन खबर में रहे। रह-रहकर आते रहे और हर बार उनकी यूएसपी मार खाती रही। अन्त में जो बाइटें निकलीं वे रहीं : चापलूस बनाम वफादारी! ओह! सोनिया जी ने अर्जुन की तरफ़ उस समारोह में नजरें उठाकर भी नहीं देखा। अर्जुन कम बोलने वाले रहे हैं। पता नहीं उन्हें क्या हुआ कि ऐसे विवाद में फँसे।

बड़े नेताओं की बेहद छोटी-छोटी बाइटें मानीखेज होती हैं। चैनल मजा लेते हैं। पहले 'अर्जुन उवाच' लगायेंगे। फिर 'राहुल उवाच' लगाया। मंगलवार को अजीब-सा बाइटक्रम बना : अर्जुन कहें कि उन्हें कुछ नहीं कहना है। विवाद को विराम देना

चाहिए। इसके बाद राहुल की बाइट रही कि जब मैं काम करता हूँ तो किन्हीं लोगों के साथ ही करता हूँ। अगर यह 'कोटरी' लगती है तो लगा करे।

सबक रहना चाहिए : अपने कमजोर वक्त में किसी भी नेता को मीडिया के हाथ नहीं पड़ना चाहिए। सत्ता की नजर कृपालु न हो तो मीडिया बहुत बुरी गत बनाता है। रहिमन चुप ह्वै बैठिए... अर्जुन जी।

आस्था पर कोई ज्योतिषी रावत जी आते हैं। कम्प्यूटर सामने होता है। ऑनलाइन सवाल माँगते हैं। लोग अपनी जन्मकुण्डली का डिटेल बताते हैं। वे उनकी समस्याओं का समाधान सुझाते हैं। एक नौजवान मुकेश कहने लगा कि वह मेहनत कर रहा है। बताइए, सीए होगा कि नहीं? रावत जी ने केस स्टडी तुरन्त की और बताया कि आप एक उँगली में पन्ना पहनें। दूसरी में हीरा पहनें। कहा कि आपका सीए होना पक्का है। आप होंगे ही, मेरी गारण्टी है।

सीए के इम्तहान शायद खत्म हो चुके हैं। क्या मुकेश जी ने हीरा-पन्ना रावत जी के कहे अनुसार पहने होंगे? क्या मुकेश भाई सीए होंगे? जब वे सीए हो जाएँ तो रावत जी को जरूर बताये कि हुए कि नहीं? यदि ऐसा न हो तो रावत जी ही उन्हें फोन कर लें। आस्था के इस दर्शक को जिज्ञासा रहेगी कि ज्योतिषी जी की गारण्टी का क्या हुआ?

18 मई, 2008

गाली हाजिर है

सीएनएन आईबीएन ने कलर्स पर आ रहे 'बिगबॉस' का एक टुकड़ा दिया : 'मैं कुत्तों के मुँह नहीं लगती'। एक लड़की ने उवाच किया।

'मैं भी कुतियों के मुँह नहीं लगती।' दूसरी लड़की ने पलटकर वार किया।

सीन में एक बिगबॉसी लड़की दूसरी बिग बॉसी से बॉसी गालियाँ देती है। दोनों ललनाएँ हैं-जींस-बनियान वाली। अंग्रेजी जीवन-शैली में चोट जब दिल पर लगती है तो दिल देसी होकर गरिमा उठता है। गाली तो गलीछाप होकर अपनी हिन्दी में ही निकल सकती है।

अगले टुकड़े में तमाचेबाजी का सीन है। 'सटाक' उसने एक तमाचा धर दिया है। दे तमाचा, दे तमाचा। लड़के लड़कियाँ गाली-गलौज, धक्का-मुक्की पर उतर रहे हैं।

और भदेस गालियों के कलर्स भी होंगे। जरा उनके सीन भी रीयलिटी शो के नाम पर दिखवा देते भैया! मालूम हो पड़ता कि बिगबॉसी बच्चों के पास भी कुल मिलाकर अपने को व्यक्त करने के लिए कुछ बचा है तो देसी हिन्दी गालियाँ ही बची हैं। जो मजा दूसरे को कुत्ता-कुतिया कहने में आता है, वह डॉग या बिच कहने में कहाँ? डॉग तो इन दिनों कीमती और बड़े काम का हो गया है। हच-वोडाफोन ने उसे गाली की हद से बाहर कर दुलारा बना दिया है।

लेकिन 'कुत्ता', 'कुतिया' अभी तक गालीकोश में अग्रणी हैं। *कलर्स* में वह सुरक्षित है। कलर्स में भरपूर गाली है। तमाचे हैं। फाइट है। कलर्स का साँचा है। कलर्स का बाँचा है। कलर्स का ढाँचा है।

कलर्स अपने असली कलर्स ढूँढ़ रहा है। उसने काफी खर्चा करने के बाद ही जाना है कि इस देश में अगर कुछ बिकता है तो चौंकाने, चकित, हैरान करने वाली इवेण्टें यानी एक अदद तमाचा बिकता है। उसने जाना है कि हर तमाचा, हर गाली का भी प्रिय रंग होता है। अभद्रता का भी एक रंग होता है, लम्पटता का तो गलीछाप रंग होता ही है।

गली-गली में गाली होती है। बिगबॉस में गली गायब है, मगर गाली हाजिर है।

हाजिर गाली-गलौज के रंग हजार होते हैं। गालियों के भरोसे सारे मनोरंजन चैनलों से आगे निकलने को हुमस रहा है। चिपका-चिपकी, चूमा-चाटी के सीन पब्लिक ने पसन्द नहीं किये। नकली क्यों देखें जब असल दिख जाती है गानों में? सो, बिग बॉस को पब्लिक ने ठुकरा दिया। कलर्स ने फौरन देसी कंसल्टेण्ट लिया। पूछा : विकल्प क्या है? अरे अपनी देसी गाली-गलौज तमाचेबाजी और दैनिक कुत्ता-कुत्ती छाप फाइट के सीन कराओ न। लोग देखेंगे कि एक बेहद बड़े सजे घर में कुछ अमीर लम्पट ठलुए जब अपनी-सी पर आयेंगे तो डॉग-बिच न कहकर कुत्ता-कुत्ती ही कहेंगे। ऐसे डायलॉग धमेन्द्र से लेकर राजू श्रीवास्तव तक ने हिट किये हैं जिन पर मौलिक देसी कुत्तों को ही एतराज रहा है। समाज के इस अखिल भारतीय लम्पट वातावरण की जय हो।

'सास बहू' विदा हो गयीं। हजारों धिक्कारों के बाद विदा हुईं। वे भी लम्पटा गयीं। हर सीन में कत्लो-गारत होती दिखती रही। कर मर्डर, ले बदला।

ओह! वे महँगी सदा सौभाग्यवती भारतीय संस्कृति से सराबोर कर दी गयी महान रंगीन साड़ियाँ स-र-र-र हो गयीं। वे नेरोलेकी प्लास्टिकी रंग वाले सुसज्जित कमरे, सोफे, परदे, बच्चे, बहुएँ, सदा सुहागिन झमझमाती हुई मुस्कानों के साथ विदा हुईं। उनके लिए कोई नहीं रोया। सबने राहत ही महसूस की। जो चैनल डूबकर 'क्योंकि सास भी कभी बहू' से कमाई किया करता था, वह ऊब गया। मार्केट बदल गया। सास-बहू को भगाकर हाथ झाड़ लिए।

इन दिनों तो खबर सिर्फ पट्टी भर की होती है। बाकी का विस्तार भर होता है। पट्टी पर का टाइटल देखा तो हाँडी का चावल देख लिया समझिए।

सो पट्टी-पट्टी खबर चली है-
-गधे पर नेता भैंसे पर यमराज
-हाथी खेल बिगाड़ने को बेताब
-दिल्ली दरबार में हाथियों की चिंघाड़

यह पट्टी *आईबीएन सेवन* की है। एक से एक तड़के वाली लाइनें। सारा मामला चुनाव का है। पट्टी पर पूरी अलंकार योजना चल रही है। 'दिल्ली दरबार में हाथियों की चिंघाड़' का मतलब लगाते रहिए।

'पेशावर में बम ब्लास्ट'

नया *आजाद न्यूज* ब्लास्ट के पूरे सीन देने लगा है। जिस दम *आईबीएन सेवन* दिल्ली के दंगल में हाथियों की चिंघाड़ का अर्थ बता रहा है, उस दम आजाद न्यूज पेशावर में बोल रहा था।

वॉयस ऑफा इंडिया भी 'बहुत' आगे जा रहा है। नया खबर चैनल है। लेकिन पेशावर की खबर ब्रेक कर रहा है, जिसे अब तक दूसरे नामी चैनल ब्रेक करने के

लिए जाने जाते रहे हैं।

न्यूज चौबीस भी पुराने से आगे जाने लगा है कवरेज में।

कम लाइम लाइट वाले *बी फोर यू* ने 'देशद्रोही' के प्रतिदिन इतने प्रोमो दिये हैं कि गिनती नहीं की जा सकती। हर पाँच मिनट में एक बार वे सीन दुहराते हैं, जिनमें एक नया गैर हीरोनुमा हीरो अपनी मिमियाती-सी आवाज में कहता है : हमको भैया कहते हो! इस देश में इतने धर्म, इतनी जातियाँ हैं, इतने लोग हैं और हम भैया हैं... कुछ ऐसा ही कहता हुआ वह कहता चला जाता है कि मैं नहीं जानता कि गाँधी की हत्या करते वक्त गोडसे के मन में क्या रहा होगा। मगर मैं अब जानता हूँ कि मेरे मन में क्या है? कुछ-कुछ ऐसे ही डायलॉग हैं और एक सीन में वह भैया सड़क पर पीटा जाता रहता है।

यह 'भैयाओं' का राज ठाकरे को जवाब है। *बी फार यू* इसका जमकर प्रोमो करता है। अंग्रेजी वाले अपने मालिक जेम्स बाण्ड के सोलेस है।

16 नवम्बर, 2008

युद्ध और शान्ति

ओम युद्ध, ओम शान्ति। ताज पर हमला अब वाकयुद्ध और टीवीयुद्ध में बदल गया है।

ताज पर आतंकी हमले के अन्तिम क्षण हैं। बहुत दिखा लिया, बहुत गा-बजा लिया। लाओ अपनी पालतू प्यारी राजनीति का आतंक! परिचित रोजमर्रा वाली मजेदार राजनीति फिर लौट आयी है।

कब तक शहीद-शहीद कहें? कसाब के बयान, आतंकियों के सौंप देने की लिस्टें, पाक पर दबाव, जरदारी की सफाई को कितना बनायें? उस हवाई जहाज की खबर कितनी बार दें जो पहले 'पाक सीमा में घुसा' बताया गया फिर 'तकनीकी' बनाया!

एक युद्ध लड़ा जा रहा है। वाक युद्ध। टीवीयुद्ध! रीयल युद्ध की जगह! यह दैनिक है। बाइटों में है। उधर पाक टीवी लगा है इधर अपने लगे हैं। उनकी खबर अपने अनुकूल तो अपन लेंगे। हमारी खबर उनका तर्क बने तो वे लेंगे। एक खबर का तीर हम उनको मारेंगे, एक खबर का तीर वे मारेंगे। खबरों के तरकश भरे हैं और योद्धाओं की कमी नहीं है।

समस्या यह है कि हम इस टीवी युद्ध को कितनी सहजता से लड़ते हैं। हमारे देखने-सुनने वाले पाकिस्तान में भी हैं। विज्ञापन का रेट पूरे उपमहाद्वीप की दर्शकता से तय होता है। वे यकीन करें ऐसा बनाएँ। लेकिन अभी वह चतुर कूटनीतिक भाषा नहीं बनायी गयी है। जो यहाँ कही गयी बात को वहाँ चला दे। वहाँ भी ऐसा कौशल नहीं दिखता। सो एकदम सीधे तीरन्दाज हैं और तीरन्दाजी है।

अपने चैनलों में ऐसा मौका पॉपुलर देशभक्ति का होता है। अपनी जनता को ही भरोसा देना है कि जो खतरा है, उसके कारक सही, निवारक सही हैं।

लेकिन लगता नहीं कि खबर चैनलों को भी अपनी बात पर यकीन है कि वे जो दिखा-बता रहे हैं वह एकदम सौ पैसे सही है। बताना इस तरह से है कि लोगों को और हमको भी यकीन हो जाए कि हाँ, जो हमने दिखाया है वह ऐसा ही, इतना ही सही है और उस पर पूरा यकीन किया जाना चाहिए। अरे इस सब में देशभक्ति रहती है। उसका तकाजा है। लेकिन किसे पड़ी है जो सही-गलत का मूल्यांकन करे। इसी वजह से तो उन्हीं-उन्हीं चैनलों को सारे इनाम-इकराम हर साल मिलते हैं, बेचारे

किनारे के चैनल पता नहीं किस गलत लाइन में लगे हैं? लीजिए यह चैनल दस इनाम ले गया। वह बीस ले गया! चैनल पचास हैं, इनाम सिर्फ दो के हाथ ज्यादा लगते हैं। अद्भुत टीवी जनतन्त्र है, मूल्यांकन जनतन्त्र है। है तो है। क्या कर लोगे?

चैनलों की कितनी बड़ी जिम्मेदारी है जी कि उन्हें नगर प्रशासन का, पुलिस का, सेना का, विदेश नीति से लेकर गृहनीति का, सब विभागों का काम एक साथ देखना है। पहले क्रोध को बनाया-दिखाया है, उसे बेचा है अब जरा शान्ति पाठ करना है। लेकिन शान्ति निगोड़ी ऐसी भी न हो कि उसमें गुस्सा रहने से मना कर दे। जरा गुस्सा जरा-सी शान्ति! और इस तरह लानी है कि लगे नहीं कि लायी जा रही है।

सचिन का शतक और लीजिए देशभक्ति का छौंक। न बनती तो क्या दस-बीस रन नहीं देते मारे गये लोगों के नाम सचिन जी! उन्हें कैश दें तो क्या बुरा हो? और बन्धु उनके शतक का दान करने से ही खुश हो रहे हैं। पैसे के दान के लिए इस भावुक मौके पर कौन कहे? जो कहेगा तो बुरा बनेगा न? जीत का समारोह भी एक सतही तोष में बदल लिया जाता है यहाँ।

खबर चैनल वाले अपने चैनलों का रोजनामचा शायद नहीं रखते होंगे। उसे हर बार उलट-पलटकर नहीं देखते होंगे। क्या कहा? किसने कहा? क्या दिखाया? कितना दिखाया? क्यों दिखाया भी पूछें तो यह तो क्या पूछते होंगे कि जो दिखाया-बताया उसका उस वक्त फौरी क्या कारण रहा?

हमारा मानना है कि वे खबर के अनुकूल वातावरण के निर्माण की कला तक ही आते हैं। इसलिए खबर को वे एक अनुकूलन की पुड़िया की तरह ही रचते हैं।

चिदम्बरम आतंकवाद विरोधी नया बिल बोल रहे हैं संसद की सीटें खाली पड़ी हैं। कौन सुन रहा है? कौन देख रहा है, उस महान संसद को जो कल तक एक स्वर में आतंकवाद के विरोध में गरज रही थी? सांसद ही नहीं सुन रहे। वे सब के सब बिजी हैं, बहुत बिजी। आतंक का विरोध एक बिल का नाम है जो अब सीधे उठकर तीन-चार चैनलों पर घनघोर चर्चा का विषय बन जाना है। और अपना काम हो जाना है यानी एक वातावरण बना दिया जाना है कि सरकार ने कुछ किया है।

सीन बनाने से बनते हैं न! हर चैनल अपने ढंग से, यानी एक ही ढंग से सीन बनाने पर तुला है चिदम्बरम के बिल का, वे इधर कुछ बोलते दिख रहे हैं उधर एक हिस्से में ताज पर हमले को दिखाया जा रहा है। आतंकियों को दिखाया जा रहा है। एक चैनल हेलीकॉप्टर से उतरते कमांडोज को उनके उतरने की मुद्रा में दिखाना भूलता ही नहीं है। चिदम्बर बोल रहे हैं। खाली कुर्सियाँ सुन रही हैं। आप अपने घर में खाना खाते हुए प्राइम टाइम में चिदम्बरम की एकाध लाइन सुन पा रहे हैं और उन

सीनों को देखकर बोर हो रहे हैं जो हजारों बार देखे जा चुके हैं। यह है आतंकवाद का अन्तिम क्षण यानी हुए को भूलने भुलाने की कला। अब बिल ने उसकी जगह ले ली है। वाकयुद्ध अब जल्दी ही बहस, मतभेद, कलह की ओर जाना है। चैनलों की यही तो अपनी जमीन है।

आइए तब तक आमिर के मछलियों की आरती उतारें। गजनी का प्रोमो उस दम तक करते रहें जब तक वह हिट न हो जाए। आइए शाहरुख खान की मूँछों को कस्बाती नौजवान हीरो में मिलाकर उसे ही हिट कर दें। अपन हिट करने के धन्धे में माहिर हैं।

हम एक भोंपू हैं सरकार के दरबार के, आमिर के, शाहरुख के। मामूली लोग जो शिवाजी टर्मिनस पर मारे गये उनका हवाल क्या है? जानने की फुरसत नहीं है!

इस युद्ध में चन्द्र मोहन और अनुराधा उर्फ चाँद मोहम्मद और फिजाँ अपनी प्रेम कहानी को अब मामूली खबर चैनलों पर जा-जाकर कह रहे हैं कि हमने प्यार किया है कोई चोरी नहीं की। लेकिन हरियाणे की प्रेम कथा चर्चाओं से गायब है।

वॉट ऐन आइडिया सर जी! अभिषेक वाला नया आइडिया मोबाइल का विज्ञापन मजेदार बन उठा है। एक मॉल खेत के बीच बनने जा रही है। नायक कहता है कि जनता की राय ली जाए और आइडिया सबसे राय लेने लगता है। सब कहते हैं : ना ना ना ना और लीजिए हो गया फैसला ना में। जनतन्त्र एक आइडिया है। मोबाइल है सीन में। एकदम सिंक करता है विज्ञापन!

इसी तरह की रायशुमारी इस वाकयुद्ध में हो रही है। एक ताल ठोकी और कहा : 'ओमशान्ति'!

21 दिसम्बर, 2008

बाँकी खिसियाहट

एक 'बाँकी' कहानी हर रोज दुहरायी जाती रही है। यह दो बाँकों की कहानी है जो हमेशा लड़ने के मूड में रहते हैं, लेकिन लड़ते कभी नहीं। बाँकों की इस पुरानी कहानी पर नहीं, उसके दैनिक बाँकपन पर बलिहारी जाइए। हर रोज जाइए। कहानी पन्द्रह दिन बजायी जाती रहती है। हर बार जरा नया-नया सिंगार कराके बैठा दी जाती है और कहानी जारी रहती है। बहुत मेहनत करते हैं हमारे चैनल और उनके खबरनवीस, सम्पादक, पत्रकार और उनके चम्पू! टीवी को थाना बना डाला गया है, जिसमें पाकिस्तान को हिरासत में लेने की कवायद हो रही है। वह है कि पट्ठा इनकार कर रहा है। उसकी ये मजाल!

सारी कहानी दारोगाई अन्दाज में बनायी जा रही है। पत्रकार दारोगा बने बैठे हैं, खबर चैनलों की स्क्रीनें थानों में बदल गयी हैं। हिन्दी की अनन्त एक्शन और हास्य फिल्में इस पटकथा में मिक्स होने लगी हैं। आप इस बाँकी कहानी में जगह-जगह उन्हें पढ़ सकते हैं।

क्या थाना है? क्या अपराधी है?

बाँकी कहानी ने खबरों में बाँकपन ला दिया है। कहती है कि : थानेदार कहते हैं : पाकिस्तान तू सँभल जा!

ये आदमी मुझे दे दे!

मान ले ये कसाब तेरा ही बन्दा है। सारे सबूत हैं।

वरना... वरना... वरना...

अच्छा तू धमकी दे रहा है और तू मुझे दे रहा है? भाई को धमकी दे रहा है!

तू डेढ़ पसली वो फाइटर असली। तू धमकी दे रहा है?

अगर आगे बोला तो...

तो क्या कर लेगा बे?

देख मान जा वरना... वरना.. वरना...

वरना के बच्चे तू क्या कर लेगा?

वरना...

'मैं ही मान जाऊँगा!'

इसके बाद कहानी में हास्य पैदा होना ही है, लेकिन इस पिटी कहानी में हास्य भी नहीं बनता, क्योंकि इसकी पटकथा न डेविड धवन ने लिखी है, न सतीश कौशिक ने, न गोविन्दा ने लिखी है और न राजू ने।

इसे चैनलों के अंग्रेजी के पत्रकारों ने लिखा है। खबरों में लिखा है। चर्चाओं में पाकिस्तान से दो-दो हाथ करने का देशप्रेम वाला तत्त्व जोर मार गया है या प्रभु जी के आदेश पर पूँछ खड़ी हो गयी है कि दिन-रात ताल ठुक रही है!

वाह क्या ताल है? क्या मसल है, एकदम आमीर वाले। शाहरुख वाले, रितिक वाले। अपना टीवी देशप्रेम 'सिक्स पेक ऐब' के सारे 'ऐबों' से युक्त है। अच्छा सीन देता है।

देशप्रेम की ऐसी गरमागरम कहानियाँ हिन्दी मंचीय कवियों की कविताओं में बेहतर लगती हैं। अंग्रेजी में सूटित-बूटित टाँगों की ताल किस तरह ठुक सकती है भई?

लीजिए पीएम जी ने पन्द्रह दिन बाद बड़े सोच-विचार के बाद कह डाला कि लड़ाई कोई नहीं चाहता! सारे बने-बनाये उफान में एकदम पानी डाल दिया। धिक्कार है!

मंगलवार को जब यह ब्रेकिंग न्यूज ब्रेक होने लगी तो अपनी तो सारी देशभक्ति कूच कर गयी।

और अब कोई एक लाइन लगाने वाला तक नहीं दिखता। उस महान डायलॉग को अब कोई बोलने वाला नहीं बचा लगता, जिसमें राजकुमार ने कभी कहा था : ये बच्चों के खेलने की चीज नहीं जानी..

हिन्दी चैनल तो देशभक्ति के रंग में रंगे ही रहते हैं, इस बार अंग्रेजी चैनल वाले भी ताल ठोकने लगे हैं। अंग्रेजी में बाँकेबाजी करने लगे। खबरों में हास्य फिल्मों की पटकथा आ घुसी है। हे कादर खान जी जरा इसे सँवार देना जी! सही डायलॉग तो लगा देना जी!

पूरे पन्द्रह दिन वीरों की गिनती की है। उँगलियों में छाले पड़ गये हैं। रेखाएँ मिट चली हैं, लेकिन गिनती कम नहीं हो रही। कह दिया है कि लड़ना चाहता कौन है? तो भी वफादार पट्ठे ताल ठोके जा रहे हैं।

अपने बन्दों का मिजाज ही ऐसा गरम है। अगर खबर ठंडी है तो गरम कर देते हैं। गरम है तो जोर गरम करके गरमागरम बेचते हैं। चना जोर गरम की तर्ज पर।

गजब यह है कि इसे जरा जनतान्त्रिक तरीके से बेचना होता है। उधर भी बेचना होता है जिधर पाकिस्तान नामक पिद्दी देश रहता है। एक प्रवक्ता सेनानी उधर से मिलता है और इधर के रणबाँकुरों की एक-एक बात का जवाब देता चलता है। रोज-ब-रोज।

सारे बड़े अंग्रेजी चैनल पाकिस्तान के एक न एक प्रवक्ता को ऑनलाइन हाजिर करके जवाबदेही कराते चलते हैं और वे जवाब देते चलते हैं अन्त में दर्शक के मन में खिसियाहट की खुरचन रह जाती है...

अच्छा अगली बार बुला... मैं देखता हूँ उसे।

अगली बार फिर पाक प्रवक्ता हर बात काट डालता है और फिर खिसियाहट छा जाती है। यह पन्द्रह दिन में पन्द्रह सौ बार हुआ है।

ऐसा टीवी युद्ध न देखा, न सुना। यही अपनी उपलब्धि है कि एक युद्ध लड़ा गया। लातों से नहीं बातों से, बाइटों से, चर्चाओं से लड़ा गया और हर पक्ष समझ रहा है कि जीत गया।

परम देशभक्त चैनलों से सवाल है :

अपने चैनलों में पाकिस्तान जितना बोलता है क्या पाक चैनलों में हिन्दुस्तान उतना बोल पाता है?

आप हर बार चर्चाओं में किस पाकिस्तानी वाक्य को सत्य समझते हैं जब आप स्वयं पाक को सन्दिग्ध बना चुके होते हैं?

क्या आप टीवी मुकदमा चलाने का मजा लेते हैं कि पाकिस्तान हाजिर हो? किसी देश के साथ कूटनीति पर टीवी पर ऐसी तालठोंकू मुद्राएँ बाल सुलभ हास्य पैदा करने वाली क्यों होती है?

28 दिसम्बर, 2008

मेरे पास बजट

सारे चैनल समारोही भाव के हैं। मौका न हो तो भी समारोहजनक उत्तेजना लिए रहते हैं। जब मौका, माहौल हो तो कहने क्या!

सप्ताह का समारोह नम्बर वन क्रिकेट की जीत का ही रहा। देशभक्ति, क्रिकेटानुरक्ति का महामिक्स इसी तरह बनता। महीनों से बन रहा था। स्टार का सीधा प्रसारण इसे ही तो बना रहा था। उस दिन कोई खबर, खबर नहीं थी। जीत ही खबर थी। जूनियरों की जीत तक इस जीत के आगे बड़ी खबर नहीं बनायी गयी। इसमें कुछ खास भाव था। प्रतिशोध का तत्त्व था।

आखिर में जब ऑस्ट्रेलियाई विकेट गिरा तो घर बैठे दर्शकों की उत्तेजना उल्लास में बदल गयी। सबसे ज्यादा देखा गया प्रसारण रहा यह फाइनल। आप उसका अन्दाजा विज्ञापनों के स्पेस से लगा सकते हैं। उसके बाद समारोह ही समारोह रहा। मैदान पर रहा। हर तरफ रहा। हमारे खिलाड़ी बल्लियों उछले। बदलानुभूति को पूरा करने के लिए भारतीय दर्शकों की प्रतिक्रियाएँ रहीं और तो और एक चैनल छोटे-छोटे बच्चों तक की राय ले रहा था। उसके संवाददाता के उल्लास में कमी नहीं थी। एक ने खबर में ही कव्वाल बुला रखे थे कि 'छाप तिलक सब छीनी रे मोहे नैना मिलाइके।' क्रिकेट की पिच बना रखी थी। खबर चरचा उसी के बीच से हो रही थी। अरे, यही तो मौके होते हैं जब आप खुद भी खिलाड़ी बन उठते हैं।

बजट की खबर भी समारोह की तरह बनी। साफ सफेद ब्रांड में चिदम्बरम ज्यों-ज्यों पढ़ते जाते संसद में एक ओर से मेजों के थपथपाने की आवाजें उठती जातीं। बजट किसी सुखान्त कविता की तरह प्रसारित होता जाता। संसद में ही बहुत सारे कांग्रेसी चेहरे खिलते दिखे। वे ताली पीटते रहे। ऐसे में विपक्ष का क्लोजअप न हुआ, सो न हुआ। *डीडी* चिदम्बरम का क्लोज देता है। सीटों पर बैठे विपक्ष की ओर कभी-कभी जाता है। हमें नहीं मालूम कि वह उन्हें क्लोज कर भी सकता है या कि इसकी मनाही है।

बजट की प्रस्तुति अपनी व्याख्या आप थी। ज्यों-ज्यों पेज उलटते गये, चुनाव होता दिखता गया। बजट आसन्न चुनाव की तरह पेश हुआ। बजट का इस तरह एक भरा-पूरा रोल था। कांग्रेस कह रही थी 'मेरे पास बजट है आपके पास क्या है?'

देर तक आलोचना के स्वर नदारद रहे। पिछले बजट तक जनता से ही कुछ कहलवा लिया जाता था, इस बार जनता ज्यादा नहीं मिली वह अपने लाभ का हिसाब करने में मसरूफ लगी।

डीडी को तो वही करना था जो करता आया है। लेकिन औरों ने भी वैसा ही किया क्योंकि बजट उन्हें वैसा करने को मजबूर करता था। बजट के बाद विपक्ष के नेताओं का बयान दिखाने का कर्मकांड एक बार तो छोड़ा ही जा सकता है। विपक्ष नख-दंतविहीन ही नजर आया। डीडी पर देर दिनों तक बजट की गुणवत्ता बताने की जिम्मेदारी आन पड़ी। जब सब आलोचक चुप हों तो तारीफें उबाती हैं। कहीं नजर न लग जाए बजट को। *डीडी* ने परवाह नहीं की और सचिन पायलट, रघुवीर सिंह आदि को बिठाया कि बजट के बारे में बोलिए। टाइटिल दिया 'फसल राहत की।' संयोजक का पूछना था—क्या ये पैकेज काफी है? सचिन पायलट बोले कि बेहद सूझ-बूझ वाला है। रघुवीर ही बोले कि किसानों की हालत खराब हो रही थी कि सरकार ने नोटिस लिया। राहत जरूर मिलेगी। *डीडी* ऑफीसियल मौके को किसी भी कीमत पर नहीं छोड़ सकता था। उसे अभी चुनावी मोड़ में जाना है।

एनडीटीवी उससे भी आगे निकला। लगे हाथ एक वित्तीय संस्था तक से मिलकर सर्वे करा डाला। सिद्ध किया कि जनता की राय में यह चुनावी बजट है। *टाइम्स नाउ* से भी नहीं रहा गया। वह भी एक पॉल लेकर आया बता डाला कि मामला बेहतर है। किसान केन्द्र में है। यारो, ये बातें तो आम आदमी पहले दिन ही समझ गया था। तब सर्वे ने नया क्या बताया?

अपने *आईबीएन सेवन* का जवाब नहीं। महाशिवरात्रि के ऐन पहले सत्यं शिवं सुंदरम करते हुए लिंगम् भजनम् कराता रहा। दे फीचर दे फीचर। तीर्थ प्रसारण की कला कोई इस चैनल से सीखे। यह चैनल जोर-शोर का चैनल बन चला है। चरचाकार हो या खबर पढ़ने वाला या रिपोर्ट देने वाला, सब फेफड़ों से मजबूत हैं—'दम लगाकर हई शा' वाली शैली में। जोर-जोर से बोलने में स्पर्धा करते नजर आते हैं। सारे चैनलों के शोर में अपनी आवाज बुलन्द करने का शायद ही तरीका बचा हो। इस स्पर्धा में प्रस्तुति की भाषा शोर बनकर रह जाती है।

हे वैशंपायन, द्वापर में कृष्ण ने स्वयं कहा था कि बर्बरीक तुम धन्य हो। कलियुग के सबसे बड़े देवता श्याम बाबा खाटू वाले का नाम देता हूँ। तुम खाटू में होओगे। आरती श्याम जी खाटू बाबा की खाटू धाम की जै। अब कोई कहे कि यह तो सीधे-सीधे एक सम्प्रदाय का प्रायोजन है तो ऐसे आलोचक की सुने बगैर हम तो यही कहेंगे कि वह तीर्थराज चैनल से जनता है। जो चैनल उस पेड़ को आज भी हू-ब-हू दिखा दे, जिसे बर्बरीक के बाणों ने महाभारत काल में बेधा था, तो भी क्या आप उसकी प्रतिभा के आगे नतमस्तक न होंगे?

बजट पर 'बिगफाइट' तो होनी ही थी। यहीं कहीं कुलक शब्द सुनायी पड़ा। सोवियत क्रान्ति के जमाने का अब भुला दिया गया शब्द बजट ने अचानक याद दिला दिया। बजट का आभार कि क्लास की याद दिला दी। बहुत दिन बाद सुना गया यह शब्द बजट से सम्बद्ध था। अगर इसकी सप्रसंग व्याख्या हो जाती तो बजट का बलाघात साफ हो जाता। लेकिन बजट की प्रस्तुति के वक्त पारिभाषिक पदावली कोई नहीं समझाता।

इमेजिन एनडीटीवी की रामायण से ज्यादा रामायण पर चरचा 'पीपल' में रही। पर सरोज खान के सिखाये जा रहे फिल्मी डांस स्टेप्स दर्शकों को भी कहते हैं कि आजा नच ले। अब आप इस तरह करें, उस तरह करें। नये डांसों में शब्द और उनके अर्थ जिन भंगिमाओं को जन्म देते हैं, उन्हें इस कार्यक्रम से समझा जा सकता है। सब गाने हंगामे नहीं होते। उनमें मानी होते हैं। कथक की मुद्राएँ जरा शार्ट हो जाती हैं। 'धूम मचा दे' में शर्मिला टैगोर का जवाब नहीं। वे आज की हीरोइन लगती हैं। आखिर में एक चैनल ने बाल ठाकरे के लेख का हवाला दिया। उसकी प्रज्वलनशील लाइनें दिखायी : एक बिहारी सौ बीमारी। बिहारी अगर अब भी चुप हैं तो यह उनके धीरज की गवाही है।

9 मार्च, 2008

खयाली खबरें

गोली : एक आइडिया!
खून : एक आइडिया!
आतंक : एक आइडिया!
शहादत : एक आइडिया!
टीवी पर टीवी एक आइडिया!
अद्‌भुत है यह 'आइडियावाद।'

एक शाम स्टार न्यूज लाइव : शहीद की शहादत पर सवाल उठाया जा रहा है। दिल्ली पुलिस को चुप रहने को कहा गया है। पोस्टमार्टम की रिपोर्ट जारी नहीं कर रही पुलिस।

'कहीं पुलिस ही ने तो नहीं मारा?' मोहनचंद शर्मा पद से हटाये गये थे। वह शहीद है। चाहे आतंकवादी की गोली से मरा या पुलिस की गोली से? हमने दस लाख देने की घोषणा की है।

भाजपा के राजीव प्रताप रूडी : शहीद के बलिदान को सन्देह में लाया जा रहा है। वोट की राजनीति हो रही है।

चैनल आगे शीर्षक देता है : बाज आओ अमर सिंह! हद हो गयी!

जी न्यूज में शीर्षक है : शहादत पर सियासत।

मोहनचंद शर्मा के पिता का बयान फोकस में : उसे (अमर सिंह का) बोलना तक नहीं आता। मेरा बेटा जान से गया...।

खबर का वाचक : ये जो जाँबाज सिपाही जान की बाजी लगाकर उतरते हैं, ऐसे शहीदों के बारे में सियासत देश के दुश्मनों की ताकत बढ़ाती है। बेधड़क कूद पड़ने को प्रेरित करता था वह! अपने नफा-नुकसान की वजह से आतंकवाद नासूर बन गया है। ऐसे जाँबाजों को कीमत देनी पड़ती है।

दिवंगत मोहन लाल शर्मा की पत्नी का बयान : हम उनका चेक नहीं लेंगे!

एनडीटीवी इंडिया का सवाल : किसी को शहीद मानकर उसकी शहादत पर राजनीति की जानी उचित है?

शर्मा की पत्नी का बयान : अमर सिंह ने शहादत का अपमान किया है!

चार दिन बाद इंडिया टीवी ने शीर्षक दिया : आज रात हेड कांस्टेबल खोलेगा एनकाउंटर के राज! हेड कांस्टेबल अस्पताल में बैठा हुआ। कैमरा उसे दिखाता हुआ।

इन खबरों के निहितार्थ : एनकाउंटर एक विचार भर है। शहादत एक विचार से भी गया-बीता आइडिया है। आतंक एक आइडिया भर है।

सारी बात जाँच से हटकर शहीद मानने ना मानने के आइडिया पर टिक गयी। शर्मा को शहीद मानें तो जाँच को बताना ही होगा कि वे शहीद हुए। और न माने तो जाँच को कहना चाहिए कि पुलिस ने ही मारा। सारी बात 'मानने' पर आ गयी कि आप क्या मानते हैं?

खबर का सच ऐसा है।

अति-खबर के उबाल का सच : मुर्गी जान से गयी किसी को स्वाद नहीं आया।

इन दिनों खबरें अक्सर उबाल पाकर उफनने लगती हैं। उन्हें हर वक्त भट्टी पर रखा जाता है। *एनडीटीवी* ने ऊबकर आतंकवाद को रूपक में मलेरिया की तरह बताया।

यह था : आइडिया ऑफ आतंक।

जरा कन्धमाल के ईसाई विरोधी दंगों की खबरें देखें : अब तक की खबर चरचाओं में इस तरह की विचार-क्रीडा हुई। कन्धमाल माने ओडिशा। ओडिशा माने डिवाइड। डिवाइड माने आइडिया ऑफ इंडिया। आइडिया माने मिलियन म्यूटिनीज।

म्यूटिनीज यानी कुछ विद्वान। विद्वान होंगे तो विचार होगा। पहले वे टूटने का आइडिया लाएँगे। फिर जोड़ने के लिए आइडिया का फेवीकोल ढूँढ़ेंगे।

वे ढूँढ़ते रहे और ढूँढ़ते रहेंगे। पाँच मिनट में तो एक आइडिया ही मारा जा सकता है। जब दंगा भी एक आइडिया हो तो उसका हाल भी एक आइडिया ही होगा।

बुधवार को बाजार ज्यादा ही गिरने लगा तो : बाजार एक आइडिया। अमेरिका एक आइडिया। मन्दी एक आइडिया। और उसकी मार एक आइडिया।

परंजय गुहा एक आइडिया। और खतरा भी एक आइडिया।

आखिर में उस विज्ञापन की खबर : नये माता-पिता और उनका एक लाडला छोटा नन्हा।

पापा बोला : कहो डैडी!

बच्चा बोला : डैडी!

माता-पिता दोनों खुशी से जितने पागल दिख सकते थे, दिखे।

फिर कहा : बोलो, बनाना!

बच्चा बोला : बनाना!

वे फिर उतने ही खुश होकर चीखे, जितने पिछली बार चीखे थे।

उसके बाद पिता ने कहा, बोलो : चेकोस्लोवाकिया!
और बच्चा बाप की बेवकूफी पर उसका मुँह ताक़ने लगा।
बाप जी! चेकोस्लोवाकिया अब कहीं बचा है? किस एटलस में है?

12 अक्टूबर, 2008

पिल्ला लीला

वह पिल्ला धन्य है जो पहले 'हचलीला' करके, हच-हच करता रहता रहा और अब 'वोडाफोन लीला' करा रहा है। ट्वेंटी-ट्वेंटी में सबसे बड़ा हीरो बनकर अगर कोई उभरा है तो वह कोई तूफानी खिलाड़ी नहीं, एक श्याम मुँहा, चपटी नाक वाला छोटा-सा कुतवा है। सबसे ज्यादा वही दिखता है *सैट मैक्स* पर, और अन्यत्र भी वही बिकता है। वह बोलता नहीं, बस काम करता रहता है। सेवा का काम। वोडाफोन पिल्ले यानी कुत्ते की तरह वफादार सेवक हैं। ऐसा कहता लगता है।

एक ओवर चल रहा है। बॉल पर चौका या छक्का लगा है। वह अम्पायर छक्के को बड़े ड्रामाई ढंग से बताता है। ऐसे खाली समय में पहले क्रिकेट की बारीकी पर बात होने लगती थी। अब बीच में पिल्ले जी हाजिर रहते हैं। वोडाफोन सेवक-भाव वाला है। 'सेवकों का सेवक है', कहता हुआ, हमारी जिन्दगी को आसान करता हुआ। क्रिकेट को रोकता हुआ।

तीन पिल्ला-लीलाएँ आती हैं : एक छोटी-सी लड़की अमीर से साफ-सुथरे घर में स्कूल जाने के लिए जुराबें ढूँढ़ती है। दूसरी न मिलने पर पिल्ला लाकर देता है।

स्कूल की बस में बैठ गयी लड़की टाई पहनना भूल गयी तो बस के पीछे टाई लेकर दौड़ता नजर आता है वह।

- तीसरे में बच्ची लिफाफे पर पिल्ले की लार से डाक टिकट चिपकाती जाती है।

यह तीसरा जमता नहीं है। कुरुचिपूर्ण लगता है। अपने यहाँ कुत्ते की लार के इतने उपयोग नहीं हैं। लगता है किसी से कुतवा-प्रेमी मुल्क की थीम मारी है।

अजीब बात लगती है कि घर में माता-पिता नहीं, भाई-बहन नहीं हैं तो बच्ची का दोस्त सिर्फ पिल्ला है।

बहरहाल इस एक पिल्ले ने क्रिकेट की सारी खाली जगह को, आईपीएल की तिजोरी को भर दिया है।

चैनल क्रिकेट को लेकर पसीना-पसीना हो रहे थे कि एक दिवस एक थप्पड़ ने सारा खेल मजेदार, उत्तेजक बना डाला। तीन दिन तक भज्जी के थप्पड़ का किस्सा छाया रहा। सम्पादकों की बलिहारी। आईपीएल की भृकुटियों की बलिहारी : श्रीसंत का

रोना तो बार-बार दिखलायी पड़ा, मगर भज्जी का वह महँगा थप्पड़ नहीं दिखलायी पड़ा जिसने सारे खेल को उसके असली रंग में ला खड़ा किया। वह थप्पड़ भी क्या थप्पड़ जो आवाज के साथ लगता न दिखे। असली खेल तो थप्पड़ ही था खेल एकदम थप्पड़ का खेल बन गया। जब तक जनता उस थप्पड़ को लगता न देखे, उसकी कॉस्ट किस तरह निकाले? क्या उस महान थप्पड़ को देखने का हक सिर्फ कमेटी को ही है? जनता माँग कर सकती है कि भारी माँग पर, उसे अलग से लगता दिखाइए। जनता फैसला करेगी कि थप्पड़ किस करेक्टर का था। इस बात की जाँच को सिर्फ प्राइवेट में इंजीनियर साहब के भरोसे छोड़ा जाना ठीक नहीं। पैसा वसूल तभी होगा जब जनता थप्पड़ देखे।

लीजिए चीयर लीडर भी अपने बयानों के साथ एकदम गायब रहीं। उनकी वाणी नहीं सुनी गयी। फिर अचानक सब मैनेज हो गया। सब मान गये बस जरा कपड़े पहना करें फिर जो सो करें।

टीवी की हर खबर खबरों के बनाने वाली सत्ता के दाँतों को खोलकर दिखा देती है। सबको मालूम पड़ जाता है कि कब कहाँ किस तरह खबर की बाँह मरोड़ी गयी है और जनाब कोई बोलता नहीं है कि खबर को थप्पड़ मारा गया है। तब बरखा जी आयीं और 'मनी मनी' खेलने लगीं। खिलाने लगीं। सारे मनी वाले पीपल, मनी के बारे में मनों-मनों बातें करने लगे। मनी है तो दिखाओ यार! जताओ यार! कोई क्या कर लेगा?

ऐसे लोग आ गये हैं। मनी सुपर सेक्सी है। सेक्सी से ज्यादा अपने सोशलाइट दिमाग क्या कहें? मीडिया क्या कहे? टीवी में हर बात के आगे-पीछे सेक्सी लगाने में जो मजा है, वह करिश्मा कपूर के पुराने गीत 'सेक्सी सेक्सी सेक्सी लोग बोलें' से सवाया है। चरचा तक सेक्सी हो गयी। सौजन्य शोभा डे-गले में बड़े-बड़े मातियों की माला, पतली उँगली में ये बड़े ठप्पे वाली डेढ़ इंची आकार के नग की अँगूठी, उधर मौरीन वाडिया। पाँच झालर वाली बड़ी महँगी-सी माला। मनी-मनी के साथ बातचीत में एक-दो समाजशास्त्री नामक जीव रहे, बाकी कुछ रहे न रहे... जनता न रहे। अमीर ही रहे। मनी पर बात रहे। गरीब न रहे।

तब अचानक बीच में बात करते हुए ऊबकर एक अपराध-बोध वाक्य आ बिराजे : एक पब्लिक पूछ बैठी कि आप लोग जो मनी के होने के बारे में बक-बक कर रहे हैं, आप क्या इस सबमें शामिल नहीं और भाई बिना लज्जा के पूरी मनी क्लास एक सुर में बोले कि हाँ हम हैं। ऐसी की तैसी गिल्ट की तो आप क्या करेंगे?

अरे मिडिल क्लास पर इससे कहीं ज्यादा हल्के कमेंट तो 'साराभाई वर्सेज साराभाई' सीरियल की माया साराभाई करती है जिसने मिडिल क्लास को एक क्लासी गाली जैसा शब्द बना दिया है और सिर्फ हँसकर-हँसकर।

हर चीप बात, चीप चीज मिडिल क्लास है। उसके पास मिडिल क्लास को परिभाषित करने के कई शब्द हैं, जैसे 'कंस्टीट्यूशनली मिडिल क्लास', 'कन्फर्म्ड मिडिल क्लास', 'चीप मिडिल क्लास'।

पीपल सारे वही, माया साराभाई की क्लास के। सुनने वाले मिडिल क्लास के।

खाकर गाली मत पूछो, हर चरचा इतनी पाखंडी क्यों बनाती है रे? अथ अमिताभ को मैदान में आना और हमले की तैयारी करना। आखिर इस सप्ताह अहमदीनेजाद से ज्यादा जगह अगर अमिताभ बनाने में लगे रहे तो उसमें उन साक्षात्कार लेने वालों का बड़ा योगदान है जो कल तक उनके जरा-जरा से फ्रेम को लेकर किस्से उड़ाते थे। इस बार वे प्रति आक्रमण की मुद्रा में आ रहे हैं कि 'धूत कहो अवधूत कहो रजपूत कहो जुलहा कहो कोउ'। ऐसा लगता है कि दीवार, जंजीर और अग्निपथ के नये आखिरी सीन सामने आने वाले हों।

4 मई, 2008

पप्पू की चिन्ता

पर पप्पू वोट नहीं देता। पप्पू हाई प्रोफाइल है। पप्पू का ये स्टाइल है। पप्पू का प्रोफेशन ऐसा है। पप्पू के बाल ऐसे हैं। पप्पू अंग्रेजी बोलता है। पप्पू बहुत पढ़ा-लिखा है। पप्पू इस मन्दी में भी खूब कमाता है।

पर पप्पू का दोष ये है : पप्पू वोट नहीं देता... वोट नहीं देती।

यह पप्पूजनों को वोट डालने के वास्ते प्रेरित की जिंगल है जो अक्सर एफएम गोल्ड पर बजाया जाता है। धुन और गीत के बोल सब एक हिन्दी फिल्मी गाने पर आधारित हैं। गाने में 'पप्पू कांट डांस साला' कहकर पप्पू को सम्बोधित किया जाता है। गाने में यह गायब कर दिया गया है, मगर असल धुन की पैरोडी 'जब पप्पू वोट नहीं देता' के रूप में आती है तो 'साला' पदावली मन ही मन याद आ जाती है और वोट न देने वाले के प्रति एक हीनतावादी गाली उभर आती है। इस गाने की पैरोडी करने वालों ने यह नहीं सोचा होगा कि पैरोडी अन्ततः मूल के पत्थर पर ही अपना सिर फोड़ा करती है।

जिंगल खाते-पीते, पढ़े-लिखे मध्य वर्ग को लक्षित है। उसकी काहिली को उकसाने के लिए है कि जो वोट नहीं डालता है, वह उपहास का लक्ष्य बनकर वोट डालने आये।

जनतन्त्र के चिन्तकों की कैसी जनतान्त्रिक चिन्ता है जो स्वयं चिन्तनीय है। बहरहाल जिंगल बजता दिल्ली और उसके आसपास है। लेकिन शायद असर जम्मू-कश्मीर में होता है कि वोटर निकल पड़ते हैं।

खबर चैनल वाले, खासकर अंग्रेजी चैनल वाले चर्चा करने को लेकर इतने उतावले रहते हैं कि इधर कश्मीर में वोट गिरते हैं और उधर वे चर्चारत हो लेते हैं कि इसका क्या राजनीतिक मतलब है? बर्फबारी के बावजूद लम्बी कतारें टीवी ने दिखायी। इसकी एकदम राजनीति निचोड़ चर्चा इतनी देर तक दी जाती रही, मानो सब एक-दूसरे को आश्वस्त कर रहे हों कि देखिए अपने कश्मीर के लोग जनतन्त्र के साथ हैं।

चर्चा हो और 'तब' कितने और 'अब' इतने का केस न हो तो चर्चा कैसी?

चैनल बताना न भूले कि तब यानी पिछली बार कितने लोग निकले थे।

उन्होंने एफएम गोल्ड का जिंगल तो नहीं सुन लिया कि सुनकर लजा गये हों?

टीवी की खबरों में 'तब' और 'अब' का खेल वक्त काटने वाला बन जाता है। खबर एक मिनट की, चर्चा सौ मिनट की। राजनीति हजार मिनट की।

लेकिन 'अब' होता है तो टीवी 'तब' की याद करता है। जब 'तब' में जाता है तो उसे 'अब' से जोड़ता है। कंट्रास्ट देकर स्टोरी बनाता है।

अब जो कातिल हसीना है 'तब' थी मेरठ क्वीन। तब था रैम्प पर कैट वाक। तब के पुराने वीडियो टुकड़े, सब उपलब्ध और अब उसी का कहना है कि उसने मारा है। रिपोर्टर ने कंट्रास्ट लगाकर कहा कि पहले माँ उसकी आदर्श थी—ऐसा उसने कहा, लेकिन उसी को मार डाला। *सीएनएन-आईबीएन* से लेकर *इंडिया टीवी* तक इस परावर्तन पर चकित था कि क्या ऐसा भी हो सकता है?

बात करते वक्त बात-बात पर चौंक उठने का भाव खबर देने वालों को शोभा नहीं देता। ऐसा लगता है कि खबर देने के धन्धे में पहली बार आये हैं।

आईबीएन सेवन बहुत आगे निकल रहा है। *इंडिया टीवी* वालो, अरे कुछ करो यारो! देखो तो उसने पता नहीं कहाँ से किसी डॉक्टर वाल्टर को खोज निकाला जिसने अमिताभ की पिछले जन्म की कुंडली इतने आत्मविश्वास से बनायी कि आत्मविश्वास नामक शब्द अविश्वसनीय हो उठा।

कहा कि पूर्व जन्म में अमिताभ बच्चन बूथ नामक एक्टर थे। उनके पिता उसके पिता थे क्योंकि उन्हें भी साहित्य का शौक था और उनकी वर्तमान पत्नी उसकी पिछले जन्म की पत्नी रहीं और उनके बच्चे तक उसके बच्चे रहे। यही नहीं रेखा जैसी अभिनेत्री भी रही उस जन्म में।

चमत्कारों का चमत्कार यह है कि पूरा का पूरा बच्चन टब्बर पिछले जन्म एडविन टब्बर रहा और भगवान को भी देखो कि पिछले जन्म के अमेरिकी टब्बर को लाइन लगाकर एक भारतीय परिवार की तरह पैदा कर दिया।

जरूर पिछले जन्म में मनमोहन देसाई भी उधर पैदा हुए होंगे और अजीत भी हुए होंगे। यहाँ तक 'मोना डार्लिंग' भी हुई होगी। अमेरिका इस जन्म में यों ही नहीं डूबा महाराज। उसे डुबोने वाले हमीं थे। पिछले जन्म में बीज बो आये थे। अब भुगत बेटा। आ गया न जन्म-जन्मान्तर की चपेट में।

बताइए, होड़ लेने वाला *इंडिया टीवी* पीछे रह गया न *आईबीएन सेवन* से। जिन खोजा तिन पाइयाँ जी। *आईबीएन सेवन* इस सप्ताह सालों आगे निकल गया जी।

चर्चा करानी हो तो आतंक पर न कराना जी। अगर कराएँ तो एक ओर बीजेपी दूजी ओर सीपीएम को न रखना जी। अगर रखते हैं तो एक बाउंसर रखना जी। जो दूसरे को न बोलने दे, उसे तुरन्त लाइव निकलवाना जी। न जाए तो मुश्कें बाँधकर

फिंकवाना जी। यारो, देश का जनतन्त्र तो बाद में चलाओगे। पहले आपस में बातचीत का जनतन्त्र तो बना लो।

लेकिन पप्पू तो वोट नहीं देता। चर्चा करता रहता है।

टाइम्स नाउ के हमारे प्यारे अर्णव को अगली बार 'बरक्स' बहस कराने से पहले कुछ इन्तजाम कर लेने चाहिए।

23 नवम्बर, 2000

रात भर आतंक

सवा नौ बजे हैं? नौ बीस या साढ़े नौ? या नौ चालीस? आप घड़ी देखना भूल जाते हैं। खबर चैनलों की घड़ी तक देखना भूल जाते हैं। खबर इतनी तेजी से और इतनी बदहवासी से पकड़ती है।

पूरा पक्का नहीं है। मगर नौ चालीस का टाइम रहा होगा। जब पहली खबर फूटती है जैसे गोलियाँ चलती हैं। एक गाड़ी फायर करती चली जाती है।

और फिर पूरी रात है। कैमरे हैं और यहाँ अपने खबर चैनलों को लगातार सम्पर्क करते खोजते-फिरते हैं कि कहाँ क्या है और कितना है और आप पाते हैं कि सबके पास एक ही भयानक कहानी है। गोलियों की कहानी। आतंकवाद की कहानी। एक क्रमिक कहानी होटल-दर-होटल चलती कहानी। मुंबई के वीटी के पास फायरिंग की कहानी। रात भर। रात भर।

आप चकित विस्फारित आँखों से बस देखते रहते हैं! ये सीन इतने रीयल हैं कि आपको यकीन नहीं होता।

और यह सत्ताईस की सात बजे की सुबह हो रही है। गोली चल रही है। एक, दो, तीन, चार, पाँच, छह—पूरे बारह गन शॉट्स की आवाजें आप रिकार्ड कर सकते हैं।

मुंबई में फायरिंग। इसके बाद आतंकवादी गोलियों और ग्रेनेडों से एक लम्बी दहशतनाक, साक्षात जिन्दा हिंसक कहानी लिखते चले जाते हैं।

आतंकवादी, खूंखार कहानी इस तरह गोलियों और ग्रेनेड से लिखी जाती है। उसमें दर्शक या पाठक अलग नहीं होते। वे शामिल होते हैं सीन में। गिरते लहूलुहान, मरते घायल और भागते बदहवास लोग! वे गोलियों की तरह ही सीन में नजर आते हैं। उनका खून, उनका मानी बनाता है। उनका भय, उनका डर सब कहानी में घुस जाता है और दर्शक के मन में भय का संचार करता है।

आप आम खबरों की तरह इसे भी देख सकते हैं, मगर देख नहीं पाते। यही इस हिंसा की ताकत है। इसे आप पूरी रात देख नहीं सकते। लेकिन बिना देखे छोड़ भी नहीं सकते। एकदम अनिवार्य सीन! आतंकवाद ऐसे ही अनिवार्य सीन बनाता है।

आप भयावह दृश्यों को आँखों से देख, कान से सुनकर उत्सुक, जिज्ञासु, उत्तेजित, सक्रिय हैं। विस्मय और भय के बीच सब कुछ ठहर गया है और अब सीनों के आगे-पीछे बंध चल रहा है।

इससे ज्यादा आप न देख सकते हैं। इससे ज्यादा आप सह नहीं सकते हैं। मगर आपको तो देखना है। रात भर देखना है। रात भर जगार करनी है। वहाँ इस बार रिपोर्टर बदहवासी नहीं दिखा रहे। वे सहमकर संयम से बता रहे हैं कि बाहर के सीनों में अफरातफरी है, सड़क पर होटल के आसपास। मन के अन्दर हलचल है। आतंकवाद आपको घायल, दुखित, विस्मित कर कहता है : अब बोलो!

एक कैमरा। अनेक कैमरे।

तो भी बहुत कुछ छूटता हुआ कैमरों से।

जिज्ञासा सक्रिय करती हुई दर्शकों को।

रात भर। रात भर।

नौ चालीस के बाद आप सो नहीं सकते। आतंकवादी हमले ने टीवी के लाइव कवरेज को देखना अनिवार्य कर दिया है। दर्शक की जिज्ञासा कहती है कि कैमरों को ऐन एक्शन में ले चलो। वहाँ जहाँ गोलियाँ चल रही हैं, लाशें गिर रही हैं। सीन देखकर आप हिंसा के उत्कट सीनों में ऐन एक्शन की जगह होना चाहते हैं। लेकिन यह फिल्मी नहीं है, यह असल है इसलिए नहीं हो सकते। नहीं हो सकते। कैमरा गोलियों में नहीं चल सकता। ठाँय-ठाँय हो रही है। क्या करें कैमरे, क्या करें आप-हम? ठाँय-ठाँय आवाज आ रही है। आडियो वीडियो की जगह ले लेता है।

एक गाड़ी है पुलिस की जो चलती फायर करती आती है। कैमरे पैन करके गिरते-मरते लोगों को दिखाते हैं। एक कैमरामैन भागता निकलता है दूसरे कैमरे के आगे से। उसकी हिम्मत है। उसे गोली लग सकती है। मगर कैमरे को तो काम करना है। दिखाना है, सो दिखाना है। सब चैनल लगे हैं। सबके पास एक-सी कहानी है। सबके पास अपनी-अपनी बदहवासी है।

देखना-दिखाना बेहद निकम्मी क्रियाएँ हैं जबकि सामने के सीन एक्टिवेट करते हैं। दिमाग तस्वीरों के पीछे के मानी पढ़ता है।

हैरत! मायूसी!

लाचारी! बेबसी!

दुर्भाग्य! कोसना!

दोषारोपण! राजनीति!

कौन! कौन-सा समूह!

दकन मुजाहिदीन?

इतने ग्रेनेड कैसे पहुँचे अन्दर? इतनी गोलियाँ कैसे अन्दर!

एक आतंकी की तस्वीर! वह गहरे नीले रंग की वेरसा की टी शर्ट, जींस पहने। एक कन्धे पर स्कूली बैग और हाथ में कारबाइन लिए और उसका चेहरा! देखता हुआ गुस्से में निशाने की ओर ताकता हुआ। उसके चेहरे को पढ़ो। उसमें खून की एक बूँद है जो उसके होठ की एक कोर के पास नजर आ रही है। वह एकटक स्टिल में बेहद हिंस्र नजर से तक रहा है। उसे देखकर डर लगता है जबकि वह एक तस्वीर में है।

टीवी के सारे खबर चैनल हैं। रात भर हैं। लाइव हैं। वे यही कर सकते हैं कि मिनट-दर-मिनट की, पल-पल की जानकारी दें। दिखायें।

रात भर दर्शक मन पूछता है : कौन मारा गया? एटीएस के चीफ करकरे मारे गये कि यह भी नाटक रहा? अफसर मारे गये या कि नाटक रहा?

सुबह के सवा आठ बज रहे हैं। एक्शन जारी है। शायद हालात काबू में हैं। लेकिन अभी दो आतंकी अन्दर हैं। करीब सौ लोग अभी तक अन्दर बन्द हैं ताज में!

आठ बीस पर एनडीटीवी अन्दर के गेस्ट दीपक की आवाज में रिपोर्ट कराता है।

यह फाइनल सीन है—श्रीनिवासन जैन कहते हैं।

क्या वाक़ई?

30 सितम्बर, 2008

विभाजन-विभाजन खेलें

जिनेवा में टीवी एक रंजक, शान्त संसार बनाता है। डिश से आपको पूरे यूरोप के चैनल मिल सकते हैं। डिश मिलने में अभी देर है। सो, जो आज उपलब्ध हैं वे देखे जा सकते हैं।

भाषा फ्रांसीसी है। सीएनएन, बीबीसी, प्राइम सीएनबीसी अंग्रेजी के आते हैं। शेष में फ्रांसीसी भाषा चलती है। कोई तैंतीस चैनल यों ही उपलब्ध हैं–जेडडीएफ, ऐसऐफ, टीऐसआर, टीऐसआई, ऐफआर, आरटीऐस, यूरो-न्यूज, टीवीई, टीऐफआई इत्यादि एक तरह से ब्रोडकास्टर हैं जिनके पास इन्हीं नामों के कई-कई चैनल हैं। एसटीवी वहाँ फ्रांसीसी भाषा में आता है।

भारतीय चैनलों के साथ जिनेवा में दिखने वाले तीसेक चैनलों का संसार बहुत स्थिर, जमा जमाया और अनुत्तेजक है। यह यहाँ की सतत प्रसारित तमाम चैनलों की झलक मात्र में समझ में आ जाता है। और इसकी तुलना में भारतीय चैनल बेहद शोर भरे, गरजने-तरजने वाले, अतिरंजक शैली में नजर आते हैं।

जो भारतीय चैनल यहाँ दिखते हैं उनमें दूरदर्शन न्यूज ही अपनी शैली में इस फ्रांसीसी संसार से मुकाबला करता दिखता है। आईबीएन सेवन यथावत आता है। हनुमान जी की संजीवनी श्रीलंका में कहाँ बिखरी है, उसने क्या-क्या चमत्कार किया है, यह मिथकीय ख़बर भी उसी शैली में आती है जिस शैली में दिल्ली में रहती है।

सीएनएन, आईबीएन, एनडीटीवी में वह फर्क यहाँ भी नजर आता है और शायद ज्यादा साफ नजर आता है, फर्क यह है कि सीएनएन, आईबीएन, एनडीटीवी के मुकाबले कुछ ज्यादा शोर भरा लगता है। उसके वाचक, प्रस्तोता जोर से बोलने लगते हैं।

स्टार न्यूज खबर जितनी देता है उससे ज्यादा फीचरों पर जोर देता लगता है। बिहार बाढ़ की खबर अलबत्ता यहाँ बेहतर ढंग से दी गयी और भाषायी गलती करने में तो यहाँ दिखने वाला अमेरिकी सीएएन अपने चैनलों से स्पर्धा करता दिखता है। सीएनएन जैसे चैनल में रूसी प्रधान 'मेदवेदेव' रोमन में 'मेवेदेव' की तरह दिख सकता है।

और हमारे पाठक उस मिथक से मुक्त हो सकते हैं जिसमें पश्चिमी टीवी को ज्यादा सेक्सी माना जाता है। सच यह है कि जितनी नंगई अपने खबर चैनलों के फिल्मी प्रोमोज, उनके गानों में आम दिखायी जाती है उसका शतांश भी यहाँ उक्त चैनलों में नहीं दिखती।

यहाँ के खबर चैनलों में अगर कोई बड़ी खबर, वह भी एकाध दिन बनी है तो ज्योर्जिया की बनी है मगर उस पर तफसीली चर्चा फ्रांसीसी चैनलों में न दिखकर सीएनएन में ही दिखती है। शेष समय ओलंपिक खेलों की खबरें सीधे कवरेज सहित प्रसारित होती रही हैं।

स्विटजरलैंड की अपनी तटस्थ की नीति, दुनिया के हंगामों से, जिस तरह आम जिन्दगी में दिखती ठंडापन दिखाती हैं, वैसा ही सीन टीवी चैनलों में दिखता है। सीएनएन ओबामा पर न्योछावर नजर आता है। मेकान पर कम मेहरबान लगता है।

अपने चैनल अपने संसार के हादसे, त्रासदियों की खबर देते हैं। मंगलवार को सारे खबर चैनलों में तीन शहरों में, कुछ इलाकों में कर्फ्यू की खबरें हैं : कश्मीर घाटी, उड़ीसा का एक इलाका और सिंगूर में कर्फ्यू की खबरें पूरे दिन आती हैं।

बिहार की बाढ़ की खबर का एक विहंगम कवरेज सीएनएन आईबीएन के पास है, साथ ही कोसी से प्रभावित पन्द्रह हजार गाँवों के किसी एक स्थान से उनका रिपोर्टर बताता है कि कितनी परेशानी है। लोगों से बुलवाता है। फिर पटना के रिपोर्टर को कवर करने देता है। हमारे अति उत्साही, अति शोर भरे, उत्तेजक, भावोत्तेजन करने वाले खबर चैनल यह शायद ही कभी समझ पायें कि हर मुद्दा विचार योग्य नहीं होता और हर प्रकार का विचार मिलकर बहुत साफ-सुथरा माहौल नहीं बनाते। जम्मू-कश्मीर के मसले पर एनडीटीवी और सीएनएन आईबीएन मानो स्पर्धा में हैं। ये दोनों के बीच के डिवाइड को ज्यादा सही मानते प्रतीत होते हैं। सीएनएन आईबीएन बहुत गम्भीर चर्चा करा रहा है। शनिवार को वहाँ प्रेमशंकर का एक लाइन देते हैं : मुजफ्फरबेग अमरनाथ मसले पर हाईकोर्ट के फैसले को संशोधित कराने पर जोर देते हैं लेकिन कश्मीर को लेकर कहते हैं : पाकिस्तान के साथ त्रिपक्षीय बात करें। अभिषेक मनु सिंघवी सबको सबसे पहले 'भारतीय' कहने-मानने की अपील करते हैं।

शेषाद्रिचारी से राजदीप पूछते हैं : आप जम्मू में आन्दोलन को सपोर्ट करते रहेंगे? वे वही जवाब देते हैं जो वे बातचीत में कई बार दे चुके हैं। आखिर में शायद दर्शकों के सामने अपने को पालिटिकली करेक्ट-सा बनाते कहते हैं : 'जम्मू एंड कश्मीर विल रिमेन पार्ट ऑफ इंडिया विद डिग्निटी' भई जरा इस डिग्निटी को व्याख्यायित भी कर देते हैं। इससे पहले आयी उर्दू खबरों में जम्मू-कश्मीर के लोगों से अलग बात की गयी। डिवाइड (विभाजन) पर जोर खबर में ही था 'यूनाइट' करने की एक

बेचारगी चैनल के पास थी। एनडीटीवी के आर के आनंद-बीएमडब्ल्यू कांड में हाईकोर्ट के फैसले को बृहस्पतिवार को सबसे ज्यादा गाया-बजाया। मौका भी था क्योंकि स्टिंग ऑपरेशन से आनंद को पकड़ने का काम भी एनडीटीवी का ही था। इस बार सीएनएन ने रात के बुलेटिन में इसे भी खबर बनाया। बहरहाल, पाकिस्तान टीवी, जिओ टीवी, जिओ न्यूज, 'आईदेसी टीवी डॉट कॉम' की मेहरबानी से यहाँ खुलते हैं : तीनों पर कश्मीर का मसला बहस से ज्यादा लाइव देने का मसला रहता है। यहाँ आप किसी भारतीय उदारतावादी या राष्ट्रवादी पक्ष की जगह नहीं पाते। लेकिन इन दिनों पाक-टीवी से ज्यादा जिओ टीवी ने मुशर्रफ के जमाने की आलोचना को केन्द्र बनाया हुआ है। एक दिन गालिब की नज्म पर एक पूरा गाना फिल्माया दिखाया गया। नज्म के बोल थे : मैंने उससे ये कहा : 'ये दस करोड़ लोग हैं, बेशऊर लोग हैं, ये अवाम क्या बनेंगे हुक्मरान, अपनी तो दुआ है ये सद्र रहे तू हमेशा खड़ा। ये दस करोड़ लोग हैं : बेशऊर लोग हैं, बेहद मौजूँ आलोचना थी, मीठी मार करती हुई। ऐसे गीत वहाँ काफी हैं। ये फूहड़, सीधे हमला करने वाले नहीं हैं। व्यंग्यात्मक है।

टाइम्स का 'टीम इंडिया' वाला आमिर खान वाला विज्ञापन। गजब! बेहद सांकेतिक, विकासमूलक और इसके मुकाबले डीडी न्यूज का आईएएआई वाला 'जागो ग्राहक जागो' वाला विज्ञापन। एक टुकड़े में तो अकबर बादशाह तानसेन से पूछते हैं : तानसेन तुम्हारा सितार 'आईएसआई' है? तानसेन के 'ना' कहने पर बादशाह कहते हैं : तब हम तुम्हारा सितार नहीं सुनेंगे! हास्य रखा गया मगर कितना सतही।

31 अगस्त, 2008

आतंक की कथा

शुक्रवार जामिया नगर एनकाउंटर। मोहनचंद शर्मा की मौत की ख़बर और उसके बाद : *सीएनएन आईबीएन* : मोहनचंद शर्मा अनेक बार सम्मानित पुलिस अफसर थे। वे इस तरह उस घर में घुसे। इस तरह सेल्समैन बने और इस तरह उन्हें गोली मारी गयी। वे दिलेर थे। जाँबाज थे। बहादुर थे।

विशेषज्ञ : पुलिस ने पहले इलाके की पूरी पड़ताल नहीं की थी, इसीलिए इतना महत्त्वपूर्ण अफसर जान से हाथ धो बैठा। राजबीर के बाद सबसे महत्त्वपूर्ण एनकाउंटर विशेषज्ञ थे मोहन!

कट। आडवाणी का बयान : एक वीर जवान को बधाई देने आया था, किस तरह वीरता के साथ उन्होंने आतंकवादियों का मुकाबला किया... शिवराज पाटिल : हम देश की तरफ से कृतज्ञता व्यक्त करते हैं...

बम विस्फोटों की सीसीटीवी पुनर्रचना : स्क्रीन पर ग्रेटर कैलाश का बाजार। धुँधला सीन। बार-बार दुहरते सीन। एक साइकिल पर एक आदमी आता हुआ। उसे खड़ी करता हुआ... आगे इस सीन की व्याख्या विशेषज्ञ द्वारा कि देखिए पुलिस ने कैमरे राइट जगह पर लगाये होते तो ऐसा न होता कि सीन में नहीं आता।

मानवाधिकारवादी समूहों का बयान : ये मुसलमानों को परेशान करने के लिए ऐसा करते हैं। दूसरा आदमी : मुसलमानों को फँसाते हैं ये।

टाइम्स नाउ : अर्णव गोस्वामी : यह वेकअप कॉल है।

आतंक पर चर्चारत केपीएस गिल : यदि शर्मा की जान न गयी होती तो पब्लिक और मीडिया एक्शन के पक्ष में इस कदर न आया होता। सुधीर दर : राजनीतिक इच्छा शक्ति नहीं नेताओं में। अति उदारवाद का परिणाम है : वेकअप कॉल अलख से अलख जगाता रहा। ऊपर शीर्षक देता रहा : क्या सरकार आतंक के खिलाफ समग्र युद्ध छेड़ सकती है?

पार्थसारथी : राव के मारे जाने पर अपने मीडिया से ज्यादा काबुल की जनता दुख मना रही थी। वाचक : मोहन शर्मा की मौत ने इस एनकाउंटर को नकली एनकाउंटर होने से बचा लिया। अब छोटे भाई *आईबीएन सेवन* की बारी थी। गाना

बजाकर बारी ली : अब तुम्हारे हवाले वतन साथियो...मोहन शर्मा की मौत की पृष्ठभूमि के लिए। मोहन के पिता से बुलवाया : वो कभी किसी से डरा नहीं। सुबह नाश्ता तक नहीं किया था उसने। केला खाया था।

पत्रकार ने उत्तेजित होकर पिता से सवाल किया : कहा जा रहा है मुँहतोड़ जवाब देना चाहिए। क्या लगता है कि ऐसे ही दिया जाना चाहिए जिस तरह मोहन ने मुँहतोड़ जवाब दिया। इसीलिए वे आज दुनिया में नहीं हैं... बड़े निहितार्थ रहे सवाल में।

अचानक कोई उस पत्रकार को डाँटता है : क्या तुम ही पूछते रहोगे सारे सवाल?

कट। सारा प्रसंग यहीं काट दिया गया। नासमझी के क्षण में समझदारी दिखायी गयी।

अगले दिन से कहानी इस तरह से बनायी जाने लगी : सैफ ने उगले राज! कहाँ-कहाँ बम रखे थे बताया। किस-किसने कहाँ रखे थे। सब कुछ सच-सच मान कर बताया-दिखाया जाता रहा।

इस्लामाबाद का सीन। आतंक का सीन : *बीबीसी* पर बारबरा प्लैट की आवाज। पाकिस्तानी चैनल आज से कनेक्ट कर लिया गया। लाइव कवरेज : आग लगी है। लोग घायल हैं। बदहवास लोग इधर-उधर दौड़ रहे हैं। चालीस मरे हैं। आग ऊपर के तल्ले तक पहुँच गयी है। लोग अन्दर हैं। कभी भी बिल्डिंग गिर सकती है।

जिस समय *बीबीसी* पर यह था उस समय *सीएनएन आईबीएन* पर रामगोपाल वर्मा से सप्ताहान्त समीक्षा के रूप में बातचीत दी जा रही थी। बात करने वाला बताना न भूला कि रामगोपाल वर्मा की एक फिल्म का डायलॉग है : आतंकवाद को हम भुला सकते हैं, आतंकवाद हमें नहीं भूलता।

रह-रहकर मन *बीबीसी* की बाइटें देखने-सुनने का होता है। बिना किसी उत्तेजना के खबर-खबर की तरह दी जा रही है। पूर्व सूचना मन्त्री ताकिर अजीम भी बोल रहे हैं कि हमारे यहाँ जो आतंकवाद से सम्बन्ध रहा है, उसका परिणाम है यह। अब तक पचास मरने की खबर आ रही है। हठात देखा तो *जी न्यूज* पर लाइव मिली यही खबर : आग लगी है। बचने के लिए लोग खिड़कियों पर लटक रहे हैं। दमकलें दूर-दूर तक नहीं नजर आतीं। आग ऊपर तक जा रही है। *एनडीटीवी, सीएनएन आईबीएन* पर ड्राई लाइन आती रहती है। लाइव नहीं आता। इतने अग्रणी चैनलों से कवरेज में इस बार *जी न्यूज* बाजी मार ले गया।

इधर अपने चैनलों के पास अचानक बना हीरो है : मोहनचन्द शर्मा को राजकीय श्रद्धांजलि। बिलखती पत्नी। परेशान बच्चा। पूरा शहर उमड़ पड़ा है। एक चैनल बोला। दोनों तरफ आतंक की कहानी। बाइटें एक-सी। इधर आतंकी बम कवरेज, भावुक तुरन्त दुश्मन खोजता हुआ पत्रकारीय देशभक्ति से लबालब। कुर्बानी का

बलवला। फिर एक हीरो की मौत और सारे रहस्यों से परदा उठने लगा। एक कहानी खत्म।

उधर यानी पाकिस्तान में बम विस्फोट। मगर *बीबीसी* में भावुकता रहित। उधर लोग बोले तो राजनीति झाँकने लगी। दुश्मन की तलाश की जाने लगी। दुखी जन वहाँ भी वैसे ही लगे। लेकिन बदलाखोरी *बीबीसी* में जगह नहीं पा सकी। आखिर तक अपनी बाइटें अपने पत्रकारीय रंग-ढंग के साथ ही नजर आयीं। आखिरी बाइटें :

सीएनएन आईबीएन पर जो दिखा-सुना : पुलिस प्रेस कान्फ्रेंस। विस्तार से आतंकवादियों का विवरण। सारी बातें जाननें और उस पर यकीन करते एक पत्रकार का सवाल : उन्हें क्या लालच था ऐसा करने का? जवाब : उन्हें ज्यादा पैसा नहीं मिला था। वे 'उपदेशित' थे अपनी कुर्बानी देने के लिए!

सवाल : ये पढ़े-लिखे थे... अगली आवाज : 'अबे क्या तू ही पूछता रहेगा सारे सवाल?'...

'अबे हँस क्यों रहा है?' दूसरी आवाज...

आतंक की कथा इस मसखरी में कैसी बन सकती है?

28 सितम्बर, 2008

बदलता अमेरिका

यह पाँच नवम्बर दो हजार आठ के बुधवार की सुबह है। पाँच बज रहे हैं। रात भर कवरेज चला। बारह तक देखा है। चुनाव को *सीएनएन* लगातार कवर करता रहा है। अब राज्यवार मीडिया प्रक्षेपण और परिणाम आने लगे हैं। मेक्कान गायब नहीं हुए हैं। ओबामा के लिए आसान नहीं रहा है। *सीएनएन* नक्शा बना के बता रहा है कि ओबामा कुल मिलाकर हर राज्य में कुछ-न-कुछ बेहतर रहे हैं।

रात की बातों से अलग हैं सुबह की बातें। जरा खट्टी-मीठी-सी हैं। सुबह के पाँच बजे कुछ बातें होने लगी हैं। नये अमेरिका को निगाहें खोज रही हैं। बदलाव के पक्ष में सुबह झुक गयी है। दिल्ली में सूरज नहीं निकला है। उससे पहले अमेरिका में ओबामा का नाम निकल रहा है। सुबह हो रही है और टीवी का *सीएनएन* चैनल देखा जा रहा है।

सीएनएन चौबीस घण्टे कवर करता रहा है। कोई आपाधापी नहीं है। दृश्यों में शान्ति है। नीला सूट पहने पतले-दुबले ओबामा में एक संघर्षकारी की सुन्दरता दिखने लगी है। मीडिया ने ओबामा को अपना-सा बना डाला है जो खतरनाक बात है। अमेरिका का बन्दा, है तो अमेरिका वाला। इतना अपना बना दिया जाना ठीक नहीं लगता। *सीएनएन* बार-बार अपनी वेबसाइट पर आने के लिए कहे जा रहा है।

मंगल की शाम अपने यहाँ के सात बज रहे हैं और ओबामा बूथ के अन्दर खड़े हैं। बाबू के बूथ में पत्नी हैं। दोनों वोट दे रहे हैं। संग में उनकी बेटी खड़ी है। वोट डालते हुए देर तक उसे समझाते रहते हैं। एक बार भी वे कैमरे की आँख में आँख डालकर हावी होने की अपने यहाँ के नेताओं जैसी कोशिश नहीं करते। वोट डालकर दम्पति मुस्कुराते हैं। उँगलियों से कोई विक्ट्री चिह्न नहीं बनाते।

अपने यहाँ के तीन-चार चैनल अमेरिका से लाइव दे रहे हैं। *एनडीटीवी* की बरखा अपनी दन्तुरित मुस्कान के साथ कई दिन पहले से ही चुनाव के बारे में बताती चल रही हैं। संग में माया मीरचन्दानी भी लगी रहती हैं। वोट के आखिरी दिन स्वयं प्रणय राय दोबारा सोपारीवाला और दो पश्चिमी पत्रकारों को वहीं पर बिठाये लाइव बताते चल रहे हैं।

आप *सीएनएन* से *बीबीसी* पर जाना चाहते हैं कि *सीएनएन-आईबीएन* बीच में लग जाता है। उसे छोड़ बीबीसी पर जाना जरूरी है। देखें अंग्रेज बहादुर अमेरिका को कैसे दिखा रहा है? वहाँ भी प्रशांत वातावरण है जो बदलाव होने जा रहा है, उसका अहसास सबको है। उसे बहुत हवा नहीं दी जा रही।

चैनलों की खबर प्रस्तुतियों की तुलना में उपयोगी रहती है। उससे उनके घटना को देखने के ढंग का पता चलता है। *सीएनएन-आईबीएन* के राजदीप के पास सात-आठ लोगों की पूरी टीम फोटो में बन्द है जो स्क्रीन के ऊपर टँग जाती है। यह स्क्रीन पर चुनाव कवर करने का देसी टच जैसा लगा। इस भीड़ की जरूरत नहीं क्योंकि जिन नामी रिपोर्टरादि के नाम हैं उनमें से कइयों को अंग्रेजी वाले दर्शक भी नहीं जानते होंगे। *टाइम्स नाउ* पर अर्णव भारत पर इस चुनाव के प्रभाव पर चरचारत हैं। टाइम्स नाउ ने सीबीएस से कनेक्ट किया हुआ है।

यूटीवी भी अमेरिका पहुँचा हुआ है। कवर कर रहा है। *सीएनबीसी आवाज* पर तो ओबामा के कदमों की आहट की बातें हो रही हैं।

दुनिया को बदलने वाली सबसे बड़ी घटना ही सबसे बड़ी खबर हो सकती है। अमेरिका का बदलना सबसे बड़ी घटना नहीं तो और क्या है? इसे ही देखने, कवर करने और दिखाने का काम इन चैनलों ने किया है। कहना चाहिए कि अब अपने चैनल अपनी ग्लोबल भूमिका मानने लगे हैं। हिन्दी चैनल उधर नहीं भेजे गये हैं। हिन्दी की टीम भी उधर रहती। वे हिन्दी में इस देश को कुछ समझाते तो बेहतर ही रहता।

अमेरिकी चुनाव एक पहेली की तरह हैं और इस बहाने उनके गणित को समझाना एक उपकार ही होता। स्वयं प्रणय राय को चुनाव का गणित अंग्रेजी वालों को समझाना पड़ा।

मगर अमेरिका ही दुनिया नहीं है और देसी दुनिया छठ पूजा में रह रही है। *एनडीटीवी* ने मुंबई से लाइव करते हुए छठ मनाते पाँच लाख लोगों की संयमित भीड़ के बारे में बात की। लेकिन सोनिया वर्मा न जाने क्यों इस छठ में भी हठ करके राजनीति निकालने की कोशिश करती रहीं। सैवाल गुप्ता ने ही उनको कायदे से समझाया कि छठ एक तरह का सादा और सबाल्टर्न उत्सव है जिसमें सब लोग भाग लेते हैं और यह कृषि जीवन की स्मृति की तरह है। इसे राजनीतिक न कहा जा सकता है, न बनाया जा सकता है। छठ का सिर्फ राजनीतिक आयाम नहीं है। रिपोर्टर ने इससे उत्साहित होकर कहा कि यह तो एक विराट कार्निवाल है जो रात भर चलना है। सब कुछ आनन्दमय है। डर किसी को किसी का नहीं है। इतने बड़े हुजूम में अपने आप ही सुरक्षा का भाव आ जाता है। सीएम विलासराव आ के गये हैं। पाँच

किलोमीटर तक यह फैला हुआ है। एक रिपोर्ताज के रूप में यह संक्षिप्त किन्तु बेहतरीन कवरेज रहा।

रवीश ने 'ओबामा बनाम दलित नेता' विषय पर बात चलायी। बात चली तो मजेदार होती गयी। कह सकते हैं? चरचा देसी बन उठी। हिन्दी में बनी तो ज्ञान बढ़ा। दलित चिंतक चंद्रभान प्रसाद की लाइन रही कि अपने यहाँ पहले पूँजीवाद ठीक से आये तभी दलित नेता ओबामा बन सकते हैं। अखिल भारतीय छवि तभी बनेगी। ओबामा ने अपनी छवि पूरे देश के लिए बनायी है। सबसे बढ़िया बात मार्टिन लूथर किंग का 'आई हैव ए ड्रीम' वाला टुकड़ा था जो हिन्दी में था और था ओबामा का वह भाषणांश जिसमें ओबामा ने अपने लोगों के 'अलग होने' और अपने को सब में मिलाने की बातें बेहद इशारों से कहीं।

स्टार न्यूज का न्यूज रूम बदला-बदला-सा है। किशोर अजवानी पहले अपने कम्प्यूटर स्क्रीन पर आती खबर को देखकर बात करते हैं। मानो समझते हुए समझा रहे हों और फिर उसे पूरे स्क्रीन पर लाते हैं ताकि सब देख सकें। नयापन अच्छा लगता है! कहीं तो वाचकों के स्क्रीन पर छाये रहने से मुक्ति मिलती है। वाचक यहाँ खबर पर हावी होते नहीं दिखते। प्रज्ञा सिंह के टेपों की बातचीत की खबर यहाँ विस्तार से रही। बीच में प्रज्ञा की साध्वी वाली तस्वीर आती-जाती रही।

लेकिन इस सप्ताह भी *इण्डिया टीवी* सनसनी पैदा करने में मीलों आगे निकलता दिखलायी पड़ा। उसने कहीं किसी वीडियो टेप को बरामद किया जिसमें माँ काली को 'अश्लील' मुद्रा में दिखाया गया था। वाचिका जोश में कई बार कहती रही कि ब्रह्मा, विष्णु, महेश तीनों का मजाक उड़ाया गया है। इसमें दखिए, हिन्दू समाज ने मॉडल से माफी माँगने को कहा है।

लेकिन अफसोस! सनसनी नहीं फैली। और भी कहीं इसका जिक्र नहीं आया। प्रसंगवश बता दें कि ऐसे ही किसी टेप की बात काफी पहले भी आ चुकी है एक चैनल पर।

9 नवम्बर, 2008

और देश बच गया

समाचार प्रस्तुत करने वाला बेहद गुस्से में है। इस देश को, राष्ट्र को बचाना चाहता है। जहर से बचाना चाहता है। जहरीली सीडी से बचाना चाहता है। इस अनाड़ी देश को यह साजिश मालूम ही नहीं है कि जहर बोया जा रहा/जा चुका है। इस जहर का ब्राण्ड है 'तीसरी आजादी' नाम की सीडी। देश के तीन राज्यों में चल रही है। यह जहरीली बेल है जो उग रही है बस्ती जिले में।

समाचार वाचक विक्षुब्ध, उसाँस लेता हुआ आगे बढ़ता है : यह सीडी आस्था पर हमला है। अगर उसे सुनेंगे तो आपका खून खौल उठेगा। मेरा खून तो खौल ही रहा है/यह देश बाँटने की साजिश है। इसमें राम जाति को जानते हैं। वे अगड़ी जाति के हैं। यह सीडी रामायण लोगों के हाथ में दी जा रही है। यह तलवार है, किस पर वार करेगी? कोई नहीं जानता। सीडी में क्या है? इसे जानने के बाद देश बँट जाएगा। देश में आग लग जाएगी, आग। यह जहर बस्ती जिले में उग रहा है। हमारी टीम ने गहन शोध किया है। तब हाथ लगी है, यह जहरीली सीडी। जातियों के बीच गहरी खाई खोदने वाली सीडी को हम नहीं दिखा सकते, क्योंकि हम अपनी जिम्मेदारी से बखूबी वाकिफ हैं। बाबा साहब अम्बेडकर... औरैया में एक जगह। यहाँ लोग इस खतरनाक सीडी के गवाह हैं। इसमें स्पेशल इफैक्ट हैं, कार्टून हैं जो आस्था पर वार करते हैं। यह फिल्म है या जहर का दस्तावेज? एक सूत्रधार चेहरा बयान करता है। महाभारत में वही जहर है। रामायण में है। कहानी पेश करने का तरीका बड़ा ही जहरीला है। दो घंटे की सीडी नफरत के पौधे उगाती है। जाति-युद्ध में झोंकती है। कौन हैं वे लोग जो देश को जाति युद्ध में धकेलना चाहते हैं? इससे पहले कि इनसान-इनसान का दुश्मन हो जाए... हम नहीं दिखा-सुना सकते आपको वह सारा, जो बोला गया, जो सुना गया और जो उस चैनल पर देखा गया। उसका सारांश यहाँ दिया गया है। भाव यही है। ताव यही है।

इतना प्रामाणिक, भयानक साक्ष्य है। पत्रकार और एक चैनल जहरीली सीडी के खतरे को पहचान गया है। वह अपनी जिम्मेदारी जानता है इसलिए नहीं दिखा सकता। जिम्मेदारी जानता है इसलिए उतना जरूर बताता है जिससे जिज्ञासा पैदा हो जाए

और आप जहरीली सीडी की तलाश में निकल पड़ें। बताना उस आह्वानमयी भाषा में हो रहा है कि सब जग जाएँ, निकल पड़ें।

यह चीज किसी और चैनल पर नहीं है। जरूर वे कुछ कम देशभक्त हैं। मगर बता बस खुद रहा है और जिस भाषा में बता रहा है, वह स्वयं एक डरावनी भाषा है?

जिस चैनल में इन दिनों भगवानजी के सारे पुराने चिह्न असली रूप में दिन-रात खोजे जा रहे हैं, ऐसा चैनल जो खबरों में आस्था, श्रद्धा चैनल तक को पीछे छोड़ देता है, देश को बचाने वाले, हम सबको बचाने वाले चैनल की जय हो। ऐसे चैनल की जय हो।

देश को बचाने वाले कई हैं। उस दिन सोनिया जी ने, मनमोहन जी ने देश को बचाया। रामलीला मैदान में बचाया। बजट ने बचाया। रैली में उनके भाषण ने बचाया। पहले सोनियाजी, मनमोहन जी को भी एक बढ़िया-सी तलवार भेंट दी गयी। उन्होंने उसे म्यान से निकाला। ऊपर उठाया और खुश दिखीं। देश थोड़ा बचा। फिर उन्हें हल दिया गया। उन्होंने उसे कंधे पर रखा और प्रसन्न हुए। ऐसे हल और ऐसे कंधे की जय हो। जिनकी वजह से देश पूरी तरह बच गया।

महाशिवरात्रि का अवसर है। *डीडी नेशनल* एक पण्डित को एक ब्रह्माकुमारी को आमन्त्रित करके शिवमहिमा के बारे में बता रहा है। व्रत का महात्म्य स्वास्थ्य से सम्बन्धित है। अध्यात्म तो संग सधता है। वह पर्व टू इन वन है। उपवास का मतलब पास में रहना। एक भक्त शंकालु है। सवाल कर बैठता है—महाराज बतायें कि शिवरात्रि एक ही बार क्यों आती है? जी नहीं, वह तो बारह बार आती है। कृष्ण पक्ष को चतुर्दशी की रात होती है। ऐसे *डीडी* की जय हो, ऐसे भक्त और आचार्य प्रवर की जय हो जिन्होंने हमारे दोनों लोकों को बचाया।

श्रद्धा चैनल को भी तो हमें बचाना था। बचाया। बताया कि इस दिन ब्रह्म मुहूर्त में से रात तक व्रत चलता है। व्रत सबसे ऊपर होता है। *आस्था* पर शिवभक्ति के भजन भक्त गा रहे थे।

एक चैनल पर कोई बता रहा था कि शिव के पर्व पर बिल्व पत्र का महात्म्य बड़ा है। शिव जी को वही पसन्द है। अगर बिल्व पत्र नया नहीं है तो धोकर ही चढ़ा दें। वे प्रसन्न होंगे और आपकी मनोकामना पूरी करेंगे। बासे पत्र को गंगाजल में धोना न भूलें। रूद्राक्ष भी बहुत प्रिय है। ऐसी शिवरात्रि की, ऐसे भक्तों की, भक्ति-आपूरित चैनलों की जै हो। *लोकसभा चैनल* द्वारा सत्र के लाइव प्रसारणों की जय हो, उन पर दमदार सांसदों की जय हो, जिनकी आवाज दबती नहीं। अध्यक्ष भी नहीं दबा सकते। उस हंगामे की जय हो, जो वहाँ अक्सर होता रहता है और सड़क और संसद का भेद पाट देता है।

एक बार फिर देश पर संकट आ गया। सोमनाथ दा के एक वाक्य ने देश संकटायमान कर दिया। संकट जब-जब आता है तो सब जोर से बोलने लगते हैं या लड़ने लगते हैं। ऐसे दृश्यों की जय हो!

जय हो उस अहमदाबादी आईआईएम वाले की, जिसे एक करोड़ चौवालीस लाख की सालाना पगार पर रखा गया। कौन रखा गया, किसने रखा? क्या काम करेगा? यह सब सामान्य ईर्ष्यालु व्यक्ति को बताने से क्या? ऐसे नाम-गुण विहीन करोड़पति की जय हो! और सबकी ईर्ष्या की जय हो, जो ऐसी खबरें देख-सुनकर जलते हैं। जब तक एक चैनल मौजूद है, तब तक कौन है जो ईर्ष्या भी कर सके?

16 मार्च, 2008

नारद भक्ति सूत्र

टीवी का सप्ताह बहुत जालिम होता जा रहा है। हर सात दिन की किश्त में कम से कम सात हीरो अलग-अलग दिन बनते हैं। कोई-कोई नायक, खलनायक दो-तीन दिन टिक जाते हैं। कोई-कोई सीजनल होते हैं जैसे कि फिल्मी हीरो। वे शुक्रवार से ऐन पहले के बिल्डअप में सर्व-चैनल-प्रिय के आइटमों के रूप में देखे जा सकते हैं। स्थायी हीरो क्रम में क्रिकेट के हीरो लाइन में हैं। राजनेता तीसरे नम्बर पर आते हैं। मगर राहुल बाबा नम्बर वन पर हैं।

हर सप्ताह टीवी चैनलों का अपना स्वाद, अपना मिजाज होता है। टीवी का इतिहास अपने यहाँ तो सप्ताह से सप्ताह तक होता है। अब इसी सप्ताह को ले लें जो गुजरा है।

जो पिछली बार तक राहुल का रोड शो हुआ करता था, अब टीवी चैनल उसे भारत एक खोज की तर्ज पर कर्नाटक की खोज बनाने पर तुले हैं। एक चैनल ने इसे इसी तरह बनाया।

राहुल गाड़ी पर, लोगों के साथ चलते हुए, लोगों से हाथ मिलाते हुए, हाथ जोड़ते हुए, राहुल गांधी कैप पहने हुए।

वे जहाँ-जहाँ जाएँगे, टीवी चैनलों का साया साथ देता रहेगा। गाना भी है : तू जहाँ-जहाँ चलेगा मेरा साया साथ होगा!

एक अंग्रेजी चैनल उसका एक अंग्रेजी वाचक-प्रमुख लगभग चीखता खबर पढ़ता हुआ कहे जा रहा है कि यह राहुल की 'डिस्कवरी ऑफ कर्नाटक' है! इसके बाद लिंगायत समुदाय के वोटबैंक की संक्षिप्त चर्चा और फिर खोज की दृश्यावली। वे कर्नाटक खोज रहे हैं। चैनल उनके कवरेज के लिए मरे जा रहे हैं।

इस सबको सीरियल की तरह देखिए। यूपी गये राहुल तो यही था यानी सबसे बड़ी खबर की तरह वही सब था जो कर्नाटक की उनकी यात्रा को लेकर दिया गया। और हे पाठक! यह सब मीडिया विवेक के धनी कहलाने वाले अत्यंत विवेकवान ईनामी अंग्रेजी चैनल पर था।

'नारद भक्ति सूत्र' में ही इसकी कोई व्यवस्था की जा सकती है। अंग्रेजी में

भक्ति सूत्र चलेगा तो कुछ अलग होगा ही। तिस पर इलेक्ट्रॉनिक मीडिया पर हुआ तो 'ई-नारद भक्ति सूत्र' ही कहला सकता है। शेष व्याख्या पण्डितों के लिए छोड़ी जा सकती है।

मदद के लिए इसे *टाइम्स नाउ* के दिग्विजय सिंह के एक लम्बे साक्षात्कार से मिलाकर पढ़ें तो 'खोज' का मजा आएगा। पत्रकार की चिन्ता रही कि राहुल खुद को जनता में एक्सपोज करके रिस्क ले रहे हैं। दिग्विजय बोले कि यह मूल्यांकन का सवाल है। यदि उन्हें पीएम बनना है तो जनता के बीच जाना है। अपना रोड मैप बनाना है। पीपल से कांटेक्ट करना है। दो दिन राजबीर के मर्डर का कवरेज छाया रहा। वह अजीब-सा नायक/खलनायक बनता गया। कहानी को सब चैनलों में पुलिस और प्रॉपर्टी माफिया की साँठगाँठ की तरह देखा। और इसी सप्ताह शिवानी हत्याकाण्ड में रविकांत शर्मा की सजा की बात हुई। वे पहले खलनायक-से नजर आये। फिर उनकी छवि के बारे में मालूम पड़ा कि वे बहुत अच्छे अफसर रहे। अजीब छवि निर्मित होने लगी है, बड़े अफसरों की। उनका उजला पक्ष भी बताया जाने लगा है, अपराध भी।

तीसरे नम्बर की महाछवि एक चैनल ने बड़ी मेहनत से बनायी उसी तरह से बनायी जिस तरह से राम-सीता-रावण की इलेक्ट्रॉनिक खोज की जाती थी। नये नायक रहे 'खली'। एक चैनल कई दिनों से लगा हुआ था कि वह खली को महाबली बना के छोड़ेगा। उसने बनाया और फिर तो खली डब्लूडब्लूएफ का ही नहीं, अपना हीरो बनने लगा। वह अजीब-सी घरघराती आवाज में कहने लगा कि हॉलीवुड ने उसकी जिंदगी बदल दी। उसने एक फिल्म में काम कर डाला। पहलवान जी ने उस फिल्म की महानता की गाथाएँ गाकर सिद्ध किया कि वह मसंद से ज्यादा बड़ा फिल्म समीक्षक है। चैनल ने उसके जीवन पर पूरा फीचर दिया और बताया कि हे दर्शक! सौभाग्य कि आप इस बड़े चैनल पर खली महाबली का सबसे पहला इंटरव्यू देख रहे हैं।

लेकिन सबसे बड़ा हीरो तो राजू श्रीवास्तव ही लगा जिसके बिना चैनलों की होली बेरंग नजर आती। हर जगह, हर चैनल का पतवार राजू ही थामे रहे। उनके पास हँसाने के विविध तरीके हैं। हँसाने वाले न हों तो चैनल देखकर कौन हँसे। टीवी पर होली दिखाने की कला 'सेट' है : बरसाने की होली और फिर दिल्ली में चैनल के पास वाले मुहल्ले की होली या देश भर के बड़े नगरों में चैनलों के पास वाले मुहल्लों के होली आइटम।

स्टार वन पर पता नहीं वह कौन-सा सीरियल था जिसमें होली के दिन ही होली का एपीसोड लगाया गया जो एक्शन से भरपूर रहा। एक खलनायक बिजली के खम्भे पर चढ़ा हुआ दिखा। उसने रंग की नाँद में बिजली के नंगे तार लगा दिये। जब कोई रंग में डाला जाए तो करंट से मर जाए। यह बात उसने उसी खम्भे पर लटक

कर बतायी कि वह इस तरह से लगा रहा था और इस तरह से पकड़ा गया है। होली खेलते सब टीवी हीरो-हीरोइन भावहीन अवाक भाव का दुर्लभ अभिनय करने लगे। फिर वे रंगे चेहरे से इन्क्वारी करने लग गये। दुश्मन भी जिस दिन गले मिलते हों, उस दिन ऐसा ऐपीसोड कुछ जमा नहीं।

दो दिन का हीरो रिसेशन भी रहा। *सीएनएन-आईबीएन* के राजदीप ने क्लिक कर न्यूयॉर्क से लाइव बोल रहे एलेन से पूछा कि एक शब्द में बताइए ये डिप्रेशन है? सवाल इस तरह से पूछा जा रहा था कि मानो कोई प्रश्न-पहेली या क्विज हो। एलेन बिना किलके हुए अपनी सहज आवाज में बोले : 'नो' ये सिर्फ रिसेशन के चिह्न हैं। इसके बाद बात आगे क्या बढ़ती?

30 मार्च, 2008

सब्जी से खली तक

इन दिनों चैनलों को 'जनता' बहुत याद आ रही है। यह 'आम आदमी' होता है। लेकिन टीवी की 'जनता' सब्जी खरीदती 'औरत' होती है। बढ़े हुए दाम पर कोई भी कहानी इसी औरत की सब्जी खरीदने की कहानी में बदल दी जाती है। 'गृहिणी का बजट' गड़बड़ होने लगता है। गड़बड़ की कहानी आँकड़ों में होती है।

सब चैनल सब्जियों की दुकानों पर रोज जा रहे हैं। दिखा रहे हैं वे अलग-अलग सब्जियों में 'लगी आग' के बारे में। ज्यादा देर नहीं बोलते। कैमरा पैन कर एकाध गृहिणी और फिर रिपोर्टर के पीस पर टिक जाता है। यही आम कहानी आम चैनलों पर है।

उधर एक चैनल शरद पवार से सफाई लेने पहुँच गया है कि जी सर, ये जो अनाज आदि के दाम बढ़े हैं तो...? वे कहते हैं कि भारत में गेहूँ का दाम दुनिया में सबसे सस्ता है। सन्देश निकलता है कि अभी तो और बढ़ना चाहिए। *एनडीटीवी* के पास भी बढ़िया मुहावरेदार शीर्षक हैं। *सीएनएन-आईबीएन* के पास हैं। कहानी दुहरती-सी लगने लगती है। *डीडी* दामों की बढ़त के बारे में बहुत जोर से नहीं बोल रहा।

इस बीच दो-तीन चैनलों पर ईश्वर की, रावण के ठिकानों की खोज कुछ कम हो गयी लगती है। हाँ, *इंडिया टीवी* ने उस दिन शनि के वलयों में प्रवेश करने वाले यान द्वारा जो आवाजें रिकार्ड की गयी हैं, उन्हें कहीं से लाकर सुनाया। वे किसी भी हाई-फाई फिल्म का साउंड ट्रेक लगीं। चैनल ने पूरी कहानी किसी स्रोत से ली होगी मगर स्रोत का स्रोत की तरह कथन नहीं किया। वही चकित करने वाला, सनसनी वाला तरीका रहा।

बहुत खोजा। बिजनेस की 'आवाज' पर बिजनेस की बातें ठण्डी हैं। रीयल एस्टेट के, डेवलपर्स के विज्ञापनों का टोटा दिखने लगा है। बिजनेस चैनलों में निराशा है।

मगर चैनल मेहनत करना नहीं भूले हैं। खबर बनाने की मौलिक कला देखिए। *एनडीटीवी* ने बताया कि टिकैत के गाँव सिसौली में लोगों ने किलेबन्दी कर ली है।

उधर पुलिस और कई तरह के बल उतार दिये गये हैं। गाँव को घेर लिया गया है। बिजली काट दी गयी है। तनाव बहुत है। रिपोर्टर गाँव के बाहर से रिपोर्ट कर रहा है। कहता है कि गाँव वालों ने असला जमा कर लिया है। आप साँस रोककर खबर देखते हैं कि आगे क्या होगा? एक्शन का इंतजार होता है कि प्रणय खबर देते हैं कि अभी खबर आयी है। टिकैत थोड़े ढीले हुए हैं। फिर टिकैत पर फोकस है। उनके अस्सी साल के होने, फिर भी फिट दिखने पर बात करते-करते अचानक खबर की पटकथा आडवाणी की उम्र और अस्सी पर रिटायरमेंट लेने की बात से जोड़ दी गयी है। टिकैत की कहानी में आडवाणी जी अचानक विराज गये हैं। आप टिकैत की कहानी को निष्कर्षित देखना चाहते हैं। लेकिन इधर तो बरखा जी आडवाणी से बात करने लगी हैं। खबर कहानी की कला का यह पाठ तो सब मानते हैं कि कहानी को अपने रूप में पूर्ण होना चाहिए। उसका अन्त बीच में नहीं छोड़ा जाना चाहिए। लेकिन इधर अस्सी की उम्र के साम्य के क्यू ने चैनल को टिकैत से हटाकर आडवाणी पर टिका दिया। टिकैत पर टिकते तो ठीक था। एक कहानी को ठीक-ठीक खत्म करते तो दर्शक को इस महान मिक्सिंग का झटका नहीं लगता। एक कहानी से दूसरी कहानी पर फिसल जाना सम्पादन की जरा नयी कला है।

खबर बनाने की कला जब 'खबर निचोड़ कला' में बदल रही हो तो आप उन चैनलों की मौलिकताओं की दाद दिये बिना कैसे रह सकते हैं। जो 'नाकुछ बात' में से बात निकालने में माहिर हो चले हैं। *जी न्यूज* पर सहवाग के ऐतिहासिक पारी के उपलक्ष्य में केक पार्टी दिखायी जा रही है। धोनी ने सहवाग की हँसकर कमर से पकड़ा है। वे मजाक में उन्हें चिकोटी काट रहे हैं। सहवाग केक काटने में लगे हैं। एक टुकड़ा अनिल कुम्बले के मुँह में रखते हैं। अब खबर बनाने वाले की रनिंग कमेंट्री देखें : देखिए सहवाग ने धोनी की ओर देखा तक नहीं। देखिए वे चिकोटी काट रहे हैं। अरे, जहाँ लड़ाई न हो रही हो वहाँ लड़ाई कराना तो मुहावरे में 'जमालो का काम' हुआ करता था। आपने जमालो की भूमिका कब से ले ली? जरा *न्यूज ट्वेंटी फोर* की मेहनत देखें। तनुश्री ने नाना पर आरोप लगाया तो नाना से एक लम्बी बात ही दिखा डाली। लगा कि चैनल नाना के पक्ष में ज्यादा झुका है। बाद में सारी कहानी राखी सावन्त पर लाकर टिका दी। राखी का 'देखता है तू क्या' बार-बार बजाया। पैसा वसूल नाच का सीन! *आईबीएन* ने तनुश्री पर जोर दिया। लगता है कि चैनल अब अपने पक्ष से पोजीशन लेकर बोलने की होड़ करने लगे हैं। खबरों में अक्सर उनकी पक्षधरता सामने आने लगी है। खबर को मोड़ देने की कवायद करने लगे हैं। तटस्थता कुरबान हो रही है।

बहरहाल, तनुश्री-नाना के तमाशे ने तब पीछा छोड़ा जब चैनल की निचली पट्टी पर हठात बड़े अक्षरों में ब्रेकिंग की तरह आया : टॉप कॉप का कुत्ता गायब। कुत्ते की कहानी का क्या बना? आगे का हाल नहीं है। उम्मीद है कि आगे आपको

टॉप कॉप के टॉप कुत्ते का बयान सुनने को जरूर मिलेगा।

चैनलों की आपसी स्पर्धा का एक और नमूना खली की कहानी रही। एक चैनल लगातार खली महाबली को महान बनाता रहा तो दूजे से न रहा गया। वह कहने लगा कि डब्लूडब्लू एफ की कुश्तियाँ पहले से ही तैयार सीनों की तरह, स्टंट की तरह होती हैं। सारी पोलपट्टी खोल दी उसने। खली की खली बना दी।

दो लोकप्रिय भक्त चैनलों पर तीन स्वामियों की भागवत कथा लाइव सुनने को मिली। बाबा अब डिजाइनर होने लगे हैं। पीछे का सेट डिजाइन वाला। इष्ट देवता का चित्र, मूर्ति सब डिजाइनदार। कैमरों के मित्रों और स्वामियों का अपना मेकअप है। कथा का महत्त्व अब इस बात में नहीं है, आपने कितनी कथा कवर की, बल्कि इस बात में है कि आपने कितनी बात में से बात निकाली और कितनी बार बोला : बोलो जै राधे, बोलो जै श्रीकृष्ण। भागवत का वह प्रसंग बाबाओं में सबसे ज्यादा लोकप्रिय है जिसमें गोपी-उद्धव संवाद होता है और गोपियों को गोपी भाव में बदलकर नचाने के लिए प्रेरणा दी जाती है। वे गोपियाँ लगातार नाचती हैं। वे हाथ ऊपर उठाकर नाचने लगती हैं। अरे, यही तो मुक्ति का एक पल है। मिल रहा है। कौन नहीं नाचेगा। जैं हो, जै हो, जै हो, बीच में सुनायी पड़ने लगता है। किसकी 'जै हो'? सबकी। कृष्ण की। बाबा की। गोपियों की। दर्शकों की। सबकी 'जै हो'।

गड्ढे में गिरी बच्ची वन्दना का कवरेज प्रिंस जैसा नहीं हुआ और न वैसा वात्सल्य भाव उमड़ा। बच्ची बच गयी। बचाने वाले बच गये। जै हो, जै हो!

6 अप्रैल, 2008

बाजार का गिरना

देअर इज ब्लड ऑन द स्ट्रीट। मिनटों में छह ट्रिलियन गायब। स्माल इनवेस्टर का पैसा डूबा। मेहम इन मार्केट। बाजार बन्द करना पड़ा। पेनिक बाजार में।

और तब वह सज्जन व्यक्ति आया। धीरे-धीरे सफेद कपड़ों में चश्मा लगाये साँवला मुख, हल्की मुस्कान की झाईं देता चेहरा। बोला कि तुम लोग डरने का नईं।

स्टे काम। शान्ति से रहें। परेशान न हों और इतना कह के चला गया। फिर एक और सज्जन आये। एक दिन पहले की फाइल फोटो में आये और बोलते रहे कि अपनी इकनॉमी की मूलभूत चूलें तगड़ी हैं : तुम लोग डरने का नईं।

हे दर्शक, आपने डेविड धवन की गोविंदा, अनिल कपूर की कॉमेडी फिल्म 'दीवाने मस्ताने' तो देखी ही होगी। न देखी हो तो देख लें। उसमें पप्पू पेजर की पेश नहीं चलती तो अपने बन्दों से बहादुरी के साथ कहता है : तुम लोग डरने का नहीं। वो क्या है कि पप्पू पेजर को कोई आदमी आज भारी पड़ेला है... कुछ सोचना पड़ेगा... वही बात दुहरी मार्केट की कॉमिक त्रासदी में त्रासद कॉमेडी होती दिखी। लीजिए पीछे जो लोग खड़े थे, वे मुंबई स्टॉक बिल्डिंग की इलेक्ट्रॉनिकी पट्टी को रेंगते, अपने भाग से रेंगते देखते दिखायी दिये। सबके चेहरे तनावमय।

और तब उन बिजनेस चैनलों में अक्सर दिखने वाले स्टॉक एक्सचेंज के भीतर कम्प्यूटरों पर नजरें गड़ाकर जमे लोगों के अक्सर दिखायी पड़ने वाले दृश्यों का अर्थ खुला कि जब आदमी डूब जाता है तो भी टीवी के आगे आँसुओं से नहीं रोता।

एक के तीन लाख निकल गये। एक के चार लाख और लखटकिया लोगों का गुब्बारा एकदम पिचक गया। मार्केट बैठा तो समाज बैठ गया। तो भी समझाने वाले ज्ञानी कहते रहे कि डरने का नहीं कुछ सोचना पड़ेगा। जिस तरह विक्रम हठ नहीं छोड़ता था, उसी तरह चैनल भी हठ नहीं छोड़ते। दर्शकों को दस-बीस दिन के लिए राममय बना डालने का एजण्डा पुण्य का काम लगता है। *इमेजिन* ने पूरे भजन-कीर्तन के साथ अपनी रामायण गवायी। लॉच का विकट समय और राम के नाम के बिना लॉच कैसा? एक पन्थ तीन काम। ऐसा है राम का नाम। मंगल भवन अमंगल हारी, वाली चौपाई से लेकर जैराम श्रीराम जै जै राम वाले कीर्तन। अखण्ड मानस पाठ वाले तरीके से राम का नाम शुरू हुआ। वाचिका इसे ऐसे पेश करती लगी, मानो किसी दूसरे

देश का चैनल हो। *एनडीटीवी इमेजिन* के समीर जी भी ऐसे ही बोले कि जैसे कहीं और के लिए बोल रहे हों।

दूसरा चैनल राम का नाम न लेता तो नरक मिलता, सो उसने मुकेश की आवाज में गायी रामचरित मानस की चौपाइयाँ पृष्ठभूमि में गवायीं। पुण्य पूजा की, में बताया कि यों तो तुलसी ने मानस कितने दिनों में लिखा, यह पक्का पता नहीं, फिर भी मालूम है कि दो साल सात महीने छब्बीस दिन में पूरी की थी। उधर कुछ चैनल रामकथा, रावणकथा के पीछे लगे हैं। एक ने कहा कि लंका जाने का रास्ता इधर से है। इन दिनों चैनलों से मिथक टूरिज्म और मिथक राजनीति कुछ भी सम्भव है। चैनलों में से दो का सबसे पसन्दीदा काम हो गया है—मैन ऑफ द इयर चुनना या भारत रत्न चुनना।

सोशलाइट ग्लैमराइट और सेलीब्रिटीज इकट्ठे कर लिए जाते हैं कि आओ सखा-सखी, हम रत्न-रत्न खेलें। जनतन्त्र जब चैनल तन्त्र में फँस जाता है तो इतना तुच्छ और आसान बन जाता है कि आप करते-करते ऊब जाते हैं। आपकी राय कोई नहीं पूछता है। मगर आप हैं कि दिये चले जा रहे हैं।

क्रिकेट में तीन निकाल दिये गये तो हाय-हाय कि अब आप बताइए कि क्या करें? अरे भाई, आप होते कौन हैं बोर्ड चयन समिति के फैसले के बीच में आने वाले? एक राय ही तो है उसे जनमत तो न बनायें, मुकदमा न बनायें। इसी तरह बावेला होता है।

मगर भारत का एलीट हर मर्ज की दवा जानता है। पूछने की देर है, वह शुरू हो जाता है। अगर आप किसी दिन उससे सबसे बड़ा गरीब बताने की बात करेंगे तो भी वह बहस करता रह जाएगा। टाइम पास करना इसे कहते हैं। हर चैनल चर्चा टाइम पास की तरह होती है। जब कुछ न मिलता भारत के आइकन ढूँढ़े जाने लगे और यही वे सज्जन सामने जो कुछ दिन पहले दुनिया के सबसे अमीर कहलाये और अब दूसरे सामने आये जो अचानक एक दिन के अमीरतम होते दिखे। चैनल एक बार इस सबसे अमीर की, उस सबसे गरीब के चेहरे से तुलना करके देखें तो पा सकते हैं कि अचानक की अमीरी इस अचानक की धड़ाम मार्केट गरीबी से जुड़ी है। एक का अमीर होना हजार का गरीब होना नहीं तो और क्या होता है? अगर *डीडी* न हो, उसके चैनल न हों तो हमें यह पता न चले कि भारत में कहीं छब्बीस जनवरी होती है। उसका ट्रैफिक होता है। उसका अनुशासन किया जाता है और पुलिस होती है जो बताती है कि सुरक्षा के कितने कड़े उपाय कर डाले गये हैं।

और उस निरीह मुर्गी की बात न करें जिसे मारने के लिए सब उतावले रहे, जिसे नहीं मालूम कि वह बीमार है। ठीक होती तो भी मारा ही जाना था। जब आदमी मुर्गा बन रहा हो मार्केट में तब क्या मुर्गी क्या मुर्गा?

27 जनवरी, 2008

बिकने के सुख

गोद का बालक दिल्ली में अनाथ हुआ। पहले उसके पिता को ब्लूलाइन ने मारा। उसकी माँ ने आत्महत्या कर ली।

किसी मानवीय कहानी की तरह इसे कुछ देर बताया गया कई चैनलों पर। मगर इस निष्ठुर कहानी को कौन खरीदेगा? न शाहरुख, न प्रीति, न विजय माल्या। कोई नहीं। न यह अनाथ कुछ कमाई करा सकता है। सो, बहुत जल्दी ही इस कथा को विराम दे दिया गया।

वह दिन अप्पूघर का आखिरी दिन रहा। अदालती आदेश रहा कि बन्द करो और बन्द हुआ। सब चैनलों पर कहानी एक ही रही। मगर असल बात तो इस घटना की व्याख्या रही। सबसे बेहतरीन टिप्पणी समय चैनल की रही जिसमें कहा गया कि बच्चों की जगह बड़ों ने ले ली। यह अफसोसजनक बात है कि नगरों में बच्चों के खेलने की जगह खत्म हो रही है। दिल्ली बेदिल हो रही है बच्चों के लिए। ये सब छोटे लोगों की छोटी कहानियाँ रहीं।

बहुत जल्द ही असल कहानी बड़ी कहानी का गीत गाया जाने लगा। सबके अपने-अपने दाँव लगे थे। कहानी में सारे स्पांसर-प्रमोटर इकट्ठे थे। क्रिकेट की कहानी ऐसी ही थीं।

बुधवार को पूरे समय बताया जाता रहा कि क्रिकेट में कौन कितने में बिका। किसकी कितनी बोली लगी। किसी भी चैनल पर आप शाम की खबरों में सिर्फ एक ही खबर देख सकते थे कि कौन कितने में गया?

सीएनएन आईबीएन पर तमाशा था खरीदारों का और बिकों का। बिके चित्रों में रहे। नामों में आते रहे। बल्ले की जगह कीमत का बिल्ला लगाकर। जो बिके, लाइव यहाँ नहीं थे, वरना उनका भी 'नच बलिए' हो जाता। क्रिकेट की इस खबर का सारा फॉरमेट नच बलिए का रहा। शाहरुख खान ने गाना गाया। खत्म धोनी ने किया। गनीमत कि नाचे नहीं।

मंच पर शाहरुख खान थे। प्रीति जिंटा थीं। नैस वाडिया थे। विजय माल्या थे। सब खरीदार। एक से एक। प्रीति सिर्फ प्रसन्न थी, अपने बालो को सँवारती। शाहरुख

खान की चुटकियों पर हँसती हुई। अपने दोस्त नैस वाडिया की बगल में। शाहरुख खान अपने बालों के नये, छोटे स्टाइल में रहे। क्रिकेट की खरीद पर मजाहिया बतकही करते रहे। पैसे वाला आसामी ऐसे ही बोलता है रे।

यही ऐसा ही साफ-सुथरापन प्रिस्टीना में था। कोसोवो की राजधानी प्रिस्टीना से लाइव था। एकदम साफ-सुथरे भद्रजनों का अलगाव जिसमें आजादी की किसी भी लड़ाई का परिचित तनाव नहीं था। कोई तकलीफ किसी को नहीं दिखी, मानो किसी कारपोरेट में विभाजन हुआ हो।

कोसोवो ने स्वाधीनता घोषित की। वह अलग राष्ट्र बनने की ओर चल दिया। जरा-सा इलाका, जरा-सी आबादी। *बीबीसी* और *सीएनएन* पर उसे घोषित होते देख। यह दुनिया के इलाकाई क्षत्रपों के लिए सन्देश की तरह लगा। प्रिस्टीना का वह सभागार, जहाँ उनकी असेम्बली लगी थी, शान्त था। एक बन्दा बोलता था। अंग्रेजी में उसका फोरी तर्जुमा होता आता था। वे कोई धूल-धूसरित चेहरे न होकर पके चेहरे थे। सब सूट-बूट में ताली बजाते हुए। *बीबीसी* ने उसे बिल्कुल क्लासिकल तरीके से रिपोर्ट किया। मगर *सीएनएन* ने थोड़ा चुटकी उस हीरो को लेकर ली, जो कोसोवो के स्वाधीनता के आन्दोलन का अगुआ रहा और अब डिजाइनर सूट में था।

आजादी भी डिजाइनर थी। *सीएनएन* के वाचक ने इस नये सिलाये सूट पर व्यंग्य भी किया। कोसोवो के लोग खुशियाँ मनाते दिखे। *बीबीसी* ने लाइन दी : ईथनिक अल्बानियन सेलीब्रेट इंडिपेंडेंस।

बेलग्रेड से बोलते सर्बिया के लोग नाराज दिखे। उनके नेता नाराज दिखे। कहते दिखे कि यह ठीक नहीं है। इससे अलगाव की प्रवृत्ति बढ़ेगी।

बीबीसी की हार्डटॉक की धुन में हार्डटॉक के चारों ओर पिघलती स्टील गिरती फैलती है। एकदम स्टील टॉक है और है भी। रूस में अमेरिकी मिसाइलों को लेकर बड़ी गहमागहमी है। पुतिन सरकार के प्रवक्ता ने हार्डटॉक में बड़े जम के बात की। सीधे तो कुछ भी नहीं कहा। कह सब कुछ दिया कि रूस सहन नहीं करेगा। लेकिन पुरानेढंग के तरीके न अपनाकर बेहतर सस्ते उपाय करेगा। बातचीत में शीतयुद्ध नम्बर दो के चिह्न बनते लगे।

राज ठाकरे की कहानी को क्रिकेट की खरीद-कथा ही उतार सकती थी। उतार दिया। मंगलवार-बुधवार को मुंबई की राज ठाकरे की कहानी विराम पा गयी। बहुत कवरेज मिल गया भाई।

आईबीएन सेवन इन दिनों मिथक कथाओं को सच की तरह दिखाता लगता है। रामायण सम्बन्धी इसकी किताब पर जो विवाद चल रहा है, उसे लेकर दी गयी कहानी में एकतरफा झुकाव-सा लगा।

नाइन एक्स विकलांग चरित्र पर केन्द्रित एक सीरियल 'जिया जले' दिखाता

है। इन दिनों सीरियली प्रेमकथाएँ हिट नहीं हैं, हाँ उसकी दिखायी 'जब वी मेट' को जरूर कुछ युवा मिले होंगे।

चलते-चलते : युवकों को लक्षित रेडिफ मेल डॉटकॉम का विज्ञापन गजब का है : एक लड़की रात को सड़क पर अकेली जा रही है। कुछ अड्डेबाज मनचले उसे छेड़ते हैं। प्रेरक लाइन आती है : 'विरोध तो करो', 'एक आवाज तो उठाओ' एक युवक विरोध करता है। उसे गुण्डे पीट देते हैं। वह लड़का रेडिफ मेल पर इस घटना का सन्देश भेजता है। अगली बार उस जगह पर हजारों रेडिफमेलिया कम्युनिटी आ जाती है। गुण्डों की हालत खराब होती है। विज्ञापन कहता है : 'एक रेडिफ मेल तो करो।'

24 फरवरी, 2008

मुंबई मेरी जान

पहले जलता हुआ बयान दो।

बयान दिया।

आग लगी?

लगी।

चैनलों ने हंगामा दिखाया?

दिखाया।

बहसे कि नहीं?

सर जी बहसे।

बहस में नेताओं के पक्ष में फिर विपक्ष में शरीफों से सवाल-जवाब हुए कि नहीं हुए?

जी हुए।

सबने मिलकर मीडिया को दोषी बताया कि नहीं?

सर जी बताया।

तो हे मूरख दर्शक तू इतना क्यों मोहाविष्ट होकर परेशान है। ऐसा ही होता आया है, ऐसा ही होता रहना है।

कृष्ण ने अर्जुन से कहा। कृष्ण की यह बाइट किसी दिलजले टीवी वाले ने एडिट कर दी।

तो हे धृतराष्ट्र, वही हुआ जो होता आया है।

टीवी गीता का ज्ञान कहता है कि अगर टीवी न होता, राज ठाकरे इन दिनों न होते। अगर राज ठाकरे न होते तो मुंबई किसकी है? यह सवाल दर्जनवीं बार नहीं होता। और तीन-चार दिन तक मुंबईकर बरक्स गैर मुंबईवाली बातें, खबरें, बहसें नहीं होतीं और अन्त में राज ठाकरे को प्रचार नहीं मिलता कि सब उनका नाम जान जाएँ। हीरो हो गये। खलनायक टीवी ही बना।

लेकिन हे अर्जुन, टीवी क्यों न होता? टीवी होता ही।

बड़े-छोटे ठाकरे होते। वे पहले ही जानते कि कितना कह देने से टीवी वालों

को खबर मिलती है और दो-चार हाथ मरवा देने से लिबरल तबका चीखने लगता है। बड़ा विवाद बन जाता है। सबको काम मिल जाता है और बाद में सब हँसते हुए निकलते हैं टीवी स्टूडियो से। चैनलों को काम मिल जाता है। वे तुरन्ता ओपिनियन पोल लेने लगते हैं और बताने लगते हैं देखिए इस वक्त हमारे ताजे पोल के अनुसार इतने लोग इसके पक्ष में हैं। इतने विपक्ष में हैं।

लगता तो नहीं है कि टीवी के लिबरल छाप के चैनलों की और असहिष्णु नेताओं की आपस में कोई मिलीभगत है, लेकिन इतना जरूर लगता है कि इधर जो किया जाता है वो उधर के हिसाब से किया जाता है। अगर नेता ने जरा-सा कुछ कर डाला तो चौबीस गुणे सात घण्टे काम करने वाले सब खबर चैनलों को चौबीस सौ गुना सात सौ का माल मिल जाता है। कम-से-कम एक दिन तो स्टोरी बजनी ही है। लो एक दिन तो कटा।

बड़ी कहानी। बिग स्टोरी, ब्रेकिंग न्यूज और ग्रेट डिबेट बिग प्वाइंट और मुकाबला ... आप पदावली ही देख लें तो टीवी का खबर देने का मुहावरा विवादों से ज्यादा चीखता हुआ मिलता है। हर सप्ताह कम-से-कम एक कहानी बड़ी बनती है और उसे पकाया जाता है। पकाने के लिए चर्चा करायी जाती है। सब कुछ-न-कुछ बोलते हैं और तब जा के टीवी का जनतन्त्र अघाता है।

अरसे से समाज में पंगे जारी हैं। पंगा दिखाना कॉन्फ्लिक्ट दिखाना नहीं है। कॉन्फ्लिक्ट दिखाना संघर्ष दिखाना नहीं है। मगर खबर चैनल क्या करें? अपनी परिचित पदावली में ही काम करते हैं।

ऐश्वर्या ने स्कूल खोला बाराबंकी में। आग लगी मुंबई में। पिटे बिहार वाले टैक्सी वाले। जवाब में आये नीतिश, लालू और सब। राज ठाकरे के दल को दो दिन लगातार तगड़ी बाइटें मिलीं। एक मामूली दल को और क्या चाहिए? पकड़ लीजिए बना लीजिए केस। अरे इतना प्रचार तो सौ करोड़ खर्च कर नहीं मिलता।

10 फरवरी, 2008

खबर पुराण

मरने वालों के लिए, रोने वालों के लिए एक अच्छा उपचार था इस बार। *आईबीएन सेवन* सबका उद्धार करने पर तुला हुआ था : आइए जानें कि श्राद्ध क्यों जरूरी है? जनहित में चैनल ने चिन्ता जतायी। सब जान लें कि श्राद्ध क्यों होते हैं? उनके क्या फायदे हैं?

बताना पड़ता है आजकल। ये जो नयी पब्लिक है वह नहीं जानती कि पुरखे पुरखों के लिए क्या-क्या पक्की व्यवस्था कर गये हैं। नयी पीढ़ी कलजुगी है। भूल चली है। सो, याद दिलाना जरूरी है। इस कार्यक्रम की 'पब्लिक' ऐसी ही होगी।

बहरहाल रिपोर्टर माथे पर तिलक धरे है और पिण्डदान का महात्म्य बताते जा रहे हैं। रिपोर्ट की खूबी यह है कि इसमें महाभारत, सीरियल, हरिद्वार के मन्दिर, भीष्म पितामह, विष्णु पुराण, मारकण्डेय पुराण, नारद पुराण सब हठात पक्के प्रमाण की तरह उद्धृत किये ज़ा रहे हैं ताकि सब कुछ गप न मानी जाए। प्रामाणिकता बनी रहे। यह खबरिया टीवी का खबर पुराण है। *आस्था, संस्कार चैनल* आदि में जो किया जाता था वह खबर पुराण बनकर खबर चैनल पर आ गया है। हिन्दी चैनल में आ गया है। अंग्रेजी में तो अंग्रेज लोग देखते हैं। ये पिण्डदान नहीं जानते। उनके पितर तो होते ही नहीं। पितर हिन्दी वालों के होते हैं। कहीं और न बिगड़ जाए इसलिए हिन्दी की पब्लिक को तो उसी पुराण के खूँटे से बाँधना जरूरी है। पहले पब्लिक को भगाया। अब उसे बाँध रहे हैं।

तो पण्डित प्रवर बने रिपोर्टर-वाचक बताते चल रहे हैं कि पिण्डदान क्यों करना चाहिए? क्या-क्या फायदे हैं?

एक मन्दिर में एक दम्पत्ति पिण्डदान पूजा करा रहे हैं। रिपोर्टर बताता है : ये जो पिण्डदान करा रहे हैं। वे कोई मामूली आदमी नहीं, मुरादाबाद के प्रसिद्ध वकील हैं। इनकी कहानी मामूली नहीं। पत्नी कॉलेज में पढ़ाती है। यानी पढ़े-लिखे हैं। लेकिन देखिए, पिण्डदान कर रहे हैं। एक कहानी जारी है। इनके घर चार मौतें एक के बाद एक हो गयीं। जवान बेटा मरा। तब यह एक ब्राह्मण के पास गये। वह बोला कि तुम्हारे पितर नाराज हैं। उन्हें शान्त करो और वे आये यहाँ इस खास मन्दिर में

जिसका बड़ा महात्म्य है और वे करा रहे हैं। एक कैमरा उनको क्लोज कर रहा है। वे एक सौ का नोट निकालकर पूजा करने वाले पण्डित को दे रहे हैं। पितर शान्त हो रहे हैं। कमेंट आता है : यह श्राद्ध यों ही नहीं है। इसमें बड़ी बातें हैं। महाभारत में भीष्म पितामह तर्पण करने बैठ गये। पितरों के बारे में उन्होंने किसी को नहीं बताया। तभी एक भुजा निकली बाजू बन्द पहने और पिण्डदान लिया।

कट टू महाभारत सीरियल। भीष्म के सीन। कट टू हरिद्वार का मन्दिर। पिण्डदान करते लोग। नारद पुराण में कहा गया है, भीष्म को पितरों ने दर्शन दिये। सपने में आशीर्वाद दिया शांतनु ने, कि तुम जब चाहोगे तब शरीर त्यागोगे!

सबक : अगर आप किसी वजह से परेशान हैं तो पिण्डदान कीजिए।

पिण्डदान के सीन में मौत की खबर अजीब बनती जाती है। उसी शाम महरौली में एक धमाका हुआ जिसे आतंकवादी बम विस्फोट बताया गया। *स्टार न्यूज* पर विस्तार से दिया गया। रिपोर्टर उसी तरह बदहवास रहा जिस तरह पहले रहा आया। धमाकों ने सिद्ध किया है कि घबराकर रिपोर्ट करना रिपोर्टिंग की एक कला है। यदि रिपोर्टर घबराया बोल रहा है तो समझ लो हादसे का मारा है। आवाज से सीन पहचाना कीजिए। उसकी घबराहट से दर्शक समझ जाते हैं कि कितना बड़ा विस्फोट हुआ है। अब यह पूछना बेकार ही है कि कितना बड़ा बम था? अब तो आप रिपोर्टर की बदहवासी की मात्रा से जान सकते हैं कि कितना बड़ा बम विस्फोट था? वे सही सवाल तक नहीं बनाते कि 'कितने जोर का धमाका था।' वे 'कितना बड़ा' पूछते हैं बिग स्टोरी करने के लिए 'बिग बम' ही चाहिए न!

इसके बाद रिपोर्टर पुलिस पर बिफर ही तो गये। ऐसे बम धमाके होते रहे हैं। एक कमिश्नर आये हैं। कहा जा रहा है, लो इटेंसिटी का बम था... बताइए ये लो था? एक रिपोर्टर परेशान होकर पूछ रही है। एक रिपोर्टर पूछ रहा है : बताइए दो साल में दिल्ली कितनी बार और दहलेगी? अभी जामियानगर में हुआ है। पुलिस दावा कर रही है—सब काबू में है कि फिर यहाँ हो गया। कहाँ काबू में है आतंकवाद! रिपोर्टर पूछता है। उनके दूसरे ठिकाने पकड़ में नहीं आ पाये हैं। *जी न्यूज* की ओर देखा तो वहाँ यही भाव था पुलिस के दावों के बाद आज फिर हो गया धमाका! उसी में आया कि बच्चे ने उसे उठाकर पुकारा और मारा गया। रिपोर्टर के पास बच्चे के लिए एक शब्द नहीं था। वह पुलिस को कठघरे में लाने को लालायित था। *इंडिया टीवी* का रिपोर्टर और आगे रहा। बदहवासी में विस्फोट के गड्ढे और खून को दिखाता रहा कैमरा। चलते-चलते रिपोर्ट करता रहा। एक मोटर साइकिल को पुलिस वाले ठेलकर ले जाते रहे। पुलिस भीड़ को हटाने की कवायद में लगी थी। *इंडिया टीवी* ने फरीदाबाद में विस्फोट की धमकी की बात बता डाली। न बैठे दिल तो बैठ जाए।

लेकिन बताया ना, सबका सहारा है पिण्डदान! कारण समझ में आ रहा है। मौत अगर हो तो पिण्डदान करने से सब ठीक रहेगा न! क्या हमारे चैनल मृत्यु के आभ्यंतरीकरण में संलग्न हैं?

• अर्णव देवानंद का एक साल पुराना साक्षात्कार दिखा रहे हैं। इतना भी मजाहिया न बनें। देवानंद के नाती-पोते की उम्र के होकर आप उनका परिचय देते हैं तो लगता है कि कोई नया दिया सूरज को ही मुँह चिढ़ा रहा है!

5 अक्टूबर, 2008

एक चिथड़ा खबर

करोलबाग में विस्फोट... बलास्ट... कनॉट प्लेस...जीके, ग्रेटर कैलाश में विस्फोट...

टीवी पर ब्लास्ट की कोई भी खबर इन दिनों इस तरह फटती है कि दर्शक सहमते हुए ब्लास्टों का इन्तजार अपने आप करने लगता है।

एक दिन पहले की ही खबर थी। एक बड़े चैनल की खबर थी :

चीन मेड मोबाइल। असली मोबाइलों के नकली नम्बर। ये आतंकवादी एक्शन के लिए उपयोगी बताये जाते हैं। चैनल ने मेहनत करके दिखाया कि किस तरह उनके कूट नम्बर तक नकली होते हैं। और बहुत बार आतंकवादी उनका सहारा ले रहे हैं। ऐसी रिपोर्ट हैं! स्टोरी देख लगा कि किसी बड़ी मोबाइल कम्पनी का खेल हो, चीनी मोबाइल के विरोध में।

मोबाइल की कहानी तो सबसे बड़े मोबाइल मार्केट गफ्फार मार्केट के विस्फोट में अगले दिन खुलनी थी। फिर तो कहानी—यह जा वह जा! यहाँ रक्त, वहाँ लाशें और बिलखते लोग। 'दुश्मन' तलाशते बदहवास चैनल हिन्दी के और अंग्रेजी के भी!

हर बार के विस्फोटों के बाद यही होता है। घटनाएँ एक ही क्रम से बनती हैं, रिपोर्ट होती हैं।

विस्फोट। खून। लाशों के चित्र बार-बार। परिवारजनों के विलाप। आतंकवादी की तलाश, किसी मुजाहिद्दीन का जिम्मेदारी लेना और इसका 'जिम्मेदार कौन' सवाल करने की भयानक परपीड़क कोशिश!

चैनल हर ऐसे मौके पर रिपोर्टिंग से आगे बढ़कर हिसाब-किताब करने लगते हैं। सबसे पहले सरकार की काहिली, तन्त्र की नाकामी और फिर एक सीएम, एक मन्त्री को कठघरे में खड़ा करने की सबसे आसान कवायद! आतंकवादी गायब! आनन्दित! उसे उसका 'अपेक्षित' ये बदहवास चैनल दिये जा रहे हैं। और उसे क्या चाहिए!

इस बार भी यही हुआ। जरा जल्दी हुआ। इस बार आतंकवादी की जगह गृहमन्त्री को ही सूली पर चढ़ाने का केस बना डाला गया।

एक चैनल ने साढ़े छह से साढ़े आठ तक तीन बार गृहमन्त्री के सूटों के बदलने

को तीन पोज में काट-काटकर दिखाया। एक चैनल काफी पहले से आतंकवादी के अभाव में सरकार को, मन्त्री को जिम्मेदार बनाने पर लगा ही था!

इस बीच गृहमन्त्री को रगड़ने का भी सुख एक अंग्रेजी पत्रकार, एक हिन्दी चैनल पर आकर लेते दिखे। अन्त में मन्त्री को तल्खी से कहना पड़ा : आप मेरी कुर्सी की, चिन्ता क्यों करते हैं?

और आखिर में *इंडिया टीवी* पर खुद मन्त्री जी को तल्खी से कहना पड़ा : मैं सो गया, मैं पत्ते खेल रहा हूँ, मैं दारू पीके बैठा हूँ, मैं डांस क्लब जाता हूँ तो आप मुझे दोष दीजिए।

तीन जगहों के विस्फोट का जितना कवरेज हुआ, उतना ही सरकार और मन्त्री जी को फाँसी पर लटकाया गया। एक चैनल ने नरेंद्र मोदी को जमकर फोकस किया। मोदी जी बोले। वैसा ही बोले जैसी चैनल को उम्मीद रही। खत्म करने पर एक व्यक्ति से संकेत किया : ठीक है ना! बयान भर काफी रहता। उसके आने के फ्रेम को लेने की क्या गरज रही? क्या चैनल की अपनी कोई राजनीतिक समझ रही?

अजीब ढंग से आतंकवाद का एक्शन कवर हुआ। आतंकवाद और जनता के दुख बाद में। पहले हिसाब हुआ। चौबीस घण्टे में हिसाब किया गया। वह भी एक मन्त्री से।

कुल मिलाकर चालीस-पैंतालीस मिनट की कहानी रही। उसके बाद हाहाकार रहा।

मोबाइल के सबसे बड़े मार्केट गफ्फार मार्केट से तकरीबन छह-साढ़े छह बजे एक धमाके की खबर शुरू में सामान्य धमाके की खबर की तरह ही आयी। पट्टी में *स्टार* ने सबसे पहले दिया। तब तक सिलेण्डर फटने की बात कही ही जा रही थी। उसके बाद सब धुआँ-धुआँ होने लगा।

उसके कुछ बाद कनाट प्लेस, गोपाल टावर, सेंट्रल पार्क। जीके वन का मार्केट। अब कहानी को उसी तरह आना था जिस तरह की कहानी के हम सब आदी हो चले हैं।

जीके के स्पॉट तक पहुँचने में वहीं स्थित *एनडीटीवी* को आधा घण्टा लग गया। तब जाकर चित्र आये।

बहरहाल विस्फोटों की जगह कैमरे देर से ही पहुँच सकते थे। हर चैनल पर चश्मदीद गवाह ही बोले कि उन्होंने क्या-क्या देखा? वे डरे थे। बहुत मेलोड्रामा और सरकार को कोसने का भाव नहीं था। यह चैनलों का अपना खेल था।

चैनलों में हिन्दी वाले बहुत जल्द अपने पर उतर आते हैं। मूल कहानी छोड़ वे इधर-उधर पर अटक जाते हैं। एक ने जल्द ही लोगो के इस संकट में स्कूटर वालों की मनमानी को धिक्कारकर अपना कर्तव्य निर्वाह किया।

और अन्ततः चैनल मन्त्री जी को कठघरे में खड़ा करने में व्यस्त हो गये। बताइए, इस परपीड़क खेल में आतंकवादियों के पुलिस द्वारा जारी फोटो से किसी को क्या मतलब रहा?

आतंकवाद का कुछ कर नहीं सकते तो आपस में ही लड़ लें! यह मनोभाव ऐसे आतंकी समयों की पत्रकारिता तो नहीं ही है।

चलते-चलते : यह एक मोबाइल कम्पनी का एड है। इस वर्जिन ब्राण्ड यो-यो टाक स्कीम का चरित्र चित्रण इस कामुक तरीके से होता है कि यह लफंगई का विज्ञापन ज्यादा लगता है। इसमें नर्स का चित्रण एकदम आपत्तिजनक कहा जा सकता है। नर्स का पेशा इस नजर से नहीं देखा जा सकता। इसे देख शोहदों का हौसला बढ़ सकता है!

21 सितम्बर, 2008

मतलब का पैगाम

सीरियलों से ज्यादा दिलचस्प विज्ञापन लगते हैं। नाचने वाले मुक़ाबलों से ज्यादा बेहतर लगते हैं। छोटी-सी कहानी एकदम मनोरंजक और सुखान्त। सीरियलों का उतार क़हीं इस कारण तो नहीं कि विज्ञापन कहीं आगे की बात कहते हैं। *सोनी* पर आने वाला 'बाबुल का आँगन छूटे ना' के आँसू और तनाव इस मजेदार जगत् में किसे पसन्द होंगे? *स्टार प्लस* के 'करम अपना अपना' में वही घरेलू रुदन वाली बनावटी सजी-धजी कथाएँ इस चकाचक में किसे पसन्द आ सकती हैं? उनके दिन गये।

दो-तीन विज्ञापन कई सीरियलों पर भारी हैं। आप ब्रेक के बाद के टाइम में ज्यादा आनन्दकारी अनुभव ले सकते हैं। वे खटकते नहीं। विघ्नकारी नहीं लगते।

एक लड़के ने घर को तबेला बना रखा है। चारों तरफ सामान फैला है। पिता आकर चिल्लाने लगता है : ये तुमने घर का क्या हाल बना रखा है? एकदम कूड़ाघर बना रखा है। फुटबॉल का मैदान बना रखा है। लड़का गरदन मटकाता रहता है। बाप समझता है कि लड़का उसकी हाँ में हाँ मिला रहा है और फिर खीझता रहता है। लेकिन लड़का पिता की बात पर नहीं, मोटरोला के फोन पर अपने मनपसन्द गानों को सुनकर गरदन हिला रहा होता है।

सबक : मोटरोला युवाओं के लिए मस्ती का और बुजुर्गों के लिए चिढ़ और दर्शकों के लिए मजेदारी का कारण है। इतने चमत्कारी मोटरोला को क्यों न खरीदा जाए? यह मार्केटिंग है। मोटरोला का एक और विज्ञापन आता रहा है। एक बाप अपने हाथ में ब्रीफकेस लेकर घर आता है और ऐसे ही लड़के को ब्रीफ़केस खोलकर उसके लिए लायी गयी चीजें देता है। इन्हीं चीजों में पिता के चेहरे जैसा पिता का मुखौटा भी है जो कपड़े निकालते समय वह गिरकर लड़के के सामने आ जाता है। लड़का अपनी धुन में मगन है। मस्ती में वह पिता की ओर देखता तक नहीं। फिर कुछ बोले बिना उस मुखौटे को उठाता है और पिता को लौटा देता है। विज्ञापन की कैच लाइन आती है कि 'चलो देखा तो'। मुखौटा लेकर पिता कहता है।

सबक : मोटरोला के नये मोबाइल सेट में ऐसे गुण हैं कि लड़के पिताओं को

भूल रहे हैं? उसे नहीं लेना है। सबक नम्बर दो : युवाओं के लिए मोटरोला मस्त आइटम है। उन्हें उसे लेना है। विज्ञापन की शैली ऐसी है जो रंजनकारी है। उपहास वक्रता वाली है।

विज्ञापन इस माने में इन दिनों सीरियलों पर भारी लगते हैं। मनोरंजन के अनेक तौर-तरीकों से ज्यादा रंजक लगते हैं। एयरटेल के उस मनोहारी विज्ञापन का भला क्या तोड़ हो सकता है जो काँटेदार बाड़ में रहने वाले दो बच्चों को एक-दूसरे से मिला देता है और कहता है—अगर हम बातचीत करें, संवाद करें तो दुनिया की कोई भी दीवार हमें घेर नहीं सकती।

ग्लोबल ऐक्य भाव का निर्माण किसी भी फिल्म या सीरियल में दुर्लभ है। खबरों में कलह है, झगड़ा है। चर्चाओं में नकली बहसें हैं। सिर्फ विज्ञापन हैं जो कुछ सार्थक सन्देश देते बेचते हैं।

वोडाफोन के स्पॉट इन दिनों जरा ज्यादा हवाई हैं। दिमाग के ऊपर से निकल जाता है। मसलन, आने वाले इतने सेकंड में यह होने वाला है : वोडाफोन। वोडाफोन के कॉपी बनाने वाले अभी तक मार्केट में एक वाक्य कायदे का नहीं दे पाये हैं जो जुबान पर चढ़ सके।

इन दिनों सबसे चर्चित विज्ञापन मोबाइलों के हैं। मोबाइल सर्विस प्रोवाइडरों के हैं।

चर्चाओं ने आते-आते दर्शकों को खुद इतना तैयार कर दिया हैं कि वे किसी भी मसले पर चर्चाओं में हिस्सा लेने वालों से बेहतर तर्क जुटाते हैं। 'मुंबई किसकी' छाप एक चर्चा में मेहमान वक्ताओं ने ज्यादा तालियाँ नहीं लीं जबकि सामान्य व्यक्तियों ने ज्यादा सटीक बोला। तब चैनल वाले प्रख्यात नामों को क्यों सजाकर बिठा लेते हैं? पब्लिक ज्यादा सटीक बेधड़क बोलती है, उसे ज्यादा बोलने दें तो बेहतर। चर्चा कार्यक्रम अभी तक चर्चा संयोजकों के विशेषज्ञों के हजार बार देखे जा चुके चेहरों, हजार बार सुने कमेंटों से भरे रहते हैं। *सीएनएन-आईबीएन* या *एनडीटीवी* वाली मुंबईकर वाली सारी चर्चाएँ अस्मितामूलक वास्तविक तनावों को दबाती-पुचकारती-सी लगती रहीं। राज ठाकरे की बाइटें हावी रहीं। *आईबीएन सेवन* की चर्चाएँ गर्जन-तर्जनवाली होने लगी हैं : संयोजक कहता है मुद्दा में कि विलासराव देशमुख क्या कमजोर हुए हैं? निरुपम कहते हैं कि इस उपद्रव को सँभालने में प्रशासन को जरा फुर्ती दिखानी थी। संयोजक बीच में बात कैच कर कहता है : अच्छा हम कह सकते हैं कि आप सरकार से असहमत हैं। नये संयोजक चर्चाकारों को ज्यादा आजादी नहीं देते। बीच में बात कैच कर लेते हैं।

बीबीसी वर्ल्ड सर्विस टीवी चैनल में एक नागरी-हिन्दी लाइन देखकर सुखद आश्चर्य हुआ। कार्यक्रम था 'हैव योर से'। अरबी में इसी बात को लिखा गया था

और नागरी-हिन्दी में लिखा था : राय आपकी। यह पीछे की विंडो स्क्रीनों पर तैरा। अंग्रेजी अरबी के साथ रहा। 'हैव योर से' में सवाल अंग्रेजी में ही आये। एक भी हिन्दी सवाल नहीं आया। आता तो संयोजिका केंडेल क्या करती? क्या हिन्दी जानती है वह? या कि *बीबीसी* का यह हिन्दी समाज को शामिल करने के लिए एक यों ही नाम-गिनाऊ टोटका है? कारण जो हो, इतना तो कहा ही जा सकता है कि अब बीबीसी वर्ल्ड सर्विस टीवी चैनल हिन्दी की तरफ देखने लगा है।

17 फरवरी, 2008

एक हँसती हुई रेल

लालू के आते ही सब क्यों हँसते हैं? मीडिया और लोगों के चेहरे क्यों खिल जाते हैं? और लालू क्यों नहीं बुरा मानते? यह मीडिया का लालू फैक्टर है। वे सबको एंज्वाय करते हैं, क्योंकि सबको 'बनाया कैसे जाए' इस तरकीब को जानते हैं। लालू हिन्दी में मीडिया को डील करते हैं। मीडिया उन्हें अंग्रेजी से डील करता है और पछाड़ खाता है। हिन्दी चैनल लालू प्रसंग पर हर बार सवाय रहते हैं।

रेल बजट की सुबह है। लालू का घर है। कैमरे दातुन करते लालू के आगे-पीछे कहानी ढूँढ़ते हैं। बाइट दातुन में है, सो कैमरा लगाया। क्लोज में दिखा लालू का बड़ा-सा फूला हुआ मुखारविंद। जबड़े में चलती दातुन और कट। बात गइया-मइया पर। कैमरा गइया-मइया पर। लालू का बोलना गर्दन ऊँची करके बोलना है। आप समझो हमारी भाषा। 'हमारी मजबूरी नहीं कि अंग्रेजी में कहें' वाला भाव। मीडिया से निपटने की लालू शैली उन्हें मीडिया का प्रिय पात्र बनाती है कि वे परवाह भी नहीं करते। मीडिया को उनकी परवाह रहती है। इस मीडिया में सबाल्टन शैली का धक्का लगा देते हैं। एक हँसती हुई रेल छुक-छुक कर बढ़ती जाती है। अंग्रेजी मीडिया परेशान होकर उनकी हिन्दी पर हँसता हुआ उनसे दोस्ती-सी कर लेता है। बजट रेल का है। लेकिन बजट लालू का है, सो लालू पहले, बजट बाद में रहा।

जब चिदम्बरम पेश करेंगे बजट तो क्या उनका दातुन-मंजन भी दिखाएँगे चैनल? हिन्दी वाले के साथ चैनल व्यवहार देखें और अंग्रेजी वाले के साथ देखें। दोनों में अन्तर होता है। अंग्रेजी वाले की प्राइवेसी इतनी छूट नहीं देती कि आप चौके में ही चले आयें। हिन्दी वाला कहता है—आ जा, खा जा। बजट संसद में था। लालू ने हिन्दी में बोला। बीच-बीच में जब अंग्रेजी में जाते तो सदन में हँसी छूटती रहती। स्पीकर सोमनाथ जी हँसते ठहाके से लगाने लगते। लालू ठसक से बोलते रहे। यह ठसक ही लालू तत्त्व है। सबसे विडम्बनामूलक सीन वह था जब प्रणय राय अंग्रेजी में लालू से बजट पर बात कर रहे थे और लालू अपने केबिन में बैठे अपनी ही भोजपुरिया इंगलिश या 'भिंगलिंश' में जवाब दे रहे थे। प्रणय को वे ब्रादर कहते रहे।

नाम तक नहीं चीन्हा कि ब्रादर ये जगलरी नहीं है। लालू कहे कि वे राबड़ी को बजट बीच में नहीं लाते। 'आई मेंटेन सीक्रेसी इन बजट' और जो पच्चीस हजार करोड़ का लाभ है, वह सही फीगर है ब्रादर। रिजर्व बैंक की है। एक्सपेंडीचर घटाया है। कोई जगलरी नहीं। लालू ने चक दे कर दिया अब आप ही बोलते रहें, चक दे लालू।

राजू श्रीवास्तव और लालू की हँसी में क्या अन्तर है। तोलें तो जानें। *स्टार* का 'हँसोगे तो फँसोगे' गजब का है, लेकिन राजू की लीला आला दर्जे की रहती है। एक बार राजू ने उत्तर प्रदेश की बारात दिखाई। किस तरह बाराती आते हैं। औरतों को देखते हैं। किस तरह एक बाराती अपनी नाचने वाली बहनों को आँखे तरेरकर बरजता है। एकदम मौलिक। राजू की मौलिकता नये-नये हास्य प्रसंगों के ड्रामाई निर्माण और प्रस्तुति में है। औरतों में वह बात नहीं दिखती।

इन दिनों *स्टार* पर सीरियल बरबाद हैं। 'राजा की आएगी बारात' स्लो है। पिछले दो सप्ताह से एक शहरी परिवार की दो-तीन कुलवती सजी-धजी औरतें एक कस्बाई गँवई-सी लड़की पर एक-से-एक मौलिक अत्याचार करती आ रही हैं। ये औरतें उसे दासी बनाकर रखती हैं। वह पढ़ने के लिए किताब लाती है तो उन्हें जलाने की बात मालकिन करती है। उसे घर में बंद कर जाती है। उसकी बेवकूफी के कारण शार्ट सर्किट से आग लग जाती है। घर के प्रदर्शन पर जोर है, ताकि आप वैसा बाथरूम-घर बना सकें। औरतें सिर्फ आँखें तरेरती रहती हैं। बेचारी ललिता पवार की आँखें छोटी थीं, ये तो घुग्घू की आँखें लगती हैं। कौन देखता होगा इतने विचित्र सीरियल को। एक 'गृहस्थी' नामक सीरियल चल रहा है। इसमें वही घर की खातिर सहनशीला औरत की कहानी है। 'कसौटी जिन्दगी की' तो अरसे से फिल्मी हो चला था। अब तक इस परिवार के किसी-न-किसी सदस्य के साथ दो सौ बार मार-पिटाई तो हो ही चुकी होगी। लेकिन उसकी सजधज में, स्टाइल में कोई फर्क नहीं आया है।

इंडिया टीवी से रहा न गया। वह क्रिकेट और देशप्रेम को इस कदर घोट बैठा कि खबर फीचर में सायमंड को साँड ही बना डाला जो कहीं सींग ताने खड़ा है। इस नेशनल लाइव न्यूज में बार-बार ऐसा ही किया जाता रहा। प्रस्तुति की ऐसी अति कुछ जमी नहीं।

अगर कोई विवाद हो तो एक 'बिगफाइट' हो के रहनी है और उधर 'पीपल' मीटिंग होनी तय समझिए। तीसरे 'मुकाबला' वाले आएँगे कि आइए आप इधर बैठकर मुकाबला कर लीजिए। *एनडीटीवी* के चर्चा कार्यक्रम विवादों के सर्विसिंग स्टेशन हैं।

मुंबई से पीछा नहीं छूटा कि जोधा अकबर हो गया। विक्रम चंद्रा बोले कि गजब

का पैनल है भई, एक से एक तोप तमंचा है आज जोधा अकबर के लिए। लीजिए सबसे बड़े जोधा गौरीकर ही हैं, फिर राजस्थान राजपूत समाज के नेता हैं और मुंबई की उदार चेतनाएँ हैं एक के एक। आखिर तक सब अपनी पर जमे रहे और फाइट हाथ मिला, ताली मारकर विदा हुई।

नच बलिए, बूगी-बूगी की तर्ज पर *डीडी* भी नाचने-गाने लगा है। वहाँ बच्चे गाते हैं गाने और बाकी जन नाचते हैं। जब इससे भी बोर हो जाएँगे दर्शक तो क्या भैंसों से गवाएँगे?

2 मार्च, 2008

चैनल न्याय

वह गा रही थी। उसे उम्मीद थी कि वह पहले दस में से कोई बेहतर जगह बनाएगी। और जब जजों ने फैसला दिया तो उसे धक्का लगा। धक्का चेहरे पर दिखा और फिर वह अस्पताल में खबर बनी।

घर वाले बच्ची शिंजिनी को आगे ला रहे थे क्योंकि इन दिनों सब माता-पिता ऐसा करते हैं। यही तो एक करियर बचा है। यानी टीवी में आकर रातोरात स्टार बनने की गफलत वाला करियर। लेकिन शिंजिनी को जजों ने भाव नहीं दिये। अंक नहीं दिये। उल्टे उसकी योग्यता को लेकर ही टिप्पणी की। वह निराश हुई। सदमे से अस्पताल में भरती होना पड़ा।

माता-पिता चैनलों पर बोले कि जजों की फटकार ने उसे अवसाद में ला दिया। बच्चे का कोमल दिल टूट गया। माता-पिता का आरोप रहा। जजों ने अपराध किया है, उन्हें सजा मिले, यह भाव आया।

टीवी के गाने-बजाने वाले कथित प्रतियोगी तमाशों में यह रोज होता है। चैनलों पर पुराने जमाने के बेरोजगार हो चले बड़े हीरो-हीरोइन, नामचीन लोग धक्का-मुक्की करते पहुँच जाते हैं। वे जज बने बैठे होते हैं और बच्चे उनके आगे जो गाते हैं, वह उन्हीं फिल्मों का चरबा होता है जिसे हजार बार गाया-बजाया जा चुका होता है।

एक कार्यक्रम में तो छोटे-छोटे बच्चे-बच्चियाँ नचाये, गवाये जाते हैं। वे तरह-तरह के रूप बनाकर आते हैं और नाचते हैं। जज कमेंट करते हैं और वे अचानक आसमान से नीचे आ गिरते हैं। कोई हारना नहीं चाहता। मगर शिंजिनी के साथ जो हुआ। किसी के साथ न हुआ।

यह चैनलों का अतिचार ही कहा जा सकता है, जो हुआ। एक करियर अतिचार जिसमें बच्चा, माता-पिता, चैनल और जज सब शामिल दिखते हैं। अपने मन-माफिक जजमेंट देकर कुछ भी करते रहते हैं। उन पर आरोप लगते हैं और कोई चैनल, कोई आयोजक जिम्मेदारी नहीं लेता कि उसके जज ने ऐसा किया तो क्यों किया?

शिंजिनी के प्रति हुई ज्यादती की जिम्मेदारी नहीं ली है? क्यों? पैसा बनाते हैं। कोई सुनने वाला नहीं है।

कई खबर चैनल मिथकीय स्थलों को 'सचमुच के हुए' और 'अब भी हैं' के भाव से दिखाते रहते हैं। सतयुग, त्रेता, द्वापर सब टीवी में होते हैं। कई और चैनल मिथकीय अन्धविश्वासों की चमत्कारी भाषा में प्रोग्राम पेश करते फिरते हैं। यह 'प्रमाणित' जैसा कहा जाता है।

अन्तरराष्ट्रीय यूएफओ गाय चोरों से सावधान करने के बाद कई दिन *इंडिया टीवी* ने कृष्णा के नारको टेस्ट के बारे में कुछ इस तरह से बताया : चार कतल होने थे, कातिल का खुलासा... आज कातिल पहली बार टीवी पर बोलेगा सच। आप अपने घर के काम जल्दी सुलटा लें, जनरेटर ठीक करें। आज होगा कातिल के मुँह से असल खुलासा...

पूरा परिवार ही खत्म हो चुका होता उस रात। कृष्णा का नारको टेस्ट होते दिखाया। वह लेटा है। कोई उसके गाल पर हल्की-सी चपत लगाता है। वह बोलता-सा दिखता है। नारको टेस्ट में बोलते आदमी की आवाज गहरे नशे से आती लगा करती है। कभी साफ-सुथरी आवाज, साफ-सुथरे वाक्य नहीं बोल पाता। लेकिन वायस ओवर साफ-सुथरा था। शायद वह किसी प्रोफेशनल की आवाज रही होगी जो कृष्णा की कहकर पेश की गयी। अब देर रात तक यही आता रहा प्राइम टाइम में। कृष्णा ने कहा : उस रात मैं राजेश को भी मार देता। नूपुर को भी मारता उस रात। चार लोगों का खून होना था। ऊपर चारों के चित्र इनसेट किये गये। उनसे खून टपकता-रिसता रहा। जैसे आप कोई बॉलीवुड भुतहा ड्रैकुला टाइप की फिल्म देख रहे हों।

कैसे बचे राजेश तलवार और नूपुर? एक दरवाजे ने बचायी जान। पीछे डरावना, रहस्यमय संगीत चल रहा है। खबर की पेशबंदी संगीतमय है। कृष्णा ने आरुषि को क्यों मारा? उसे डाँटा गया था। ऐसी बात जिसे सीबीआई भी नहीं जानती थी और न तलवार जानते थे। एक वार में आरुषि मर गयी। कमरा खुला था उसका। वह घुसा, राजकुमार ने डॉक्टर के कमरे में घुसने की कोशिश की। लेकिन वह बन्द मिला। दरवाजे ने बचायी दो जानें। दरवाजे को धन्यवाद।

आरुषि की मौत पहले ही तय हो चुकी थी। नौ बजकर दस मिनट पच्चीस सेकंड पर उसे मरना था। कातिल को आना ही था और मारना ही था। उसी तरह जिस तरह मारा गया, क्योंकि अब लगता है कि कम-से-कम यह चैनल और उसका रिपोर्टर-संपादक सब जानते थे कि ऐसा इसी तरह होगा। कमेंटरी ऐसा अहसास कराती चल रही है। अगले रोज इस कातिल थ्योरी में तीसरा कातिल और जुड़ा और सीबीआई के हवाले से कहानी दी जाती रही।

इस पेशकश में कृष्णा के नागरिक अधिकार रौंदे गये। जब तक कोई कातिल सिद्ध नहीं होता, तब तक उसे कातिल नहीं कहा जाना चाहिए। लेकिन कृष्णा को

तो निपटा दिया गया। यही चैनल-न्याय राजेश के संग तो नहीं 'हुआ ना। कृष्णा के प्रति यह शुद्ध ज्यादती ही कही जा सकती है जो चैनल ने उसे सन्देह का जरा-सा भी लाभ न देते हुए की है।

सवाल यह भी है कि नारको की फुटेज कहाँ से आयी? किसने दी। कोई स्रोतोल्लेख तक नहीं। यह कैसी पत्रकारिता है? जिस नारको की प्रामाणिकता संदिग्ध मानी जाती है, उसे प्रामाणिक तरीके से पेश करना क्या गलत नहीं है?

चैनलों को अपने पेश करने के तरीकों और भाषा के बारे में कुछ तो सोचना चाहिए।

6 जुलाई, 2008

हार की जीत

जेनेवा। यहाँ दो चैनल अंग्रेजी में, शेष फ्रांसीसी में आते हैं। एक चैनल ओलम्पिक कवर करता है। ऐसे में भारतीय चैनलों को देखने की खिड़की देता है 'देसी डॉट कॉम'। यहाँ भारत के चौदह चैनल मनोरंजन वाले हैं। चौबीस तमाम भाषाओं में खबरों के हैं। डीडी सर्वाधिक विविध खबरों वाला नजर आता है। विदेश में ये चैनल देश से जोड़े रखते हैं।

जब बिंद्रा जीते तो लगा, जीत की खबर बनानी आसान है। 'हार की जीत' की खबर सबके सामने जैसी अचानकता लिए आती है, उसके लिए चैनल तैयार कहाँ होते हैं?

सुशील की जीत, सुशील की जुबानी। हरियाणी जबान में बोलते हैं : मैंने अपना मैडल कोच को समर्पित कर दिया है। वे कहते थे, मैं नहीं कर पाया तू जीतकर आएगा। क्या करेंगे? जवाब आया उसी तरह : अभी तो आराम करूँगा! सिर्फ डीडी पहुँचा है भिवानी। वहाँ विजेंद्र की जीत की खुशी मनायी जा रही है और चैनल बीजिंग से जोड़े हैं। 'हारते' की उपेक्षा का शमन कर रहे हैं। एनडीटीवी पट्टी चलाये है, सब कह रहे हैं : सरकार को, देश को खेल के लिए करना चाहिए। बहुत से सुशील हैं यहाँ।

कोच बीजिंग से कह रहे हैं : गाँव में कुश्ती पॉपुलर है, बढ़ावा दें।

बिंद्रा के कवरेज से यह कवरेज तुल्य कहाँ? कहाँ बिंद्रा? जीतने पर पहला वाक्य था : मैं बाथरूम जाना चाहता हूँ। कहाँ सुशील? पहले ही खारिज कर दिया गया। उसकी जीत की खबर हर्ष में रुलाने वाली रही। एक क्षोभ-सा दर्शकों में उमड़ा होगा। यही तो जीत का संचार था और *एनडीटीवी* की जिस रिपोर्टर की आँखों में बिंद्रा की जीत पर आँसू आ जाने की खबर थी, वह आँसू सुशील के लिए किस रिपोर्टर की आँखों में रहे होंगे? पता नहीं चलता। *आईबीएन सेवन* जरूर इसे एक लम्बी कहानी लाइव बनाता है। सुबह प्रमुख खबर हड़ताल की रही। बुधवार की शाम को अकेले सुशील और फिर विजेंद्र ने ढँक दिया। अमरनाथ समिति और जम्मू के कर्फ्यू की खबर भी किनारे रही आयी।

जब कोई कमजोर, उपेक्षित खेल या खिलाड़ी अचानक चमकता है और यह चमक जब दिखायी जाती है तब असल भाव-संचार होता है। यह बुधवार को हुआ। सचमुच के पल खुशी के बने। *आईबीएन सेवन* पर एक कोच बताता है : जितेंद्र को बाहर टीके लगे थे, फिर भी वह शेर की तरह लड़ा। ऐसे में सिर्फ कोच खिलाड़ी का सगा होता है। स्टूडियो में बैठे कमेंट्रेटर नहीं। खेल बताने वाले नहीं। मगर सुशील का पूरा प्रोफाइल कोई क्यों याद रखे? सत्तावन साल बाद आया पदक। इसके लिए कौन तैयार था?

सप्ताह की सबसे बड़ी खबर मुशर्रफ का अपनी विदाई का लाइव भाषण ही रहा। इसे पाकिस्तान टीवी ने प्रसारित किया। भाषण के बाद वे जरा ठिठके। सोचा होगा, थोड़ा और रुकूँ। लेकिन फिर उठे। बेमन से उठे। इससे पहले मुशर्रफ को लेकर अफवाहें खबर बनी थीं उन चैनलों पर जो मुशर्रफ के छींके-खाँसे पर हाजिर रहते थे।

खलनायक को नायक बनाकर पेश करना 'बिग बॉस' (कलर्स चैनल) का शौक लगता है। प्रोमो देने वाले कम नहीं। *आईबीएन सेवन* जिस भाव से 'एलियंस' के प्रोमो के लिए प्रस्तुत रहता है, उसी भाव से 'बिग बॉस' के लिए रहा। वाचक जोश में था। बोलता रहा : चौदह लोग, नेता-अभिनेता सब एक घर में। लीजिए अबू सलेम फेम की मोनिका देवी। एक डांस आइटम दिया। हाँफती रही। पूछने पर बोली : 'मैंने जिंदगी की बुलंदियाँ देखी हैं। मैं फिर नयी बुलंदियाँ छूना चाहती हूँ। ईनामी शिल्पा कंपेयर करती है : ओह, आठ साल बाद परफॉर्म किया है। फेंटास्टिक है। आठ साल बाद किया है।

लीजिए : बिग बॉस में आ रहे हैं राहुल महाजन! राहुल बहुत खुश हैं। शिल्पा पूछती हैं : क्यों जा रहे हैं बिग बॉस में। जवाब दिया : आपको देखने के बाद सोचा, मैं भी बिग बॉस में जाऊँ। मैं पीपल का आदमी हूँ। यह एक्सपीरियंस करना चाहता हूँ। अपनी लाइफ का बिग बॉस हूँ...क्या अदा, क्या जलवे तेरे भाई!

चैनलों में यह सप्ताह *आईबीएन सेवन* की प्रस्तुति के नाम रहा। सिर्फ दो नमूने : एलियंस अवतार और ओलम्पिक से बिहार तक 'चूहे फ्राई' कथा। जिस भाव से एलियंस उतारे, उसी भाव से चूहे-साँप, गिरगिट थाली में परोसे! अमेरिका के एअरबेस इक्यावन में है एलियंस। जिंदा है एलियन। इस एलियन से कराएँगे आपकी बात। हम दिखाएँगे जो दिखा रहा है विक्टर। हम नहीं कह रहे, कह रहा है विक्टर। विक्टर की आवाज डरावनी, हॉलीवुड फिल्मी खलनायक जैसी है।

अब लीजिए बिहार से आती 'चूहा डिश' की खबर। पृष्ठभूमि में नीतिश। सामने चूहे भरी प्लेट। अब शुरू हुआ *आईबीएन सेवन* का चूहा-गिरगिट ओलम्पिक बिहार पुराण। आपको मिलेंगे चूहा कलेजी, चूहा भेजा फ्राई, चूहा सीक क़बाब।

बिहार की योजना। ओलम्पिक के भोज्य पदार्थों की लिस्ट : कुत्ते का भेजा, कुत्ते के लीवर का सूप, पेस्ट्री, भुने हुए बिच्छू, गिरगिट, छिपकली की टाँगें। लीजिए, जिग्स कालरा को बुला डाला। बताइए, कालरा साहब क्या खाएँगे आप?

जुगुप्सा का निर्माण भी उत्साह से किया जा सकता है। करने वाला हो तो क्यों न करे। और इस सबके बीच *डीडी* को छोड़ किसी के पास पर्याप्त जगह नहीं रही, राजीव गांधी का जन्म दिन मनाने की खबर देने की। सोनिया के भाषण, मनमोहन के भाषण की खबर इतनी तो गयी बीती नहीं थी। देर शाम बिंद्रा-विजय पर रो पड़ने वाली *एनडीटीवी* की अनुसूया ने ही सुशील की जीत के बारे में मीडिया की कैफियत दी : दरअसल सारे पत्रकार सुशील की जीत से हतप्रभ रह गये। किसी ने उम्मीद नहीं रखी थी कि वह जीत सकता है। उसने उसे खारिज कर दिया था। जब हमें मालूम पड़ा कि सबने उसके पीछे लाइन लगा दी...। कैसी विडम्बना? पूछा जाना चाहिए कि ये लोग उस वक्त क्या कर रहे थे?

24 अगस्त, 2008

सॉरी

पहले मैं बुनियादी बातें कह दूँ। वाशिंगटन पोस्ट में छपे लेटर में कुछ भी नया नहीं है। जो है सो वन-टू-थ्री में पहले ही कहा गया है। कूटनीति के तकाजे होते हैं। पीएम ने कुछ नहीं छिपाया।

ये मारुफ रजा थे। सुरक्षा विशेषज्ञ। इससे पहले अर्णव सरकार की खिंचाई में लगे थे। बिग स्टोरी बिग तरीके से और भी बिग हो रही थी। शाम का पाँच बजे टाइम्स नाउ ने ही ब्रेक की थी। वाशिंगटन पोस्ट के संवाददाता केसलर सिर्फ टाइम्स नाउ को उपकृत करते थे सीधे ऑन लाइन लाइव थे। वे कह रहे थे कि हो सकता है कि अमेरिका ने ही भारत से छिपाया हो। उनकी बात काटते हुए दूत मलफोर्ड हाजिर थे कि जनाब हमने तो सरकार को सारी बातें बता दी थीं। यानी जो छिपाया वह सरकार ने छिपाया होगा।

अब सरकार की बारी थी। जूनियर प्रवक्ता रहे मनीष तिवारी। वे जवाब में सवाल नंबर सत्रह को पढ़ने लगे। उधर उनकी काट करते हुए अर्णव सवाल सोलह को पढ़ने लगे तब तिवारी जी ने तंज में कहा कि हम फिर चौदह नंबर वाला सवाल पढ़ें तेरह वाला भी पढ़ लें! गनीमत रही कि इस बात पर नहीं उलझे कि टीवी पर परचा पढ़ने में कौन ज्यादा तेज है? अफसोस! ऐसा होते रह गया।

बहसें अंततः सड़क छाप जिरह में, जिरहें अंततः फजीते में बदल जाती हैं अपने टीवी चैनलों में।

टाइम्स नाउ खबर जितनी देता है उससे ज्यादा चर्चा में ज्यादा तल्लीन रहता है। हर दिन प्राइम टाइम बुलेटिन में एक बिग स्टोरी होती है और उसमें कहा-सुनी जरूर पैदा की जाती है जो तू-तू, मैं-मैं में बदल जाती है। मगर शरीफों की भाषा अंग्रेजी में तू-तू मैं-मैं उस तरह मजा नहीं देती जिस तरह हिन्दी में देती है।

टाइम्स नाउ हार नहीं मानता। सिंगूर को लेकर अर्णव एक और कहा-सुनी के कर्ता रहे। वे पहले बजाज पर कुछ बेपर की लगा बैठे जिसे आते ही बजाज ने गुस्से में कहा : जरा बताइए उसका नाम जिसने मेरा नाम नैनो को डिले करने के सन्दर्भ में उछाला? मैं मुकदमा करूँगा। नाम तो अर्णव लगभग ले ही चुके थे। इतनी फटकार से साधारण बंदा तो सॉरी बोल देता लेकिन वह पत्रकार ही क्या जो सॉरी बोले! सो

बिना हिचकिचाये बजाज से बात करते गये। अतुल अनजान नजर आये। वे ममता की खबर लेने लगे। सीएम का बचाव किया। अर्णव ने बालसुलभ-सी चुटकी ली, पहले वाम वाले आन्दोलन की बातें किया करते थे अब उद्योगपति की बात कर रहे हैं। असल अखाड़ा अमर सिंह का रहा, बोले ममता किसानों की चैंपियन हैं। राजनीति हर चीज में होती है। प्रकाश-बोस भट्टाचार्य को कुछ नहीं करने देते। दादरी में हमें वामपंथियों ने तंग किया, अब मायावती के राज में तंग नहीं कर रहे।

बहस-जिरह तू-तू मैं-मैं लुढ़क जाती है। कब मुद्दा फिसलकर नाली में लुढ़क जाता है, पता नहीं चलता। बिग स्टोरी बनाता पत्रकार अपने शब्दों के उपयोग ऐतराज पर सॉरी नहीं बोलता।

एनडीटीवी की सोनिया वर्मा भी बिग स्टोरी की कायल हैं। बिग प्राइम टाइम पर बिग स्टोरी बनाती हैं। एनकाउंटर उस्ताद प्रदीप शर्मा आदि को दंडित किया गया तो बिग स्टोरी पकड़ में आ गयी। शीर्षक दिया 'एनकाउंटर कॉप का अंत' जैसे फुकुयामा का 'इतिहास का अंत' हो रहा हो।

बात निकली। पुलिस को साधन चाहिए होते हैं। हमने एक बार भी गन का उपयोग नहीं किया। लेकिन सोनिया को एनकाउंटर कॉप की चर्चा करनी थी। रिबीरो को पेश करने से पहले उनके स्वागत में कह बैठीं एनकाउंटर कॉप। आते ही ऐतराज जताया उन्होंने कि मुझे एनकाउंटर कॉप कहे जाने पर ऐतराज है। सोनिया जी बोलीं कि मैंने नहीं कहा कि आप हैं लेकिन आपने ऐसी फोर्स बनायी थी न! रिबीरो बोले नहीं। मैंने ऐसा नहीं किया। बस मैं उन लोगों के प्रति सॉफ्ट नहीं था। आपके एनकाउंटर शब्द के उपयोग पर तकलीफ हुई। सोनिया जी ने सिर्फ इतना कहा : ओके। भई शराफत का तो तकाजा था कि माफी माँग ली जाती। होमवर्क ठीक-ठाक होता तो शायद कोई शिकायत नहीं करता। रिबीरो ने बात न तोड़ी बोले कि भई अगर कहीं एनकाउंटर कॉप हैं तो पता लगायें कहां हैं? सोनिया भी हार मानने वाली नहीं लगीं। एक बार फिर ज्यादा बोल गयीं : आपने 'बुलेट फॉर बुलेट' की बात कही।

रिबीरो बोले कि यह पद मेरी किताब में आया है। फिर वे जरा हँसे यानी इसका अर्थ वह नहीं जो आप बता रही हैं। पंजाब-अनुभव में यह रहा कि जो आपको मारता है आप उसे मारें।

इसके बाद एक कॉप और बोला कि हम तो ड्यूटी करते हैं। लीजिए डिबेट खत्म। आप जान लें कि एसएमएस मत क्या है : बासठ फीसद ने कहा : एनकाउंटर युग का अंत हुआ। बत्तीस फीसद बोले कि नहीं हुआ है। बात फिल्मों में 'अब तक छप्पन' टाइम के एनकाउंटर कॉप के ग्लेमराइजेशन, अंडर वर्ल्ड के हीरो के आने से शुरू की गयी और खत्म वोटिंग पर आकर हुई भाई जी। आया समझ में!

कमबख्त मंगलवार को फिर एक बिग स्टोरी बना दी गयी। संजीव नंदा की

स्टोरी छोटी होती भी तो कैसे? सीएनएन की एक भीनी-भीनी चिन्ता यह जरूर रही कि क्या प्रभावशालियों को भी कानून अपनी चपेट में लेने लगा है? पति गंवा चुकी फूलवती कह रही थी कि हमें भरोसा नहीं और इस सबसे हमें क्या मिला? पिछले नौ साल से मैंने कैसे बच्चे पाले, मैं ही जानती हूँ। नौकरी देने का वादा था, नहीं दी गयी। बेटा बोला कि बचपन से ही अख़बार फेंकने का काम करने लगा। कुछ नहीं होने का उनका। चैनल कह रहा था कि कानून ताकतवरों को भी पकड़ने लगा है। आहत पूछता है : प्रभु जी कहाँ? टाइम्स नाउ पर 'रिच' के प्रति सिंपथी एक वाक्य में ज्यादा मुखर दिखी : कहा गया : मीडिया रिच और फेमस के बीच पड़ा हुआ है। वही फूलवती यहाँ भी तमाचा-सा लगाती हुई। मगर उस बेचारी का तमाचा किसे लगता है भाई! एक बार फिर सोनिया वर्मा को एक जवाब़ में आलोचना सहनी पड़ी : बीएमडब्ल्यू स्टोरी में मंजुला राव से बात करने से पहले सोनिया बोली कि परेरा केस में निचली अदालत ने सजा नहीं दी थी तो मंजुला बोली कि तथ्य ठीक कर लें सजा हुई थी : सोनिया जी ने अपनी बात कटने पर यहाँ भी सॉरी नहीं बोला :

वैरी सॉरी सोनिया जी! अर्णव जी!

7 सितम्बर, 2008

जरूरत सावधानी की

एक बार फिर मीडिया कठघरे में है। जामियानगर इलाके में पुलिस द्वारा किये गये 'एनकाउंटर' और उसके बाद के कवरेज को लेकर एक समूचे समुदाय के लोग रोष व्यक्त कर चुके हैं। मीडिया पर आरोप लगा चुके हैं कि वह उन्हें फँसाने की कोशिश करता है। स्वयं जामिया मिलिया के वाइस चांसलर ने मीडिया कवरेज को लेकर अपना रोष छात्रों के सामने व्यक्त किया है। जामिया के वाइस चांसलर प्रो. मुशीर उल हसन इतिहास के जाने-माने विद्वान् हैं। उनके कथन के मानी हैं। वे किसी भावुक बहाव में बहकर ऐसी टिप्पणी नहीं कर रहे। वे खुद इस्लामी तत्त्ववाद के निशाने पर रहे हैं। कोई तो बात हुई है कि मीडिया से उनको शिकायत है। यह शिकायत शायद तब और वैध बन जाती है जब हम ऐसी खबरें पढ़ चुके हैं कि जामिया के कम्युनिटी रेडियो ने उस दहशत भरे माहौल में भी पब्लिक से लगातार शान्त रहने की अपील की है। ऐसे प्रमाण अब तक नहीं हैं कि मीडिया से जुड़े किसी नामी व्यक्ति ने इस बाबत संजीदगी से कुछ सोचा हो! लेकिन बात तो सोचने की है और सोचना भी मीडिया को ही है।

सोचने की जरूरत सिर्फ इसलिए नहीं है कि मीडिया की साख का सवाल है बल्कि उससे ज्यादा यह प्रकरण एक प्रकार से 'कन्फिलिक्चुअल' घटनाओं की संरचना और मीडिया-संचालित कवरेज के किसी-न-किसी पहलू से दुखी हुए जनों/पब्लिक्स/के साथ मीडिया के संवाद और उससे जुड़ी सामाजिक जिम्मेदारी का सवाल भी है। यदि किन्हीं भी 'पब्लिक्स' को मीडिया की कोई बात अखरती है तो उसे सुना जाना जरूरी है। यह मीडिया की जिम्मेदारी है। यदि हम पिछले सप्ताह के कवरेज को याद कर उसकी बाइटों को 'रिकंस्ट्रक्ट' करते हैं तो उनका क्रम इस प्रकार ही बन सकता है :

जामियानगर/बटला हाउस/मुस्लिम बहुल इलाका/आतंकवादियों का ठिकाना/मकान/पुलिस गारद/एक्शन/गलियों मुहल्लों में जमा लोग/मोहनचंद शर्मा का मारा जाना/कुछ आतंकियों का ढेर होना/कुछ का पकड़ा जाना/आडवाणी का बयान/शिवराज पाटिल का बयान/देश कृतज्ञ/वीर/शहीद/एक ओर आतंकी और दूसरी ओर शहीद। सब लाइव। अगले दिन अन्तिम संस्कार कर्म/उमड़ा शहर/राजकीय

सम्मान/बिलखते परिवारी जन/सब लाइव। उसके बाद आतंकी पतों-ठिकानों की संरचना/कुछ के जामिया के छात्र होने की खबर/आजमगढ़ से जुड़े तार/रिपोर्ताज/आजमगढ़ आतंकवादियों का ठिकाना/एक गिरफ्तार के पिता का बयान/निशाना आजमगढ़। आतंकवाद और आजमगढ़ मानो पर्याय हों। फिर जामिया में रोष/आजमगढ़ में रोष/एक समूचे समुदाय को निशाना बनाने की बात से आहत और नाराज लोग/जामिया में वीसी का सम्बोधन/गिरफ्तार छात्रों को लीगल सहायता देने की बात/उस पर भाजपा का बयान...।

समूचे प्रकरण को किसी भी तरह बनायें, बार-बार एक प्रकार की 'आइसोलेशनिस्ट भाषा और व्यंजनाएँ काम करती नजर आती हैं। उनमें एक प्रकार का 'बहिष्करण'/एक्सक्लूजन सक्रिय किया जाता है। 'एक घटना बराबर एक समुदाय' का बेहद असावधान और सहज सूत्र काम करता है जो राजनीतिक रूप से मासूम तो नहीं कहा जा सकता! छविमूलक मीडिया में हर बाइट बेहद तेजी से अपना समूचा छविशास्त्र सक्रिय करती है। छवि की एक-एक संरचना दर्शक को प्रतिक्रियायित करती है। दर्शक जो सिर्फ एक समुदाय के नहीं हो सकते।

अपने बनाये 'पब्लिक डोमेन' में छवि या आवाज प्रकाशित-प्रसारित कर मीडिया छवियों को 'फिक्स/अनफिक्स' करता रहता है। उससे छवि का 'प्रपंच' बनता है जिसके अर्थ वही नहीं होते जो मीडिया ने तय किये होते हैं। उनके अर्थ लगातार फैलते जाते हैं। सतत छवियाँ दर्शक में अस्मिता का बोध पैदा करती हैं। अर्थ अस्मितामूलक आशय ग्रहण करने लगते हैं। ऐसे में जल्दबाज और असावधान और बहुत दूर तक 'संचार-भाषा-बोध-दरिद्र' मीडियाकर्मी अपने अवचेतन में बसे मुहावरों को, विशेषणों को खबर में मिक्स करते हैं। स्पर्धा में वे उत्तेजक भड़काऊ भाषा और बेहद घिसे-पिटे मुहावरों को लाते हैं या बनाते हैं। दर्शक को उत्तेजित करके वे उसे बाँधे रखना चाहते हैं, 'कन्फिलिक्चुअल' घटनाओं को 'तमाशे' की तरह बनाते हैं।

लेकिन... और यह 'लेकिन' महत्त्वपूर्ण है। मीडिया को जानना चाहिए कि मीडिया का देशकाल नाना कारणों से बहुत तेजी से बदला है। अरसे से धार्मिक, भाषायी स्थानीयतावादी अस्मिताएँ उनसे प्रेरित संगठित समूह एक-दूसरे के बरक्स नये और अक्सर तनावभरे, असहज सम्बन्धों में जीने लगे हैं। आपसी साझापन, सौहार्द, आपसी मिक्सिंग, मित्रतापूर्ण संवाद संयुक्त सामूहिक स्मृतियाँ कमजोर पड़ने लगी हैं। सदा से संग साथ रहने वाले जन समुदाय, उनके सदस्य एक-दूसरे का भरोसा न करने को अभिशप्त हैं। न्यस्त राजनीतिक स्वार्थ आग में घी डालने का काम करने लगे हैं। ऐसे में हर आतंकवादी घटना समाजों को सौ-फाड़ करने वाली साबित हो रही है। यही आतंकवाद का काम्य लक्ष्य भी है।

इस तरह ऐसी घटनाएँ सिर्फ पुलिसिया बन्दोबस्त की निन्दा या वाह-वाह से नहीं तय होती हैं। न किसी एक को अचानक 'खलनायक' बना डालने से निपटती

हैं। मीडिया का काम ऐसे 'कान्फिलिक्चुअल', संदिग्ध अर्थवाली घटनाओं से होने वाले नुकसानों को बढ़ावा देने वाला नहीं हो सकता। संकीर्णतावादी मीडिया के अलावा कोई भी मुख्यधारा का मीडिया ऐसा नहीं कर सकता। 'पहचानों' के इस उभ-चूभ भरे समय में सामाजिक एवं निजी पहचानों से जुड़े पहलुओं के प्रति अतिरिक्त सावधानी जरूरी है। इलेक्ट्रॉनिक मीडिया चूँकि 'पहचानों की निर्मितियों' का निर्माण करने वाला प्रमुख माध्यम है, अतः वहाँ खास सावधानी जरूरी है।

28 सितम्बर, 2008

का समझते हो बिहार को?

उक्त शीर्षक गोविंदा की सुपरहिट फिल्म 'दूल्हे राजा' का है। और अगली खबर गोविंदा से बिहार के प्रति-संवाद की है। खबर है : 'गोविंदा की रिलीज होने वाली नयी फिल्मों को बिहार और झारखंड में रिलीज नहीं होने देंगे। रिलीज न होने देने वालों का कहना है कि गोविंदा ने राज ठाकरे का समर्थन किया है इसलिए उन्होंने ऐसा करने की ठानी है। राज ठाकरे ने मुंबई में उत्तर भारतीयों का जो हाल बनाया है उसकी प्रतिक्रिया के रूप में ही इस खबर को पढ़ा जा सकता है। एक खबर कश्मीर की है। कश्मीर के फल बेचने वालों का 'परजानिया' फिल्म के उस सीन को फिल्माने पर सख्त ऐतराज रहा जिसमें राहुल ढोलकिया ने एक अफगान से लगने वाले चरित्र को फ्रूट के डिब्बों में 'विस्फोटक' और 'पिस्तौल' रखते दिखाना था। शूटिंग के वक्त फ्रूटमंडी ट्रेडर्स एसोसिएशन के प्रेसीडेंट ने इस सीन पर आपत्ति की। कहा कि फलों के डिब्बों में बम रखने का सीन कश्मीरी पहचान के खिलाफ है। परजानिया की शूटिंग रोकनी पड़ी थी।

पिछले दिनों ढोलकिया अपनी नयी फिल्म की शूटिंग कर रहे थे कि ऐसी ही समस्या फिर उठी। इस फिल्म का अस्थायी नाम 'लम्हा' है इसमें एक आत्मघाती हत्यारे की कहानी कही गयी है जो अपनी कश्मीरी पहचान खोज रहा है! इस तरह की घटनाएँ बॉलीवुड की फिल्मों में बनती 'छवियों' और उनसे जुड़ी 'अस्मिताओं' के 'संचार' से जुड़ी हैं। मनोरंजन मीडिया के उद्योग से जुड़े लोग अब तक फिल्मों को 'सबके मनोरंजन का समान माध्यम' मानकर फिल्में बनाते आये हैं। वे प्रायः 'सबकी रुचियों' के हिसाब से कहानी और सीन सोचते रहे हैं लेकिन अब फिल्मों को देखने वालों की 'नजर' बदल रही है। अब सीन या कहानी 'सबकी' नहीं लगती। लोग आपत्ति करने लगे हैं कि उनकी छवि 'ठीक से' नहीं दिखायी गयी। वे फिल्म में अपनी छवि का अस्मितामूलक सन्देश पढ़ने लगे हैं। कहानी और सीनों को, उनमें व्यक्त जय-पराजय के भाव को अपनी हैसियत, अपनी छवि, अपनी पहचान विशेष से जोड़ने लगे हैं। दर्शक बदलने लगे हैं।

पुरानी हिन्दी फिल्मों में कश्मीर एक कली की तरह या कहें कि 'शहरी कल्चर के उपनिवेश' की तरह आता था। शहर का नायक इस स्वर्ग में सैर-सपाटे के लिए

जाता था। वहाँ की लड़की से इश्क करता था। 'कश्मीर की कली' या 'जंगली' फिल्मों में कश्मीर हुस्न और इश्क, हरीतिमा, झीलों और बर्फवारी के बीच 'चाहे कोई मुझे जंगली कहे' जैसे गानों के लिए सुरक्षित रहा। लव स्टोरी और हिट गानों के लिए एक परफेक्ट टूरिस्ट स्पॉट। एक अलभ्य बैकग्राउंड! गरीब शिकारे वाले होते। वे सेवा करते। लड़कियाँ सायरा बानो या शर्मिला टैगोर होतीं। वे बाबूजी को फूल बेचा करतीं और दिल देकर मुहब्बत कर बैठतीं। माँ बनने लगतीं। बाद में दुष्यंत की तरह शहर आकर नायक उसे भूल जाता। कभी उल्टा भी होता। गरीब शिकारे वाला कश्मीरी युवा होता जिसे शहर की लड़की कश्मीर की सैर को आकर प्यार करने के बाद भूलने लगती। पुरानी 'जब-जब फूल खिले' ऐसी ही थी। यद्यपि कश्मीर की फिजाँ बदल रही थीं। तो भी दर्शक तब तक शायद नहीं बदला था।

अब दर्शक बदलने लगा है। यह प्रक्रिया कश्मीर या बिहार तक सीमित नहीं है। अस्मिता के प्रश्न और तीखे होने लगे हैं। यों कश्मीर में बॉलीवुड की शूटिंग फिर बहाल हुई है मगर शर्त बढ़ने लगी है। नये दबाव ग्रुप बन रहे हैं जो अपनी छवियों के लिए सजग हैं। वे 'अपनी छवि के लिए अपनी फिल्म' बनाने वाली बात करते हैं। एक अर्थ में यह प्रक्रिया दर्शकों को जागरूक होने का प्रमाण है। अब दर्शक फिल्मों को पुराने राष्ट्रीय एकतावादी भोलेपन से पढ़ने से मना करता है। बॉलीवुड ने जिस प्यार-केन्द्रित कथा फार्मूले से अब तक काम चलाया है उसके दिन लदने लगे हैं क्योंकि दर्शक अपने देशकाल को पिक्चर में तीखेपन से टटोलते हैं। अस्मितामूलक आन्दोलनों के दबाव में, बदलते समाज में, बदलते दर्शक वर्ग को 'रीडर रेस्पांस' की सैद्धांतिकी से ही समझा जा सकता है। पुरानी ट्रेड गाइडों के उस्तादों के पुराने बॉक्स ऑफिस सिद्धांतों से नहीं समझा जा सकता। मनोरंजन अब मासूम, तटस्थ, सबका एक जैसा रसोद्रेक करने वाला नहीं लगता है। दर्शक सजग होकर छवि उद्योग से माँग करने लगा है।

गोविंदा का केस भी ऐसा ही है। राज ठाकरे ने उत्तर भारतीयों, हिन्दी वालों को महाराष्ट्र से हिंसक हमलों के जरिये बाहर निकालने की मुहिम चलायी है। बिहार और झारखंड के लोगों द्वारा गोविंदा की फिल्मों को रिलीज न होने देने की धमकी उसका एक जवाब है। यह 'पहचान' के मुकाबले 'पहचान' का मामला है। एक अस्मिता अपने से 'अन्य' अपनी 'लक्ष्य' बनायी अस्मिता को सक्रिय करता है। अस्मिता के प्रति सजगता अपनी तथा अन्य छवि के पाठ को अस्मिता की खुराक बनाती है। वह इसी तरह पुष्ट होती है। इस छवि मूलक समय में अस्मिता के सवाल अक्सर उठ सकते हैं। मनोरंजन और अस्मिता का आमना-सामना इस समय के सौन्दर्यशास्त्र की सबसे बड़ी कठिनाई है। दर्शक निष्क्रिय, एकतरफा उपभोक्ता नहीं है। अस्मिता जगाकर वह 'सक्रिय उपभोक्ता' बनता है। पुराने लोग इसे 'मनोरंजन' के लिए खतरा मानेंगे लेकिन जो मनोरंजन किसी की कीमत पर हो वह अपने आप

में समस्यामूलक है। 'दूल्हे राजा' फिल्म में गोविंदा एक चालू बिहारी युवा बना है जो मुंबई के पाँच सितारा होटल के मालिक के मुकाबले अपने ढाबे के दावे को जिताता है। एक प्रसंग में गोविंदा का एक ताली बटोरू डायलॉग है : 'का समझे हो बिहार को?'

आने वाले दिनों में गोंविंदा ही नहीं राजठाकरे की हरकतों पर चुप लगाये बॉलीवुड को यह डायलॉग एकाधिक बार याद आ सकता है!

2 नवम्बर, 2008

तकदीर बदलने वाली मिठाई

कुछ सनाथ कथाएँ होती हैं जो अपने आगे-पीछे अपनी ताकत लेकर आती हैं। उनको लेकर चैनल 'बड़ी' कहानी बनाते हैं। एसएमएस कराते हैं। तुरन्ता जनमत बनाते हैं। और 'सनाथों' के हित में दबाव बनाते हैं।

कुछ अनाथ कथाएँ होती हैं जो सनाथ टीवी चैनलों को देनी ही पड़ती हैं क्योंकि वे इसलिए होती हैं कि किसी सनाथ ने किसी अनाथ को कहीं 'ठीक-ठोक' डाला है।

अब दो अनाथ खबरों की कथा सुनिए। एनडीटीवी की खबर :

एक आदमी रोते-रोते कह रहा है : 'वे मराठी में बोल रहे थे... मैं जब तक नहीं बोलूँगा जब तक यहाँ / महाराष्ट्र / से बाहर नहीं निकल जाता। जैसे भी होगा अपनी यूपी में जी लेंगे।'

दूसरा आदमी : 'हम चार लोग थे। टिकट कटा रहे थे। इतने में कुछ लोगों ने पूछा : तुम 'भैया' हो? हमने कहा : हाँ और कहा कि दिवाली मनाने गाँव जा रहे हैं... बस वो मारने लगे।

तीसरा आदमी यानी महाराष्ट्र के गृहमंत्री पाटिल : जिन्होंने किया है, उन्हें पकड़ा जाएगा। जाँच जारी है।

चौथा नायक यानी अमर सिंह जी : यूपी की अस्मिता...

पाँचवा चेहरा : 'महाराष्ट्र में राष्ट्रपति शासन लगा दिया जाना चाहिए।'

छठा चेहरा यानी मायावती जी : केन्द्र को तुरन्त कुछ कदम उठाने चाहिए।

मार डाले गये का नाम एक लाइन में। एक पासपोर्ट साइज फोटो और उसके परिजन।

एक दिन पहले की कथा : एक युवा। बस हाइजैक। सवारी परेशान। चैनल हड़बोंग में। पुलिस एक्शन। बस की खिड़की का 'ग्रेब' जिसमें राहुल एक पिस्तौल लहरा रहा है!

कहानी का सुखान्त तुरन्त : राहुल राज को गोली मारी। वह ठौर मरा।

अधिकारी का कथन : गोली का जवाब गोली ही हो सकता है।

नीतिश-लालू एक साथ दिखते हैं यह बड़ी खबर है। बयान छोटी खबर।

नीतिश का कथन : हमारे दिल पर जख्म हुआ है। जख्म पर नमक न छिड़कें, मरहम लगायें। राहुल का पिता : मेरे बेटे की हत्या की है पुलिस ने।

कार्गो में ले जाया जाता शव कवर करते पत्रकारों को पुलिस हँकालती हुई। एनडीटीवी की खबर : एक लेडी पुलिस ने पत्रकारों से बहुत गन्दी भाषा में बात की। पत्रकार तर्क करता दिखता है।

कौन है? पता नहीं चलता है।

बहुत कुछ होगा जो बिलख रहा होगा। लेकिन टीवी चैनल क्या-क्या दिखायें। उनका टाइम तो दिवाली के मुहूरत ट्रेड के लाइव कवरेज वाला होना है। यही उनका नाथ है। वो है तो वे सनाथ हैं, वरना अनाथ हैं। सनाथ कथाएँ हमेशा ही सुन्दर हो सकती हैं। देखना जरूरी है मार्केट की मुहूरत ट्रेडिंग का कवरेज। वही तो अनाथ हो रहे चैनलों को सनाथ करने वाला है। सारे खबर चैनल बता रहे हैं कि दिवाली के रोज मुहूरत ट्रेडिंग ही असली खबर होती है।

इस बार यह लाइव है। एकदम फिल्मी मुहूरत शॉट की तरह। एक फ्रेम में सब प्रसन्न। सब ताली बजाते हुए।

एनडीटीवी, सीएनएन आईबीएन स्टॉक मार्केट के भीतर से लाइव दे रहे हैं। क्या हुआ किस तरह हुआ, यह कोई नहीं बताता। बस जरा-सी देर बाद बता दिया जाता है कि बहुत अच्छा कारोबार रहा है! सेंसेक्स नौ हजार के ऊपर आ गया है।

दोनों बड़े अंग्रेजी चैनलों पर दो एक्सपर्ट वाचिकाएँ बिठायी गयी हैं। वे अच्छे कारोबार के अच्छे होने के बारे में ज्यादा नहीं बतातीं। मानकर चलती हैं कि सब समझ गये होंगे। वे मार्केट की ओपनिंग की बात करती हैं। निफ्टी की बात करती हैं। जितने अनाड़ी इस मामले में आम दर्शक हैं, उतने ही समाचार वाचक हैं। एक बाजार गिर रहा है, उसके गिरने की सरल कहानी किसी के पास नहीं है। उन्हें भी नहीं मालूम कि यह सब क्या बला है और क्या कैसे हो रहा है? स्क्रीन पर एक हरा त्रिभुज ऊपर मुँह उठाता नजर आता है। इसे हरा यानी उठान का चिह्न कहा जाता है।

इस गिरावट में किस तरह से उठान लायें? *एनडीटीवी चौबीस सात* इसके लिए 'थ्री इन वन' किस्म का कमाल करता है। 'खबर-चरचा-प्रोमो' को एक साथ मिक्स करके दो हत्याओं के बीच एक गुलदस्ते की तरह फैशन पर चरचा बनाता है। ऐसे नुस्खे दर्शकों को बाँधे रखने के लिए होते हैं। खबर की खबर। बहस की बहस और फिल्म का प्रोमो का प्रोमो।

बुधवार को रिलीज होने वाली 'फैशन' और मधुर भंडारकर को इससे बेहतर मौका और क्या मिलता? मंगलवार को चरचा रखी कि बुधवार को फिल्म देखना क्यों जरूरी?

मन्दी में ऐसी कोमल टाँगों वाली कहानी दर्शकों को सुख देती है। अंग्रेजी में बहस में रस देती है।

लेकिन सबसे बढ़िया *इंडिया टीवी।* उसका जवाब नहीं! एकदम काम की बात बताता है। इस लोक और परलोक दोनों को साधने की कला सिखाता है और वह भी घर में टीवी सेट में घुसकर! और क्या चाहिए दर्शक को? दीवाली वह मनवाता है। कायदे की पूजा वह कराता है। दीवाली के दिन किस राशि के आदमी को किस रंग की, किस तरह की मिठाइयों का भोग लगाना चाहिए, इसकी पूरी नसीहत भी देता है :

मकर राशि के जातक को काले रंग की मिठाइयाँ ठीक हैं। वह काले जामुन कहलाने वाली मिठाई का भोग लगाये। काले तिल का भोग लगाये। कुम्भ राशि वाले को नीले-काले रंग की मिठाई का भोग लगाना लाभकारी होगा। मीन राशि वाले को लक्ष्मी जी के लिए पीले रंग की मिठाइयों का भोग लगाना चाहिए। केसर की खीर खानी चाहिए। बेसन की बनी मिठाइयों का भोग लगायें और फिर देखें, मिठाई आपकी तकदीर कैसे बदलती है?

अगर अब तसल्ली न हुई हो तो जरा ठहरिए। 'ब्रेक के बाद' हमारे आचार्य इंदु जी आपके घर में आकर टीवी सेट में बिराजकर आपको दीवाली की पूजा करना सिखायेंगे। किस तरह से पाँच व्यंजनों का भोग ठीक है! किस तरह से सोलह व्यंजनों का भोग शुभ होगा। यथा श्रद्धा तथा भोग! ध्यान रहे आपकी मिठाई ही आपकी तकदीर है!

2 नवम्बर, 2008

नित्य प्रलय चैनल

इंडिया टीवी और उसके बिरादर-से बन चले *आईबीएन सेवन* को कोटि-कोटि प्रणाम। दो-तीन दिन तक लगातार प्रलय का बाजार बनाने, फिर वातावरण बनाने के लिए कोटिशः प्रणाम। घर बैठे प्रलय के वे सीन दिखाये कि पूछिए नहीं। पूरे दिन प्रलय के इन्तजार में लोग टीवी के एक चैनल से चिपके रहे।

जीवित रहकर प्रलय देखने का सुख डर का सुख है! कोटि प्रणाम इसलिए कि इन्होंने अपने आइटमों में देर तक 'बिगबैंग' के बाद के पलों की प्रयोगात्मकता से लेकर ब्लैक होल बनने और उसके फलस्वरूप प्रलय के होने की कहानी विस्तार से बतायी। एकदम मौलिक पौराणिक! 'हमारे यहाँ तो पहले ही सब कुछ कहा जा चुका है'—इस भाव से बताया!

यहाँ इस वैज्ञानिक प्रयोग के सन्दर्भ में वैज्ञानिकों की राय प्राथमिक नहीं रही। रही तो स्कन्द पुराण की रही।

विज्ञान से स्कन्द पुराण को टकराकर खबर में 'बिगबैंग' किया जाता रहा। *इंडिया टीवी* अपने प्रलय बाजार में सबसे आगे था। उसे सिर्फ भगवान शिव के त्रिशूल और त्रिशूल पर टिकी काशी का ही भरोसा रह गया था। शेष सृष्टि में तो प्रलय होनी ही थी। बचने के लिए त्रिशूल था। वह भी शिवजी का और वह काशी में था और काशी थी बची हुई पूरी तरह सुरक्षित! त्रिशूल पर है इसलिए कहा जाता है काशी को त्रिकंटक! अपना 'जीके' बढ़ायें। सूट-बूट पहने, मेकअप किये, आत्ममुग्ध वाचक और रंगीन कपड़ों में खबर पर इत्मीनान प्रकट करती वाचिकाएँ, तिलकधारी पंडित काशी को पीछे दिखाते हुए कैमरे के आगे कहते रहे। फिर-फिर कहते रहे :

यहाँ वो त्रिशूल है जिससे प्रलय भी काँपता है। यह त्रिशूल काशी को विनाश से बचाता है। काशी का कभी लोप नहीं होना, उसे नष्ट नहीं होना क्योंकि काशी शिव जी के त्रिशूल पर खड़ी है! शिव जी जरूरत के अनुसार कभी त्रिशूल ऊपर कर लेते हैं। कभी नीचे कर देते हैं। स्कन्द पुराण में सब बातें कह दी गयी हैं। नये-नये पंडितजन कैमरे में कह-कहकर आश्वस्त करते हैं। पीछे-पीछे खड़े दाढ़ीवाले वृद्ध बाबा लोग भकुआए से देखते हैं कि ये छोरा कितनी बड़ी बात कह रहा है! जै हो काशी धाम की!

प्रलय से बचना है तो एक अरब से अधिक जनता को काशी की ओर चल देना चाहिए। त्रिशूल का सहारा जो है! दिन में एक बार बताया गया। दूजी बार देर तक बताया गया। तीजी बार देर तक बताया गया कि काशी महाप्रलय में क्यों बची रहनी है। प्रलय तो अवश्यम्भावी है। इस तरह एक दिन प्रलय में गुजरा।

प्रकृति न भी करे तो हिन्दी चैनल करके मानेंगे।

आईबीएन कहने लगा : समुद्र में कई-कई सुनामी उठेंगी। धरती से लावा निकलेगा। खतरा खड़ा है धरती पर। मशीन लगी है। ब्रह्माण्ड को जानने का महाप्रयोग होने वाला है कुछ देर बाद। यह खतरावादी, प्रलयवादी भूमिका अंग्रेजी *सीएनएन आईबीएन* में नहीं थी। यह उसके हिन्दी सहोदर *आईबीएन सेवन* में रही। हिन्दी समाज और दर्शक के बारे में सेवन की अवधारणा ऐसी ही है कि हिन्दी में उसे आप किसी भी तरह से निपटा सकते हैं।

देर तक खतरे और प्रलय से खेलने के बाद सवाल किया—भई, कितना बड़ा खतरा है हमारे लिए?

अब एक वैज्ञानिक को लाया गया। वह बताने लगा कि 'एक मशीन ब्रह्माण्ड को खा जाएगी', यह बात कहना ही गलत है। गलतफहमी फैलायी जा रही है।

साढ़े नौ के आसपास *जी न्यूज* ने अपने को और जनता को आश्वस्त किया कि पृथ्वी बची रहेगी। मशीन की लम्बाई-चौड़ाई बतायी।

बुधवार तक आते-आते प्रलय थम चली। कहा जाने लगा कि ब्लैक होल का डर बिठाया जा रहा है। यह गलत है। वैज्ञानिक कहते हैं कि डरने की जरूरत नहीं है।

सेवन ने कहना शुरू किया कि डरिए मत, प्रयोग को समझिए और फिर एकदम पौराणिक हिन्दी में समझाया कि क्या-क्या जमा होकर यह चेतना या पदार्थ यानी ब्रह्म जमा होता है। सेवन पुराण का स्पर्श बाद में दे पाया। इस मामले में *इंडिया टीवी* बाजी मार ले गया। बाजार उसी के हाथ रहा।

इंडिया टीवी अगले दिन प्रलय को छोड़कर कारूँ के खजाने की खोज में पाटन निकल गया था। चमत्कारी चैनल इंडिया टीवी खबरों से ज्यादा चमत्कारों की दुनिया में रहता है।

वैज्ञानिक युग में भी अन्धविश्वास और चमत्कार का बाजार बनाया जा सकता है। खबर की विश्वसनीयता की कीमत पर इंडिया टीवी यह करता है। कोई क्या कर सकता है। आप देखें न देखें, आपकी पसन्द!

प्रातेक्रियावादी कहें या पौरारणिक, चमत्कारी चैनल, आपकी मरजी! उसे जो करना है वह करेगा!

राज ठकरे और बिग बी—जया का आमना-सामना बड़ी खबर की तरह दिया गया।

लेकिन प्रलय के बिग महाआइटम नें उसे जमने नहीं दिया। लोग प्रलय को देखने बुध तक इन्तजार में रहे।

इसके चलते आरुषि की कथा पिटी। न्यूक्लीयर पटकथा भी ज्यादा मुखर न हुई।

जितनी जल्दी बिहार से पानी नहीं उतरा, उससे ज्यादा तेजी से चैनलों का बिहार का पानी उतर गया। किसी को सुध नहीं। अब प्रलय से फुरसत हो तो कुछ सोचा जाए!

सिंगूर भी इस चक्कर में पिटा। कौन टाटा-आटा? ममता-बुद्धदेव? अरे प्रलय की बात करो भैया!

ऐसी मजेदार नित्य चैनल प्रलय की जय हो!

14 सितम्बर, 2008

नौकर की कमीज

किल देम... हैंग देम...। शब्द गूँजते हैं बार-बार। कसर है तो फाँसी के फन्दे के सेट की है 'वी द पीपल' में। एक ही टेक है : तलवार केस में मीडिया को माफी माँगनी चाहिए। एक कोरस-सा उठता है। आशुतोष कहते हैं कि नहीं माफी नहीं माँग सकते। जिनका दोष है उन्हें कहो।

बरखा एक बार अपने शब्द उनके मुँह से निकलवाना चाहती है, जिसका मतलब है—अब तो माफी माँग लीजिए। वी नीड टू से सॉरी। आशुतोष : जी नहीं। वे पूछते हैं कि कसूर क्या है? यह केस मीडिया की वजह से ही सीबीआई के पास गया है। जस्टिस सोढी कहते हैं कि यह काम सीबीआई ने अपने आप लिया है। मीडिया की वजह से नहीं हुआ। कामिनी जायसवाल काटती हैं कि मीडिया ने कोई ट्रायल नहीं किया।

सबसे सटीक जवाब पुण्य प्रसून का है। दो टूक : क्राइम हुआ। रिलेशनशिप की बातें आयीं। वाइफ स्वैपिंग दाँवपेच, सबके जिक्र आये। सब तो शामिल रहे हैं, आप मीडिया को दोष दे रहे हैं। यह तलवार केस वीआईपी केस बना। आप लोग तो समाज के भीतर एक नया समाज बना रहे हैं। नौकरों को क्या ठीक तरह से देखा जा रहा है?

वकील साहब हरीश साल्वे पेट्रनाइजिंग लगे। बोले—देखिए गलती मानना बड़ी बात होगी। आशुतोष ने टोका। आप इम्पेशेन्ट हो रहे हैं हरीश जी! दूसरे की नहीं सुन रहे।

तलवार साहब जमानत पर छूटे हैं। एक चैनल अपनी पीठ थपथपाते हुए बोले जा रहा है : देखिए अकेले हमीं थे जिसने कभी तलवार साहब को कठघरे में खड़ा नहीं किया। कभी उन पर लगे आरोपों को किस्सा नहीं बनाया। एक चैनल ने उनके साईं मन्दिर जाने को लाइव कर रखा है। फिर उसमें साईं बाबा का गाना भरकर बजाकर दिखाता रहा है। एकदम अवसर के अनुकूल बैकग्राउण्ड संगीत दे रहा है।

पीपलों की चरचा का टुकड़ा है :

नमिता भंडारे : 'मीडिया की पोजीशन अनडिफैंडेबल है।'

पीपल में सीबीआई के अधिकारी दूर स्क्रीन पर बोल रहे हैं : 'मीडिया ने अपनी कहानी बनायी। पुलिस ने गड़बड़ किया।'

बरखा जी बीच में कहती हैं कि एक दिन एक कहानी, दूसरे दिन दूसरी कहानी। पट्टी पर सवाल आया : क्या पुलिस पर और मीडिया पर मुकदमा नहीं चलाया जाना चाहिए?

सीबीआई अफसर बोले कि यह मीडिया का काम है कि सोचे। सारी बात में मीडिया का मतलब आशुतोष और पुण्य प्रसून दिखे। शेष क्या? स्वयं बरखा जी मीडिया नहीं रहीं, कुछ देर।

हाय! जरा पलट लें *एनडीटीवी* के वरक और पायें कि सोनिया वर्मा ही रहीं, जिन्होंने नूपुर का सबसे पहले सिन्थेटिक साक्षात्कार लिया। दिया क्या यह एक पक्ष का सौ फीसद समर्थन नहीं था?

तब एक बारगी सोनिया जी को भी 'पीपल' बनाया जाता। उनसे भी एक सवाल उसी तरीके से होता जिस तरह से हिन्दी वाले दो पत्रकारों आशुतोष और पुण्य प्रसून से किये गये। तब कुछ सन्तुलन रहता।

यह बात कृष्णा के वकील ने कही कि कृष्णा, राजकुमार को मीडिया की मदद मिली। ये बचावहीन लोग हैं। गरीब हैं...।

कामिनी ने असल बात कही : दरअसल दो दुनिया हैं। जब तलवार के खिलाफ कोई प्रमाण नहीं हैं तो इन तीन के खिलाफ क्या साक्ष्य हैं जो ये बन्द हैं? जाहिर है कि ये गरीब हैं, बचावहीन हैं। कृष्णा के भाई ने कहा : हम गरीब हैं। क्या करें?

बरखा जी सूचना संग्रह में गच्चा खा गयीं। झोंक में कह बैठीं : 'तलवार पर नारको हुआ है।' और उन्हें वहीं दुरुस्त किया गया : जी मैडमजी कतई नहीं हुआ।

हम तो कहते रहे कि समाज के मसलों पर मीडिया का असल 'वर्गभेदी' नजरिया प्रकट होता रहता है। यहाँ हर बन्दा अपने वर्ग के लिए मरता है। मीडिया के नौकर 'नौकर की कमीज' पहनकर भी नहीं मानते कि उसे पहने हैं।

सरकारी संकट के दौर में सबसे ज्यादा दिखने वाला चेहरा प्रकाश करात का रहा। हर पोज में, हर मूड में दिखे। पहले मार्क्सवादी महासचिव हैं जिन्होंने इतना कवरेज लिया है। एकदम राष्ट्रीय नेता के माफिक। अच्छा है। ज्योति बसु के बाद मार्क्सवादी पार्टी का राष्ट्रीय चेहरा प्रकाश करात का ही लगा।

और दूसरे नंबर पर आदरणीय अमर सिंह का रहा। हर रोज किसी-न-किसी प्रसंग में वे आये और जम कर रहे।

पीएम का कवरेज तीसरे नंबर पर ही रहा और हर बार प्रकाश करात की जुगल जोड़ी बनायी जाती है।

20 जुलाई, 2008

विदाई का दिन

परफेक्ट ब्राइड—मैं नहीं चाहती कि आपके पापा टेंशन में रहें। हम साथ मिलकर फाइट करेंगे।

इम्परफेक्ट कुँवर—मैं यहाँ चला जाऊँगा।

कुँवर की कुँवरी यानी परफेक्ट ब्राइड किसी ब्यूटी पार्लर से सीधे आयी लग रही थी। पिता से ज्यादा टीवी के म्यूजिक को टेंशन हो रहा था। शेखर सुमन को टेंशन हो चुका था और उनकी सगी संयोजिका को भी हो चुका था। मामला गम्भीर था। एक ब्राइड ने एक कुँवर जी को, यानी राजबीर को कह डाला कि मामला फिट नहीं लगता।

समस्या राष्ट्रीय-सी हो चली। सुलझाने के लिए वे दोनों पार्टियों को, यानी माता-पिता और कुँवर-कुँवरी को 'रिश्तों के पारखी' स्थान पर ले गए।

शेखर भाई ने मूड बदलने की खातिर एक उच्चकोटि की कविता पढ़ी। प्रिंस नॉट सो चार्मिंग ब्राइड की नजरों में उठ जाएँ। उसका भावार्थ समझकर रिश्तों की परख कर लें।

राजबीर कहने लगा—आपस में हमें कोई प्रॉब्लम नहीं, बाहरी प्रॉब्लमें आ गयी हैं।

ब्राइड बोली—मैं इनके साथ रहना चाहूँगी।

कुँवर राजबीर बोला मैं भी रहना चाहूँगा।

तब की प्रॉब्लम? रह लो न!

परफेक्ट ब्राइड की समस्या है परफेक्ट कुँवर यानी दूल्हा तलाशना और भइए वह मिलता नहीं। लड़कियाँ सजी-धजी खड़ी रहती हैं। लड़के सजे खड़े-खड़े परफेक्ट की वर्तनी में अटक जाते हैं।

राजबीर ने कहा था न, बाहरी प्रॉब्लम है। (भोत हो लिया भाई! ये परफेक्ट ब्राइड का ड्रामा। भोत भाव खा रहे हैं। अब इन्हें विदा नहीं करने का क्या? खाली-पीली बोर कर रहे हैं)

तुरन्त बताया जाता है—चार कुँवर बचे हैं। उनमें से एक को विदा करना है। पूजा विदा करेंगी।

लक्स की बनायी मोस्ट ब्यूटीफूल ब्राइड पूजा बताएँगी कि 'ममी ऑफ द वीक' कौन-सी हैं इनमें जिन्हें विदा किया जा सके सीन से!

ममी नम्बर एक—दो—तीन—चार। लाइन लगाकर अधेड़ाएँ सजी-सजी खड़ी हो गयीं। गैरतमन्द होतीं तो इतना सुनकर निकल गयी होतीं। वे निकाले जाने के लिए लाइन में लगी थीं खुशी-खुशी। वे निहाल थीं कि टीवी के फोकस में आ रही हैं फुल मेकअप में! निकाले जाने से पहले के खतरनाक म्यूजिक वाले इन्तजार का अभिनय-सा करती हुईं।

इनमें से कोई 'ममी ऑफ द वीक' होने वाली थी। 'ममी ऑफ द वीक' को अंग्रेजी में ही समझें। हिन्दी में 'ममी' मिस्त्र में मिलने वाली ममी और 'वीक' हिन्दी में आकर 'कमजोर' के श्लेषार्थ भी देने लगता है।

लीजिए सबसे बेहतरीन ममी को देखिए। ये खड़ी हैं हितेश की ममी। हितेश की ममी स्टेज पर आकर अभिमान से खड़ी हो गयीं। बोलीं—मुझे अच्छा लग रहा है, यहाँ मैंने अपना घर बना लिया है। देश की भावनाओं का खयाल रखूँगी (दे ताली! टीवी ने सबको 'यहाँ आकर अच्छा लग रहा है' कहना सिखा दिया है!)

कन्याओं ने बताया है— इस बार कौन-सी ममी विदा होंगी!

पहली कन्या—विवेक की ममी विदा की जाए।

दूसरी—राजदीप की ममी का नाम लेती है।

तीसरी—एक्चुली, मुझे ठीक नहीं लग रहा है। ममी को कोई विदा नहीं कर सकता। लेकिन क्या करूँ, करना ही है सो करती हूँ।

राजबीर की ममी को वीक की ममी बताया जाना था। सो बताया और विदा कर दिया गया ताकि राजबीर, प्रियंका साथ-साथ आगे की कार्रवाई कर सकें। यानी शादी कर सकें। कवियाए शेखर सुमन साहित्य जगत् में किन्हीं अज्ञात कुलशील कुमार विश्वास जी की चन्द लाइनें इस सीन पर सुनाये बिना न रह सके :

जिन्दगी अहसानों की पावन-सी कहानी है
कभी कबीरा दीवाना था कभी मीरा दीवानी है।
दे ताली!

शेखर सुमन ने जाते हुए राजबीर से कहा कि भइए, शादी करो तो पहला कार्ड हमारे पास भेजना!

बोलो लक्स सोप जी की जै! एकदम रेशम रेशम मुलायम त्वचा का दोस्त ढेर सारी परफेक्ट ब्राइडों का स्पांसर!

इन्दिरा की पच्चीसवीं पुण्यतिथि। कितनी अन्तर्विरोधी बातों की यादें! महानतम कहते-सुनते हुए कुछ-कुछ कसकता हुआ निकल गया। लोग कसक भूल गये सो अच्छा! मीडिया ने पच्चीसवीं पुण्यतिथि के दिन कम-से-कम याद किया आपातकाल

में 'अपना हाल'! पुण्यतिथि पर कोसना मना है। कोसेंगे तो पुण्य वंचित रहेंगे? मीडिया ने, मीडिया के क्रिटिकल मानुषों ने इस मर्यादा को अब की खुलकर निभाया!

सीएनएन आईबीएन पर प्रणव दा ने कहा—मैं आज जो कुछ हूँ इन्दिरा जी की बदौलत हूँ। कर्जदार हूँ!

ऐसी सच्ची बोली बानी में ही इन्दिरा का सच्चा परिचय मिला! बहुत अच्छा सर जी!

सीएनबीसी पर संजय पुगलिया को हिन्दी क्षेत्रों की याद आयी। बहुत सधे ढंग से उन्होंने हिन्दी राज्यों की दयनीय स्थिति और निवेश के आने से कतराने की बातें कहीं। नीतिश ने बेहतरीन तरीके से कारण गिनाये और आशा बाँधी कि एक दिन आएगा निवेश। हिन्दी क्षेत्रों को एक बिजनेस चैनल ने अपना विषय बनाया। यह देख अच्छा लगा।

रेडियो *एफएम गोल्ड* सुबह दस बजे के करीब तस्वीर नामक कार्यक्रम देता है। तस्वीर में कभी सूडान का परिचय देते हुए सत्तर के दशक का फिल्मी गीत सुनाता है तो कभी नागार्जुन का सरल-सा परिचय देकर उनकी कविताएँ सुनाते हुए संग-संग में फिल्मी गीत सुनाता चलता है। यह मिक्स मजेदार लगता है।

'बहुत दिनों तक चूल्हा रोया चक्की रही उदास' कविता के बाद अगर आपको रफी का गाया 'पिपरा के पतवा सरीखे डोले मनवा कि हियरा में उठत हिलोर' सुनने को मिले तो भला-भला-सा लगता है।

मीडिया के इस 'मिनीमलिज्म' में किसी हिन्दी कवि का नामलेवा कोई तो हुआ!

8 नवम्बर, 2009

अव्वल खबर

घटना होगी। होगी क्या, घटना की जाएगी। एक्शन टीवी की प्राइम टाइम खबर जरूर बनेगी। यह घटना करके खबर बनाने के 'शिल्प चतुर' लोगों को मालूम है कि मीडिया को रीयलिटी एक्शन और रीयलिटी ड्रामा भाता है। एकदम लाइव लाइव, एकदम 'समक्षता' में, आमने-सामने में सब कुछ हो तो सबसे ज्यादा दिलचस्प होता है। माओवादी यह जानते हैं।

वे जानते हैं कि लाइव घटना-खबर कवर होगी तो बहस होगी। जो 'हो रहा' है, तुरन्त उसकी मीन-मेख निकालना 'हो चुके' का सार्वजनिक पोस्टमार्टम होता है। यही टीवी का जनक्षेत्र होता है। इसी को बहस कह लीजिए जो हर बात पर होने लगती है। बहस होगी तो कोई सही लगेगा। कोई गलत लगेगा। टीवी में किसी को सही, किसी को गलत 'लगना' जरूरी है। टीवी पर ऐसी क्रमिक खबर बनाना असल बात है।

माओवादियों की खबर बनाने की टाइमिंग परफेक्ट रही। राजधानी ट्रेन को झाड़ग्राम में रोकना और दो-तीन घंटे तक ड्राइवर समेत अगवा कर लेना, गजब की 'खबर समझ' को बताता लगा।

एक्शन एकदम खबर परफेक्ट रहा। कवरेज के लिए आदर्श। शाम का वह वक्त जब सारे दल अपनी प्रेस कान्फ्रेन्सों के जरिये प्राइम टाइम की खबर बनाने को उतावले रहते हैं, ऐन उसी टाइम पर एक्शन। सब खबरों को पछाड़कर आगे आती हुई खबर।

साढ़े पाँच बजे के बाद हर चैनल बावला हो गया। अंग्रेजी के चैनल बांग्ला चैनलों से कटपीस लेने लगे। वही-वही फुटेज मगर हर पल की सूचना बांग्ला के चैनलों पर। चैनल 'टेन' आगे नजर आया। 'चौबीस घंटा' उसके मुकाबले पर रहा। दिल्ली के नामी चैनल उनसे काम चलाते रहे।

एनडीटीवी ने सवारियों से बातें कीं। लोग माओवादियों के बारे में बोले—उन्होंने बुरा बरताव नहीं किया। अगवा कर छोड़ दिये गये और ड्राइवर तक *सीएनएन आईबीएन* जा पहुँचा और दिल्ली से बात करने लगा। शायद वह आवाज राजदीप की ही रही जो ड्राइवर से पूछताछ करती रही कि क्या हुआ? ड्राइवर बोलता रहा कि

कुछ नहीं किया। लाल लाल लगा हुआ था, रोकना पड़ा। कहा, बिना इजाजत आगे नहीं जाना है। क्या 'ट्रेक' पर कुछ है? ड्राइवर बोला हम कुछ नहीं बोल सकते कि क्या हुआ है। उनके पास हथियार थे? तो बोला कि उनके पास तीर, बल्लम, हथियार थे। क्या गोली चली? तो बोला—कुछ नहीं मालूम। लेकिन इसी टाइम पर 'चौबीस घंटा' नामक बांग्ला चैनल ने चिदम्बरम की बाइट दी। यह बाइट *एनडीटीवी* पर और *सीएनएन आईबीएन* पर देर से दिखी।

खबर का दूसरा चरण बुद्धदेव के बांग्ला बयान और ममता बनर्जी के अंग्रेजी-हिन्दी बयान से युक्त दिखा। इसके बाद खबरों में बहसें थीं।

'उनके पास तीर कमान थे, तन पर पूरे कपड़े नहीं थे। उन्हें आप आतंकवादी कहते हैं? वे चाहते क्या हैं? संवाद चाहते हैं। क्या आप ये संवाद कर रहे हैं?'

एनडीटीवी पर विनोद मेहता ने ज्यों ही चन्दन मित्रा को इस टिप्पणी से रोका तो ड्रामे का क्लाइमेक्स बन गया। चरचायोजक विक्रम चन्द्रा अर्णव गोस्वामी से मानो स्पर्धा करते-से कहने लगे कि ऐसा वेल प्लाण्ड ऑपरेशन था। यह भूखों, नंगों का काम नहीं हो सकता।

टाइम्स नाउ ऐसे मौकों पर एकदम बेलौस नजर आता है। अर्णव दो टूक कमेण्ट करते हैं। वरवर राव ने माओवादियों के पक्ष से स्वर लगाया तो अर्णव ने कुमावत को सुनाना चाहा। वरवर राव फिर भी बोलते रहे। अर्णव उन्हें टोकते रहे और कुमावत ने वही लाइन ली कि ये जनतन्त्र को अगवा करना है!

इस खबर से पहले 'वी द पीपल' पर 'माओवाद' बहसाया जा चुका था। माओवादियों और सरकार के बीच के 'आदान-प्रदान' में छूटे पुलिस अफसर अतीन्द्रनाथ दत्ता चरचा ओबी वैन से कनेक्टेड नायक बन चले थे। माओवादियों का आपके साथ कैसा व्यवहार था? सवाल के जवाब में दत्ता बोले कि वे लोग कोआपरेटिव थे!

लो भइए! ट्रेन छोड़कर माओवादी हमदर्दी लूटकर ले गये! कुछ दिन पहले खबर चैनल बिगबॉस की 'राजू की चड्ढी हरण लीला' का मजा लूट चुके थे। बिगबॉस का बिग घर है। उसमें चकाचक चड्ढी-चोली उतार लीला ही अन्तिम लीला हो सकती है। यही बिगबॉस को साप्ताहिक ब्रेक देती रह सकती है। चड्ढी का ब्रांड कैमरा पकड़ न पाया! अगली बार सही पकड़ेगा! बिगबॉस जी अपना सवाल राजू जी से है कि दर्शकों को यह बताया जाए कि राजू की वह महाभाग चड्ढी किस ब्रांड की थी? कितने की थी?

सोनी पर एक प्रकार की डांस की सुपर लीग चल रही है और कहना न होगा कि इधर के नाचने वाले-वालियाँ, फिल्मी डांस वाले मास्टरों को, हीरो-हीरोइनों को अपने डांसों से सचमुच 'पानी पिलाते' नजर आते हैं। क्या बात है! ये डांस आइटम अनकट

रहते हैं। टाइमिंग और स्टेप्स, नयी डांस थीमें, नयी डांस मिक्सिंग, बॉडी लैंग्वेज एकदम परफेक्ट! ये नये नाचने वाले लड़के-लड़कियाँ गजब के हैं। फरहा खान और सरोज खान के नाच कंसेप्ट से कहीं आगे की चीजें और वह भी अनकट, असम्पादित, एक साँस में।

'बैरी पिया' किस जमाने की कहानी कहता है भई? कहानी लगती तो इसी जमाने की है। लेकिन इसका नायक एकदम सामन्ती तानाशाह है जो जबरन शादी करने चलता है। पुलिस को धमका देता है। अपनी हवस की शिकार एक लड़की को बच्चा गिराने की सार्वजनिक सलाह देता है और एक नौकरानी से जबरदस्ती शादी रचाना चाहता है। बाकी सब रोते-बिसूरते रहते हैं। पुलिस उससे अपने आने के लिए माफी माँगती लगती है। एक एक्टिविस्ट भी व्यर्थ नजर आती है... ऐसी दरिन्दगी उन पुरानी फिल्मों में हुआ करती थी जिनमें खलनायक बनने वाले जीवन या अमरीश पुरी हुआ करते थे!

1 नवम्बर, 2009

खबर और शोर

किस एंकर पर कौन कितना कुर्बान जाए और उसके लिए अपनी कितनी जान बचाकर रखे? एक अंग्रेजी चैनल के प्रमुख प्रस्तोता के जोर से बोलने पर यह टिप्पणीकार कुर्बान हो या कि उनके खबरिया दिमाग पर जो माशाअल्लाह, किसी की नजर न लगे, अभी तक तो ठीक-ठीक काम करता है! एक अन्य अंग्रेजी चैनल के प्रमुख प्रस्तोता पर तो यह बन्दा कई बार कुर्बान हो चुका है, क्योंकि अकेले वह हैं जो अभी और 'इसी वक्त फैसला करना है' के अन्दाज में खबर प्रस्तुति के समर में उतर जाते हैं और अनेक बार दूसरों के बुरी तरह टोक देने के बाद भी हिम्मत नहीं हारते। जरूर उन्होंने अटल बिहारी वाजपेयी की वो कविता हृदयंगम कर ली है जो कहती है 'हार नहीं मानूँगा रार नयी ठानूँगा!'

लेकिन इसी तरह एक और अंग्रेजी चैनल के प्रमुख प्रस्तोता, जो इस चीखती, चिल्लाती, गुर्राती खबरबाजी के बीच इतने सामान्य, इतने ठहरे और एक मंद्रसप्तक के हिसाब से खबरें पढ़ते निकल जाते हैं! क्या उन्हें इस हंगामेबाज जमाने की खबर नहीं? क्या उनको कम्पटीशन में पिछड़ जाने की चिन्ता नहीं? साथी! कभी नमूने के लिए ही सही, जरा कड़ककर खबर दीजिए तो!

पच्चीस साल से ज़्यादा टीवी की खबर प्रस्तुतियों को देखते-देखते हो गये और [illegible]ने ही बरस ऊपर कमेण्ट करते गुजरे हैं, लेकिन जो चीख-चिल्लाहट इन दिनों महसूस होती है, वह कभी नहीं महसूस की। पहले दूरदर्शन था और वहाँ धीर-गम्भीर प्रशान्त विनम्र स्वर में समाचार दिये जाने की परम्परा थी। वह शायद बीबीसी की प्रस्तुति की तर्ज पर विकसित की गयी थी। खबर आती, पैकेज आते, वाचक-प्रस्तोता एक समान गति से बिना बलाघात के, बिना किसी नाटकीयता के खबर देते। तब कभी दूरदर्शन के प्रसारण में बाधा होती तो शरीफों की तरह दूरदर्शन 'सॉरी' बोलता। कहता—'रुकावट के लिए खेद है!' उसकी प्रस्तुतियाँ एकदम अनुशासित होतीं। कोई आपाधापी नहीं! कोई हड़बोंग नहीं। स्वर्गीय तेजेश्वर सिंह आते और अपनी ठहरी बेरीटोन आवाज में खबर पढ़ते। नीति रवीन्द्रन आतीं तो ऐसा ही अहसास होता। एक मीनू जी थीं और बाद के दिनों में सुनीत टण्डन रहे। हिन्दी में प्रतिमा पुरी की प्रस्तुतियों, सलमा जी, शोभना जी की प्रस्तुतियों और अब नीलम तक की

खबर प्रस्तुतियाँ उसी ढब की प्रस्तुतियाँ हैं। दूरदर्शन ने अपना स्वभाव नहीं छोड़ा।

टीवी पर खबर की प्रस्तुति शैली खबर का हिस्सा होती है। हर खबर का मिजाज, उसका प्रसारण दर्शक-श्रोता तक उसका पहुँचना और उस तक पहुँचकर अर्थ का निर्माण करना-कराना सब कुछ प्रस्तुति करने वाले और पैकेज के समूचे रंग-ढंग पर होता है। प्रस्तोता की छवि, केश-विन्यास से लेकर उसकी आँखें, उसकी ड्रेस, उसके बैठने का ढंग और उसका दिमागी चाक-चौबन्दी सब मिलकर अर्थ की निर्मित करते-कराते हैं। दूरदर्शन ने जो ढंग अपनाया उसमें खबर की अथॉरिटी बोलती थी। एक स्टेट बोलती थी कि देखो देश के नागरिकों, देश यह है और खबर यह है। पॉजिटिव खबर होती थी। इसलिए पॉजिटिव प्रस्तुति होती थी।

निजी खबर चैनलों को स्टेट नहीं चलानी थी बल्कि खबर का बिजनेस करना था और करना है। इसलिए उनका मुहावरा अलग बना। उनकी प्रस्तुतियों में चकाचकपन उनकी अलग पहचान के लिए जरूरी रहा। जिस तरह खबर में मसाले की मिकदार बढ़ायी गयी, उसी तरह प्रस्तुति में प्रस्तोता की देह, भाषा से लेकर भाव-भंगिमा से लेकर खबर के पैकेजों के क्रम और विज्ञापनों के क्रम, खबर बुलेटिन से पहले मुख्य खबरों की हाइलाइटें, ब्रेकिंग न्यूज से लेकर बीस मिनट में बीस खबर या पच्चीस मिनट में पच्चीस खबर के नये टोटके, लाइव खबरों के तुरन्ता कट और कनेक्ट आदि। इन चैनलों को दूरदर्शन से अलग रस्ते ले जाते थे। टीआरपी और उसके लिए गलाकाट कम्पटीशन के कारण खबर पर बलाघात नहीं रहा बल्कि प्रस्तुति और उसकी शैली पर आ गया। वाचक युवतर होने लगे। एकदम मॉडलनुमा ब्यूटी कण्टेस्ट वाले, आकर्षक, बने-ठने, मेकओवर, केश-विन्यास और रंगरोगन वाले चेहरे खबर के साथ आने लगे।

खबर प्रस्तुत करने वालों के ड्रेस कोड की तुलना कीजिए। पुराने वक्त में यानी दूरदर्शन के एकल दौर में जितनी वाचिकाएँ रहीं, उनमें से ज्यादातर साड़ी पहनकर आती रहीं। सलमा की जुल्फों में टँका फूल उनका ब्रांड ही बन गया। वे फूलवाली खबर देने वाली के रूप में चर्चित रहीं। साड़ी, खबर प्रस्तोता को देसी टच देती रही। कुछ-कुछ 'नेशनल' किस्म का। गृहिणियों का लिबास। परम्परागत और 'भारतीय' टाइप का। इसके बरक्स इन दिनों आप किसी वाचिका को साड़ी में खबर देते देखें तो बतायें कि किस खबर चैनल पर साड़ी पहनकर कोई वाचिका खबर देती है।

इन दिनों के वाचक-वाचिकाएँ एक्जीक्यूटिव क्लास की-सी फॉर्मल ड्रेस में खबर देते हैं। वाचक सूट, शर्ट, टाई पहने होते हैं। सिर्फ शर्ट पहनकर खबर देने वाले कम हैं। डीडी के जमाने में भी तेजेश्वर टाई बाँधकर आते थे, लेकिन तब टाई पर नजर नहीं ठहरती थीं क्योंकि खबर और विचार पर जोर था। अब वाचक के मुखारविन्द की शोभा में टाई बड़ा आइटम है। क्या कभी कुर्ता पहनकर खबर पढ़ी गयी है? जवाहर कट पहने डिजाइनी रंग-बिरंगा रेशमी चमक वाला या गेरुआ या पीला कुर्ता

पहने बाबा लोग अपने भक्त प्रवचन करते नजर आते हैं या ज्योतिषी लोग कुर्तेनुमा ड्रेस में नजर आते हैं। लेकिन खबर पढ़ने वाले कुर्ते में नहीं देखे गये। हाँ, कुर्ते उन कार्यक्रमों में प्रस्तोता पहनते हैं जहाँ उन्हें गाँव से या कस्बे से अपनी ड्रेस का सिंक बिठाना जरूरी लगता है।

जिस शोर की बात शुरू में की गयी थी उस शोर का अपना अलग ही छन्द है। टाई पहने बढ़िया सजधज वाले उम्रदराज लोग चीखती आवाज में बोलते हैं। यह चीख-चिल्लाहट उनके चेहरे से उनकी ड्रेस से मेल नहीं खाती। तब क्यों इतना शोर है और हिन्दी के साथ अब अंग्रेजी में भी है। कारण शायद यह है। अगर आप समाज को आजादपुर की सब्जी मण्डी समझ लें और वहाँ खबर बेचें तो आपका गला फाड़ हाँक लगानी पड़ेगी न! इन दिनों खबर मण्डी में माल बेचने की कला में बदल गयी है। खबर से ज्यादा खबर का शोर बिकता है।

5 जुलाई, 2009

सब धान बाईस पसेरी

एक अंग्रेजी चैनल कहता है : बीस मिनट में बीस खबरें।

एक हिन्दी चैनल कहता है : स्पीड न्यूज!

खट खट खट, एक दो तीन चार पाँच खबरें—आप देखते-सुनते हैं और खबर एक मिनट में निपट लेती है।

चाहे लालगढ़ हो, चाहे दिल्ली में कत्ल या रेप। सब धान बाईस पसेरी है।

खबर पैकेज तीन मिनट का नहीं, दो मिनट का नहीं, एक मिनट का रहे और अगर आधे मिनट का रहे तो ठीक!

अब खबर बड़ी-छोटी नहीं कही जानी चाहिए। खबरों का लघुत्तम समापवर्त्य बन रहा है। भरपेट खबर नहीं मिलेगी, सेकेण्ड के हिसाब से बनेगी।

यूपी में ड्रेस कोड की खबर होगी। छोटी-छोटी बातें होंगी। विचार न होगा। न उसे जगने दिया जाएगा। सोच मत। फटाफटी खबर देख।

लालगढ़? देख-देख एक मिनट, बहुत हुआ तो दो मिनट और उसके बाद अगली खबर।

सात से आठ बजे के बीच की खबरें कई चैनलों पर फुरसतिया नहीं रह गयी हैं। खबर का आकार बदल रहा है। लम्बे रिपोर्ताज का युग जा रहा है और चन्द तस्वीरों-सतरों वाली स्निपेट्स हैं :

बीस मिनट में बीस तो बीस गुणा साठ सेकेण्ड में बाहर सौ खबर टुकड़े। बारह सौ पुरजे, बारह सौ चिन्दियाँ!

टाइम का 'प्रेसर' है। खबरों की अति और कम्पटीशन का 'प्रेसर' भी है और चैनलों की अपने बुलेटिन की पोजीशनिंग का प्रेसर भी है। सबसे अधिक पल-पल चैनल बदलू, चंचल चित्त दर्शक का दबाव है। न्यूज 'सुपरस्पीड' में चाहिए। आईबीएन सेवेन हिन्दी में देता है 'स्पीड न्यूज'। यह कहीं 'आशुतोष-फैक्टर'तो नहीं? वे सुपर स्पीड हैं तो खबर सुपर स्पीड क्यों न हो!

कभी-कभी जिन्दा एक्शन का विघ्न आ जाता है। एक-दो दिन और बाद में पचास फिर इक्यावन घंटे की खबर बनायी डाकू घनश्याम निषाद उर्फ केवट ने। जब

तक वह एक घर में रहा, लगातार खबर बनाता रहा। सबसे पहले *सहारा* पहुँचा स्पॉट पर और खबरें देता रहा। बाकी सारे चैनलों ने वहाँ से साभार खबर ली। उसके बाद *टाइम्स* पहुँचा। फिर क्या था? यूपी पुलिस की दयनीयता और एक डाकू की हिम्मत की तुलना मजेदार हो उठी : एक-एक कर उसने कई पुलिस वाले मारे। यूपी पुलिस वाले मोटे, तोंदवाले। एक की राइफल ही नहीं लोड हो रही। एक के सिर पर हेलमेट तक नहीं। एक के पास वाकी टाकी नहीं। वे जोर-जोर से आदेश देते हुए, बन्दूक ताने हुए, गोली चलाते हुए।

दो दिन उस मकान के अन्दर से एक्शन करने के बाद घनश्याम छत से छलाँग लगाता दिखता है। बन्दूक के साथ एकदम फिल्मी सीन देता हुआ : 'गंगा जमुना' वाला। 'मेरा गाँव मेरा देश' वाला रीयल एक्शन। उसके बाद वह दिखा एक लाश के रूप में। उसके भागने और मारे जाने की कहानी कैमरों में नहीं थी? क्यों? उसका अकेलापन, उसकी हिम्मत, जीदारी, हिंसा सब मिलकर पुलिस पर भारी थे। तो भी किसी चैनल के पास घनश्याम का ठीकठाक प्रोफाइल तक नहीं था। डाकू का जीवन नहीं था। तो भी घनश्याम हीरो रहा इक्यावन घंटे। टीवी पर आकर खल-तत्त्व भी नायक-सा क्यों दिखने लगता है?

शायद लगातार आँखों में रहने के कारण। बड़े खल से जूझते खलत्व के कारण! लगातार दिलचस्पी, कौतूहल पैदा करने के कारण। शायद।

खलत्व के नायकत्व में बदलने का लाभ माओवादियों को मिलता रहा। शनिवार को *सीएनएन आईबीएन* पर खबर रही : माओवादी नेता कोटेश्वर राव लालगढ़ में हैं। कोटेश्वर का फोनो हो रहा था, जो साफ सुनायी पड़ रहा था। वामपन्थी सरकार 'एरोगेंट' है, 'पीपुल' नाराज है। इतना-सा सुनायी पड़ा। जब पूछा कि पुलिस एक्शन के बाद आपकी शक्ति में कमी आयी है तो जवाब था : नहीं। ये बातें नयी नहीं हैं। सरकार मनोवैज्ञानिक युद्ध कर रही है।

दिल्ली के चैनलों में *टाइम्स नाउ* लालगढ़ के पास पहले पहुँचता है। एक सिपाही जमीनी सुरंगें टो रहा है। एक सिपाही कुछ ऊबा हुआ, गर्दन लटकाये है। सड़क पर सीआरपीएफ के जवान कड़क चाल से, लेकिन ऊबे चेहरे लिए हुए आ-जा रहे हैं और पुलिस अफसर टीवी पर कुछ कह रहे हैं कि सात किलोमीटर है अभी लालगढ़!

अगले दिन माओवादी संगठन के ऊपर केन्द्र के प्रतिबन्ध पर चर्चाएँ हैं। मनीष तिवारी मार्क्सवादियों को लेकर बेरहम टिप्पणी करते हैं। नीलोतपल अपनी लाइन का बचाव करते हैं। चलता रहता है।

खबर मंगलवार की बनती है। यह भी *टाइम्स* पर है। माओवादियों के प्रवक्ता गौर चक्रवर्ती पकड़े गये हैं। अर्णव दो टूक सवाल (डायरेक्ट क्वेश्चन) करते हैं : ये हथियार आपको कहाँ से मिलते हैं? गौर : पुलिस से।

अर्णव : नहीं। ये यहाँ की पुलिस के पास नहीं होते। एके सैंतालीस आदि नहीं होते। क्या आपको चीन से मिलते हैं?

गौर बहुत टूटी-फूटी हिन्दी में बोलते जाते हैं। खबर का अन्त चैनल से ही उनकी गिरफ्तारी से होता है।

माओवादियों को जम के कवरेज मिल रहा है। 'अण्डरग्राउंड' भी 'टीवी ग्राउंड' में चेहरे दिखाकर पोलिटिक्स कर रहे हैं।

यूपी की खबर देखकर लगता है समस्या लड़कियों के ड्रेस कोड की उतनी नहीं, जितनी कि 'यूपी के ड्रेस कोड' की है। हर साल एक बार यूपी ड्रेस कोड से भिड़ जाता है। वहाँ का प्रिंसिपल एसोसिएशन लड़कियों के पहनावे 'जींस टॉप्स' से परेशान है। एक प्रिंसिपलनुमा महिला कहती है कि ऐसा जरूरी है, ताकि पढ़ाई का माहौल बना रहे।

दो दिन तक न्यूज का तोड़ जब नहीं आया तो तीसरे दिन खबर दो तरह से निपटी :

वायस ऑफ इंडिया ने बताया कि प्रिंसिपलों के तालिबानी फैसले पर 'यूपी सरकार सख्त'! शिक्षा सचिव के हवाले से बताया कि यूपी सरकार का कोई ड्रेस कोड नहीं है। अगर कोई कॉलेज अपना कोड लागू करेगा तो सरकार सख्त कार्रवाई करेगी।

एनडीटीवी इंडिया की ड्रेस कोड वाली कहानी में बलाघात कुछ इस तरह रहा : पीछे हटी सरकार! लगा कि सरकार ने ही ड्रेसकोड का फैसला किया था और वापस ले लिया है।

यूपी शिक्षा सचिव के हवाले से *वॉयस ऑफ इण्डिया* तो कुछ और ही कह रहा था भाई?

28 जून, 2009

जनम-जनम के फेरे

बहुत पुरानी फिल्म रही 'जनम जनम के फेरे'। गाना आया करता था–'ये हैं जनम-जनम के फेरे इनसे ना कोई बचे रे'। ब्लैक एंड व्हाइट पर पाप-पुण्य की कहानी होती थी। पाप से बचने का सन्देश होता था। अब 'जनम-जनम के फेरे' जैसा 'राज पिछले जन्म का' नाम से रीयलिटी शो आ रहा है छोटे परदे के एक चैनल पर। पुरानी फिल्म में पाप-पुण्य की कहानी थी। इसमें आपबीते की कहानी है और आत्मा को साभिनय खुद कहनी पड़ती है। पिछला जन्म टुकड़े-टुकड़े आता है। सवाल-जवाब में आता है। इतना धीरे-धीरे आता है कि आप बोर होकर चैनल पलट सकते हैं।

आप चाहें तो इसी समय में *कलर्स* में आने वाला सुपरहिट बिग बॉस रीयलिटी शो देख सकते हैं जिसमें और कुछ नहीं है तो हरी मिर्च खाने का कम्पटीशन मजेदार नजर आता है। बख्तियार पच्चीस हरी मिर्च खा जाता है।

लेकिन इमेजिन के आत्मा आह्वान के खेल से यह भी बेहतर लगता है।

लगता है इमेजिन की आत्मा पिछले जन्म में लौटकर कुछ ज्यादा ही इमेजिनेशनवादी हो गयी है। नये कार्यक्रमों के आइडिया इमेजिन करते रहने वाले ही ऐसा इमेजिन कर सकते हैं कि आपको घर बिठाये-बिठाये किसी के पिछले जन्म की कहानी उसी की जुबानी कहलवायें।

इसीलिए पिछला जन्म एक रीयलिटी नहीं बल्कि पूरम्पूर शो की तरह पेश किया जा रहा है। रेनेसाँ या पुनर्जागरण अब पुनर्जन्म बन चला है। किस बुड़बक का कहना था कि जन्म जन्मान्तरवाद में विश्वास करना अन्धविश्वास है और इससे समाज पिछड़ता है। अरे, यह तो नयी सदी के, नये चैनल के, नये मनोरंजन का नया धन्धा है। लीला है।

यह कार्यक्रम मानकर चलता है कि सबका पुनर्जन्म होता है। यानी पिछला, पिछले से भी पिछला जन्म होता है और यह भी गारण्टी देता है कि हर पिछला जन्म प्रायः मनुष्य योनि में ही होता है। कुत्ते-बिल्ली की योनि में भूलकर भी जीव नहीं जाता। सिर्फ लिंग बदलता रहता है। आत्मा अमर है और शरीर क्षयवान है। लेकिन यहाँ आत्मा भी दुख-दर्द महसूस करती है। आत्मा की याददाश्त किसी रेफरेंस

लाइब्रेरी-जैसी है। *रामसे ब्रदर्स* की कम्पनी ध्यान से देखे कि आत्माएँ लेटी रहकर मरी आत्माओं में प्रवेश कर लेती हैं और सारे सीन हू-ब-हू याद करने लगती हैं। मर कर भी शरीर से निकली आत्मा अखबार बाँचती है। दुर्घटना को याद करती है और दुर्घटना के सवालों का जवाब देती रहती है।

एनडीटीवी इमेजिन की बलिहारी जाएँ कि उसने जन्म-जन्मान्तर के विचार का पुनराविष्कार कर डाला है। अजब जन्म की गजब कहानी लगती है। प्रामाणिकता के लिए एक मनोविज्ञ डॉक्टर हैं और उनके सामने एक पात्र जो अपने पिछले जन्म में जीने को उत्सुक होता है। संग में उसके घर वाले उसे पिछले जन्म में जाता देखने को उत्सुक होकर स्टूडियो में बैठते हैं।

स्वाति को हवाई यात्रा में दुर्घटना से डर लगता है। रवि किशन पूछते हैं : आप पूर्व जन्म की यात्रा के लिए तैयार हैं। स्वाति तैयार है। रवि किशन कहते हैं—मेरा हिन्दुस्तान तैयार है। इसे दर्शक निर्माण की सतही तरकीब ही कहा जा सकता है। लेटी हुई स्वाति को डॉक्टर सजेस्टिव आदेश देती है : विश्वास और श्रद्धा के साथ पूर्व जन्म की यात्रा पर चलो। गहरी अवस्था में चली जाओ। शरीर में जो हलन-चलन हो रही थी, वह कम हो जाएगी। यह परेशानी काफी सालों से है। चेतना को उस दुर्घटना की ओर ले चलो। इसके बाद सवाल-जवाब होते हैं :

मैं मर्द हूँ, आयम ए मैन... क्या पहना है? सफेद यूनिफॉर्म में शर्ट पर क्या है? बिल्लो? कहाँ पर खड़ी हो? डॉक्टर महोदया भूल गयीं कि मरीज पिछले जन्म में मर्द था और वे उसकी आत्मा को बुला चुकी हैं और उसी से बात कर रही हैं। आश्चर्य कि वे ही आत्मा का लिंग भूल गयीं! ऐसे कैसे काम चलेगा मैडमजी! कन्फ्यूजन फैलता हैगा!

सॉरी कुछ बाद में आत्मा 'मिस्टर सिंह' पुकारी गयी। बोर्डिंग पास नम्बर? सीट नम्बर? क्या देख रही हो? धुआँ... एक्सीडेण्ट सब टूट गये हैं। मर गये हैं। कैमरा किसी फिल्म से उठाकर यान दुर्घटना के फुटेज लगाता है। आत्मा उसी को अपना जहाज समझती है। बर्फ में पड़े शरीर को अपना शरीर समझती है। डॉक्टर कहती है : तुम्हें अपना शरीर देखना है। उसके पास जाना है। वह शरीर चीजों के बीच में है। क्या हालत है शरीर की। ये क्या चीज है? घड़ी। कितना समय है... उसके चेहरे को देखो। आँखें बन्द हैं उसकी... अचानक तुम्हारी मौत हुई।

—कोई ऐसा शख्स था जो बहुत प्रसिद्ध था यात्रा में?

—होमी जहाँगीर भाभा थे...। मिस्टर सिंह की आत्मा बोली। आखिरी सवाल क्लाइमेक्स वाला था—'अपनी आत्मा को देखो। कैसी है आत्मा? ग्लो करती है आत्मा... शाइन करती है।' आत्मा ने कहा।

क्या रूप है आत्मा का? जैसे कोई ट्रान्सपेरेण्ट चीज हो... तुम उस मौत की पीड़ा से बाहर आ चुकी हो। आओ, धीरे धीरे आओ... तीन-दो-एक। अब आत्मा इस शरीर में घर बना चुकी होगी।

आत्मा का तमाशा खत्म। यारो, अगर यही आत्मा है तो बड़ी बोर है। पिछला जन्म तो और भी बोर है। फोबिया, पाप, इलाज, नाटक है। यह बोर और बोर!

13 दिसम्बर, 2009

खबरों में विज्ञापन

एक चैनल ने हुलसकर बताया कि राहुल जी ने बच्चों से क्या कहा? फिर बच्चों ने उस चैनल को और उस चैनल ने दर्शकों को बताया कि राहुल जी ने क्या कहा? फिर राहुल जी ने चैनल को सुनाते हुए बताया कि क्या कहा? फिर बच्चों ने बताया कि चैनल के गनमाइक में क्या कहा? फिर एंकर ने बताया कि क्या कहा?

स्कूली बच्चे संसद की कार्यवाही देखने आये थे। जब वे बाहर निकले तो उन्हें मुँहमाँगी मुराद मिल गयी। संसद के बाहर राहुल जी मिल गये। उन्हें देख बच्चे बहुत खुश हुए। राहुल भी बच्चों को देख बहुत खुश हुए। दोनों का इस तरह खुश होना दिखाया गया। राहुल कितने खुश हुए और बच्चे कितने? इसे भी बताया जाता तो खुशी की माइक्रोकल्चर का परिचय मिल जाता।

राहुल जी ने बच्चों से क्या कहा, यह सीधा सुनायी नहीं पड़ा। बच्चों ने ही बताया कि क्या कहा। बच्चों ने बताया कि राहुल जी ने उनसे कहा कि संसद ज्वाइन करोगे? पार्लियामेण्ट में आओगे? एक बच्चे ने कहा कि भोत अच्छा लगा, मैं राजनीति में आऊँगा। दूसरे ने कहा कि आऊँगा, तीसरी लड़की रही, उसने कहा कि उन्होंने क्या बोला कुछ साफ समझ में नहीं आया। राहुल जी के आजूबाजू पीछे खड़े सूट वालों ने भी बच्चों को उत्साहित किया। वे उनके सुरक्षा वाले थे या क्या पता नहीं।

चैनल ने राहुल को रोक कर बस नहीं पूछा तो यह कि आपको बच्चों से मिलकर कैसा लगा? चैनल ने राहुल के भविष्य की राजनीति की जय बोलते हुए कहा—राहुल देश के भावी नेता हैं और बच्चे देश के भविष्य! मिला भविष्य से भविष्य!

देखा इस हिन्दी चैनल का कमाल! अन्य चैनल आज की खबर देते हैं। यह चैनल कल की खबर भी बनाना जानता है।

एक दिन एड्स का! एफएम रेडियो चैनलों पर एड्स दिवस का मनाना टीवी के मनाने से एकदम अलग रहा। एफएमों पर थोड़ी चुहल रही। बहुत जल्द वहाँ सुरक्षित यौन सम्बन्ध और कण्डोम—कण्डोम होने लगा। वह शायद नाइंटी टू प्वाइंट सेवन वाला एफएम ही रहा जिसमें यह चुहल ज्यादा सुनायी पड़ी।

बैरी पिया वाला घर कैसा है कि उसमें एक बालवधू टाइप की लड़की के पिता को उसके शायद देवर ने लगभग मार डाला है। उसकी नाक पर ऑक्सीजन का मास्क लगा है लेकिन मास्क आदि को देखने वाली कोई नर्स नहीं है। वह बेहोश पड़ा है और देवर आता है जो बेहद क्रोध में देर तक आँखें जलाता रहता है। बालवधू उसका गला पकड़ लेती है और कहती है कि वह उसे कभी माफ नहीं करेगी। देवर कहता है—तुझे कुछ याद नहीं आएगा, अगर आया तो तेरी खैर नहीं। उसके बाद दरवाजा खुलता है और कट हो जाता है। नीचे रेंगती पट्टी में सीरियल के बारे में व्याख्या-व्यवस्था आती है कि यह सीरियल औरतों पर होने वाले अत्याचारों को दिखाकर जागरुकता फैलाता है! पहले जमकर ऐसे स्लोमोशन सीन बनाओ जिनमें औरतों पर तरह-तरह के अतिचार दिखाये जायें, फिर कह दो कि यह जागरुकता फैलाना है। बैरी पिया की कहानी में ज्यादातर अतिचार के सीन हैं। कोई यह भी तो कह सकता है कि यह अत्याचार को स्लो मोशन में देकर उन्हें 'जमाने' का काम किया जाता है।

एनडीटीवी पर प्रमुख समय में उस दिन की चर्चित खबर पर चर्चा चली। बात महाराष्ट्र के मुख्यमन्त्री के पक्ष में एक अखबार में चले उस 'अभियान' पर थी जिसमें अखबार ने चुनावों के दौरान 'विज्ञापन' को 'खबर' की तरह छापा था। बहस के लिए देश के नामी पत्रकार मौजूद थे। कुलदीप नैयर से लेकर एन राम तक। उधर संजय निरूपम भी! एक लोकमत वाले थे, एक दैनिक भास्कर वाले भी!

कुलदीप से लेकर एन राम तक सबकी राय थी कि विज्ञापन को खबर की तरह छापना खबर-नवीसी का सत्यानाश करना है। जो अखबार यह करता है वह गलत काम करता है। यह जनता यानी पाठक के प्रति अपराध-सा है। यह पत्रकारिता के लिए खतरा है!

इसे रोका जाना चाहिए। माना कि पत्रकारिता और राजनीति का सम्बन्ध है तो भी ऐसा करना क्या ठीक है?

सचमुच ठीक नहीं! खबर, खबर रहे, विज्ञापन, विज्ञापन रहे। सबसे अच्छा। लेकिन यह चर्चा अखबार तक ही क्यों सीमित रही? जरा उसे टीवी की ओर सोनिया मोड़ देतीं तो फिर देखतीं कथित 'लक्ष्मण रेखा' किस तरह बिला गयी है। खबर का किस तरह नित्य हरण-वरण-क्षरण किया जाता है?

टीवी वाले सब जानते हैं कि कौन किसे विज्ञापित ही नहीं करता है, उसकी मार्केटिंग करता है। उसकी 'पोजीशनिंग' तक करता है। खबरों में विपक्षी दलों की खबरों की पोजीशनिंग क्या है? राहुल भैया की बच्चों से भेंट की पोजीशनिंग क्या है? जब सीन में ही विज्ञापन आसन जमाये बैठे हों तो उन्हें कैसे निकालेंगे?

खबरों के चैनल में हीरो-हीरोइनों की फिल्मों के प्रोमो आखिर क्या होते हैं? क्या

वह एनडीटीवी ही नहीं था जिसने 'बंटी और बबली' फिल्म के हीरो-हीरोइनों से ही खबर पढ़वायी थी और साफ-साफ घोषित किया था कि हे दर्शक! ये बंटी बबली का प्रोमो है!

मैडम जी! खबर की लक्ष्मण रेखा बची कहाँ है?

एक दिन मेरा, एक दिन तेरा, एक दिन एड्स का, एक दिन अमिताभ का, एक दिन आजादी का, एक दिन भाईचारे का, एक दिन कर्मकांड का, एक दिन आतंक का, एक दिन पुलिस परेड का, एक दिन गरीबी का।

6 दिसम्बर, 2009

सत्रह साल पहले

फिर वही जो पहले हजार बार देखा। वही चेहरे। वही बहसें, वही तर्क-कुतर्क। आखिर में सब तर्क-कुतर्क गये तेल लेने!

'गेट लॉस्ट' क्रोधित जस्टिस लिब्रहान किसी से कहते देखे जा रहे हैं। उन्हें गुस्सा है। पूछने वाले दोबारा उनके पास नहीं जा रहे। वे 'गेट लास्ट'।

बातें टीवी की खबरों में लौट आयी हैं। लौटायी गयी हैं। सो लौटी हैं। हर खबर चैनल के वाचक कभी रेफरी, कभी हिस्सेदार बनकर प्राइम टाइम में बाबरी, लिब्रहान, कल्याण, आडवाणी, अटल के नाम ले रहे हैं। नरसिंह राव का नाम है कि आ ही नहीं रहा जुबान पर। अटल का एक दिन पहले का 'समतलीकरण' के सिद्धान्त वाला भाषण *सीएनएन-आईबीएन* और *टाइम्स नाउ* बार-बार दिखा रहे हैं। *सीएनएन-आईबीएन* पर उसे देख रविशंकर प्रसाद कह उठते हैं कि आप क्या उस कमीशन के पूरक बन रहे हैं?

राजदीप से लेकर अर्णव तक प्रोफेशनल से ज्यादा राष्ट्र के खैरख्वाह दिख रहे हैं और बोझिल मुद्रा में बोल रहे हैं। यह कुछ जँचता नहीं। झूठ-सच की इस महान मिलावट में सच को ढूँढ़ना मनोरंजक है। अरे भाई, जरा व्यंग्य-वक्रोक्तियाँ रहें तो बहसों में नकली खूनखराबा तो न हो। लेकिन वे नहीं होतीं।

चरचा में कभी-कभी लगता है जैसे बदमाश, अपराधी अब पकड़ा, अब पकड़ा। लेकिन वह या उसके पक्षधर वहीं स्टूडियो में बैठे-बैठे देखते-देखते बरी कराते हैं। इसी कौशल की छूँछ चरचा के बाद रह जाती है।

सीएनएन-आईबीएन पर राजदीप रिपोर्ट की हाईलाइट दिखाते हैं। फिर सवाल करते कराते हैं। पन्द्रह-बीस मिनट में ब्रेक। पहले टुकड़े में एक-दो प्वाइंट क्लीयर करने हैं, सो जल्दी पड़ी है। सत्रह साल की कहानी सत्रह मिनट की जुबानी बात-बात में कानी हो उठती है। क्या करें? न इधर जा सकते न उधर जा सकते हैं। बहस के तट पर जगह नहीं कि बात को बिठा सकें, सो जिज्ञासा करते हैं—

भाजपा की वाणी रविशंकर की जुबानी—अटल को छद्म उदार कहा गया है। आपका क्या कहना है?

'दुर्भाग्यपूर्ण है। कमीशन ने जाँच प्रक्रिया की आठ-बी उपधारा का सरासर उल्लंघन किया है। जिस पर आरोप है वह कमीशन के सामने नहीं गया तो भी नाम दिया है। पक्षपातपूर्ण है रिपोर्ट!'

कांग्रेस की वाणी मनीष तिवारी की जुबानी। मनीष ने सबका अज्ञान दूर किया—ये रिपोर्ट कमीशन की है, सरकार की नहीं।

राजदीप—अटल तो जानते थे सब कि क्या होने वाला है?

रवि—जब ये सब आरोपित हैं तो सरकार को एक्शन लेने से मना किसने किया?

उवाच का उपपाठ-पकड़ के दिखाओ तो! है हिम्मत?

राजदीप—क्या कांग्रेस दुविधा में है?

मनीष—एफआईआर है!

राजदीप—एक्शन टेकेन क्यों नहीं हुआ?

हमने सुना—सरकार की मरजी।

राजदीप—क्या यह सब आडवाणी के राजनीतिक करियर को रिलांच करने का अवसर है? भाजपा के कई लोग खुश हैं।

रवि ने राजदीप की बात नहीं सुनी। पूछा—राजीव गाँधी ने ताला खुलवाया। बूटा ने पूजा करायी। नरसिंह राव की सरकार थी और इल्जाम हम पर? लिब्रहान की अपनी आइडियोलॉजी काम कर रही है।

हे भक्तो इस कलिकाल में—
हरि अनन्त हरि कथा अनन्ता
कहत सुनत समुझत सब सन्ता
बहुरि कथा छह सात दिन चलई
उसके बाद खबर की मौत मरई!
सियावर रामचन्द्र की जै
पवन सुत हनुमान की जै
जो न बोलें वाई में दैं!

यही हाल *टाइम्स नाउ* का रहा—

राम कथा सुन्दर कर तारी
संशय विहग उड़ावन हारी

धन्यभाग हमारे कि वाइट हाउस का स्वागत हॉल दिखा। ओबामा के साथ मनमोहन जी लाइव लाइव, प्रसन्नवदन दिखे। सब चैनल सीधा दिखा रहे थे। उसके बाद सब कुछ बातों के हवाले हो गया। ओबामा मनमोहन को पीछे ले गये बात करने। कैमरे वाले ढेर। एक कोने में उछलते रहे!

अपने चैनल मामूली वक्त की मामूली अभिनेत्री शिल्पा शेट्टी पर इस कदर कुरबान रहे कि खबर बड़ी बनायी। इन सबमें *इंडिया टीवी* कल्चराय गया और टनाटन लाइव कवर किया।

हे शमिता, सिर्फ जूते चुराने के तुझे इक्यावन लाख मिलने थे। सवाल है क्या तूने जूते चुराये? चुराये तो कैसे चुराये? क्या कैमरों ने तुझे ऐसा करते नहीं देखा? इक्यावन लाख मिले कि नहीं। *इंडिया टीवी* की चिन्ता इक्यावन लाख की थी! हमारी भी है!

एनडीटीवी इमेजिन का एक कार्यक्रम आपके पिछले जन्म की बातों को हू-ब-हू आपके सामने जीवित कर सकता है। यकीन न हो तो शेखर सुमन से पूछा जा सकता है जो बताते रहे कि उन्होंने एक सौ छत्तीस साल पुराना अपना पुनर्जन्म देखा। यह नया रीयलिटी शो है। पास्ट लाइफ रिग्रेसन थैरेपी की तकनीक आपको पिछले जन्म के दर्शन कराती है। जिगर थाम के बैठिए—सुष्मिता सेन को भी अपना पिछला जन्म देखना है। आपको दिखाना है।

बिग बॉस की बोरियत से कहीं आगे का आइडिया है यह रीयलिटी शो! पुनर्जन्म का टीवी देखो इस जन्म में! अद्‌भुत! बुकिंग जारी है!

29 नवम्बर, 2009

पकड़म पकड़ाई

नाम साक्षी तो काम भी साक्षी वाला। ऐसी साक्षात बहादुर अक्लमन्द जासूस पत्रकार कहाँ मिल सकती हैं?

आप को कहीं और जाने की जरूरत नहीं। वह *इंडिया टीवी* पर हैं।

एक पाकिस्तानी आतंकवादी से बात करती। उसे फोनाफोनी में फँसाती हुई। उससे तरह-तरह के सवाल करती हुई और बताती हुई कि हे देशवासियो, सावधान रहना। अगर जीरो जीरो नाइन टू वाले कोड नम्बरों का कोई फोन आये तो आप कभी जवाब न देना! हाँ!

साक्षी जी खबर वाले स्टूडियो से ही बात कर रही हैं। उनके पास एक फोन है जिसकी आवाज उन्होंने खोल दी है और इस तरह उसमें होती बातें दर्शकों को सुनायी पड़ती हैं। अब सब कुछ आपके सामने हो रहा है। साक्षी जी ने जासूसी इतनी पारदर्शी बना दी है कि वह सबके सामने बेखटके की जा रही है :

पन्द्रह लाख की आपकी लॉटरी लगी है। आप अपने घर का पूरा पता दें। बैंक अकाउंट दें। पैंतालीस मिनट बाद फोन करेंगे। आवाज से शक्ल पहचानी जा सकती है। लगता है कोई छोटा दुकानदार बोल रहा हो। साक्षी जी ध्यान से सवाल सुनकर जवाब देती हैं। आदमी बातों में उर्दू के कुछ रोजमर्रा के शब्द बोलता है। तुरन्त साक्षी जी पूछती हैं : क्या आप मुस्लिम हैं? क्योंकि आप उर्दू के शब्द इस्तेमाल कर रहे हैं। वह कहता है कि यहाँ सब हिन्दी नहीं बोलते। हिन्दी, उर्दू और कई तरह की भाषा बोली जाती है।

शक बढ़ता है। जासूसी आगे बढ़ती है। वाचक कहने लगा है : हमारा शक तब और बढ़ा जब उसने साक्षी से नौ हजार नौ सौ रुपये माँगे फोन पर। इतनी रकम के डिस्काउंट कूपन दिये जाने की बात कही। फिर पाकिस्तान के तीन नम्बरों पर फोन करने को कहा।

साक्षी जी ने 'पाकिस्तान में बैठे' शख्स से सवाल किया। लेकिन वह जवाब न दे सका। इस तरह साक्षी जी ने झूठ पकड़े।

इंडिया टीवी का इस देश से सवाल था : बताइए करोड़ों लोगों के फोन नम्बर और मोबाइल डाटा कैसे पहुँच गया पाकिस्तान में? बताइए? बताइए?

देश हित में साक्षी जी ने बताया कि आप इन नम्बरों से आये मिसकॉल का जवाब न दें वरना आपके सारे राज उगलवा लिए जाते हैं। यह शख्स कई लोगों को फोन कर चुका है। कइयों से ऐसी शिकायतें मिली हैं।

आखिर साक्षी जी ने उसके तीन बड़े झूठ पकड़े।

पहला झूठ—आखिर साक्षी ने उससे पता पूछा। उसने जो बताया उसकी तफ्तीश *इंडिया टीवी* की टीम ने की। वह पता गलत निकला। 'हमारा शक और बढ़ा।'

झूठ नम्बर दो—उससे टाइम पूछा तो उसने आधे घंटे के गैप वाला बताया। जान लीजिए कि पाकिस्तान का टाइम हमसे आधे घंटे पीछे रहता है।

झूठ नम्बर तीन—जिस तरह से वह शख्स बात करता है, वह किसी कम्पनी के सीईओ का तरीका नहीं हो सकता।

इस तरह साक्षी ने साफ-साफ एक पाकिस्तानी एजेण्ट धर ही लिया, समझिए।

कहाँ है आपकी पुलिस, रॉ, सीआईडी? इतने प्रमाण दे दिये। देश को सावधान कर दिया और उसे 'पकड़' ही लिया! जो 'पकड़म पकड़ाई' *इंडिया टीवी* ने खुलकर की, वैसी किसी और चैनल के बस की नहीं। जब भी देश पर बात आती दिखे आप इंडिया टीवी देखें। और एकदम दो टूक सवाल सुनने-देखने का मजा लेना हो तो *टाइम्स नाउ* देखना चाहिए। अर्णव किसी को कोई छूट नहीं देते। करन थापर डेविल्स एडवोकेट बने रहे। खबरों के खतरों के खिलाड़ी अर्णव ही हैं।

अपने चैनल किसी खबर का मूल्यांकन 'दोस्त खबर' या 'दुश्मन खबर' की तरह करते हैं। इसीलिए या तो 'दोस्त की खबर' दी जाती है या 'दुश्मन की खबर' ली जाती है। वक्त जरूरत सारी सूचनाएँ बीनकर, केस बनाकर सुलझाने का काम भी होता है।

हेडली के चक्कर में जब से राहुल भट्ट का नाम आया तो लगा बात तटस्थता से चलेगी। लेकिन इन दिनों 'हेडली के बारे में राहुल के खुद खबर देने को' उसकी 'मासूमियत' का प्रमाण-सा मानकर पेश किया जा रहा है। *सीएनएन आईबीएन* पर एक अफसर ने इसे इसी तरह से रखा। इतनी भी जल्दी क्या भई? उन्होंने कहा—'राहुल को गवाह की तरह लिया जा सकता है।'

उधर सचिन पर हमला हुआ, इधर जवाबी कार्रवाई शुरू। हर चैनल आगे—आगे। *टाइम्स नाउ* ताव-सा खाता दिखा। यहाँ कई बार मोदी ने सचिन को शॉल पहनाया। अभिषेक सिंघवी से लेकर अरुण जेतली, वृन्दा करात तक, सब सचिन के पक्ष में लाइन हाजिर। ऐसे में *एनडीटीवी* वालों ने शेखर सुमन को पता नहीं किस तुक से लिया। वे ऐसे नखरू कि सचिन और सेना के बीच 'किन्तु-परन्तु' से ही निपटते रहे।

चैनलों को नॉस्टेल्जिया मारे डाल रहा है। एक चैनल ने बहुत पुराना मीना कपूर का सदाबहार गाना सुनवाया–

कुछ और जमाना कहता है कुछ और जिद मेरे दिल की
मैं बात जमाने की मानूँ या बात करूँ अपने दिल की

सुनकर तबीयत खुश हो गयी।

उधर *टाइम्स नाउ* ने हिन्दी के पहले बढ़िया सिटकॉम 'यह जो है जिन्दगी' पर एक पूरा फीचर दिया! गजब!

लगे रहो भैये! अपने ही बनाये इस शोर में कुछ मानी अतीत से लाते-बनाते रहो, इसी तरह!

22 नवम्बर, 2009

दम तोड़ती खबर

खबरें अपने ट्रैफिक जाम में 'टेक ओवर' कैसे करती हैं? जरा देखें :

पिछले सप्ताह कई खबरों ने दम तोड़ा। कुछ हाँफती रहीं। कुछ थककर बैठ गयीं। कुछ गायब हो गयीं।

ऑस्ट्रेलियाई नस्ली हिंसा की खबरों ने दम तोड़ दिया। अब वे नयी नहीं रहीं। 'एक और भारतीय पर हमला' अब रिकार्ड के लिए हो चला लगता है।

स्वाइन फ्लू की खबरें फ्लू के फैलने की रिकार्डिंग ज्यादा बनती जा रही हैं। ग्लोब में कब, कहाँ कितने मरीज हुए? पहले फ्लू ने कितने मारे? पिछले दशक में कितने मरे, आदि के ग्राफिक, फेहरिस्त देने लगे हैं।

सामान्य हार्ड राजनीतिक खबरों से ऊपर हैं सॉफ्ट या नरम खबरें और नरम से ऊपर आती हैं गरम खबरें। कभी-कभी खबर पहले दिन खूब सनसनी वाली गरमागरम रहती है। फिर कम गरम फिर नरम, फिर भाप बन जाती है।

गरमागरम खबर बनाने का नमूना इसी सप्ताह बना। पीएम की जरदारी से मुलाकात हो गयी। अंग्रेजी के सारे खबर चैनल आल्हा गाने लगे। *टाइम्स नाउ* ने बडे लड़ैया के भाव से बताया कि पीएम ने छूटते ही कहा कि जब तक पाकिस्तान. ..

इसके ठीक बगल की कहानी छब्बीस ग्यारह की प्रधान कमेटी की रिपोर्ट रही जिसमें बहस-सी करा डाली अंग्रेजी के सब चैनलों ने कि अधूरी क्यों दी गयी? पाटिल की जवाबदेही भी दे दी गयी। सब के पास एक जैसा टाइटिल रहा : छब्बीस ग्यारह पर राजनीति, मानो कोई छब्बीस ग्यारह पर राजनीति नहीं हो सकती।

यह खबर को उकसाने का अपना तरीका है। इससे खबर को कोण मिलता है। खबर इससे या उस पक्ष से लिपट जाती है।

लेकिन जबसे शाइनी आहूजा की रेप की खबर फूटी है चैनल 'नरम ते गरम' खबर का मजा 'लेने-देने' लगे हैं। दो दिन से बज रही है और हार्ड न्यूज को पछाड़कर जगह बना रही है। टाइटिलिंग का मजा लें :

इंडिया न्यूज ने कहा : बुरे फँसे शाइनी!

आईबीएन सेवन ने लगाया : शाइनी का पाप!

एनडीटीवी इंडिया ने कहा : शिकंजे में शाइनी। शाइनी का रजामन्दी से सेक्स करने की बात जिसे 'कबूलनामा' कहा गया उसे 'बयान' कहा जा सकता था। कबूलनामा, हलफनामा तकनीकी पदावली है।

इस खबर से बॉलीवुड को जगा डाला गया। बॉलीवुड के महेश भट्ट और मुकेश भट्ट मैदान में मौजूद थे। *लाइव इंडिया* ने पहले महेश से बात की। वे बोले : हमने नहीं सोचा था कि कोई अपना ऐसे घिनौने आरोप का शिकार बनेगा...। क्या ऐसा सोचना आपका कर्तव्य था? अगर ऐसा सोचते तो क्या करते? क्या आप उसके अभिभावक थे?

लेकिन सेक्सी खबर है। हिट ते हॉट है जिसके संग बलात्कार का मामला बना है, उसका चेहरा धुँधला किया गया है। इतनी गनीमत है। खबर गरम है।

मुकेश भट्ट अधिक बोलना चाहते थे। बोले भी : उसने ऐसा इंडीकेट नहीं किया था कि ऐसी खौफनाक हरकत करेगा। लेकिन अगर की है तो मैं उसे अपनी फिल्म में काम...। इंडीकेट करता क्या? आपको बता के करता क्या?

इसके आगे वाचिका एक्शन में आ गयी। यानी इस तरह नैतिक व्यवस्था-सी देने लगी :

बॉलीवुड में क्या चल रहा है?

बॉलीवुड पर भी धब्बा लगा है। क्या इस बुरी तरह अपराध करता दिखायी दिया कोई?

रिपोर्टर ने कहा : देखिए बॉलीवुड में ऐसे किस्से आते रहते हैं। लेकिन इस कदर घिनौना काम पहली बार किसी ने किया है। किसी बॉलीवुड के अभिनेता को इस तरह के घिनौने काम के लिए अरेस्ट किया गया है।

इंडिया न्यूज ने कहा : शॉक में है बॉलीवुड! क्या वाकई? या 'शौक' को गलती से 'शॉक' लिख दिया गया है?

भाजपा के अन्तरकलह की खबरें हार्ड खबर के कलहवादी मजे का हिस्सा हैं। भाजपा नहीं उसका अन्तरकलह सेल पर है। भाजपा ही नित्य बना रही है। शाइनी की खबर से यही खबर टक्कर लेती नजर आती है।

यह आचार्य गिरिराज किशोर से बातचीत से लेकर उमा भारती तक की हाजिरी है : चैनल अन्तरकलह की वजह खोद निकालने के चक्कर में है।

एनडीटीवी पूरी गम्भीरता से भाजपा के कलह-क्लेश का विश्लेषण कर रहा है : यह 'द वार विदिन' है।

राजनाथ का टुकड़ा : बाहर चरचा क्यों? मुझे कोई पत्र/यशवन्त का/ नहीं मिला है।

अगली लाइन : यशवन्त ने अरुण जेतली की नियुक्ति को चुनौती दी। सबसे

आला स्वप्नदास गुप्ता। हृदय से भाजपा के कल तक अनालोचनात्मक तेवर रखने और सोलह के बाद पत्रकारीय विवेक से आत्मालोचना की ओर धावित।

एक दिन कहने लगे : यह/यशवन्त का पत्र/आइडियोलॉजिकल अटैक है। फ्यूचर की लड़ाई है। आडवाणी के बाद कौन कमान सँभालेगा? आडवाणी युग गया। अटल युग पहले गया।

लाइन पर विनोद मेहता जी : स्वप्न ठीक बोल रहे हैं। ये स्वप्न वही हैं जो वरुण गाँधी के कठोर बयान पर हमदर्दी से बोले थे।

स्वप्न : मैं नहीं हूँ हमदर्द! हमें पोस्टमार्टम करना होगा। क्या करना है? सोचना होगा।

आईबीएन सेवन ने यशवन्त की चिट्ठी बाँचना शुरू की।

वायस ऑफ इंडिया ने कमल में कलह की खबर दी। *जी न्यूज* ने कहा : भाजपा में घमासान!

तीन दिन तक रहनी है, फिर उतर जानी है गरमी खबर की।

स्टार ने समझा धोनी अबकी 'हारे' हैं। जनता से माफी माँग रहे हैं। क्यों न पक्का पता कर लिया जाए कि जनता ने माफ किया कि नहीं। *स्टार* ने आवाज़ लगायी : जनता–जनता जरा बता तो कि माफ किया जाए या छोड़ दिया जाए? और तुरन्त तिहत्तर फीसद एसएमएस जनता ने कहा : नहीं हरगिज नहीं!

कर दिया न फैसला। न गवाह, न हलफनामा, न विटनेस, न नजीर, न तारीख। तुरन्त-तुरन्त फैसला कर दिया। इसे कहते हैं : चैनल न्याय!

मियाऊँ एफएम रेडियो बड़ा चटपटा है : यहाँ की रेडियो मियाऊँ छाप बिल्लियाँ बहुत खुलेपन से तड़का देकर बात करती हैं। एकदम बिन्दास तरीका रहता है। एक सुबह एक बिल्ली जी ने श्रोताओं को अपने गो पैकेज में यों अटकाया : *लज्जा* फिल्म का सेक्सी गाना याद है ना! मैं अभी थोड़ी देर में सुनाने जा रही हूँ। आपको उसकी धुन याद है न! 'नाना नाना नाना नाना।' बिल्ली जी गुनगुनाती हैं। फिर दूसरा कोई गाना देती हैं। 'लज्जा' का गाना एक पहेली है। सुनने वाले को बताना है। तब तक आप एक और गीत सुनिए। जब तक लज्जा का वह गाना आता है, तब तक बिल्ली मैडम दो-तीन गाने दे चुकी होती हैं। इसे कहते हैं : श्रोता को गाने से लटकाने की कला।

21 जून, 2009

गाली पे ताली

सेक्सिक्ट दुनिया और कमाई ढेर सारी। गजब का फारमूला है कमाई का। हीरो होंडा मोटर साइकिल की स्पीड से भी ज्यादा तेजी से विज्ञापन टूट के पड़ते हैं। विज्ञापनों से निकलकर अब सेक्सिज्म रीयलिटी शोज में आ गया है।

एमटीवी, लफंगई, लम्पटई और लपकेबाजी के दौर में आ गया है। यहाँ नाच गानों का जमाना विदा कर दिया है। अब मनोरंजन के नये तरीके दिये जाते हैं जो रीयलिटी शोज की तरह साक्षात सेक्सी एक्शन का अहसास देते हैं। सब किसी न किसी भी प्रकार के ऊटपटाँग कम्पटीशन में डाले जाते हैं। उसमें इनाम जीतने के लिए वे कुछ भी कर सकते हैं। इनमें युवा लड़के-लड़कियाँ होते हैं। वही पब्लिक स्कूलिया अंग्रेजी-रंगरेजी वाले जो अंग्रेजी में भी अभद्र भाषा का उपयोग करते हैं और हिन्दी में भी। आपस में अश्लील और अभद्र भाषा में बातचीत होती है।

एमटीवी का सुपरहिट एक रीयलिटी शो आता है नाम है 'स्पिल्ट विला'। प्रकारान्तर से 'वाइफ स्वैपिंग' वालों की दुनिया है जिसमें सब जोड़े के साथ कुछ सिंगल भी होते हैं। खेल जोड़ों और सिंगल्स की अदला-बदली का है। खुल्ला है। अदला-बदली को 'चयन' कहा जाता है।

प्रस्तोता कहता है आज इतने हॉट जोड़े हैं आपके सामने, आप इतने सिंगल हॉट हैं तो अब हॉट सिंगल हॉट जोड़ों से अपने-अपने लिए एक-एक हॉट लड़की चुनेंगे। सामने हॉट के नाम पर पाँच-छह युवा जोड़े बैठे हैं। ड्रेस जींस टीशर्ट वाली कमतर वाली, सामने से वक्षों का प्रदर्शन-सा करने वाली, इसमें अपने लिए एक़ हॉट चुन लो भैया! एमटीवी दर्शक को कहता लगता है। यही जीवन शैली है।

बैठे पाँच हॉट जोड़ों के सामने पाँच युवा 'सिंगल' खड़े हैं उनके नामों के आगे सिंगल लिखा आता है यानी उनके सिंगल होने पर जोर है। यही उनकी योग्यता है इस खेल के लिए।

हर सिंगल उन हॉट डबल में से एक-एक सिंगल चुनता है, यानी डबलों के बीच से लड़कियों को चुनता है और अब सामने पाँच हॉट लड़कियाँ रह जाती हैं। निखिल चिनप्पा एक से कहता है, अब आपको अपनी चुनी हुई हॉट लड़की के साथ रहना

है। एक लड़का शैतानी-सी करता बोलता है—अच्छा सिंगल के साथ मिंगिल करना है; उसका मिंगिल पर जरा ज्यादा ही जोर है। जिसे देख मजाक में ही निखिल कहता है—नहीं-नहीं, आपको मिंगिल नहीं करना है, बस साथ-साथ रहना है।

यह है 'लिव इन रिलेशंस' बनाने की उसी तरह जीने की पब्लिक ट्रेनिंग। कितनी बड़ी जनसेवा हो रही है यहाँ!

एमटीवी का ही दूसरा रीयलिटी शो है 'रोडीज' यह पहले से ज्यादा आवारा है। इसमें शामिल सब अधिक बेधड़क और बोल्ड हैं। मोटर साइकिलें यहाँ खेल का एक हिस्सा हैं। उन पर लड़के-लड़की बैठे रहते हैं, दौड़ते-दौड़ाते रहते हैं। कुछ एडवेंचर है, जिसमें इनाम है। मसलन जो ऊपर रस्सी पर चढ़कर जाएगा और लौटकर ताला खोजेगा वह नम्बर वन आएगा, उसके नम्बर मिलेंगे, इनाम तो मिलेगा ही।

लड़के-लड़की एक-दूसरे की 'माँ बहन की' की जिस तरह से बात-बात पर करते रहते हैं, वह देखते-सुनते ही बनता है। एक मोटी लड़की चढ़ नहीं पाती, बीच में लटक जाती है। कोई मदद नहीं, कोई रहम नहीं। गिर जाए तो कोई गम नहीं। शायद! अकेले एडवेंचर करना है। खिसियाना है, लड़ना-झगड़ना है, गालियाँ देनी हैं, क्योंकि उनके बिना गाली के उनका व्यक्तित्व निखरता नहीं। टीआरपी नहीं बनती।

इसके आगे के सीन वी चैनल पर हैं वो एमटीवी का स्पर्द्धी है पीछे कैसे रह जाएगा? यहाँ लड़के, लड़की आपस में जिस स्पीड से एक-दूसरे की 'माँ-बहन की' करते हैं उसका हिसाब रखना भी मुश्किल है।

गाली युग में बिगबॉस भी आगे-आगे है। यद्यपि गालियों की जगह सीटी-सी बजा दी जाती है। जनहित और सेंसरहित में गालियों को सेंसरित कर दिया जाता है। यहाँ चौबीस घंटे पूरे दिन और रात एक-दो बजे तक एक बन्दा दूसरे को सिर्फ और सिर्फ मौलिक गालियों से नवाजता रहता है। रात के नौ से दस बजे तक आने वाले एक घंटे के पैकेज में जो टुकड़े दिखाये जाते हैं उनमें पचासों गालियों को सेंसरित क़रना पड़ता है। मैं भी देख लूँगा मैं, भी अब दिखा दूँगा। जब भी सीटी बजाकर जगह की भरपाई की जाती है, तभी समझ लें कि गाली दी गयी है।

'हाय बिग बॉस' गालियाँ सुनवा दें, तभी तो सच्चा रीयलिटी शो होगा! गालियों का नया शब्दकोश बन सकेगा! मंगलवार का दिन बिगबॉस में क्लाइमेक्स से पहले की फाइट का सीन था। बिन्दु के नकलीपने पर जैसे ही प्रवेश राना ने कटाक्ष किया कि बिन्दु शुरू हो गया और प्रवेश को क्या-क्या तो नहीं कह डाला—'तू छोटे कस्बे का है, छोटा है तू क्या जीतेगा?

प्रवेश भी फैल गया। फैलने से पहले खूब रोया। बिगबॉस से व्यथा कही और अपने

को छोटे शहर से, अपनी मेहनत से यहाँ तक आया आम आदमी बताया और फिर उसने गदर मचा डाला। घर का खाने का सारा सामान ब्रेड, टमाटर, चीनी, प्याज, मसाले, चावल, आटा, सब कुछ पूल के पानी में फेंक दिया और कहा कि अब तुम बुलाओ अपने अमीरों को जो तुम्हारे लिए वोट करते हैं। उनको बुलाओ और कहो कि हमें खाना दो। भूखा न मार दिया तो मेरा नाम नहीं। एकदम 'दीवार' से आगे के डायलॉग सुनायी दिये।

प्रवेश के इस एक्शन ने आम आदमी को केन्द्र में ला दिया है। फिलहाल वही हीरो है और यह जीत के लिए उसका आखिरी एक्शन है। 'आम आदमी' की चली तो वही जीतेगा!

27 दिसम्बर, 2009

पुनर्जन्म का खेल

तुम क्या देख पा रहे हो? कैसा लग रहा है?

कौन-सी शताब्दी है? पन्द्रह सौ चौदह। तुम्हें हमेशा लगता रहा है कि तुम्हारा कद छोटा क्यों है? तुम इस बोझ को ढोते रहे हो? यह व्यक्ति टीवी एक्टर है। कुछ पहले बहुत काम मिलता था। इन दिनों कम हो रहा होगा।

वह साइकोथिरेपिस्ट के सामने लेटा है। उसकी भवें क्लोजअप में खिंची हुई हैं। चेहरा कुछ तिरछा हो चला है और वह हूँ-हाँ में जवाब देता चल रहा है।

—अच्छा अब देखो क्या दिख रहा है?

वो है।

कौन है? वो फलाँ है।

अच्छा अब तुमको सब दिख गया, अब वापस आना है मेरे साथ। अच्छा अब तीन-दो एक।

अब कैसा लग रहा है?

अब अच्छा लग रहा है।

साइकोथेरेपी को जन्म जन्मान्तरवाद में बदलना मौलिकता है।

तर्कवादी लाख कहें कि पिछला जन्म नहीं होता। लेकिन इस मन्दी में अगर पिछले जन्म के किस्से बिक सकते हैं तो क्यों न बेचे जाएँ। तर्कवाद गया भाड़ में।

किसी बार पाँच हजार साल पुरानी आत्मा से मुलाकात होगी। तब तक के लिए आज्ञा दीजिए और ये देखिए अगला कार्यक्रम...

प्राइम टाइम मनोरंजन की मारामारी में *इमेजिन* ने पिछले जन्म में गोता लगाकर जिस दर्शक को लुभाना चाहा उसे अपनी ओर खींचने के लिए *कलर्स* ने **बिग बॉस** में मसाला बढ़ाना शुरू कर दिया है।

बिग बॉस पर 'पिछले जन्म के राज' की परछाई पड़ गयी है। एक दिन हर बन्दा पिछले जन्म की याद करने लगा। पूनम जी ने इस्माइल दरबार के बारे में बताया कि उनके बच्चे को पिछले जन्म का सब कुछ याद है। प्रवेश ने फरमाया कि मेरी नानी मर गयी थी। दस मिनट बाद लौटकर आ गयी। उसे यमदूत वापस कर गये।

ले जाने के बाद उन्हें लगा कि वे गलत आदमी को ले आये हैं। हाय प्रवेश राणा कितना इंटेलीजेंट है कि यमदूतों की गलती तक पकड़ ली।

लेकिन जन्म-जन्मान्तर का परम चरम सुख टीवी के *कलर्स* चैनल में चौबीस घंटे दिखते रहने का है। देखो तो अपना कामकाज रहित निरीह जीवन सबका मनोरंजन बन उठा है। तिहत्तर दिन बाद शाम को सबको यह खयाल आता है। इस जन्म और अगले जन्म का सुख सब मिल रहा है। बैठी हुई पूनम जी कह रही हैं कि इतने टाइम तक लगातार अब हममें से कौन कैमरों की नजरों में सबके लिए चौबीस घंटे रहेगा? हम लोग तो अपने समारोहों का दो-तीन घंटे का कैसेट ही बनाते थे। ये तो इतने दिन चौरासी का बन रहा है। यह सब भावी दिनों के लिए है। आगे के लोग हमें जान सकेंगे। चौरासी दिन, चौबीस घंटे, चालीस कैमरे और रिकार्डिंग रिकार्डिंग रिकार्डिंग और हर तरफ हम हम हम! क्या बात है! प्रवेश ने कहा कि अगर कोई हमारी साइकलॉजी जानना चाहे कि हम क्या हैं तो इससे सब जान सकता है। बिन्दु देश का पीछा नहीं छोड़ता। वह दाल-सब्जी खाते हुए भी कहता है देश का आदेश है! ऐसे महान दर्शकों से सब प्रार्थना करते हैं कि हमें वोट देना! महान हैं ये भिखारी!

आखिर में सबसे बड़ा भिखारी आया वोडाफोन, जो खुद को सबसे ज्यादा दिखाने पर तुला है। बिग बॉस का बिग बॉस जो है वह। उसी के जू-जू वाले विज्ञापन यहाँ सर्वाधिक बार आते हैं। एअरटेल की मजाल नहीं कि बिगबॉस में बीच में दिख जाए। पूरा कार्यक्रम ही मानो वोडाफोन का है। इसीलिए वोडाफोन करी ओके का विज्ञापन जमकर कर रहे हैं। सब अपने गानों पर नाचते हैं और उन्हें वोडाफोन करी ओके गिफ्ट में मिलता है।

कोपनहेगन पर कोप न करें। जय श्री जयराम रमेश जी की कि सर्वत्र वे ही छाये हैं। उनकी लाइन सबकी। अजब-गजब ढाती कहानी।

छोटे राज्य! बढ़िया काम! हैदराबाद कहाँ जाएगा? एक औरत ने अन्त में जरा हल्के स्वर में कहा कि हैदराबाद कहीं रहे, असल बात ये हैदराबादी बिरयानी! सारी ठाँय ठाँय के बाद एक ऐसा पल जरूर बनते रहना चाहिए, जब सब लड़ाके हल्के होकर हँसने लगे। जब बात करें तो जरा हल्का-हल्का करें। लोग हँसते हुए ही अच्छे लगते हैं। बरखा इसका पूरा खयाल रखती हैं।

सब टीवी, हनुमान का अवतार रूठकर इसलिए वापस चला गया कि इस दुनिया में सब गड़बड़ हो गयी। राम जी की दुनिया नहीं बची है। कॉमिक टच दिया गया मगर मिथक के चक्कर में मारा गया सीरियल! लापतागंज की कहानियाँ जमती हैं। लेकिन रात के दस बजे का टाइम ऐसे सीरियल के लिए ठीक नहीं। कुछ जल्दी होता तो देखने वाले ज्यादा मिलते। स्वर्गीय शरद जोशी की कलम में आज भी दमखम नजर आता है।

एक सीरियल का प्रोमो बढ़िया लगता है—आवाज बेहतर है, प्रस्तुति और भी बेहतर।

एकदम ध्यान खींचने वाली— उस पर न कविता लिखी गयी न गजल! लेकिन उसकी कहानी तो लिखी ही जा सकती है—नकुशा!

बेहतर प्रोमो की मिसाल है यह!

20 दिसम्बर, 2009

चोर खबर

इन दिनों हर 'चोर खबर' ही 'सीनाजोर खबर' है। जो बाकी खबर है वह 'कमजोर' खबर है। उससे जो बचती है वह 'शोर खबर' है। मजा यह है कि चोर खबर 'सामान्य खबर' के शिल्प में ही आती है।

खबर का मिजाज बदला है। उसका वातावरण बदला है। उसका रूप बदला है। उसकी डिजाइन बदली है। यहाँ तक कि उसका 'पाठ' बदला है। पाठक तक बदला है। अब पाठक सिर्फ पाठक नहीं है। वह श्रोता है, टीवी दर्शक़ है और अब तो खबर का हिस्सेदार भी है। उसके हित खबर से सीधे जुड़ने लगे हैं। उसकी तात्कालिकता तीखी हुई है। प्रभाव प्रक्रिया बदली है। उसका बाजार बदला है। सूचना बाजार में आकर सेल परचेज में बदली है। उसका मार्केट सीधे नकद नारायण से चलने लगा है।

तो भी खबर है और खूब असरदार है। यही उसकी महिमा है उसका महत्त्व है। खबर जितनी पैसे से पनीली हुई, खबर का महत्त्व उतना ही बढ़ा है और आज के अनन्तमुखी संचार में एक जगह पनीली बनायी जा रही खबर दूसरी जगह कड़क गाढ़ी बनायी जाती है। कहने का अर्थ यह कि खबर और समाज के सकल सम्बन्ध बदले हैं। उसके उपयोग और दुरुपयोग बदले हैं।

यह दौर 'चोर खबर' का है। कौन चोर खबर कहाँ लगी मुस्कुरा रही है, पाठक को लुभा रही है, उसके बारे में आपकी राय बना रही है, उसके कितने तरीके हैं, कोई नहीं जानता। कौन खबर किसकी पीआर कर रही है, किसको किसकी सेल कर रही है, इसे सब ज्ञानी पत्रकार जानते हैं। मगर कोई कभी भी सप्रमाण यह तय नहीं कर सकता कि यह उस फलाँ का पीआर है या उसकी सेल है।

अपने यहाँ खबर 'सन्देह के युग' में आ गयी और गजब यह है कि खबर जितनी सन्दिग्ध लगती है उतनी ही हिट नजर आती है क्योंकि हर सन्दिग्ध पर एक मरी-सी चर्चा, एक गप उसे महिमावान बना जाती है। हर खबर जो सन्दिग्ध है, जो खबर के 'सर्वमान्य मानक' पर खरी नहीं उतरती, वह भी 'खबर' बन उठती है क्योंकि वह प्रेस क्लब से लेकर सत्ता के गलियारों में सबके बीच नाचती-गाती आती है।

ऐसे समाज की अलग से कल्पना की जरूरत नहीं जिसमें सबको सबकी सच्चाई मालूम रहती है लेकिन कोई यह नहीं बता पाता है कि सच क्या है। यह समाज अपना समाज है। वह कनफुसिया कर सब कुछ बताता है। मोबाइल पर बताता है लेकिन चोर के सामने आते ही जी हुजूरी कर उठता है। सच कहने के वक्त 'राजनीतिक रूप से सही' होकर चर्चा करने लगता है। अच्छा बच्चा बन उठता है।

जब पत्रकारिता का वातावरण चौतरफा बदला हुआ हो, तब पत्रकारिता के बारे में नैतिकता की पुराने ढंग की बहसें अपने आप बेकार होती रहती हैं। ऐसे बदले हुए वातावरण में प्रेस काउंसिल चुनावों के दौरान प्रिंट मीडिया में ख़बरों की तरह छपी कंडीडेटों की अघोषित प्रचार सामग्री के बारे में विचार कर रही है कि ऐसी 'चोर खबर का क्या किया जाए जो खबर की तरह छप जाती है लेकिन जो खबर के मानक पर खरी नहीं उतरती'। इस प्रक्रिया में चुनाव आयोग के प्रतिनिधियों की एक मीटिंग बुलायी गयी। विचार का विषय था कि यह तय किया जाए कि 'पेड न्यूज' क्या है? भुगतानित खबर क्या है।

पिछले चुनावों में इस तरह की नयी खबरनबीसी सामने आयी थी जिसमें नेताओं ने खबरों को छापने के लिए पैसा दिया। कई अखबारों ने ऐसी सामग्री को 'नियमित खबर' की तरह ही छापा। अपेक्षा थी 'पेड न्यूज' को या तो बताया जाता कि यह ऐसी खबर है जिसके एवज में पैसा लिया गया है, जिसका भुगतान हुआ है और यह बाकी खबर से अलग है, खरीदी गयी है, पेमेंट हुआ है इसलिए दी जा रही है।

खबर का पैसा लिया गया यह अलग बात है, लेकिन उसे नियमित खबर की तरह चलाया जाना पाठकों के साथ छल था जो पत्रकारों ने और कुछ अखबारों ने किया। अपने ध्येय की सच्चाई छिपाना एक प्रकार का छल ही कहा जा सकता है। इससे पत्रकारिता की विश्वसनीयता सन्दिग्ध हुई है। पत्रकारिता की प्रतिष्ठा गिरी है। जो खबर स्वतन्त्र और निष्पक्ष नहीं है, वह 'खबर' नहीं कहला सकती। अधिक से अधिक वह एक विज्ञापन भर है। अखबार का विज्ञापन खबर से अलग होता है, अलग दिखता है। ऐसी पेड खबरों को अलग दिखना चाहिए।

अब खबर आयी है कि चुनाव आयोग प्रेस काउंसिल से पूछ रहा है कि 'राजनीतिक पेड न्यूज' की परिभाषा क्या है? चुनाव आयोग का मानना है कि यों तो यह मामला राजनीतिक दलों और मीडिया के बीच ही तय होना है और इस मामले में प्रेस काउंसिल का कार्यक्षेत्र व्यापक है। असल मसला खबर उद्योग में नैतिकता की बहाली का है। चोर खबर के युग में कानून चोर के साथ उतना ही कर सकता है जितना समाज की हर चोरी के मामले में करता है। चोर पकड़ा भी जाता है तो या तो छूट जाता है या उसके बाजार भाव बढ़ जाते हैं।

जो खबर-पतन जारी है उसे रोकने में जन-नैतिकता ही कोई रोक लगा सकती

है। पत्रकारिता पर नैतिकता का दबाव रहे, यह जरूरी है लेकिन पत्रकारिता उद्योग पर बिजनेस की भी 'बिजनेस ईथिक्स' कायम हो, इसे पक्का करना भी जरूरी है। अगर पत्रकारिता एक उद्योग है तो उसकी बिजनेस ईथिक्स का आह्‍वान किया जाना चाहिए। तभी चोर खबर चोर खबर की तरह दिखेगी वरना वह असल ख़बर के साथ ड्यूट करती रहेगी।

20 दिसम्बर, 2009

थप्पड़ विमर्श

पहले थप्पड़ कथा : जिस दिन थप्पड़ का सीन बना और उसकी खबर बनी, उस दिन थप्पड़ वजाहत करने वाले नहीं थे। न थप्पड़ाधिपति सांसद थे। न बैंक अधिकारी थे। कांग्रेस का सांसद था तो कांग्रेस का छवि डेमेज था।

चैनलों ने थप्पड़ाधिपति को पूरा चौबीस घंटे का समय दिया। जब दूसरे दिन थप्पड़ दिखाया गया तो कम से कम एक अंग्रेजी चैनल *सीएनएन आईबीएन* ने थप्पड़ का दलित विमर्श प्रस्तुत किया। दूसरे अंग्रेजी चैनल *टाइम्स नाउ* ने खबर का बस्ता समेटते-समेटते सिर्फ एक तकनीकी सवाल पूछा : 'सांसदों के विशेषाधिकार होते हैं तो सांसदों के लिए विशेष पेनेल्टी की व्यवस्था क्या नहीं होनी चाहिए?

भइए! ऐसा कानून बनायेगा कौन?

कितना सही! कितना उम्दा! कितना निरीह! और कितना लाचार! सवाल जब लाचार होकर आये तो उत्तर तो थप्पड़ में ही हो सकता है न!

महत्त्वपूर्ण *सीएनएन आईबीएन* का 'थप्पड़ दलित विमर्श' था। पहले *सीएनएन आईबीएन* ने थप्पड़ मारने के सीन को बार-बार रिपीट कर दिखाया। बैंक अधिकारी हड़का हुआ अलमारी के कोने में सिमटा सांसद के अर्राने से डरा हुआ दिखता था। फिर सांसद कुछ आगे आये ताकि थप्पड का एंगिल ठीक रहे। फिर दायें हाथ का थप्पड़ रसीद कर दिया थप्पड़ इतना बलाघाती था कि थप्पड़ खाने के बाद अधिकारी का सिर बायीं ओर झटका खा गया।

यही सीन बार-बार था। एक आदमी बीच-बचाव करता नजर आता था। सीन की जरूरी आवाजें खामोश थीं। मगर थप्पड़ एस्टेब्लिश हो गया था। इस सीन को खींचने वाला एक कैमरा किसका था? किसके कहने पर गया था?

इस सीन के बाद सांसद एक फ्रेम में बोलने लगे कि अधिकारी एससी-एसटी को लोन देने में भेदभाव करता था। जब उससे काम करने को कहा सांसद ने तो वह आनाकानी करने लगा और वह शराब पिये हुए था और उन्होंने हाथ उठाया भर था, थप्पड़ नहीं मारा था और कि वे अफसोस जाहिर करते हैं, इत्यादि।

तब एंकर पत्रकार ने सांसद से पूछा : सर जी, क्या आपको उस अधिकारी ने

दलित कहा था और इस कारण आपने उसे पीटा? सांसद बोले कि वे योजना लागू कराने आये थे...

दूसरे दिन थप्पड़ खबर नहीं था... सोनिया जी का इस बात पर अफसोस जताना और सांसद से नाराजी, खबर थी। सांसद बोले कि कांग्रेस की छवि डेमेज नहीं हुई है। बाद में अधिकारी सहमा-सा बोला कि मैंने कहा कि सर, यह सब काम तुरत नहीं हो सकता। टाइम लगेगा। मेरी कमीज फाड़ दी। यह 'समरथ का समाजशास्त्र' था।

चैनलों को माया जी नहीं भातीं। दो दिन पहले की माया की मूर्तिवादी खबरें इस तरह की बनीं।

हर चैनल का अपना-अपना दलित है। अपना ललित-फलित है। सांसद ने थप्पड़ मारा तो सकारण और माया ने मूर्तियाँ लगवायीं तो अकारण, अकारथ!!

छोड़िए इस सबको!

अपने यहाँ सबसे अच्छी होती है गे-गे खबरें।

गे खबरों का एजेण्डा 'एड्स कारपोरेट' तय करते लगते हैं। रुई की एक पोनी बराबर चार लाइन की खबर को इत्ती बड़ी गे-गे खबर बनाकर गाया-बजाया और चार-पाँच महानगरों में कुल दो हजार के करीब गे-गे करने वालों को ऐसे दिखाया कि कोई जनक्रान्ति कर रहे हैं, और चैनलों की गे-गे हमदर्दी इतनी रही कि बस गे-गे सीन देने से रह गये। दो दिन तक तो ऐसा लगा कि या तो यह सत्ता ही कुछ गे-गे भाव वाली है या चैनलों में भी गे-गे होता है।

ऐसी तड़कीली खबर हो तो क्या कहने!

चैनलों का 'चिरौरी कोड' एक्टिवेटेड था। इस कोड में मन्त्री को बोलने की प्यार भरी आजादी दी जाती है। पत्रकार कष्ट देने वाले सवाल नहीं। सवाल को डुबोने के लिए सवाल पूछते-पूछते वे सब शोर करने लगते हैं। प्रायः मन्त्री लोग इसका आनन्द लेते हैं, कभी-कभी प्यार से डाँट भी देते हैं।

देर से चैनल पट्टी लगा रहे थे कि तेल की कीमतें अब किसी भी समय बढ़ सकती हैं। उन्हें लग रहा था कि वे किसी फिल्म के वर्ल्ड प्रीमियर को लाइव कवर कर रहे हैं : दस-नौ-आठ-तीन-दो-एक-शून्य...

अभी-अभी जस्ट वेट। ताजी-ताजी। उतावले न होइए। कुछ पल सब्र कीजिए। लीजिए ये बढ़ गयीं। कितना अद्भुत सीन है। हाय, वे इन्हीं आँखों के सामने बढ़ी हैं!

सप्ताह की बड़ी खबर माइकेल जैक्सन की आकस्मिक मौत रही। हर चैनल पर बाहर से उठाया गया माल लगभग एक जैसा था। *सीएनएन* पर और वार्नर ब्रदर्स पर फीचर लम्बे थे। मौत के रहस्य को बताया गया। लेकिन रहस्य कथा न बन सकी।

5 जुलाई, 2009

अमेरिका जमीन पर

अपने अंग्रेजी चैनल विदेश में एक 'भारत' खोज़ते रहते हैं। उन्हें पता था कि स्लमडॉग में एक भारत मिलने वाला है।

एक चैनल पर राजीव मसन्द अपनी पसन्द, सबकी पसन्द की तर्ज पर बातें करते जाते थे। सुबह नाश्ते की जगह *सीएनएन आईबीएन* स्लमडॉग बरास्ते लॉस एंजेल्स दे रहा था। मामला लाइव लगता था। लेकिन मुम्बई से ही लाइव था। उधर अमेरिका में अभी लाइव नहीं हुआ था। राजीव मसन्द स्लमडॉग के बारे में अपनी राय बहुत पहले कह चुके थे। उनकी चलती तो आठ से ज्यादा दे चुके होते।

सिनेमेटोग्राफी की बारीक बातें वे ज्यादा जानते हैं। एक बात के लिए उनकी दाद देनी होगी कि स्लमडॉग को लेकर उनके दावे मानो ऑस्कर ज्यूरी ने माने! लगा कि राजीव मसन्द की पसन्द ही सबकी पसन्द बनी है। देखो तो अपना एक फिल्म समीक्षक जो अपनी बेबाक टिप्पणियों के लिए जाना जाता है, इस बार भी सही कहता पाया गया। राजीव के सारे दाँव स्लमडॉग पर लगे थे। *एनडीटीवी* के मयंक शेखर राजीव के जोड़ के नहीं दिखे।

सीएनएन आईबीएन पर जो रिपोर्टर सीधे अमेरिका से रिपोर्ट कर रही थी, वह भी कुछ जमी नहीं, पूरे सीन में। उसका पैकेज बहुत कुछ दुहराव वाला था। *एनडीटीवी* ने भी वहीं से लाइव दिया। *टाइम्स नाउ* ने भी दिया।

भारत की उस सुबह में सम्मान धीरे-धीरे सरक रहे थे। एक सम्मान से दूसरे सम्मान की घोषणा आने में वक्त लगता था, इसे बताने के लिए हरेक के अपने विशेषज्ञ थे।

एनडीटीवी कहता था कि वह ऑस्कर के रेड कार्पेट पर पहुँचकर बात कर रहा है। दूसरे कहते थे कि वे भी वहीं से बता रहे हैं। एक छोटी-सी स्क्रीन में ऐसी बारीकियाँ विस्तार में नजर नहीं आतीं। महान 'रेड कार्पेट' कहाँ है? और यह भी लगा कि जहाँ सब एक्शन था, अपने उत्साही कैमरे उससे जरा दूरी पर ही थे। बहरहाल *स्टार मूवीज* ज्यादा जलवागर था। उसने ज्यादा बेहतरीन कैपसूल दिये।

बीबीसी इस हल्ले से सदा की तरह उदासीन रहा। *सीएनएन* भी ऐसा ही रहा।

जिस समय हमारे अंग्रेजी चैनल लाइव-लाइव चिल्ला रहे थे, तब ये चैनल लाइव नहीं थे। इन्हें कोई भारत नहीं खोजना था। इनका भारत कभी नहीं खोया था जिसे खोजते अपनों का खोया था। वे खोजते थे।

सम्मानों को लेकर सुभाष घई, राकेश, ओमप्रकाश मेहरा और अक्षय तक नजर आये। लेकिन बड़े सितारे पता नहीं कहाँ लुक गये? आमिर जरूर दिखे, बाकी नहीं दिखे। दूसरे की तारीफ करते शायद जुबान कटती है। *टाइम्स नाउ* इंडियनों के मूड को लेकर रिपोर्टर से पूछ बैठा तो रिपोर्टर क्या करे? सीन में एक इंडियन नहीं था।

इसके बाद वही हुआ जो टीवी चैनलों में 'नच बलिए' छाप होता रहता है। ऑस्कर की भी बॉलीवुडिया हद होनी थी कि सम्मानित गाने को गवाने के लिए अधिकतम वैसे ही सीन बन सके जो कि इधर नित्य बनते रहते हैं। मंच पर सम्मान लेते वक्त एआर रहमान का दीवार फिल्म का प्रख्यात डायलॉग 'मेरे पास माँ है' बोल उठना किसी बच्चे के वात्सल्य की पुकार की तरह था। वे दो ऑस्कर लेने वाले पहले भारतीय रहे और इतने पर भी वे विह्वल नहीं थे। चित्त के इस अडिग ठहराव का कायल होना चाहिए। रहमान अपनी उपलब्धि को लेकर न छलके, न लहराये।

सबसे बेहतर अनिल कपूर और रहमान के पोज रहे। 'भारत की जय हो' बोलते हुए वे मेले में हिस्सेदार रहे। भारत की जय बोलते रहे और देव पटेल, फ्रेडा, पिण्टो रुबिया और कई छोटे बच्चे सीन में नजर आते रहे। दो छोटे बच्चे हिन्दी में झुलसते हुए बोले : अच्छे निर्मल सीन थे। *टाइम्स नाउ* पर आशा भोंसले रहीं रहमान को बधाई देतीं। लेकिन एक सबसे बड़ा नाम सामने आने से रह गया। आता, बोलता तो और बड़ा लगता। *लाइव इंडिया* ने बताया कि भारत की ब्रांड इमेज बनी है बाहर।

बांग्लादेश रायफल्स और सेना में ग्यारह घंटे लगभग जंग-सी रही और बांग्ला के दो चैनल ही कुछ फुटेज दे सके। अपने चैनल ऐसे मौके पर दूर-दूर नहीं थे जबकि वे लॉस एंजेल्स में खूब थे! अपने बाजू वाले से इतना बेगानापन क्यों है भाई?

समारोहित स्लमडॉग से ज्यादा बड़ी और काम की खबर ओबामा का वह कांग्रेसी भाषण था जो अपने अंग्रेजी चैनलों पर और *सीएनएन, बीबीसी* पर लाइव था।

टीवी वक्तृता का माध्यम है। हाँ, वक्तृता के जादू को बनाने के लिए उसे ओबामा की कोटि का बन्दा चाहिए जो जब बोले तो लगे कि पूरे आत्मविश्वास के साथ दुनियाभर से बातें कर रहा है और उससे ज्यादा दुनिया से अपने को 'कनेक्ट' कर रहा है। एक ग्लोबल संचार से सचेत ओबामा इतने सहज थे और इस कदर स्वतःस्फूर्त थे कि सुनते-देखते ही बनता था। अमेरिकी कांग्रेस की हर सीट ताली बजाती थी। उनके विरोधी मेकॉन तक ताली बजाते थे। ओबामा अमेरिका की जनता से और अमेरिका के जरिये दुनिया की जनता से दो टूक बातें कर रहे थे। गजब

की संवाद शैली है बन्दे की। और जब ओबामा ने शियोमा बेथिया नामक उस अति श्यामल बच्ची के उस पत्र के बारे में बताया जो उसके अपने स्कूल की टपकती छत और न पढ़ने लायक स्थितियों के बारे में बयान करता था और जो कहता था कि हम पढ़ना चाहते हैं। हम पढ़ाई छोड़कर भाग जाने वालों में नहीं हैं... तो सच कहें सारी कांग्रेस का मर्म छू दिया। सारे ताली बजाते खड़े हो गये। उस विह्वल बच्ची को श्रीमती ओबामा ने गले लगा लिया। ओबामा को खड़े होकर सबने सम्मान दिया, मानो कहा कि ओबामा तू हमारी छिपी शर्म किन्तु मर्म की बात बोल रहा है! बोल!!

ओबामा ने जब कहा कि अमेरिका को दसवीं पास होना है तो तालियाँ पड़ती रहीं, पड़ती रहीं। *स्टार न्यूज* ने ऐसे मार्मिक टुकड़े हिन्दी में अनुदित करके दिये। अच्छा लगा। क्या गजब की वक्तृता! सच कहने की कैसी विरल ताकत और क्या तो उसे सराहने वाले! वाह, वाह! धन्य-धन्य!! सचमुच का एक संवेदनापूर्ण प्रसन्न अमेरिकी संवाद जो सारी दुनिया को बता गया कि अमेरिका जमीन पर आ गया है।

1 मार्च, 2009

बर्बरता का पाठ

पीटने के ऐसे सीन मनोहर रहे। पीटने वाले 'भले' लगे। पिटनेवालियाँ सचमुच 'पतित' लगीं। वे पश्चिमी संस्कृति की प्रतीक जींस-टीशर्ट पहने थीं। सीन देख ऐसा ही प्रतीत हुआ।

पीटने वाले युवा उन्हें पीछे से वार कर पटक-पटककर मार रहे थे, वे जींस-टीशर्ट या शर्ट पहने थे। उनमें से एक भगवा रंग की कमीज पहने था। वह कैमरे के फोकस में आ रहा था। *टाइम्स नाउ* बार-बार दिखा रहा था।

वाचक तो कहता जा रहा था : पब में से निकालकर लड़कियों को पीटा जा रहा है। श्रीराम सेना वाले कर रहे हैं। लेकिन सीन का पाठ उलटा बन रहा था कि देखो तो 'भारतीय संस्कृति' की रक्षा ऐसे हो रही है।

एकदम निष्करुण सीन थे जो कि श्रीराम सेना की 'भारतीय संस्कृति' की रक्षा कर रहे थे। जय हो!

यह श्रीराम सेना की लीला ही थी कि उसके स्पर्श मात्र से एक लड़की गिर पड़ी थी। ऐसे गिरने से भी चोट आयी होगी। वह उठ नहीं पा रही थी। एक दूसरी लड़की भी मारकर गिरायी गयी। उसका क्या हुआ? उन पर क्या बीती? नहीं बताया जा सका। वे डरी हुई लग रही होंगी।

डरे हुए की कहानी, खबर टीवी पर अच्छी नहीं लगती। 'श... कोई है' या 'आहट' में ऐसी खबर-कहानियाँ नहीं बनतीं। 'सनसनी', 'क्राइम फाइल' में ऐसी मार-पिटाई, क्राइम नहीं होता।

समय पर श्रीराम सेना के नायक सामने आये। माथे पर तिलक। गौरवमय उठा भाल। एकदम धीर-वीर। उनकी निडरता खुद एक बयान थी। उनका आत्मविश्वास और उनके बयानों में किये को सही ठहराने का पक्कापन था। वे बयान ताकत का इजहार थे।

उनकी निडरता संचारित थी। लड़कियों का सार्वजनिक अपमान असंचारित था। अर्थ इसी तरह बन रहे थे। वे कह रहे थे : माँ-बहनों को बचाना जरूरी है। गलत तरीके के लिए माफी माँगता हूँ। उद्देश्य को हाईलाइट करे मीडिया।

हाय रे मीडिया! एक ओर 'कण्डोम कण्डोम' तोते तक से कहलवाता है। गृहिणियों तक से कहलवाता है और दूसरी ओर श्रीराम सेना को माँ-बहनों की चिन्ता सताती है, ऐसा बताता है।

बहरहाल कहानी का कुछ दिन में आखिरी टुकड़ा आता है : श्रीराम सेना के हमलावर सब छूट गये है। उन्होंने गलती मानी है। इतनी सजा काफी है।

इस देश में लड़कियों की चिन्ता इतनी ही है। मंगलवार, बुधवार से फिर खबरें हैं कि वे आगे भी करने वाले हैं। वैलेण्टाइन का विरोध दस साल से कर रहे हैं? संघ करता है, करना है।

लड़कियों की चिन्ता इतनी ही है कि वे विज्ञापन में बीमा पॉलिसी से लेकर मोबाइल तक बेचती नजर आतीं। लड़कियों की चिन्ता इतनी है कि हर चैनल चार-पाँच शैम्पुओं को लड़कियों के बालों को मजबूत करने के लिए बेचता है। दस दिन में उनके बाल मजबूत करने की बात कहता है।

लड़कियों को मजबूत करने की बात कोई विज्ञापन नहीं कहता। मजबूत बालों को लिए लड़कियाँ पिटती रहती हैं। कोई नहीं बचाने आता।

आपको कौन-सी लड़की ताकतवर लगती है?

जिसके केश लो रीयल ने बनाये हैं या पेण्टीन ने बनाये हैं या जिनकी त्वचा को लक्मे या पोंड्स ने चमक बख्शी है। इतनी सुन्दर बनायी गयी लड़कियाँ टीवी स्क्रीन से निकालकर वीरों ने सड़क पर गिरा दीं? ताकतवर लड़कियाँ प्रसन्न खबरों में देर तक बाल सँवारती रहीं। मजबूत करती रहीं।

और बिना शैम्पू के बाल ही तो थे जो फिर इटावा पुलिस ने खींचकर दिखाये। वे एक छह-सात साल की गरीब बालिका के बाल थे।

उलझे, गन्दे, गरीब बाल उस लड़की के जिसे कान समेत पकड़कर वह दरोगा बार-बार उछाल रहा था। लड़की बुरी तरह छटपटा रही थी। रो रही थी। एक अफसर पास खड़ा देख रहा था। यह इटावा था।

तब एक अँग्रेजी चैनल बहस छेड़कर बैठ गया कि औरतों के प्रति बर्बरता पर बात करनी है। पूर्व पुलिस अफसर बोलीं कि पुलिस खुद निराशा में इस तरह करती है। उसकी निराशा को ठीक कीजिए। दूसरे बड़े पत्रकार आये कि इस तरह पुलिस के किये को माफी नहीं दी जा सकती। लेकिन यह भी है कि पुलिस...

जल्द ही बर्बरता की *टाइम्स* की बहस कैमरों की महिमा बताने पर उतर आयी कि कैमरे न होते तो क्या होता? कैमरे हुए। सीन बनाये तो लोगों को मालूम तो पड़ा। एकदम ठीक।

मगर यह तो सब जानते हैं अर्णव भाई! मीडिया का काम है। इतना भी न करेगा तो क्या खायेगा?

स्टार न्यूज ने बहस करायी। किशोर अजवानी ने खबरों में बहस आयोजित की कि ये सब पब कल्चर आखिर होती क्या है? एक महिला बताती जाती थी कि यह चाय, कॉफी के, बातचीत के बिजनेस स्पेस भी होते हैं और सब कुछ वो नहीं होता जिसे लोग कल्पित करते हैं।

फिजा की विरह-व्यथा की कहानी सब चैनलों के लिए मजेदार थी। जार-जार रोती फिजा और पीछे आते वॉयस ओवर में उतनी ही मजाहिया पैरोडी मारती भाषा! हिन्दी में वाचक चुटीली, मजाहिया कमेण्ट्री मारते रहे। *आईबीएन सेवन* आगे है या *न्यूज ट्वेंटी फोर*।

...तेरे बिन जीना नहीं तू मेरा जानू है... मुहब्बत की मिस्ट्री... प्यार तूने क्या किया... बेहोश फिजा बेवफा चाँद। बेजार फिजा फना होने चली, फिजा ने मौत की चाहत में खायी नींद की गोलियाँ... बेहोशी टूटी तो याद आयी माँ... रास्ते में रोती रही उल्टियाँ करती रही... क्या पड़ी मुहब्बत में दरार...

लगा कि फिजा और चाँद की मुहब्बत को नजर लगाने वालों में चैनल भी रहे होंगे!

चाँद जाने कहाँ खो गया?

चाँदनी को ये क्या हो गया?

ढेरों फिल्मी गाने बड़े काम आये।

ह्यकस्तूरीह्न सीरियल में एक ब्लैकमेलर भोजपुरिया बोलता है। घर में रहकर बहिनी को ब्लैकमेल करता रहता है और इतना पान चबाता रहता है कि हलक तक रक्तिम दिखता है। गर्दन में काला डोरा है। आँखों में काजल है। गर्दन पर गमछा है। जब वह नाराजगी दिखाता है तो गमछे को गर्दन पर फेंककर। डरावना संगीत जिस घर में तैरता हो, वहाँ लोग रह कैसे सकते हैं री बहिन कस्तूरी?

8 जनवरी, 2009

सबसे उम्दा दिमाग

कोई आधे घंटे के बाद देश के एक सबसे बढ़िया पत्रकार ने बताया कि आप कुछ देर पहले देश के सबसे बढ़िया दिमागों-फाइनेस्ट माइंड्स को सुन रहे थे। ये थे अभिषेक मनु सिंघवी और अरुण जेतली। फिर कहा कि आप अब भी देश के सबसे बढ़िया दिमागों को देख-सुन रहे हैं। ये थे रविशंकर प्रसाद और अश्विनी कुमार। इन सबसे बढ़िया दिमागों की पहचान कराने वाले रहे विनोद मेहता जी, जो खुद भी एक बढ़िया दिमाग ही रहे होंगे और मेजबान रहे कैमरे के आगे जरा तिरछे बैठकर कैमरे की साइड में देखकर बात करने वाले *टाइम्स नाउ* के अर्णव गोस्वामी जी!

सबसे बढ़िया दिमाग सबसे बढ़िया चर्चा कर रहे थे।

क्वात्रोची पर रेड कार्नर नोटिस सीबीआई ने वापस ले लिया था क्योंकि कोई केस बनता ही नहीं था। मामला बेकार लटका था। बेकार की चीजें कबाड़े में जाती हैं न!

सबसे बढ़िया दिमागों ने इस डबल-जोड़ चर्चा में जो मोती बिखेरे वे यों पिरोये जा सकते हैं :

—कांग्रेस सीबीआई का राजनीतिक उपयोग करती है तो भाजपा भी करती रही है।

—इस चर्चा में धूल और धुआँ ज्यादा है। लाइट कम है। यह टीवी के लिए बढ़िया डिबेटिंग मसाला है। मगर जनता इस तरह की बातों की परवाह नहीं करेगी। वोटर पर इसका असर नहीं होने वाला।

—'सीबीआई स्वतन्त्र संस्था है' मूरख ही ऐसा मान सकते हैं। सही दिमाग का एक भी आदमी ऐसा नहीं मान सकता।

—भारतीय राजनीति 'करप्शन प्रूफ' बना दी गयी है।

चर्चा का निष्कर्ष निकला कि 'करप्शन में सबसे बढ़िया चीज है महान चर्चित क्वात्रोची को कोई बेकार में लटका नहीं सकता। क्वात्रोची सबका स्थायी भाव है। वोटर जानता है। उसे आपकी फिसड्डी नैतिकता की परवाह नहीं।'

'बतर्ज़ भाजपा कांग्रेस दोगाना कि 'हमने छोड़ा तो छोड़ा तुमने भी तो छोड़ा! तुम

सत्ता में थे तो तुमने क्या-क्या कर लिया क्वात्रोची का'?

इस तरह सबसे बढ़िया दिमागों ने मुहर लगायी कि भ्रष्टाचार जायज है। इन बढ़िया दिमागों में इतनी विनम्रता नहीं बची थी कि कहते कि ये बातें तो हमसे ज्यादा जनता मानती-जानती है और वही असली बढ़िया दिमाग रखती है!

बढ़िया दिमागी चर्चाओं की जान इसी में है कि वे पहले से जानी-मानी गयी बातों को एक घंटे तक इधर-उधर गूँथें, माँडें, फेंटें और स्टूडियो से बाहर निकलकर बढ़िया दिमाग एंकर से पूछें कि भई कैसी रही बातचीत? और वे कहें कि फर्स्ट क्लास जी, फर्स्ट क्लास!

चुनाव नित्य है। अपने इलाके के नेता को जानना नित्य है। आपको कैसा पीएम चाहिए? यह सवाल नित्य है।

इस नित्यवाद में खुद को विचारवान मानने वाले चैनल खबर के संग दिन के प्रमुख मसले की बातें कराते हैं। कई तो एक मुद्दे पर वोट कराते हैं और एक तो राजनीतिक आइटम के बारे में तीन-चार पत्रकारों की आखिर में राय भी पूछते हैं। फिर मीट्रिक तराजू की जगह पुराने जमाने की 'डंडी मार' वाली तराजू के दो पलड़े दिखाते हैं कि किसका पलड़ा किधर झुका है?

पलड़ा एक दिन प्रियंका की ओर झुका। सारे पत्रकार झुके। सबने माना कि प्रियंका राजनीति में हैं और वे हम सबके सिर पर एक न एक दिन बैठने की योग्यता रखती हैं! हाय!

अब सप्ताह ने तीन घटनाएँ स्कूल के बच्चों को लेकर दे दी थीं। *एनडीटीवी* के 'स्पेशल' को चर्चारत होना था। तीनों केस अलग थे। लेकिन उन्हें एक थीम दे दी गयी। किसी बात पर ताली मार बैठे लोगों को बरखा जी ने डाँटा कि ताली क्यों मारी? क्या यह कोई स्कूली डिबेट है? अरे ये तो हम सबकी बात है। जिम्मेदारी आयद होनी चाहिए। एकदम सही, मगर कौन घंटी बाँधे?

इस सप्ताह अंग्रेजी चैनल प्रियंका पर ज्यादा न्योछावर रहे। सबसे पहले *एनडीटीवी* ने उनकी मुस्कुराती हुई बातें दीं। बरखा ने शायद उनके घर पर जमीन पर बैठकर, उन्हें बिठाकर बात की। प्रियंका का चेहरा और उनकी चिर मुस्कान राजनीति में माधुर्य भाव का संक्रमण है। उनका चेहरा नेताओं की तरह किलसा नहीं होता। उनकी माँ बहुत कम मुस्कुराती हैं। राजनीति भी प्रियंका के चेहरे पर आकर मधुर हो उठती है। राहुल को दादी बहुत प्यार करती थीं। राहुल को दादी का प्यार ज्यादा मिला है। माँ पहले बोल नहीं पाती थीं, अब ठीक बोलती हैं।

सीएनएन आईबीएन ने मनमोहन सिंह के परिवार को एक साथ बैठाकर बातें करायीं। मनमोहन की पत्नी जी का चेहरा बढ़िया रहा। उनकी पुत्रियों ने भी पापा को बेहतर ढंग से बताया। मनमोहन को सादगी पसन्द है तो ये सब भी अपने

लुक-लिबास से एकदम सादे मिडिलक्लासी और सहज-सरल लगे। सरलता का अपना सौन्दर्य होता है। अच्छा रहा।

सबसे राजनीति चतुर और फिर भी सरल बातें नवीन पटनायक की रहीं जो *आईबीएन सेवन* पर रहीं। नवीन बहुत अच्छी हिन्दी बोलते हैं और कठिन सवालों पर भी दो टूक धाराप्रवाह और संगत जवाब दे सकते हैं। आशुतोष ने उन्हें खूब लपेटने की कोशिश की। लेकिन वे लपेट नहीं पाये भाजपा के सवाल पर। जियो नवीन जियो!

गजल सुननी हों तो *एफएम गोल्ड* पर सुनें और उसमें भी आप इरफान की प्रस्तुति को सुनें। इकबाल बानो को जो खिराजे-अकीदत उन्होंने पेश की, जिस भूमिका में फैज की 'हम देखेंगे' को पेश किया और 'उल्फत की नयी मंजिल को चला' वाली पुरानी गजल सुनवायी, वह काबिले-तारीफ रही।

3 मई, 2009

जूजू और चुनावी जूस

सात मई के चुनाव ने सबका जूस निकाल दिया। एकदम सीधा ताजा प्रसारण देखा कि मुलायम जी इस बात पर बिफरे हैं कि उनके गार्ड अन्दर क्यों नहीं जाने दिये गये? उधर शेखर सुमन पता नहीं किसे जताने में लगे हैं कि मैं तो यहीं का हूँ। उधर बादल कह रहे हैं कि वे पचास साल से राजनीति में हैं और वोटरों के घर तक को जानते हैं। जीतेंगे।

सब जीत रहे हैं जब कि जीतना पिचासी को ही है। राजनीतिक आशावाद कभी नहीं मरता।

सब खबर चैनल सुबह से मतदान के टुकड़े बटोरने में लगे हैं। वीवीआईपी वोटरों के इन्तजार में लोदी रोड और निर्माण भवन के आसपास जमे हैं कि महत्त्वपूर्ण नेता आयें और उन पर निछावर हो जाएँ। प्रियंका आती हैं अपने पति राबर्ट वाड्रा के साथ। कैमरे लपकते हैं प्रियंका की ओर। वे जींस में हैं। पत्रकार चकित होने लगते हैं कि देखिए, अमेठी में साड़ी में रहीं, दिल्ली में टॉप-जींस में! चाँदनी चौक में एक चैनल वोटरों से बात करता है।

चुनाव पिचासी क्षेत्रों में, आठ राज्यों में और लाखों पोलिंग स्टेशन। सब चैनल मिलकर भी सब कवर नहीं कर सकता। सो, वे आजमूदा नुस्खा अपनाते हैं। महत्त्वपूर्ण को कवर करो। बाकी समय सवाल-जवाब चर्चा करो, पूछो कि कितनी सीटें मिल रही हैं ताकि कम मिलने पर उनकी खिंचाई की जा सके।

अर्णव *टाइम्स नाउ* में 'हेलो हाउ आर यू' मार्का सवाल पूछते है। अमरिन्दर सिंह से—'हाउ आर योर चांसेज नाउ'? वे बोलते हैं कि बढ़िया चांसेज हैं! चुनाव के दिन ऐसे सीधे सवाल हों तो जवाब भी खुद ही दिये जा सकते हैं। कौन कहेगा कैमरे के आगे कि मेरी हालत खराब है?

बुधवार की रात को *एनडीटीवी* में प्रणव राय ने बैटलग्राउंड में वीर संघवी, शेखर गुप्ता और दोराब के साथ चर्चा करते बताया कि ग्यारह-बारह दल ऐसे हैं जो सोलह के बाद सत्ता या पैसे के लिए 'इधर-उधर' करेंगे। नतीजा निकला कि सोलह से चार जून के बीच होटलों में तय होगा असली चुनाव। रेट सोलह के बाद खुलेंगे, इन्तजार

करें। इस चुनाव में जब हर चैनल 'कौन बनेगा करोड़पति' की तर्ज पर 'कौन बनेगा पीएम' पूछकर एसएमएसी रेटिंग कर रहा है, तब वोडाफोन सेवा के मार्केटर जूजू राहत देते हैं। जूजू जन्तुओं की मोबाइली एसएमएस सेवा पीएम के सट्टे को भी आसान बनाती है। जूजू किलकते रहते हैं—सबसे ठीक रेटिंग जूजू लोग ही कर सकते हैं। अगर जूजू ही पीएम बन जाए तो कैसा रहे? जूजू लोगों को देख आशा बँधती है जूजू करो, पीएम बनाओ!

जूजू लघुमानव वोडाफोन की मोबाइल सर्विस लीला ठहरी और आईपीएल का मार्केटिंग अवसर कि सेट मैक्स पर आईपीएल के ट्वेंटी-ट्वेंटी के हर ओवर में या हर चौके-छक्के की जै-जै के बीच लघु-मानव जूजू दर्शन देते हैं। जूजू दुगावल मेड इन रबर लघुमानव हैं। उनका सिर उनकी औकात से बड़ा है। एकदम शिदौलेशाह के चूहे के सिर जैसा अंडाकार और अनुपात में बड़ा। जूजू लोगों की आवाज बच्चों की किलकारी जैसी है।

जूजू अपनी तरह की लीलाओं से मजेदार लगते हैं। वे नहाते हैं और एक का पानी चला जाता है। दूसरे का नहीं जाता तो वह शॉवर को अपनी ओर झुका लेता है। इसका अर्थ मोबाइल सेवा की एक खास सेवा से है। इसी तरह एक जादुई हैट में से जूजू बहुत कुछ निकालते जाते हैं। यह लम्बी सेवा का संकेत है। मार्केट क्रैश कर जाता है तो जूजू अखबार में खबर पढ़ते ही नीचे गिर जाते हैं। यह बताता है कि मार्केट के गिरने की खबर अखबार से मिलती है तो मानसिक धक्के से आप पार्क की बेंच से नीचे गिर सकते हैं। बेहतर हो आप यह खबर वोडाफोन से लें। ऐसा धक्का नहीं लगेगा।

जूजू सीरीज के विज्ञापन ही आईपीएल की उपलब्धि हैं। मैच और खिलाड़ी इन दिनों घास-पात हैं जो दमड़ी के दस सेर बिक रहे हैं। ट्वेंटी-ट्वेंटी ने खिलाड़ी की हीरोशिप गायब कर दी है। हिन्दी में कमेण्ट्री में भी गायब कर दी है। अंग्रेजी वाले छोरा-छोरी मैच के हिसाब-किताब के बारे में बताते हैं। बाकी समय जूजू देखो और मस्त रहो।

टाइम्स नाउ पर जूजू का असर हुआ है। जूजू की तर्ज पर 'राजनीतिक जूस' निकाल रहा है। चर्चा राजनीतिक मिक्सी की तरह है और हिस्सा लेने वाले नेता और प्रवक्ता सन्तरे, मौसमी, अनानास की तरह, अनार की तरह हैं। छीला, डाला, बटन दबाया और लीजिए जूस तैयार। बड़ा गिलास, छोटा, मझोला गिलास भी है। मसलन, राहुल गाँधी की प्रेस कांफ्रेंस में राहुल की बातों में बड़ा जूस नजर आया तो अर्णव ने बड़ा गिलास मोइली से राहुल को दिलवाया कि राहुल मैच्योर स्टेट्समैन बन गये हैं। पियो, लाला पियो! राहुल ने लालू को नजरअन्दाज कर नीतिश को पहले गिलास देने के लिए हाथ बढ़ाया। नीतिश ने लेने से इनकार किया। लालू जूस न दिये जाने से

नाराज दिखते। अर्णव का वश चले तो झगड़ा करवा दें। एकदम जमालो का काम करते हैं अर्णव। 'सूत न कपास और जुलाहों में लट्ठमलठ्ठा' वाली कहावत इसी तरह से चरितार्थ की जाती है।

आजाद न्यूज जैसे नये चैनल देखने को विवश करते हैं। रविवार को प्राइम टाइम में एक के बाद एक कोई चार विज्ञापन भी कांग्रेस के आये। वाचिका ने कहा या कि हमने ही गलत-सही सुना कि 'मैं हूँ फलाँ... नाम... 'आजाद'। लगा कि आजाद सबका उपनाम है। वाचिका सचमुच आजाद नजर आयी। बोली, आज आपको दिल्ली में रैलियों की बहार देखने को मिलेगी। बहार न मिली। बस बताया गया कि जिस समय आडवाणी यहाँ बोल रहे होंगे, मनमोहन वहाँ रहे होंगे। मायावती तहाँ बोल रहीं होंगी। वाचिका के उत्साह में रत्ती भर कमी नहीं दिखी। आगे बोली कि आज बातों-बातों में काँटे की टक्कर होगी।

टिप्पणीकार गम्भीर था। बोला यह नहीं कहा जा सकता कि काँटे की टक्कर है कि नहीं है।

10 मई, 2009

बरेली का झुमका

यह तेरह की शाम का खेल है। तेरह से पहले हर समूह की पल-पल हर दिन कहानी बनती जा रही है। चैनलों के जाने-माने रिपोर्टर इस नित्यानित्य टूट-फूट की कहानी पूरी तरह नहीं पकड़ पाते। तो भी चैनलों पर कई मार्मिक कहानियाँ बनी इस सप्ताह।

कहानी रामपुर की जब एक हीरो नम्बर एक और दो के डायलॉगों का रिहर्सल हुआ। एक शाम सब टीवी के चैनलों पर एक हीरो नम्बर वन का डायलॉग यानी एक जूते की खोज :

'अब मुझे जूते का इन्तजार है।'

उसी शाम सब चैनलों पर हीरो नम्बर दो का जवाब : 'रामपुर में अभी इतना घटिया जूता नहीं बना है।'

अब तक के जूता प्रसंगों के ये सबसे उम्दा डॉयलाग रहे। आजम खान का डायलॉग अमर सिंह के डायलॉग पर भारी पड़ा।

अगले दिन फिर हीरो ने ललकारा : 'जया के अश्लील पोस्टर और सीडी बँट रही हैं। यह अपमान है। वे आत्महत्या कर सकती हैं।'

अगला सीन—अमर सिंह को आत्महत्या के लिए उकसाने को लेकर जाँच!

एंकर पत्रकार, जया से : 'क्या आपने अश्लील पोस्टर और सीडी के बाद आत्महत्या करने का कोई आइडिया बनाया है।'

'जी हाँ बनाया तो है। मुझे किसी ने नहीं उकसाया।'

पत्रकार ने इतना ही समझा। आगे सवाल नहीं किया। करना था। आत्महत्या वाले पैकेज का तकाजा था कि पूछना था कि कब करने का आइडिया है? कहानी में रंग आ गया होता। पत्रकारों ने ऐन मौके पर निराश किया। अधूरा पैकेज दिया सब ने।

पैकेज में एक गाना तो हो ही सकता था। बोल होते : 'आज सुसाइड की तमन्ना है'। मूढ़मति चैनल कहानी का मर्म समझ नहीं पाये।

पहुँचना एक बहुत बड़े अंग्रेजी पत्रकार का हीरोइन के पास और पूछना कि वे अब तक सिर्फ दो बार ही रीयल लाइफ में क्यों रोयीं?

हीरोइन बोली : एक बार मैं तब रोयी थी जब एनटीआर बिस्तर पर चले गये, तब मैं चन्द्रबाबू और आन्ध्र की खातिर रोयी। दूसरी बार आजम भैया ने रुलाया तो रोयी। तीसरी बार कब रोयेंगी? यह सवाल प्रणय ने नहीं पूछा। पूछा जाना चाहिए था? इतना तो पूछा जा सकता था कि ऐसे में आप किस तरह का गीत गाना पसन्द करतीं?

राजनीति की मनहूसियत खबर की विचारधारा-सी बन गयी है। इस हृदय विदारक आँसू चर्चा में प्रणय से इतनी गम्भीरता की उम्मीद नहीं थी। उनकी जगह रजत होते तो उनसे रोने के सवाल करते। वे पूछ लेते कि अगली बार कब रोना है देवी जी!

चौराहे की राजनीति ने ऐसी करवट ली है कि बड़े पत्रकारों की बोलती बन्द है।

समकालीन रिपोर्टिंग बन रही राजनीति की अपेक्षा गम्भीर है इसलिए बोर है। यह राजनीति का कसूर नहीं है। यह चैनलों का कसूर है कि वे राजनीति के सड़क सीन के लिए पूरी तरह तैयार नहीं हैं।

चर्चाएँ आसान हैं। अर्णव करें या बरखा या सरदेसाई। आधा-एक घंटा की स्टूडियो से बकवास प्रसारण के बाद आखिर में सब कहते पाये जाते हैं कि सोलह के दिन मालूम पड़ेगा जी! कोई नहीं पूछता कि सोलह के बाद की बात तो एक लाइन में ही जा सकती थी। इतनी देर बकबक क्यों करायी? अरे, बकबक का अपना मजा है बुद्धिजीवियों के बीच। दर्शकों बताओ, इनमें से कौन निरर्थक अच्छा बोलता है? जल्दी एसएमएस करना जी!

कौन मजेदार बोलता है? कौन बोर करता है? लुधियाना से मोदी बोलते हैं या रामपुर से मुलायम? मुलायम की हिन्दी समझ नहीं आती। भाषा गँवई है। उसे डिकोड करने के लिए विशेषज्ञ चाहिए। इस बार लालू की बोलती बन्द है। उनकी ओर से एक बाइट नहीं आयी। मोदी बोलते हैं तो चौराहे की बोलते हैं। रगड़कर बोलते हैं। ताली लेते हैं और जता देते हैं कि तुरत यूपी का दौरा करने जाना है। सारा तमाशा मोदी का होता है। आडवाणी जी को कौन सुनता है?

एक ओबामा की 'पीपली' तलाश उर्फ मायावती की आफत से निपटना—

जब राजनीति निर्लज्ज फिल्मी संवाद बन चली हो और पत्रकार अपनी करनी भूल रहे हों तब चर्चाएँ बेखर्चा को हो सकती हैं। बरखा जी ने मौलिकता की टाँग ओबामा को याद करके तोड़ी। जब बड़ा-बड़ा लिख जाए कि 'ओबामा के क्षणों की तलाश है' तो एकदम 'पोस्टमॉडर्न मोमेण्ट' नजर आते हैं। बबुआ लोग कह रहे हैं कि हमें चाहिए एक ओबामा और हमें मिलती है मायावती, तो हम क्यों लें। हमें तो चाहिए एक ओबामा! ओबामा अमेरिका में। तब कैसे मिले ओबामा। चलिए

विचार करते हैं ब्रेक के बाद और फिर बात चली, कि चाहिए ही एक ओबामा।

ठलुए बच्चों की तरह 'चन्द्र खिलौना लैहों' गाते-गाते लोग कभी हँस पड़ते कभी ताली बजाते। माया का भूत सताता रहा। बामनी मिडिल क्लास एलीट बैठकर बार-बार अपने को कोस-कोस हँसती रही।

जाना प्रिय पत्रकार का बरेली और ढूँढ़ना उसी बरेली के झुमके को, जो कभी फिल्म में गिर गया था। पत्रकार छत पर यथार्थ को टटोलने लगे। लाइव कैमरे ने नीचे दिखाया तो लगा कि ऐसे में इतनी कम चौड़ी निचली सड़क पर झुमका ढूँढ़ना नामुमकिन है। भैये, झुमका गिरा सातवें दशक में और ढूँढ़ रहे हैं चालीस-पैंतालीस साल बाद? झुमका तब गिरा था और रिपोर्ट अब कर रहे हो? क्या बात है। बहरहाल प्रणय कुर्ते में जँचते हैं। यह शेखर गुप्ता का असर लगता है।

शेखर गुप्ता की इस बार की 'वाक द टॉक' बरेली के एक दलित गाँव से रही। साधारण दलित गृहस्थ, उनकी औरतें-आदमी कितने वंचनापूर्ण यथार्थ की कहानी कहते थे। यह देखते-सुनते ही बनता था और वह एक माँ, जिसकी गोद में एक बच्चा टुकुर ताकता और वह माँ आधे घूँघट की आड़ से शेखर को आपबीती बताती हुई! शेखर को कई बार बात सँभालना कठिन रहा। बहुत अच्छा कार्यक्रम दिया शेखर जी आपने!

17 मई, 2009

किसकी जय हो

लगातार पहली खबर बनकर छायी रहीं पाकिस्तान की खबरें मंगलवार को अचानक किनारे हो गयीं। निरीह-सी बनती हुई कहती रहीं कि क्या जरदारी कमजोर बनकर उभरे हैं?

एनडीटीवी इंडिया ने छब्बीस ग्यारह से जुड़े एक नये वीडियो फुटेज को दिखाया। सीसीटीवी की सीमा है कि कैमरा अपनी गर्दन घुमा नहीं सकता। जितना प्रोमो में रहा, उसी से काम चलाओ। प्रोमो में लोग तो दिखते हैं लेकिन क्लोजअप चेहरे नहीं दिखते। तस्वीरें धुँधली होती हैं। कह सकते हैं कि यह वीडियो एंगिल जरा अलग था। यही नया था।

पाकिस्तान में उपद्रव है! ऐसी खबरें अपने देशभक्त चैनलों के कलेजों में ठंडक पहुँचाती हैं। मनचीती-सी लगती हैं। चैनल चाहते हैं कि पाकिस्तान अशान्त रहे। यह लगभग सभी चैनलों का स्वभाव है। जितना समय लांग मार्च के दुहराव भरे प्रोमो को दिखाया गया उसका बहुत कम हिस्सा और वह भी एकाध चैनल पर इस काम के लिए दिया गया कि समझा जाए कि जो हो रहा है, उसके कारण क्या हैं और भारत के हित में क्या है?

पाकिस्तान की राजनीति अपनी राजनीति से ज्यादा बेधड़क, बेलौस, बेलिहाज और सड़कछाप है। वहाँ जरदारी के लिए उसका विपक्षी तू-तड़ाक में ही बोलता है कि 'वो तो ये करेगा वो करेगा?' 'उसका क्या यकीन है?' 'जनाबे आली' 'आप' वाले खाँटी उर्दू का अन्दाजे-बयाँ राजनीति में नहीं मिलता। सम्बोधनों की औपचारिकता की जगह ऐसी उजड्डता शायद (माफ कीजिएगा) 'पाकिस्तानी पंजाबियत' की निशानी लगती है। अपनी हिन्दी चर्चाएँ, अपने नेताओं के बीच अब भी लिहाज की भाषा में बातें करती हैं।

पाकिस्तान के प्रवक्ता भारतीय चैनलों पर आने के लिए हरदम तैयार रहते हैं। वे अपनी राजनीति की ऐसी ही खरी-खरी बातें करते हैं। लेकिन जरा-सा छब्बीस ग्यारह की चर्चा छेड़ दीजिए तो आपस में तू-तड़ाक करते वे सब एक स्वर मिलाकर कहते हैं कि ये सब तो भारत के आरोप हैं जवाब देंगे। इंशाअल्लाह! इन दिनों अस्थिर

पाकिस्तान जितना दिखा है उतना कभी नहीं दिखा।

ऐसे में पाकिस्तान को लेकर सबसे ज्यादा व्यस्त रहे टाइम्स नाउ पर जब मुशाहिद और शफी का आमना-सामना करवाया जाता है तो कुछ देर लगता है कि वे वहाँ के नहीं अपने ही किसी राज्य के नेता हैं। ज्योंही छब्बीस ग्यारह का जिक्र आता है सारी बातचीत का स्वर बदल जाता है और चर्चा संयोजक कहता है कि मुशाहिद साहब आपकी ये बात बहुत दूर तक जाएगी कि हमलावर पाक से गये थे।

चुनाव के दिन खबरों की बढ़ती उत्तेजना के दिन होते हैं। इसी कारण टीवी पर चुनाव की खबरों का मुहावरा कटाक्षवादी हो चला है। नेताओं की कथनी-करनी की पोल खोलकर उनके बयानों के अन्तःविरोध बताकर टीवी पर एक अदद ऐसा नेता बनता रहता है जो कि निर्लज्ज है। लापरवाह है और हमेशा सही है। चंट, चालाक है, धूर्त है। किसी की पकड़ में नहीं आता है और वह सबकी मजबूरी भी है।

सप्ताह में हर दिन कम से कम एक खबर ऐसी मिली जिसमें नेता या दल अपनी कथनी-करनी के साथ आमने-सामने थे। यही खबरों का एक्शन वाला आइटम हो गया है।

आइटम एक : मुलायम की सभा। लोगों को नये-नये सौ-सौ के नोट बाँटता एक नेता। क्लोजअप और फिर बार-बार एक चैनल द्वारा दिखाना। नीचे पट्टी में ब्रेकिंग कैप्शन देकर खबरों को उत्तेजक बनाये रखना।

आइटम दो : मायावती का डिनर। तीसरे मोर्चे की आशाओं पर तुषारापात।

आइटम तीन : आईपीएल की तिथियों को बदलने की बातें।

आइटम चार : पाकिस्तान का लांग मार्च और ज्योंही लांग मार्च के मुँह में लांग आर्यी कि खबर तक बेकार।

नित्य शाम और रात में उत्तेजित किये रखने के इस खेल में माहिर हो चले चैनल इसी तरह खबरें बनाते हैं।

आइटम पाँच : अरुण जेतली, राजनाथ में टकराव। मीटिंग में नहीं गये।

आइटम छह : वरुण गाँधी की खुली मुसलिम विरोधी भाषणबाजी।

इससे निकल पड़ी बहसें उसी तरह से हुईं, जिस तरह से ऐसी बहसें होती हैं। एक ओर निन्दक, दूसरी ओर बचाने वाले। वरुण को भी बचाने वाले मिल ही गये।

इस विचित्र खबर में टाइम्स का वह अंग्रेजी विज्ञापन अच्छा लगता है जो नसीहत-सी देता है : 'आई स्वेयर' कि मैं रिश्वत के खिलाफ, धार्मिक उन्माद, निकम्मेपन के खिलाफ अपना वोट दूँगा। विज्ञापन में हर आदमी अपने बच्चे के सिर पर हाथ रखकर कसम खाता दिखाया जाता है : मैं इन-इन बातों के खिलाफ अपना वोट जरूर

दूँगा। यह विज्ञापन नागरिक समाज के विचारों के निर्माण को केन्द्र में लाता है। इसकी सीमा यही है कि यह अंग्रेजी में है अगर यह हिन्दी में रहे तो इसका असर और गहरा हो।

इन दिनों कांग्रेस के 'जय हो' वाले वीडियो विज्ञापन छाये जा रहे हैं। उनकी टक्कर में जवाबी विज्ञापन दूर-दूर नजर नहीं आ रहे।

'आओ कदम से कदम बढ़ा के चलें' वाला यह विज्ञापन बुलन्द भारत का नारा देता है। सोनिया और मनमोहन की तस्वीरें देता है। लोगों के जीवन में आयी खुशहाली को बताता है। कांग्रेस के साथ चलने का आह्वान करता है। चन्दा पे तिरंगा लहराने की बात करता है। ऊर्जा की खबरें देता है। बस कांग्रेस की देन है। इसमें यूपीए का उल्लेख नहीं दिखता जबकि जो भी उपलब्धियाँ हैं वे यूपीए सरकार की ही हैं। विज्ञापन की कापी में सब कुछ समेटने की ललक ने उसको तेजगति का कट-पेस्ट मोन्ताज-सा बना दिया है। थीम अच्छी है। 'जय हो' का गाना भी जमता है। मगर नजरें ठहर नहीं पातीं। यह कमजोरी है। लेकिन यही तो कांग्रेस का 'हायपर रीयल' खेल है।

22 मार्च, 2009

आओ वोट करें

'भूत बंगला' फिल्म में गाना था—'आओ ट्विस्ट करें।' टीवी चैनलों के जमाने का 'ट्विस्ट' है—'आओ वोट करें'। चैनलों का अपना प्रिय ट्विस्ट है। सन्ध्या वन्दन है। प्राइम टाइम कीर्तन है। उधर पत्ता खड़का नहीं कि इधर-हमें वोट करें, हमारा नम्बर है... यस के लिए लिखिए 'ये', 'नो' के लिए लिखिए 'ये'...

जरा-सा एक मुद्दा मिला तो पन्द्रह मिनट चर्चा, खबरचा और उसके बाद वोटिंग। एक जमी-जमायी फारमेटिंग हो चली है 'पैकेज' की। पन्द्रह सेकण्ड से लेकर एक-डेढ़ मिनट की खबर और उसके बाद पाँच-दस-पन्द्रह मिनट की चर्चा और वोटिंग।

तुरन्ता हिसाब-किताब होते हैं। जरा देर पहले एक अंग्रेजी चैनल पर पट्टी रेंगती है : आईपीएल बाहर जाएगा? सवालिया निशान है और उसके पाँच मिनट बाद ही खबर आती है : बाहर होंगे आईपीएल के मैच।

उसके तुरन्त बाद क्रिकेटरों का नहीं, चैनलों का हाहाकार सुनायी पड़ता है। क्या गजब करते हो भाई? अर्णव, राजदीप से लेकर सब एंकर यहाँ तक कि एक नये से दिख रहे चैनल के भी कहते हैं कि आईपीएल को बाहर जाने देना क्या ठीक है?

ठीक नहीं है तो रोक लो न!

आओ वोट करें। यानी राजनीति करें।

वरुण गाँधी ने किलिंग वचन कहे। *आईबीएन सेवन* ने बार-बार वे टुकड़े दिखाये जिनमें वरुण ने कहा : उस हाथ को वरुण काट डालेगा..

बोलने की शैली से ऐसा लगता था कि संजय गाँधी के लाल वरुण गाँधी इस वाक्य को जरा जमाकर रिटेक देकर बोल रहे हैं।

राजनीतिक मनोरंजन में ऐसा हत्यारा वक्तव्य सोमवार की खबरों का स्वाद बदल गया और वोटिंग पर बात आने लगी। आईपीएल का किस्सा जरा धीमा हो गया। इधर देश के सामने भाजपा में कलह बना ली गयी थी। अरुण, जेतली और राजनाथ के बीच और उस पर भी वोटिंग बहस हो जानी थी जिसका नतीजा पहले से ही ज्ञात था कि दो दिन के बाद अगले सीन में सब आपस में मिले दिखेंगे। आप कलह ढूँढ़ते रह जाएँगे।

इस बीच चैनल की नये 'नाम निकालने' की पैरोडी भी जग गयी थी : एक

ने बीजेपी को 'भारतीय झंझट पार्टी' कहा तो दूसरे ने इसे 'भारतीय झगड़ा पार्टी' कहा। गनीमत किसी ने 'भारतीय जड़वादी पार्टी' नहीं कहा! यह कला हिन्दी में या हिन्दी दिमाग में रहती है।

जेड गुडी का आसन्न मरना आने लगा। पिछले रविवार से शुरू हुआ तो सब चैनलों ने कहीं से एक-सी खबर उधार लेकर बताया कि कुछ ही घंटों की मेहमान हैं। वही स्ट्रेचर पर जाते हुए समय के फुटेज! और इस सबके बावजूद चार दिन खबर यही बजती रही कि कुछ पल की मेहमान हैं और जब गुडी सिधारीं तो बिगबॉस के सितारों ने एक औपचारिक शोक सभा तक नहीं की। उनकी आत्मा को शान्ति मिले।

गुडी टीवी की समग्र निर्मिति थीं। उसी में जन्मी, उसी में रहीं और टीवी में ही मरीं। वे उसी में लाइव रहीं और मरना भी उसी में लाइव रहा। टीवी में उन्होंने मौत को भी लाइव कर दिया। आइटम बना दिया। रंजक बना दिया। यह टीवी के संचार का एक नया प्रयोग था जिस पर चर्चा तो हो ही सकती थी कि गुडी के मरने के 'लाइव' में क्या संचारित हुआ? कौन-सी बाइट बनी?

लेकिन गुडी से अधिक मजेदार काले बालों को ठीक जमाये, बीच सिर से थोड़ा तिरछा करके माँग निकाले, वरुण का वह 'हत्योवाच' दैनिक बहसों के लिए पर्याप्त खुराक दे गया था। आरोप लगा कि उन्होंने घृणा की राजनीति की है। वरुण के हत्योवाच ने सिद्ध किया अगर एक बार आप हिटलरी भाषा में कुछ जहरीला बोल दें तो चैनल-चर्चा में जाने-अनजाने अतिरिक्त वैल्यू बनने लगती है। तुरन्त मामले को पक्ष-विपक्ष के टीवी जनतन्त्र में ले जाया जाता है और बहसें 'जिच' हो जाती हैं। पक्षकार फासिज्म का खुला पक्ष ले सकते हैं और विपक्षकार क्रोध में आग डाल सकते हैं। वोटिंग के हवाले होकर सब कुछ स्वीकृत हो जाता है। निपट जाता है। एक खलनायक, नायक बन जाता है। *एनडीटीवी* पर शायद कोई कहता है : 'जेन-नेक्स्ट ऑफ प्रवीन तोगड़िया'। तुलसी जी बोलती हैं जो सुना गया है वह विचलित करता है...। लेकिन वरुण ने नब्ज पकड़ ली है! यंग मॉडर्न इंडिया' का यह व्यक्तित्व है जो वंशवाद से हटकर है।

चैनल कहता है कि पीलीभीत में वोटरों का धार्मिक ध्रुवीकरण होने लगा है। आप टीवी चर्चा कराके देश का क्या कर रहे हैं? यह बात अनदेखी रह जाती है।

पिछले रविवार से मंगलवार तक आईपीएल का दाँव फिर खबर बनता है और बहस को सरकार की पिटाई की तरह बनाया जाता है। हाय! *सीएनएन आईबीएन* चकित होकर खबर लगाता है : ठाकरे ने पीएम को गाली दी! क्या दी? नहीं बताया। यही मजा रहा, आप सोचते रहिए कि क्या होगी? उस चर्चित गाली के बारे में सोचते रहिए। गाली मराठी में होगी या हिन्दी में और गाली का अनुवाद अंग्रेजी मुश्किल होता है! शायद यह मुश्किल थी।

बहरहाल नैनो ने मंगल में दंगल कर दिया। रतन टाटा लाल रंग की नैनो के आगे खड़े होकर बोले : वादा पूरा किया... । टीम का परिचय कराया। इसके बाद रिपोर्टरों की बारी थी और ज्ञात हुआ कि हर पत्रकार ने टेस्ट ड्राइव कर ली है। कहने लगे कि मैंने नैनो चलायी, जैसे स्वर्ग की सीढ़ी चढ़ ली हो। दो दिन नैनो में। नैनो-नैनो आता रहा खबरों में।

नाम निकालने की कला हिन्दी के अपने चैनलों की है। इसका अपना मजा है। आईपीएल ने जब ज्यादा ऊधम किया तो बनाया *आजाद न्यूज* ने 'इंडियन परायी लीग।' लेकिन यहाँ भी कल्पना की कमी रह गयी। पाजी, पपलू, पागल, परेशान, पंगा, आदि नाम निकालने की कला में बहुत गुंजाइश होती है।

सप्ताह भर के लिए वरुण ने जो गोला छोड़ा था, वह फिर-फिर आता रहा। आप अंग्रेजी चैनलों पर अंग्रेजी कुश्ती का मजा ले सकते थे। एक ओर बलबीर पुंज लगे अग्निपुंज की तरह, दूसरी ओर जयन्ती जी कोमल-कोमल हमले करती हुई। हेट पोलिटिक्स! ये वरुण की आवाज ही नहीं! भाजपा अब तक चुप क्यों थी? अब पक्ष ले रही है तो क्यों? राजदीप चकित से पूछते हैं : क्या कण्डीडेट कुछ भी कह सकते हैं? ये ईसी की एडवाइजरी है, चार्जशीट नहीं।

इसके बाद हैवीवेट कुश्ती थी। मंगल के इस दिव्य दंगल में 'सबसे कमजोर बताये जाते' मनमोहन ने आडवाणी को कोस लिया और शरीफों में हाय-हाय होने लगी : देश का पीएम ऐसे बोला? तब खम ठोककर दिलीप पडगाँवकर सामने आये और मनमोहन का गजब बचाव किया। आरोप झेले। लेकिन जमे रहे।

29 मार्च, 2009

बात की घात

अपने सीधे-सादे पीएम कैमरों की ओर ज्यादा नहीं देखते। ज्यादा तमाशा नहीं करते। कैमरे की लाज रखते चलते हैं। कैमरों की ओर एक उड़ती-सी नजर डालते हैं और जल्दी-जल्दी निकल जाते हैं।

ओबामा जब आते हैं तो टीवी के लिए ही आते हैं। तेज कदम, हाथ लहराते हुए, बोलती हुई मुस्कान। कुछ-कुछ इसी तरह दुनिया को बताने वाली देहभाषा का प्रदर्शन करते हुए आते हैं। ओबामा मानो इस ग्लोब को ही सम्बोधित करते हैं। अमेरिकी अपनी ग्लोबलता को पहने रहते हैं। जी-20 की बैठक की रिपोर्ट इसी तरह दिखी है। *सीएनएन-आईबीएन* पर पीएम जरा दिख तो जाते हैं। *बीबीसी* और *सीएनएन* पर उतने भी नजर नहीं आये हैं।

सीएनएन-आईबीएन पर लन्दन लाइव नजर आया। फिर लन्दन रह गया। जी-20 हर तरह से एक बड़ी खबर होनी चाहिए। लेकिन अपनी चुनावी चकल्लस में फँसे टीवी कैमरों के पास इतनी जगह कहाँ बची है कि लन्दन फन्दन जाते फिरें।

कहानी की भूमिका यह कहकर बनायी गयी थी कि जी-20 की बैठक के बाहर दुनिया भर के विरोधी जमा हैं। मगर विरोधीजनों के प्रदर्शन की कहानी जरा भी नहीं खुल पायी। एक-दूसरे से पैन किया सीन नजर आता रहा। बस!

दर्शक वोटर की तरह भ्रमित हैं। चैनलों के चुनावी शोर से भरे कार्यक्रमों ने दर्शकों को बोर कर दिया है। अपनी गलती को ठीक करने की जगह इससे ऊब रहे दर्शक का हाथ पकड़कर चैनल पुकारने लगे हैं : न जाओ सइयाँ छुड़ा के बहियाँ, कसम तुम्हारी मैं रो पड़ूँगी...।

इन दिनों हर चैनल के नीचे लगी रेंगती पट्टी के ऊपर एक बड़ी पट्टी या तो ब्रेकिंग न्यूज का झाँसा देती है या 'स्पेशल आइटम' या 'कमिंग सून' का। यह दर्शकों को लुभाने के लिए उसी तरह की हरकत है, जिस तरह नच बलिए, सारेगामा या इंडियन आइडॉल के लिए की जाती रही है। यह पुराने फिल्मों के विज्ञापनों की तरह है, जो कहते थे—देखना न भूलें किशोर टाकीज पर, शानदार, शाहकार हातिमताई। अब हर चैनल हातिमताई को दिखाने के चक्कर में है।

वही वैसा कुछ नजर आता है *सीएनएन-आईबीएन* पर कि 'कमिंग सून'। कायदे से

एक घड़ी लगा दी जाती है जो सेकण्ड में उल्टी चलती बताती है कि अब इतने सेकण्ड बाद 'कमिंग सून' में आइटम आ रहा है। ऐसा नहीं दिखा या दिखता, कोई इसका फायदा दर्शक को होता।

जेटली, सिब्बल और सीताराम येचुरी के इस आत्म-प्रचारित खेल में निकला क्या? वही अपनी ढपली, अपना राग। अपनी पोजीशन पर जमे रहना। दूसरे को गलत ठहराना, दूसरे की ना सुनकर, अपनी सुनाना। हर डिबेट उसी शोर से गुजरती है, जिस शोर में टीवी रहता है। तब क्या देखें, सुनें?

किस डिबेट में डिबेट का माहौल बचा है? 'क्रन्दन' को डिबेट नहीं माना जा सकता। यह डिबेट ऐसी हो चली है जिनमें परस्पर संवाद नहीं होता। अपना 'वाद' होता है।

कई हिन्दी चैनल हैं वे अलग-अलग शहरों और चुनाव क्षेत्रों में जाते हैं और कैमरे जमाकर आमन्त्रित लोगों को बुलाकर 'आमने-सामने' कराते हैं। एक 'अपना नेता चुनो' सहायता-कर्म भी करता है। 'देश का नेता कैसा है', 'आपका नेता कैसा हो'? बताने निकल पड़ते हैं। ऐसे कई कार्यक्रमों में देखकर हर बार लगता रहता है कि अब जूते चले कि अब चले। संयोजक को पसीने आ जाते हैं, आमन्त्रित, लेकिन अपने-अपने नेता के पक्के लठैतों को सँभालने में। जो शोर-शराबा वहाँ होता है, वैसा ही स्टूडियो की डिबेटों में होता रहता है। फर्क इतना है कि जमीन पर बहसें उत्तेजित पब्लिकों के हाथ लग जाती हैं और दुर्गति को प्राप्त होती हैं। स्टूडियो में बातों के मुक्के हवा में लहराते रह जाते हैं। हाँ, हर जगह फ्री स्टाइल ही होती है। डब्लूडब्लूएफ ही होती है।

अंग्रेजी चैनल भद्र लोगों के माने जाते हैं। उनमें *टाइम्स नाउ* शरीफों का चैनल है। शरीफों के बीच जब बात फँसती है तो शराफत निकाली जाती है, लेकिन टीवी का मुहावरा है कि सीधे आर-पार हो। शराफत से बात घर पर करना। और इस तरह *नाउ* में भी बात निकली नहीं कि फँसी नहीं। इधर से जयन्ती से हाथ निकली तो उधर अनिल धारकर ने कैच की। सुहेल सेठ ने लूज बॉल देखी तो छक्का लगा दिया। टीवी पर बातें 'कही' जाती हैं, बातें 'की' नहीं जातीं। टीवी 'बात मारने' का माध्यम है। यहाँ पर बात की घातें मारी जाती हैं। बातें बनायी जाती हैं। खिलाड़ी फाउल खेल जाते हैं। जब बात कटती है तो अकेले बोलते जाते हैं। बोलते जाते हैं। दूसरा कहता है कि भैया, हमारी भी सुन लो। कोई नहीं सुनता। यही टीवी की वार्ता-नीति है। इस चक्कर में संयोजक खेत रहता है। उसकी कोई नहीं सुनता। सब अपनी-अपनी गाते जाते हैं। जब थक जाते हैं तो संयोजक डरा हुआ बोलता है : अब आएँगे ब्रेक के बाद। बताइए, मामला वरुण के केस का था, और बात-बात में बातें आ गयी तू-तू, मैं-मैं पर। और अन्ततः जयन्ती नटराजन और नलिन कोहली सहमत नजर आये और अर्णव ने कहा कि चलिए, कांग्रेस-बीजेपी को सहमत करने का श्रेय हमें मिला है।

एनडीटीवी ने इससे जरा-सा हटकर एक बार आडवाणी के उस आक्षेप को कहलवाया, जिसमें वे पीएम को कमजोर आदि कहने के आदी-से नजर आते हैं। दूसरे में राहुल को लगाया और गजब यह दिखा कि राहुल अटल जी की तरह रुक-रुककर हिन्दी में बोले। कहे : आडवाणी जब सत्ता में थे तब कन्धार में आतंकवाद के आगे घुटने टेके और मन्त्री को भेजा था। यहाँ बहस का आदी शोर नहीं घुस पाया, क्योंकि सब कुछ कट करके आने ही नहीं दिया। सम्पादित करके काम की बात आने दी।

लेकिन इस बात से तो *एनडीटीवी* इनकार नहीं कर सकता कि चर्चा के शोर भरे संस्करण टीवी चर्चा का चलन शुरू करने वाला वही है। अब भी उसे अपने किये से बचना मुश्किल हो रहा है। इतना मुश्किल है कि यह विक्रम चन्द्रा से पूछा जा सकता है कि कभी-कभी जोड़ जुड़ाने मुश्किल पड़ जाते हैं।

इन दिनों हिन्दी चैनलों में गजब की टीवी सजगता नजर आती है। एक पंक्ति में 'गागर में सागर' भर देते हैं ये। यह हिन्दी में ही होता है, अंग्रेजी में नहीं। हिन्दी चैनल इसीलिए हिट होते हैं। अंग्रेजीवालों के लिए भी हिन्दी चैनल मजेदार नजर आते हैं। बताइए 'जहरीले वरुण' वाला मुहावरा अंग्रेजी में कैसे बनता। यह एक चैनल ने उनकी कुल भाषा-शैली को देख-सुनकर गढ़ा। चैनल भी मानो इसी के लिए बने हैं। वे लपक लेते हैं लाइनें और सीन। फिर कट-टू-कट चलाते हैं सीनों को।

इन दिनों *एफएम गोल्ड* और *रेनबो* पर कण्डोम का स्वागत प्लान बार-बार आता है। नौकरानी जानती है कि देवर की जींस में कण्डोम है। देवर जी शर्माते हैं। लेकिन भाभी जी गर्व करती हैं, हाँ।

'कण्डोम तो है!' कण्डोम एक कण्डीशन है, चुनाव नहीं है। गजब है! इससे अधिक सेक्सी क्रान्ति और क्या हो सकती है?

5 अप्रैल, 2009

अपमान का आनन्द

नित्य कोई न कोई किसी न किसी का अपमान करता दिखता है। टीवी पर अपमान आनन्द बनकर बरस रहा है। अब दर्शक हर दिन ऐसी बाइटों का इन्तजार करते हैं कि जिनमें कोई किसी को कोई 'गाली' देता हो या जूता आदि मारता हो। जो ऐसा करता है वह हीरो-सा बन जाता है। जिसे देता है वह शिकायतकर्ता बन बगलें झाँकता है।

टीवी चैनल अपमान को चुनावी क्रिया से ज्यादा बड़ी खबर बनाते हैं, क्यों यह अपमानानन्द पब्लिक को रुचिकर लगता है। बना-बनाया मार्केट मिलता है। विज्ञापन कम हैं तो क्या, अपमान तो है नये सामाजिक ब्रांड के रूप में। इस बार राबड़ी ने भी जम के 'साला बाइट' बनायी। उधर लालू जी ने बुलडोजर वाली बनायी। राबड़ी की चर्चा उसी तरह हुई जिस तरह ऐसी लफ्फाजियों की होती है। वे बोले गये शब्द चर्चा से ज्यादा व्याख्या की दरकार रखते थे। ऐसा होता तो अपमान का भाव कम नजर आता। लेकिन चैनल इन दिनों अपमान आइटम ढूँढ़ते रहते हैं और नेता उन्हें निराश नहीं करते।

नित्य के सीन हैं। तुरन्त किसी का अपमान हुआ, भावनाओं को चोट पहुँची और चुनाव आयोग में शिकायत कर दी। क्या शिकायत करने के बाद उस शब्द की चर्चा करना बन्द हो जाता है? आयोग का कर्फ्यू लग जाता है? ऐसा ही प्रतीत होता है।

राबड़ी ने एक शब्द और कहा जो 'साला' से ज्यादा जटिल और मार्मिक रहा। उसे यहाँ बताना किसी की भावनाओं को नाराज करने का जोखिम लेना है, सो हम नहीं करेंगे। लेकिन राबड़ी ने किया, जो कहा, उसका एक अंश बार-बार दुहराया गया और सामान्य गली छाप 'गाली' सा सुना गया जो इतना घिस गया है कि कई जगह आदत बन गया है। मगर 'साला' से आगे भी एक सम्बन्धवाची ऐसा जेंडर्ड कथन था जिसकी व्याख्या की जानी चाहिए थी।

अगर टीवी पर सम्बन्धवाची शब्दकोश के बारे में बोलियों में आने वाले शब्दों के बारे में बातचीत की जाती तो यह समाज भाषा वैज्ञानिक किस्म की चर्चा होती और तब चर्चा का स्तर सिर्फ दलीय या तकनीकी न होता।

हमारी जिज्ञासा रहेगी कि कोई चैनलवाला बताये कि वह क्या शब्द था और अचानक क्यों अपमानजक था? क्या वाकई अपमानजनक था या भोजपुरी बोली का जटिल सम्बन्धवाची जेंडर्ड शब्द था? राबड़ी ने, चैनलों ने एक मौलिक नया शब्द दिया है।

मौका था कि अंग्रेजी चैनल और उनसे आगे हिन्दी चैनल भोजपुरी सम्बन्धवाची शब्दों के बारे में किसी भाषाविद् को बुलाते और बात कराते कि ये शब्द क्यों कहे जाते हैं। कब कहे जाते हैं और क्या ये अपमानजनक हैं?

इसी तरह माता युद्ध का निर्माण किया गया। हिन्दी चैनल तो ऐसे मौके की तलाश में रहते ही हैं। गजब का आमना-सामना था। एक ओर माया मेनका को अच्छी माँ बनने, अच्छा बेटा पोसने का सुझाव देती थी तो दूसरी ओर मेनका माया को, एक माँ के दर्द को दर्द न समझने का उलाहना देती थीं और मदर टेरेसा से सीखने की सलाह देती थीं। गनीमत भी कि बात एकदम देसी नहीं बन पायी। बन जाती तो यहाँ भी देसी बोली के शब्दकोश बरसते और क्या-क्या न होता? इस चक्कर में वरुण की हेट स्पीच ग्रेट स्पीच बनती गयी।

चैनल इसी मनोरंजक तरीके से चुनाव निर्माण कर रहे हैं। इस मनोरंजन में भी चैनलों का राजनीतिक झुकाव फील होता है। चिदम्बरम पर जरनैल सिंह का जूता फेंकना चैनलों के लिए दावत-सा बन उठा। सब चैनलों ने उसे अस्मितामूलक राजनीति की तरह पढ़ा। चैनलों ने उस जूते का सम्बन्ध टाइटलर और सज्जन के नामों से तुरन्त जोड़ा। चिदम्बरम ने मारने वाले को माफी दी। लेकिन कांग्रेस हर चैनल पर अपराधी तरह से नजर आयी।

बुधवार को टाइटलर के पीछे *टाइम्स नाउ* में उस रिपोर्टर की आवाज बार-बार पुकार रही थी कि आपका क्या कहना है और टाइटलर तेजी से कैमरे से मुँह चुराकर भाग रहे थे। गाड़ी कहाँ है? वे पूछ रहे थे। रविशंकर प्रसाद रोष में कुछ कह रहे थे। एक कांग्रेस के प्रवक्ता गायब थे।

खबरों के बीच चर्चाएँ ऐसी झुकाववाली होती हैं कि उस चर्चा का जो निशाना होता है वह रक्षात्मक होता है और निशानेबाज एक के बाद एक निशाना लगाते जाते हैं। चुनाव प्रचार के विज्ञापन आते हैं। भाजपा के विज्ञापन इन दिनों कांग्रेस के विज्ञापनों पर हावी हैं। मजबूत नेता निर्णायक सरकार वाला स्लोगन कांग्रेस के 'जय हो' पर भारी नजर आता है। भाजपा ने कांग्रेस के प्रचार की पैरोडी बनाने, खिल्ली उड़ाने को अपना प्रचार अस्त्र बनाया है और उसमें दर्शकों की अभिरुचि को मनोरंजन से कैच करना चाहते हैं। कांग्रेस के विज्ञापन एक जगह रुके लगते हैं। भाजपा की 'भय हो' वाली पैरोडी गजब ढाती है और 'जय हो' पर भारी पड़ती है।

'भय हो' वाला स्लोगन उस महान टीवी पर विज्ञापन-युद्ध की याद दिलाता है

जो एक जमाने में कोक के ख़िलाफ पेप्सी ने चलाया था। वर्ल्ड कप का जमाना था। कोक ऑफिसियल ड्रिंक का स्लोगन देता था। पेप्सी ने लगाया—नथिंग ऑफिसियल अबाउट इट। और भाई जी, देखते-देखते कोक पिटा और बाजार पेप्सी ने हथिया लिया। कांग्रेसियों, कुछ सोचो, वरना गाड़ी गयी।

12 अप्रैल, 2009

कीचड़ लीला

नित्य मजा आ रहा है। बिना खूनखराबे के एक से एक फ्री स्टाइल सीन बन रहे हैं।

एक मारता है। दूसरा पुकारता है। तीसरा चिंघाड़ता है। चौथा हुंकारता है। पाँचवाँ फुंकारता है। छठा फिर बातों से गोली मारता है। फिर वही हुंकार-हुंकार मार होने लगती है। एक्शन भरा लाइव शो चल रहा है। बड़े-बड़े महामहिम गलीछाप हो रहे हैं। संसद सड़क पर आ विराजी है।

खबरें किसी थ्रिलर की तरह आती हैं। आज किसने किसे ठोका? कहाँ ठोका? कितना मौलिक ठोका?

आज का दिन किसका रहा? किसने सबसे बड़ी बाइट बनायी?

खबरें इसीलिए देखी जा रही हैं कि देखें आज किसने किसको किस तरह से ठिकाने लगाया?

मोदी का जवाब नहीं। वे वाक्वीरों में नम्बर वन हैं। दूसरे नम्बर पर प्रियंका हैं जो एक से बढ़कर एक बात मारती हैं और रोज हिट करती हैं। मोदी और प्रियंका पिछले सप्ताह भर से वाक्युद्ध में लगे हैं। यह आगे चलना है।

यह बातों का महाभारत है।

-कांग्रेस मोदी का मुकाबला नहीं कर सकती। अगर कोई जीत रहा है तो मोदी, आडवाणी नहीं। हिट बाइट बनाने की नित्य फाइट में आडवाणी की जगह मोदी ने ले ली है।

यह चुनाव हिन्दी में आ गया है और उसी में तय हो रहा है। भाषा की जैसी फ्री स्टाइल कुश्ती मोदी लड़ सकते हैं, मनमोहन, सोनिया, प्रियंका नहीं लड़ सकते।

मणिशंकर अय्यर, नटराजन हर दिन किसी बॉक्स में बैठे अंग्रेजी चैनल को कहते हैं कि ये अपमानजनक है। वे सन्तुलन खो बैठे हैं, मगर उन्हें परवाह नहीं।

क्रम से देखें तो मोदी का थोड़ा-बहुत मुकाबला अगर कोई कर रहा है तो प्रियंका कर रही हैं। आडवाणी को मनमोहन ने बराबरी पर रोक लिया है। सोनिया जी ने एक बात मारकर उनका दिल तोड़ दिया है।

'मैं मारूँ तो ठीक...' वाली भावना है इन वीरों की और मंगलवार तक तो बाजाप्ता मामला पर्सनलाय गया है। एक कुर्सी पर मनमोहनजी विराजे हैं। उनसे जरा दूर दूसरी कुर्सी पर आडवाणी जी विराजे हैं। कैमरे इन्तजार में लगे हैं और लगे हैं कि इन दोनों के बीच कोई बात हो तो बड़ी खबर बने। मगर दोनों एक-दूसरे से एक बात नहीं करते। एकदम 'रूठ मटक्के' का सीन है। महामहिमो! इतना पर्सनल लेना ठीक नहीं, वह भी इस पकी उम्र में। यह तो बच्चों वाली बात हो गयी जी!

वाक् वीरांगनाओं के क्रम में राबड़ी तीसरे नम्बर पर हैं। उमा इस बार कोई बाइट नहीं बना पा रहीं। न सुषमा जी बना पा रही हैं। हाँ, राबड़ी जी ने एक बार ही मुँह खोला है और गोले बरसा दिये हैं। मामला दर्ज हो गया है। उनका सालावाद, बच्चन के हालावाद से ज्यादा मारक निकला है। लालू इन दिनों अपने खोये मुहावरे ढूँढ़ने में लगे हैं।

यह रहस्य-सा है। सीन की माँग होती है कि बात आगे बढ़े और कहानी की माँग है कि एक्शन हो। लेकिन जब सिर्फ बातों का एक्शन होता है तो पूरा मजा नहीं आता। आप देखते हुए कल्पना करने लगते हैं कि क्या ही सीन बने, अगर मनमोहन, आडवाणी किसी रिंग में मुक्केबाजों की तरह उतरें और अपने मन की कर लें बता दें कि किसमें कितना है दम! और इसका सीधा प्रसारण हो!

खबर बनाने के चक्कर बड़े लोग मसखरी करने लगे हैं। यही नहीं चैनल चुनावी चर्चाकार कयास भिड़ाने में लगे हैं कि आगे किसकी सरकार किस तरह बननी है, आओ बनायें! इस खेल में प्रणय राय पूरा मजा ले रहे हैं। वे चुनाव की और भावी सरकार की गोटियाँ बिछाते हैं और खेलते हैं कम्प्यूटर ग्राफिक्स के सहारे।

वे बताते रहते हैं कि अगर पहला मोर्चा बनता है तो उसे मायावती चाहिए। शरद पवार चाहिए और सब मिलने के नहीं। मायावती पीएम की दावेदार रहनी हैं। एनडीए को ये ये ये मिले तो उनके पास बहुमत होगा और ऐसा नहीं होगा तो मायावती ही पीएम हैं। कांग्रेस बाहर से समर्थन दे सकती है। तीसरे मोर्चे की सरकार बन सकती है। एन राम कहते हैं, शरद पवार को नहीं भूलना, वे भी हो सकते हैं और फिर सरकार छह महीने बाद गिर सकती है। शेखर गुप्ता कहते हैं कि अगर आपकी अनुमानित आगामी संसद में दलीय सांसदों की संख्या सही है तो सरकार चलेगी क्योंकि सत्ता सब में बँट जाएगी और सत्ता बाँधे रखेगी।

बाइट से चुनाव फाइट करने की तकनीक अब निचले नेताओं के मुँह लगने लगी है लखनऊ में अखिलेश दास ने नफीसा अली को लेकर एक अश्लील टिप्पणी कर दी और फिर कह दिया कि वीडियो में उनकी बात को तोड़-मरोड़कर पेश किया गया है। कन्धमाल में भाजपा उम्मीदवार ने ईसाइयों को लेकर आपत्तिजनक टिप्पणी की तो उसकी खबर बन गयी। एक चैनल ने बताया कि इससे वे हिन्दू वोट अपने

पक्ष में कर लेंगे और जीत पक्की हो जाएगी।

यह चुनाव अपनी समस्त नित्य बाइटों में जान-बूझकर ऐसा बनाया जा रहा है। जनता गायब है। उसकी समस्याएँ गायब हैं। पूरा सप्ताह गुजर गया है। एक चैनल पर एक एंकर जनहित के मुद्दे फोकस नहीं कर सका है। सिवा पर्सनल कीचड़बाजी के।

इस नित्य कीचड़ लीला में 'तेल बचाओ' नारे वाला एक विज्ञापन बड़ी राहत देता है। खासकर, उसका बच्चा जो इस विराट बकवास में एक काम की बात कहता है। विज्ञापन बार-बार आता है। लाल बत्ती पर रुकी कार में बैठा एक बच्चा अपने पिता से कह उठता है : मैंने सोच लिया हैं, साइकिल रिपेयर शॉप खोलूँगा... आप लोग जिस तरह से पेट्रोल बर्बाद करते हो, उससे कार नहीं एक दिन साइकिलें ही चलेंगी।

अच्छा सन्देश है इस प्रलापी समय में।

19 अप्रैल, 2009

दर्द की दास्तानें

वो तेरे प्यार का गम इक बहाना था सनम
अपनी किस्मत ही कुछ ऐसी थी कि दिल टूट गया।

हर खबर में ऐसे दर्द भरे फिल्मी गाने बजते सुनायी पड़ते हैं।

फिल्मों से निकलकर दर्द की दास्तानें खबरों में आ बिराजी हैं। दर्द की एक से एक बेदर्द दास्तानें बनती हैं और खबर देने वाले चैनल बेदर्द होकर टूटे-फूटे दिलों से उन्हीं जुबानी उनकी कहानी सुनते और बेचते हैं।

टूटे दिल जख्मी जिगर टीवी के इन बेदर्द दिनों में छिपकर नहीं रोते। वे अपनी मुहब्बत को रुसवा करने के लिए तैयार रहते हैं। बचपन की मुहब्बत बुरी तरह याद आती है। शिकवे-शिकायतें होती यही खबरें हैं :

'क्या आप अपमानित महसूस करते हैं?'

ऐन सामने बैठा युवा रिपोर्टर गन-माइक को उनके मुँह के पास लाकर पूछता है। उनका उम्रदराज चेहरा झुका है। कैमरे के सामने उनकी चाँद आ रही है। झुका हुआ चेहरा जरा ऊपर की ओर टिल्ट होता है। कुछ अस्फुट से स्वर निकलते हैं।

'मैं समझना चाहता हूँ कि क्या आपको नीचा दिखाया गया है?'

एनडीटीवी का रिपोर्टर अंग्रेजी में पूछता जा रहा है। वह 'उनके अपमान की मात्रा' को समझने को बेचैन है। चेहरा फिर ऊपर की ओर उठता है और अस्फुटाते हुए अर्जुन सिंह कहते हैं : 'स्लाइटेड' शब्द ठीक नहीं। वफादारी की सजा मिली है।'

चेहरा थक चला है। रिपोर्टर सोच रहा है कि और क्या-क्या कहलवाये? कहने वाला शब्द-संकोची है।

बहरहाल रिपोर्टर की दिहाड़ी बन गयी है। उसे आज की कांग्रेस सन्दर्भी बाइट मिल गयी है। अब बजती रहनी है।

दर्दे-दिल की दास्तान का पूरा खयाल रखा जाता है। एक रिपोर्टर कर्नाटक में एसएम कृष्णा के घाव खोलने में लगा है। वे भी प्यार से घाव खुलवाने को तैयार दिखते हैं :

'मैं लड़ना चाहता था। कांग्रेस मेरा बेहतर उपयोग कर सकती थी।' हल्का-सा

दर्द छलकता है। आहत मन बोलता है। राजनीति के आते ही दर्द के सुर दब जाते हैं... 'देवगौड़ा बराबर की दूरी रखना चाहते हैं। कांग्रेस साथ नहीं जा सकती।' हाय! 'किसको खबर थी, किसको पता था ऐसे भी दिन आएँगे।' 'देव डी' के इन दिनों में देवदास दर्द की दास्तान कहने खुद चले आते हैं। इस बेदर्द राजनीति में भी दर्दे-दिल की कहानी बनती रहती है। खबर देख-सुनकर आप चाहें तो दर्द भरे नगमों की क्विज कर सकते हैं–

दर्द की दास्तान के अलावा सबसे बड़ी चुनावी दास्तान चप्पल-चलन की बन रही है। चप्पल-जूते सबसे बड़ी खबर हैं। जितेन्द्र खबर नहीं बने। उन पर चली चप्पल बनी। फिर चिदम्बरम, नवीन जिन्दल, आडवाणी की चप्पलों-जूतों की सुनवाई करायी गयी। आदमी से भी बड़ी खबर चप्पल-जूते हैं।

सब चैनलों का लगभग एक ही एंगिल से चप्पल-जूते मिल जाते हैं। वे उनकी सीरियल कहानी बना डालते हैं। एक-एक चैनल ने भारत का नक्शा बनाकर चप्पल-चलन वाले शहरों के बारे में निशान लगाकर उनके नक्शे दिये कि यहाँ-यहाँ चलीं हैं।

चुनावी चप्पलों ने सब में एक आनन्द का भाव भर दिया है। ऐसा लगता है कि चप्पल सीन में न रहीं तो सीन नहीं बनेगा। अपने ही चैनल में चप्पल चर्चा में बरखा को आनन्द आया। 'बरखा जी! ये जो आपके रिपोर्टर जी हैं इनकी हिन्दी का क्या करेंगी? इनसे तो आपकी हिन्दी बेहतर लगती है।'

बहरहाल रिपोर्टर जी ने आजू-बाजू खड़े नौजवान से यों ही चप्पल चलने के महत्त्व पर एक-एक लाइन दी : सब एक सुर में बोलते रहे कि चप्पल-जूते तो चलते रहने चाहिए। घटना सिनिकल है तो क्या निष्कर्ष भी सिनिकल होना है?

टाइम्स नाउ के अर्णव गजब करते हैं। वे मीडिया के अकेले पक्षकार हैं जो हर मौके पर उसका पक्ष लेते हैं। मीडिया वहाँ जाता है जहाँ पहले नहीं जाता था। उसने राजनीतिक अपराध को एक्सपोज किया है। इतना करने के बाद वे एक मीडिया दर्शन छाप सवाल छेड़ देते हैं : क्या राजनीति में अपराध एक चलन बन गया है? बहरहाल इस कपड़ाफाड़ू राजनीति में *टाइम्स* के मंच पर कांग्रेस के दिग्विजय सिंह और अरुण जेतली देर तक एक-दूसरे के साथ हँसते दिखे। लगा कि अभी राजनीति में आपस में हँसी बाँटने को कुछ जगह बची है।

आईपीएल मैचों के प्रसारण में एक काले कुत्ते ने सीन बना दिया। सारे खिलाड़ियों पर वह भारी था और लगता था कि फील्डिंग सिखाने आया है।

श्रीलंका के युद्ध के एक से फुटेज बार-बार देख लगता है कि इस युद्ध को कवर करने की फुरसत किसी को नहीं। एक आसमानी एंगिल का फुटेज बार-बार दिखाया जाता रहा है। उससे ज्यादा तो तमिल सवाल पर करुणानिधि और वाइको जगह ले

रहे हैं। *लाइव इंडिया* का चुनावी तराना मजेदार लगा। आशुकवि से लगते चौबे जी न केवल पैरोडी गीत लिखते हैं बल्कि खुद गाते हैं और खुद ही ढोलक बजाते हैं :

'नेता जी पर देखो चप्पल से वार हो गया...
चरण-पादुका चलै बारी-बारी
फायदे में हैं जूते के व्यापारी
मन्दी में तेज उनका बाजार हो गया
बड़ा मुश्किल करना अब प्रचार हो गया...'

सहारा पर 'माता की चौकी' नामक सीरियल चकित करता है। इसमें नजर आने वाले शिव जी और ब्रह्मादि जी परिचित मिथक से बाहर के लगते हैं। ये देवता भक्तिन से कहते सुने गये कि तुम्हें हमारी पाँच परीक्षाएँ पास करनी पड़ेंगी। लगता है कि देवलोक में भी अब अंग्रेजी बोली जाने लगी है।

26 अप्रैल, 2009

बोली में बम

यह बकबम सूट पहनकर टाई लगाकर स्टूडियो में गरजता है। सारे स्टूडियो इस सूटित-बूटित देशभक्ति से फनफनाते क्रोध को नित्य उगलते रहते हैं। एकदम कुलभूषण खरबन्दा की शैली में चबा-चबाकर मानो डायलॉग बोल रहे हों।

हर चैनल पर एक-एक खरबन्दा बैठा है। किसी मजेदार युद्ध की तैयारियों के, हमलाबाजी करने के फीचरों में, चर्चाओं में दाँत दिखाकर, दाँत पीसकर बातें की जाती हैं।

एक महीने से ज्यादा हो रहा है और दैनिक भाव से इतना क्रोध खौलाया गया है कि अब उसकी खुरचन बनने लगी है। पाकिस्तान से निपटने के लिए तो अब अपना कोई एक चैनल उसका एक दाँतपीसू खबर पढ़ने वाला ही काफी है। पाकिस्तान यह समझता ही नहीं कि बम के पहले हमारे पास इतने सूटित-बूटित 'बक बम' हैं।

बक-बमबाजी में *टाइम्स नाउ* आगे निकल गया लगता है, या कहीं ऐसा तो नहीं कि *इंडिया टीवी* ने हारकर जगह छोड़ दी हो अंग्रेजी चैनल के लिए। युद्ध-ज्वर का सरसाँव ऐसा ही होता है। *आईबीएन सेवन* तीसरे नम्बर पर फाइट कर रहा है।

बक-बमबाजी का अपना आनन्द है। शब्द बम की तरह गिरते हैं। वाचक बमवर्षक विमान लगते हैं। पाकिस्तान इस बात को समझता नहीं कि वह किन से फाइट कर रहा है? अरे, एक दाँतपीसू खबर से खत्म कर देंगे अपने बन्दे।

बकबक में आदमी कुछ का कुछ बोलता है। बोलता है 'आतंक' तो निकलता है 'ताज'। बोलता है 'पाकिस्तान' तो निकलता है 'कसाब'। बोलता है 'हमला' तो 'जरदारी' निकलता है। सबूत तो निकलेगी 'पुंछ' की गोली! 'प्रणव' कहता है तो निकलता है 'बुश'।

पाँच-छह दिन से पहली खबर पुंछ और पाकिस्तान है। *टाइम्स नाउ* एकदम ग्राउंड जीरो से ही खबर देना पसन्द करता है। मसलन, वह यरुशलम से फिर गाजा पट्टी से यानी ग्राउंड जीरो से रिपोर्ट करना पसन्द करता है। अपने रिपोर्टर, कैमरे वाले से कहता है : बी सेफ! अब यह रिपोर्टर गाजा में कहाँ खड़ा है, क्या बता रहा है? यह साफ नहीं होता। ग्राउंड जीरो माने शून्य जगह। वह क्या बतायी जा सकती है? और

खबर एकदम इजरायल के पक्ष में झुकी हुई।

पुंछ की गोलीबारी एनकाउंटर है, बैटल है या वार है? अंग्रेजी में 'पुंछ' के लिए तीन शब्द तीन चैनलों पर हैं। अर्थ लगाते रहिए चैनलों के चेहरे देखकर।

सोम-मंगल तो पाकिस्तान की ऐसी धुनाई देखी गयी, जैसी कि इकहत्तर में भी नहीं देखी गयी। हाय मुन्ना, दाँतपीसू डायलॉगबाज, देशभक्ति! तेरे सदके!

असम में विस्फोट। *टाइम्स नाउ* में अर्णव रण रोपे हुए हैं। असम का मन्त्री बोलता रहता है कि उल्फा का काम है, हम अच्छी तरह जानते हैं। यहाँ की बातें समझते हैं। अर्णव को असलियत का उनसे ज्यादा पता रहता है। कहे कि इतनी जल्दी में नतीजा निकाल लिया मन्त्री ने। और जी आप क्या कर रहे हैं? आप तो उनसे भी पहले नतीजे निकाले ले रहे हैं। मन्त्री ने नतीजा निकाला तो निकाला, आपने हजारों मील दूर बैठे 'असली' हमलावर कैसे खोज डाला? जरूर समान्तर खुफिया पुलिस है आपके पास!

प्यार से अर्णव को दैनिक खबर पढ़ते सुनकर ऐसा लगता है कि जब तक पाकिस्तान से नाक न रगड़वा लेंगे, तब तक चैन से नहीं बैठेंगे। गुस्सा आया है और रोज निकल रहा है। असम के विस्फोट मुम्बई के आतंकी हमले से जुड़े हैं। देखो न कि साल के पहले दिन हमला हुआ है!

देशभक्ति इस कदर बनायी-बेची जा रही है कि आप हर चैनल पर सरकारी विदेश नीति ब्रांड में चैनलों की निजी क्रोध मिलावट वाली देशभक्ति की पुड़ियाएँ बिकते-देखते-सुनते हैं।

एक दिन *जी न्यूज :* भारत ने पाकिस्तान के खिलाफ कूटनीतिक बढ़त ली।

उसी दिन उसी समय *आईबीएन सेवन :* कसाब पर पाकिस्तान झूठ पर झूठ बोलता जा रहा है। हर तरफ से घिरता जा रहा है पाकिस्तान। ये रहे पाकिस्तान के खिलाफ आठ सबूत। एक दो तीन चार पाँच। एक-एक प्रमाण। अब कहाँ जाएगा बेटा बचके! दाँत पीसने से रह जाता है वाचक!

इंडिया टीवी फुफकारता है : इतिहास की सबसे अलग जंग शुरू! परमाणु युद्ध नहीं! विश्व युद्ध भी नहीं! सबसे अलग जंग शुरू!

ये रहा वह टूथपेस्ट। ये बातें आप अपने ढंग से पढ़िए। टूथपेस्ट जिससे आतंकियों ने दन्तमंजन किया होगा और ये रही दाँत साफ करने वाली टूथपिक।

आजाद न्यूज : पाकिस्तान को आतंकी सौंपने ही होंगे।

न्यूज ट्वेंटी फोर : पाकिस्तान को सबूत सौंपे। कूटनीतिक दबाव बढ़ा।

इंडिया न्यूज : घिर गया पाकिस्तान। पेश किये सबूत।

एक दिन बाद की खबर : भारत आरोप लगाना बन्द करे और साझा जाँच की बात माने!

हो गयी दाँतपीसू खबर की ऐसी की तैसी!

तो समझे पाठक आप! जिन चैनलों को देख-देख आप सोचते रहे कि अब होगी लड़ाई... अब होगी लड़ाई... वे आपका टाइम खोटी कर रहे थे। बेवकूफ बना रहे थे। एक लाइन में जवाब दे दिया पाकिस्तान ने।

बकबक देशभक्ति ऐसी ही झाग वाली होती है। उफान आता है और पानी के चन्द छींटे लगते ही ठंडा!

यारो! पब्लिक को बनाने से बाज आओ!

11 जनवरी, 2009

हम्प्टी डम्प्टी

हाईकोर्ट के जस्टिस ने बयान दिया। एक लेख अपने नाम से लिखा-छपवाया।

'ऑफकोर्स! यह पब्लिसिटी चाहने का मामला भी है।'

सोली सोराबजी ने दो टूक कहा। चरचा में।

जस्टिस जेएस वर्मा ने कहा : निजी सम्पदा दिखाने में 'हिचकिचाहट' क्यों? सोली सोराबजी, जस्टिस जेएस वर्मा का मत एक तरफ। सारी कचहरी दूसरी तरफ। जस्टिस वर्मा ने कहा : आम आदमी जानना चाहता है। बताने में हिचक क्यों? जितनी हिचकिचाहट उतना ही रहस्य और विवाद।

सोली बोले : विवाद को खत्म करने के लिए बताया जाना चाहिए। आह ईमानदारी! पारदर्शिता! जनता के बीच निजी दायरे के खुलने का रहस्य, रोमांच और फिर रहस्य खुलने के बाद का विरेचन! तसल्ली! चैन!

अर्णव का जी जुड़ाया! चलो जी। दो दिग्गज कहते हैं : कमाई बताओ!

अगली बड़ी खबर सब चैनलों पर। स्विस बैंक ने कहा : खबरदार! जो गोपनीय खातों को माँगा! कभी इधर टोह लेने के वास्ते आने की गलती भी न करना। लेकिन इण्टरनेट की ईमानदारी। सब कुछ तो है। गोपनीय खातावादियों में हीरो नम्बर वन की जगह पर आता है : 'इंडिया!' इतने पैसे? रूस नम्बर दो पर है। चीन? चीन को तो पाँचवे नम्बर पर पछाड़ दिया है हमने!

टाइम्स नाउ, जो यहाँ अपने लैपटॉप पर, आईदेसीटीवी डॉटकॉम के बुके में अपेक्षाकृत अधिक अच्छी 'बफरिंग' करता है, नैतिक-आर्थिक प्रश्न उठाते पूछता है : इतना पैसा कि एक बजट हो जाए! ले आओ उसे!

चैनल लाइन लगाता है—'स्नब टू इंडिया'! खबर के चलते-फिरते 'ग्रैब' में प्रणव मुखर्जी रिपोर्टरों को 'स्नब' करते से नजर आते हैं : हाँ, खबर सुनी है। देखेंगे।

ईमानदारी! पारदर्शिता! दो शब्द क्यों आते रहते हैं ऐसी खबरों के पीछे? हम क्यों नहीं कह सकते—'या बेईमानी तेरा ही सहारा'। हर पत्रकार ईमानदारी का पत्थर बेईमानी के मत्थे मार देना चाहता है। बेईमानी की इस बेरहम पिटाई पर दया आती है।

खबरें ईमानदारी को क्रोध में बदलना चाहती हैं जबकि उनकी प्रकृति कहती

है : इस, और ऐसी तीनों 'ईमानदार' बहसों पर हँसो!

इसी 'ईमानदारी' की मार अरुण शौरी पर पड़ी है। एक दिन पहले इसी ईमानदारी ने जसवन्त को काटा था। दर्द था। पूछने वाले शेखर गुप्ता 'टाक' में 'वाक' कराने लाये जसवन्त सिंह को। यह बातचीत 'दर्द का हद से गुजरना है दवा हो जाना,' होते-होते रह गयी।

ओह इतिहास! जसवन्त सिंह ने इतिहासशास्त्र पेश किया। लगा कि मुक्तिबोध पढ़कर आये। बोले—'तोड़ने ही होंगे मठ और गढ़ सब।' 'मूर्तिपूजन बहुत हुआ, मूर्तिभंजन चाहिए।'

यहाँ से शेखर गुप्ता दर्द निकासी करने लगे।

'भाजपा आप से डरती है?'

'हाँ, उनमें डर बैठ गया है। जब तक भाजपा सत्ता में नहीं थी कोई डर नहीं था। सत्ता में बैठने के बाद डर बैठ गया।

— गुजरात प्रसंग?

— हाँ, मुझ जैसे की कठिनाई है। भाजपा अध्यक्ष के लिए नायडू का नाम मैंने दिया। एमपी के लिए उमा का दिया। राजस्थान के लिए वसुन्धरा का दिया। अटल ने कहा, वसु को वहाँ भेज रहे हो? वहाँ बड़े-बड़े घाघ बैठे हैं।

— गुजरात?

— हाँ, हम हम छोटे हवाई जहाज में जा रहे थे। 'गुजरात जल रहा था।' (शेखर गुप्ता ने प्रसंग की टीप लगायी) हाँ, मुझे लगता था कि गुजरात में गलत हो रहा है। अटल जी ने पूछा-गुजरात का क्या करना है? आडवाणी बाथरूम चले गए। अटल जी ने मुझसे कहा, जरा उनसे (आडवाणी) पूछिए (कि क्या चाहते हैं?) मैंने पूछा तो अडवाणी जी बोले (मोदी को हटाएँगे तो) 'बवाल' खड़ा हो जाएगा। अटल जी एक्ट करना चाहते थे।

'आडवाणी जी ने टाल दिया?'

— अटल ने इस्तीफा लिखा?

— हाँ, प्रमोद (महाजन) ने मुझसे कहा-सँभालिए अटल जी को वे इस्तीफा दे रहे हैं। सचिव खड़ा था। मैंने उससे कहा, आप जरा बाहर चले जाइए। अटल बोले-क्या कर रहे हो? अटल परेशान थे, व्यथित थे। मैंने अटल जी से पूछा-ये क्या कर रहे हैं? भगवान गवाह है, मैंने अटलजी का हाथ पकड़ लिया। वे बोले-क्या कर रहे हो? छोड़ दो। मैंने कहा-ये क्या कर रहे हैं? मैंने कागज छीन लिया। वहीं फाड़ दिया।

संसद में धन लेने वाला प्रसंग। एक मुस्लिम आदमी की छाया सारे प्रसंग में छायी रही।

कन्धार प्रसंग : शौरी ने कहा—ये डिजास्टर है। कन्धार का प्रसंग था—मनी नहीं

दी गयी थी। मैंने खुद को जाने के लिए ऑफर किया था। आडवाणी की याददाश्त ठीक काम नहीं कर रही होगी इस प्रसंग में।

वही मुई ईमानदारी! पारदर्शिता! सब कुछ बता दिया फिर भी रहस्य! रहस्य!

आखिर में अरुण शौरी। पन्द्रह-सत्रह मिनट के बाद और एक, दो, तीन हथगोले। चुनिन्दा-चुटीले व्यंग्य बाण। भाजपा कटी पतंग है, भाजपा एलिस इन 'ब्लण्डरलैंड' है। राजनाथ 'हम्प्टी-डम्प्टी' हैं। शिकायत को अनुशासनहीनता मानते हैं। भाजपा नामक हम्प्टी-डम्प्टी का कामकाज आरएसएस हाथ में ले ले। संघ वाले सबकी सुनते हैं। उनको क्या है, मेरी भी सुनो।

तीन दिन पहले *टाइम्स नाउ* पर अर्णव संघ के सरकार्यवाह मोहन भागवत से आग्रह-सा कर रहे थे—आप लोग भाजपा का क्यों नहीं कुछ करते? मोहन भागवत विहँस रहे थे। भाजपा राजनीतिक मंच है। उन्हें तय करना है। क्या-क्या करें मोहन जी?

ढेर सारे हास्य प्रसंग पैदा किये। ईमानदारी की तलाश में कॉमेडी शोज, कॉमेडियन सब फीके पड़ गये।

आईबीएन सेवन पर हरियाणा का चुनाव शुरू हो चुका है। भाजपा कलह में व्यस्त है। कांग्रेस बताशे बाँट रही है। आईबीएन सेवन पर कांग्रेसी विज्ञापनों की बौछार है। हरियाणवी के नाच-गाने के साथ राजीव गाँधी एजुकेशन योजना के जरिये हरियाणा में विश्व स्तर की शिक्षा देने का ऐलान। जय राजीव गाँधी जी की।

खट! दूसरा विज्ञापन कहता है—हरियाणा सरकार ने प्लॉट दिया है। पक्की गली बनाकर दी है। पानी देते हैं। महात्मा गाँधी बस्ती योजना है गरीबी की रेखा से नीचे रहने वालों के लिए। चौबीस हजार करोड़ दे रहे हैं योजना में।

होर क्या! किसी की जान लेगा?

30 अगस्त, 2009

बीमारी की खबर

स्वाइन फ्लू फैला। एक बच्ची की मौत हुई। पुणे में 'पैनिक'! और 'पैनिक' लिखते ही डरे देशभर के दर्शक। ढूँढ़ने लगे मास्क यानी मुछीका। यह रहा अपना आइटम स्वाइन फ्लू लाइव। एकदम रीयलिटी टीवी वाला सीन! उसी तरह देखें।

इससे पहले किसी को रिदा शेख के बुखार की ख़बर नहीं लगी। जब मरी तो बड़ी खबर बनी और बुधवार की दोपहर से लेकर रात तक छायी रही। इस खबर में स्वाइन फ्लू का सकल समाजशास्त्र और अर्थशास्त्र प्रस्तुत हुआ।

इस एक खबर में चैनलों की छह-सात भूमिकाएँ एक साथ प्रकट हुईं।

पहली—खबर देने वाले की भूमिका।

दूसरी—खबरदार होशियार करने वाले की।

तीसरी—खबर से डराने वाले की।

चौथी—डर दिखाकर मास्क बेचने वाले की।

पाँचवी—आदर्श उम्छा मुछीका स्वाइन फ्लू का मुकाबला करने वाला मुछीका कौन-सा है इसकी खबर देने की।

छठी—मुछीके का 'डबलूएचओ' मान्य मेडिकल स्टैण्डर्ड यानी 'पिचानवे' संख्या में की छाप वाला। कीमत एक सौ से एक सौ दस रुपये।

सातवीं—बाजार में जितनी पब्लिक है, उतने मुछीके नहीं हैं। यानी मुछीका उद्योग को सलाह कि जरा जल्दी माल तैयार करे।

पुणे के पैनिक (जनभय) के लाइव कवरेज के दृश्यों ने मुछीके का खेल कर दिया था। बुखार से लड़ना था। उससे ज्यादा सरकार से, अस्पताल से, पुणे से लड़ना था। इतने सारे काम इसे देश के। और चन्द चैनलों को करना है!

सारे अंग्रेजी और कुछ हिन्दी चैनलों पर एक साथ। किनारे के चैनल क्रिकेट का टंटा ज्यादा दिखाते रहे। आईबीएन तो एक बार को किसी कल्कि अवतार की लगभग गारंटीशुदा कथा का सहारा लिए था। लेकिन फ्लू को देख, मुछीके देख अंग्रेजी चैनलों की वाचिकाओं की साँस उखड़ने लगी। इतना करुण टीवी नहीं देखा जो रोता तो नहीं था। लेकिन दर्द को डर बनाकर, डर को मुछीका बनाकर मार्केटिंग को चढ़ावा देकर चलता रहा।

एक दिन में दोपहर से रात तक अगर एक आइटम 'मुछीके' की मार्केटिंग हो गयी तो हो गयी न पूरी खबर। जनता को बचने की सलाह दी और मुछीका वालों को बचाने की। खबर की खबर पुण्य मिला सेत में!

बेशक! बेशक!

जो न देख पायें हों, रात में वे देखें दिन में। खबर चैनलों का काम है कि आप तक हिट सीरियल या रीयलिटी शो को नित्य प्रति पहुँचाया करें। कितना खयाल है उन्हें दर्शकों का!!

देखें बालिका वधू का पूरा प्रोमो। नहीं इससे पहले देख लें राखी का स्वयंवर! ये उनके लिए जो फ्लू से बचे हों और जो रात बिरात स्वयंवर न देख पाए हों, उन्हीं के लिए कुछ सीन। कल्याण ही कल्याण।

खबर से मनमोहनी बलूचिस्तान को निकालना है। पाकिस्तान के कूट-थप्पड़ों को भुलाना है तो जरा फ्लू-वलू रहे। जरा स्वयंवर रहे। जरा-सी बालिका का पारम्परिक रंगीन उत्पीड़न रहे! यह है देसी 'मिनीमलिज्म' में भी सोद्देश्य मिनीमिर्चिज्म!!

अमेरिकी चैनल अपनों से सीखें कि मन्दी के दौर में मार्केटिंग मिनी मिर्चिज्म किस तरह से किया जाता है।

दोपहर से शाम तक पुणे को, एक-दो अस्पतालों के गलियारों में समेट दिया गया। सीन में लाइव। हर आदमी मुछीका लगाये है। इतने सारे मुछीके मिल गये। सीन बुरा नहीं रहा। एक बीमारी की खबर एक महामारी। फिर डर और फिर मुछीकों पर आकर ठहरी बात! पूरे सीन में मुछीका आदमी की शक्ल परिभाषित कर रहा था। वही तमाशा था, आइटम था, जिन्दगी था। बुखार सिर्फ सन्दर्भ था।

मुछीका लगा लोग लड़ रहे थे। तू-तू, मैं-मैं कर रहे थे। डॉक्टर धक्के खा रहे थे और चर्चाकार सुरक्षित बैठे थे, बेहतर होता कि वे भी मुछीके लगाकर खबर पढ़ते।

रिपोर्टर सीन टू सीन सिंक कर रहे थे। मुछीका लगा रखा था, हरेक चैनल का रिपोर्टर अलग रंग का मुछीका लगाये रिपोर्ट दे रहा था। करुणा से भीगी वाचिका ने *सीएनएन आईबीएन* पर अभी तो नहीं कहा कि अरे फलाने, तुम्हें तो नहीं हुआ, तुम बचके रहना भैया!

बीमारी को महामारी बनाना अपने चैनलों से जाना सीखा जा सकता है। पूछें तो कि इस बीमारी के पीछे खड़ी बीमारी कौन-सी है? क्या खुद नया जीवनरक्षक मार्केट होना है? एक चैनल सवाल नहीं करता। किसी बीमारी को उगलता रहता है और विशेषज्ञ कहते हैं कि हाथ साफ रखें, पब्लिक प्लेस में न जाएँ। जाएँ तो मुछीका लगाकर रहें।

राखी के त्योहार से ज्यादा चमक राखी के स्वयंवर ने लूटी। जिस दिन वह स्वयंवर नामक आइटम था। उससे पहले प्रोमो था। अंग्रेजी के दो बड़े चैनलों पर कि

आज का खास शो जरूर देखें। *स्टार प्लस, स्टार न्यूज* पर प्रोमो दें तो समझा जा सकता है कि एक पितृकम्पनी के दो चैनल एक-दूसरे की झाँकी देंगी ही। लेकिन *एनडीटीवी इमेजिन* के आइटम को एक अन्य अंग्रेजी चैनल दे और बालिका-वधू के प्रोमो को कोई दूसरा कम्पनी चैनल दे तो पूछने का मन करता है कि पराया आइटम देने की उदारता क्या शुद्ध अहैतुकी है?

बहरहाल बालिका-वधू की कहानी का असल विलोम दस-बारह साल की आनंदी और अस्सी साल की बुढ़िया दादी-सा के बीच है। एक ओर निरीह बालिका दूजी ओर कर्कशी खुर्राट बुढ़िया और बीच में सब घरवाले डरे-डरे! कथा के ढाँचे में ही झोल है। जिस घर में लड़कियों के ऐसे हाल रहे, उसमें दादी सा हिटलर किस प्रकार बन गयी? दादी एक असम्भावना ही है।

सबसे ज्यादा बेचा गया 'स्वयंवर' गजब रहा। राखी स्वयंवर का आइटम देती लगी। चुना गया वर इलेश अंग्रेजी में उदात्त होने की कोशिश करता हुआ, शर्माता लगता और झेंपता-सा लगता था। उधर 'आई लव यू' के जवाब में राखी अपनी जरा-सी गर्दन मटकाकर बोली 'आई लव यू टू'! फिर माला स्लो मोशन में म्यूजिक मार के! वर के पिता ने कुछ अंग्रेजी झाड़ी। फिर रंगबिरंगा वही सब दिखने लगा था जो 'हम आपके हैं कौन' और एकता कपूरी सीरियल दिखाते रहे हैं।

अब क्या करेंगी राखी जी! अगला आइटम हो सकता है कि 'सगाई टूट' आइटम रहे। कोई खलनायक बीच में आये और फिर से राखी का स्वयंवर नम्बर दो एजण्डे पे हो।

9 अगस्त, 2009

खेल की रेल

सुबह चार पचास पर ट्रेनें भिड़ती हैं। पूरे दिन 'चेन पुलिंग' की स्टोरी चलती है। यह बात बहुत देर बाद सामने आती है कि एक ही ट्रैक पर एक-दूसरे के इतने नजदीक आगे-पीछे ट्रेनें क्यों रहीं? क्लीयरेंस का क्या हुआ? सिगनल गलत रहा? क्या? यह बात *आईबीएन सेवन* का रिपोर्टर बता रहा था रात को कि चेन पुलिंग से ऐसा हादसा सम्भव नहीं दिखता! तब क्या कारण रहा होगा? ममता जी के बयान के बाद ऐसी बातें करने की मनाही तो नहीं थी। राहत घोषित। जाँच घोषित और बात बन्द।

आईबीएन सेवन मेहनती चैनल है। अपने वाचक को स्टूडियो में ही स्टेशन माफिक बनाकर खड़ा किया। स्टेशन से सीधे खबर का मजा आने लगा। एक लाल रंग की गाड़ी आयी और रुक गयी? फिर गायब हो गयी। फिर आयी फिर गुजर गयी। बिना शोर के फिर-फिर दिखाया कि किस तरह से एक ट्रेन का इंजन दूसरी ट्रेन के पिछले डिब्बे पर चढ़ गया। कितना लाइव से भी लाइव किया कि स्टेशन पर ट्रेन के रू-ब-रू कर दिया! है न कमाल! बस खेल की रेल का यही मजा है। दिवाली पर सारे खबर चैनल अपने-अपने दीये जलाकर बैठ गये। उत्सव के साथ सिंक करना ही था तो लक्ष्मी-गणेश को परमानेण्टली बिठा देते। क्या बुरा होता? वही तो चैनलों की माई-बाप ठहरीं जो सारे साल मेहरबान रहती हैं। लाज-लिहाज छोड़ लक्ष्मी जी को पूरे साल के लिए पधरा लीजिए! ऐसा हो तो सब उसी से लक्ष्मी जी की पूजा कर लिया करें। जनसेवा हो जाए। अब तक इलेक्ट्रॉनिक दीये जलाकर काम चल जाता है। लक्ष्मी जी होंगी तो भोग भी लगाना पड़ेगा न! इलेक्ट्रॉनिक खील-बताशों ने क्या बिगाड़ा है?

इस तमाशाई धार्मिक चिह्नवाद को देखएक सवाल उठता है : हमारे चैनल होली पर होली हो जाते हैं। दिवाली पर दिवाली हो जाते हैं। लेकिन ईद पर ईद क्यों नहीं होते? यह भेद क्या है? क्रिसमस पर क्रिसमसाये तो बुद्धपूर्णिमा पर बुद्ध की मूर्ति लाइए न! चैनल क्या ज्यादा हिन्दू हैं? क्या वे धर्मनिरपेक्ष नहीं हैं?

अपने यहाँ खबर प्रस्तुति बड़ी मेहनत से होती है। एक-डेढ़ बिग स्टोरी जान ले लेती है। कुल जमा चार-पाँच खबरों को सँभालने के लिए दो-दो वाचिकाएँ लगानी

पड़ती हैं। दो-दो वाचक जमाने पड़ते हैं। एक वाचक एक वाचिका लगाने पड़ते हैं। वाचिकाएँ रहती हैं तो कठोर खबरें मृदु कोमल हो जाती हैं लेकिन अंग्रेजी के पाएदार माने जाने वाले बीबीसी, सीएनएन पर बिरले ही दो-दो वाचक, वाचिकाएँ नजर आते हैं। फिरंग चैनल खबर प्रस्तुति में हमारे डबल डबल वाचकों-वाचिकाओं का मुकाबला नहीं कर सकते! देखा अपना रंग! एक डबल में दो दो!

जब खबर में आ रही हों तो आप खबरों को जितना झेल सकें झेलें, बोर हों तो नीचे रेंगती हुई पट्टियों का गत्यावलोकन करें। एक-एक लाइन की विविध खबरें यही होती हैं। कुछ की पट्टियाँ पठनीय स्पीड से रेंगती हैं। कुछ की सुपर फास्ट स्पीड से कि पढ़ने में ही नहीं आ पातीं। ऐसी स्पीड किस काम की?

एमटीवी का 'रोडीज' गजब ढाता है। यहाँ यंगिस्तान अपने पूरे पश्चिमी रंग में रहता है। सबसे ज्यादा विज्ञापन लेने वाला रीयलिटी शो यही है।

उसके मुकाबले 'बिगबॉस' कहीं नहीं। 'पति-पत्नी और वो' इतना उबाऊ हो चला है कि आप उसे झेल नहीं पाते। 'खतरों के खिलाड़ी' में एडवेंचर का भाव नहीं आ पाता। जोखिम का सीन न दिखे और आप जोखिम-जोखिम चिल्लायें तो क्या ठीक लगेगा? इससे कहीं ज्यादा जोखिम भरे स्टंट तो एक्शन नामक चैनल में आते हैं।

'बिगबॉस' के घर से कमाल खान साहब को विदाई दे दी गयी। वह मुँहफट लापरवाह-सा बन्दा इसी दिन के लिए लाया गया था। उसने पहले ही कह दिया था कि उसे निकालने वाला पैदा ही नहीं हुआ। वह घर से जाएगा तो अपनी मरजी से! बताइए बिगबॉस अपनी मरजी से गया कि बिगबॉस के 'आदेश' की मरजी से! एकदम उबाऊ हो चला है बिगबॉस!

बुरके पर चरचा *एनडीटीवी* पर रही। दो बुरके वाली खातून रहीं। टीवी के लिए मुँह दिखाना पड़ा। बातें वही जो पूर्वज्ञात-सी लगीं। यानी कि मिस्र में आतंकवादी प्राब्लम है, सो बुरके की अनिवार्यता को प्रश्नित किया जा रहा है। लेकिन बातचीत बुरके की पहचान की राजनीति को प्रश्नित नहीं कर सकी।

इस बीच सबसे ज्यादा खबरों में अचानकता पैदा करने वाले राहुल की खबरें और उनकी अचानकता बहस का विषय नहीं बनीं। एक बार बनकर ठंडी हो गयी।

चुनाव परिणाम विश्लेषणों की मिनट सेकण्ड की लाइव कमेंटरी, इलेक्ट्रॉनिकी वोट में कौतुकी नजर आती है कि आप दो घंटे तक तो सट्टा बाजार के आँकड़ों की तरह दलों की सीटों में उतार-चढ़ाव देखते हैं और फिर सब ठंडा हो जाता है।

चुनाव विश्लेषण में दोराब सोपारीवाला सबसे सटीक और संक्षिप्त लेकिन सटीक बोलते हैं। वे लम्बी व्याख्याओं में नहीं जाते। उन्हीं ने कहा : मिनट-दर-मिनट सूचनाएँ बदलती हैं साथी! यह अपने यहाँ का चुनाव है! अनिवर्चनीयम्! अकथनीयम्!

25 अक्टूबर, 2009

टीवी के राहुल

महँगाई का दर्द भूल। ये सुपर शादी देख।

मन्दी है का दुखड़ा है क्या? ये मॉडलिया दुल्हन देख, चुन।

गरीबो है तो क्या उससे लड़ने के लिए परफेक्ट ब्राइड ले जा।

हड़ताल क्या देखता है? बॉडी बिल्डर दूल्हे देख!

टीवी पर इन दिनों 'रिश्ते ही रिश्ते हैं'। शादी के फरिश्ते हैं। यह टीवी का 'स्वयंवर' फैक्टर है। अब हर जगह वर-वधू बैठ गये हैं।

टीवी का नारा है—दुल्हन वही जिसे टीवी दिलवाये! 'पाठक' जी पुराने हुए। एक सप्ताह में तीन-तीन शादियों, दुल्हनों, दूल्हों से पटे पड़े हैं।

इधर शादी। उधर शादी। इधर 'परफेक्ट ब्राइडों' की सेल है तो उधर सुपर परफेक्ट दूल्हों की सुपर सेल। बराती रूपी एक्स्ट्राज सर्वत्र उपलब्ध हैं। 'स्वयंवर वन' के बाद राखी अपनी 'बर्बादी' की कहानी गुन-बुन रही हैं कि लाइन में 'स्वयंवर टू लग गया है। पति-पत्नी के बीच 'वो' यानी एक तगड़ा-सा बच्चा आ गया है जो खलनायक बन रहा है। क्या करें उसका? राखी फरमाती हैं—एक गलत बच्चा दिया है मुझे!

शादी फैक्टर के आगे इसे टीवी का राहुल फैक्टर ही कहना चाहिए कि इन दिनों टीवी में एक बढ़िया-सा गाँव आने लगा है। यह *डीडी* के शाम वाले कृषि सम्बन्धी कार्यक्रम से भी ज्यादा सजीला गाँव है जिसे निजी चैनलों पर पहली बार बनाया जा रहा है। गाँव गजब का है कि सर्वत्र एक जैसा है। गाँव की गरीबी चटख रंग-रोगन में दी जाने लगी है। 'बैरी पिया' की युवती का दर्द बड़ा स्वीट लगता है। दर्द का ब्यूटी पार्लर गाँव जाकर खुल गया है।

टीवी का यथार्थवाद सुन्दर दर्दीला होता है। राहुल के गाँव से इस गाँव को तौलें तो मालूम पड़ता है कि अकाल और अकाल, गरीबी और गरीबी में फर्क होता है।

गाँव और गरीबी तक सरकारी सन्देशों को पहुँचाने के लिए राहुल से ज्यादा रेडियो एक बेहतर माध्यम है। आकाशवाणी के एफएम चैनल गोल्ड और रेनबो इस काम को वफादारी से निभा रहा है। चुनाव के इन दिनों यहाँ जो कई जिंगल आती

रहती है उनमें एक हैं जिसमें महीने में तीस किलो चावल वह भी दो रुपये किलो के भाव में दिया जाएगा, कहा जा रहा है!

दाल-चावल की महँगाई की खबरों! कहाँ हो तुम? देखती नहीं हो यहाँ दो रुपये किलो चावल उपलब्ध है? कहाँ है मुआ अकाल? कहाँ है भूख? अरी 'बैरी पिया' वाली हीरोइन क्यों व्यर्थ परेशान है तू? लाइन में लग। तीस किलो चावल दो रुपये किलो भाव से ले न आ!

गरीबी से ज्यादा टीवी का छल इन दिनों बढ़ा है। देश पर छलिया सूचनाएँ राज कर रही हैं। छलिया यथार्थ है जो महँगाई को दो रुपये किलो चावल से तोल रहा है! यह गाँव का कौन-सा फैक्टर है राहुल जी! क्या यह सुना विपक्ष जी!

इस धँधई हड़बड़ के समय में लता अस्सी साल की हो जाती हैं और जावेद अख्तर मौके के अनुकूल बातें करते हैं। ठीक है। लेकिन चैनलों के पास बो लता का पॉप संगीत समझने वाले दिमाग कहाँ? उनकी म्यूजिक लाइब्रेरी तक नहीं जिसमें लता के पहले के पुराने गाने हों जो अब तक न सुनाये गये हों। लता बोलें तो बताये वरना हम क्या जानें जी? सो लता ने जितना बोला उतना रस आया उसके आगे-पीछे वो ही भरती के गानों के टुकड़े। लता के जन्मदिन पर भी सिर्फ एक छोटा कैप्सूल! यानी साक्षात्कार और बस! *सीएनएन आईबीएन* ने लता पर कैप्सूल दिया अच्छा किया। मगर इतना कम कि तबियत नहीं भरी!

और जनता की फरमाइश की जगह आमिर की फरमाइश बधाई या अमिताभ की बधाई के क्या मानी? यारो! इनकी बधाई क्या स्पेशल जाति की थी? अरे लता के सच्चे फैन तो आम जन हैं। उनसे लता की बात होती तो कुछ और बात होती? इस आम जनता के जल्वे को महसूस करना हो तो *एफएम गोल्ड* सुनें कि वहाँ टिगरी कॉलोनी से लेकर सतघड़ा तक से फरमाइशें करने वाले रहते हैं और लता के पुराने गानों पर फिदा रहते हैं। कार्यक्रम में लता रहीं। बातों का रस रहा। गानों का रस नहीं महसूस हुआ।

तब सबको लज्जित करती मामूली लड़की रुखसाना ने बताया कि आम जनता क्या कर सकती है? एक दिन पहले एनकाउंटर में पुलिस अधिकारी ने बताया कि यह एनकाउंटर एकदम क्लीन था। उसके बाद रुखसाना नामक वह वीरांगना बोली : मैंने किस तरह से उस मिलिटेंट की बन्दूक छीन ली और मार गिराया! कि तभी नेताओं को चैनलों द्वारा लाया गया और वे बोलने लगे कि कमाल कर दिया। बहादुरी की मिसाल है और उसे वीरता का सबसे बड़ा सम्मान मिलना चाहिए। और इस देश के दर्शक प्रेरित होते-होते रह गये कि इस वीर लड़की को किस तरह से सराहें? आम जनता तूने एक्शन किया। लेकिन तुरन्त तुझे गायब कर तेरे सर पर नेताओं को बिठा दिया चैनलों ने? पब्लिक में क्या तस्वीर बनी यह बताने की परवाह किसे?

दशहरे के दिन का शुक्रिया कि इस दिन पीएम और सोनिया के साथ राम-लक्ष्मण के दर्शन होते हैं। पिछली बार तीर चलाये थे पीएम जी ने, सोनिया जी ने। उससे पिछली बार देर तक उनका तरह-तरह से भक्तों ने तिलक किया था। इस बार यह लीला नहीं थी। लेकिन राम-लक्ष्मण का पीएम द्वारा तिलक किया गया। दक्षिणा कितनी दी राम-लक्ष्मण को? यह कोई नहीं बता सका।

रामलीला मैदान की रामलीला को लाइव सब नहीं दिखाते। बड़े नामी चैनल दिखाते हैं। तो भी छोटे नये चैनलों का मौलिकता का जवाब नहीं। *आजाद न्यूज* ने नोएडा की रामलीला को कवर किया। सारे चैनल नोएडा में हैं। लेकिन यहाँ की रामलीला वीआईपी कहाँ जो कवर करते?

इंडिया टीवी ने निहाल कर दिया। उसने रावण का एअरपोर्ट, पुष्पक का कारखाना, उसका डेरीफार्म, पाँच हजार साल पहले चलाया तीर जो सौ किलोमीटर चलकर रावण को लगा, तीर खाते वक्त जहाँ खड़ा, वह जगह रावण के अन्तिम क्षणों की गवाह, वह जगह सब कुछ। हाँ, इंडिया टीवी ने अपने को करेक्ट किया कि राम ने तीस नहीं इकतीस तीर चलाये थे! उनके बारे में बात करेंगे ब्रेक के बाद!

यह एब्सर्ड नाटक का जमाना नहीं एब्सर्ड टीवी का जमाना है प्यारेलाल!

4 अक्टूबर, 2009

जरा-सी बात पे

जरा-सी बात पे दुनिया को छोड़ आया था जैसे मिसरे वाली बात नजर आयी।

जम्मू-कश्मीर के मुख्यमन्त्री उमर अब्दुल्ला ने इस्तीफा दे दिया। खबर ऐसी कि सारी नजरें अपनी ओर खींच ले। उसके बाद के फुटेज मानो लाइव कवरेज। इसे कहते हैं 'टीवी-उत्कटता'! जब दृश्य में सब कुछ टाइट प्रेम में हो। कुछ न बचे फ्रेम से बाहर रहने के लिए और दृश्य अपनी पूरी कहानी आप कह दे!

एकदम वही था।

उमर घिरे हैं। लोग उन पर चीख रहे हैं। एकदम पास से। लेकिन शोर नहीं दिया जा रहा है।

चैनल चहक उठे हैं। प्रस्तोताओं के हाथ तीन दिन तक जमकर बजायी जाने वाली स्टोरी आ गयी है। सारी नजरें खबर पर होनी हैं। उमर ने इस्तीफे की बात कही है। बात उनकी 'इज्जत' पर आ रही है। कैसे चुप रहें! जाँच तक वे नहीं रहना चाहते।

लेकिन टीवी के इस बेअदब जमाने में कुर्सी का बलिदान एक लाइन में मरकर राजनीतिक आशय बन जाता है।

कट। एक दिन पहले की खबर का वह टुकड़ा भी इस टुकड़े की तरह सब चैनलों पर रहा जिसमें महबूबा मुफ्ती साहिबा जी ने विधानसभा में स्पीकर का माइक छीना था और सबको दिखा था। लेकिन तब खबर राष्ट्रीय चैनलों पर, अंग्रेजी के चटचारस वाले चैनलों पर चर्वण रस योग्य नहीं पायी गयी थी।

लेकिन सीएम उमर के इस्तीफे को चर्वण रस से बाहर नहीं किया जा सकता।

तिस पर उमर टीवी-दोस्त चेहरा है। स्टोरी अपनी बिरादर की है तो थोड़ी हमदर्दी बने तो ठीक! लेकिन टीवी पर आती हर बलिदानी कहानी दो टके की आरोप-प्रत्यारोप वाली कहानी बन उठती है! करें तो क्या करें?

कट। *सीएनएन आईबीनएन। कट।* टाइम्स *नाउ*। हर तरफ इस्तीफा। बड़ी लाइव खबर। हर तरफ पक्ष-विपक्ष का शोर और दूसरे को न बोलने देने की ठानी बात। अरे, इससे तो एक लाइन की सूखी खबर अच्छी रहती। जरा-सा सीन होता

और बस जैसा *डीडी* करता है। क्यों राजदीप जी? क्यों अर्णव जी? सारी बहस के बाद क्या मिला? इतना टाइम खोटा न होता।

क्या कोई दर्शक अब भी रोता है कारगिल के शहीदों के नाम पर। विजय दिवस पर रोया नहीं जाता.... 'जरा याद करो कुर्बानी' वाली बात होती है। लता का गाना 'जरा याद करो कुर्बानी' न हो और बॉर्डर आदि फिल्मों के सीन न हों तो अपने चैनल देशभक्ति की सोच भी नहीं सकते।

टीवी-देशभक्ति करने के लिए अभिषेक बच्चन से कम कुछ नहीं हो सकता। आइडिया मोबाइल बेचने से लेकर कारगिल बेचने तक अभिषेक उपलब्ध है। इस सबके बीच विधवाएँ और मारे गये लोगों के परिजनों के चेहरे देखे नहीं जाते भाई!

कैसा विजय दिवस जो डरावना दिखता रहे या एक मसखरा दिखता रहे और किसी एक सत्ता की भक्ति बन उठे!

कहीं एक लाइन युद्ध विरोधी नहीं। युयुत्सा में पाकिस्तान को लक्षित करने से भी क्या हासिल? जो हुआ उसकी समीक्षा कम। जो हुआ उसका मेकअप ज्यादा! किसने कराया इतनी कीमत पर यह मेकअप? खोजी चैनल पत्रकार अब सब चुप क्यों? कारगिल के कवरेज के दौरान ही इतना सब आया था उस वक्त। जरा याद करो...

ओह! बहन राखी सावन्त की तकदीर! मिले भी तो कैसे-कैसे रंगीले छैले मिले? राखी का जलवा 'सच का सामना' ने फीका कर दिया है। राखी जी, आपकी टीआरपी ये ले उड़े और आप जूझती रहीं उस सवाल से गम्भीर होकर कि क्या स्वयंवर के बाद आप आइटम डांस सीन देंगी? अरे, यही तो वह मौका था जब आप उस सवाल करने वाले को एक आइटम डांस वहीं उसके सामने करके दिखा देतीं! सारे लोग चारों खाने चित्त हो जाते और आपका रियलिटी शो सच/झूठ के सामने से आगे आ गया होता! आपके डांस आइटम के लिए ही तो सारा इन्तजाम है। 'ठुमका लगा दे' वाला जरा 'देसी गर्ल' वाला आइटम हो जाता, तो तय मानिए और दस हजार दीवाने सामने होते। अब आप कर्मकांड की ओर जा रही हैं। मेहँदी रस्म का मजा तभी है जब मेहँदी के गीत पर आपका वही गाना रहे जिसमें आप कहती हैं–'देखता है तू क्या?'

राखी का त्योहार आ रहा है राखी जी। अपने उनमें से किसी एक को भाई बना दीजिए फिर देखिए मजा। राखी का स्वयंवर की पटकथा वालो, मौका मत चूको!

अम्बिका सोनी वाकई खरी कहने वाली नेता हैं। *जी न्यूज* पर उस रात जयराम रमेश के आक्षेपों को लेकर उनके जवाब तगड़े रहे।

इधर संसद में 'सच का सामना' का गामा कटा। उधर चैनलों ने चरचा में हंगामा काटा। सबसे आगे रहा *टाइम्स नाउ*। उस पर थे सामना के क्विज मास्टर राजीव खण्डेलवाल। चरचा के तीन पक्ष! एक सामना का, जिसे सब भाँप सकते हैं कि

राजीव क्या बोलेंगे। दूजा एक पत्रकार का, जो इसे एक और गेम शो बताती रही। तीसरा भारतीय संस्कृति का प्रतीक, किसी बाबा स्वामी या धार्मिक प्रवचनकर्ता का, जो मजबूत मूरख-प्रतिपक्ष का काम करे! एक कमजोर-सा नैतिक सन्दर्भ पैदा कर दे और सबकी आलोचना का लक्ष्य बन जाए! चौथा पक्ष रहा चैनल एंकर का, जो देर तक तटस्थ-सा दिखे। लेकिन आखिर में कार्यक्रम के पक्ष में आँख मारता हुआ किसी भले मानुष की तरह कह उठे—

'लीव इट टू व्यूअर्स'! यह बात दर्शकों पर छोड़ दी जाए! हमने एक बहस करा दी है। अब उसमें से कुछ निकलता हो तो दर्शक चुन लें! हमें क्या? आधा घंटा मजे में गुजरा! क्यों जी!

आखिर में स्मृति ईरानी ने कहा ही—'हमें अपने हेरिटेज को नहीं भूलना चाहिए', तो चुन लो भैया जी!

2 अगस्त, 2009

एक सुबह सूरज

ग्रहण को महातमाशा बनाने की कला चैनलों को आ गयी है। कवरेज के कारण ग्रहण का डर निकल गया है। लोग बाहर निकलकर ग्रहण देखते हैं। उससे ज्यादा टीवी पर देखते हैं। इस ग्रहण वाले वक्त टीआरपी सबसे ज्यादा रही होगी। इस बार सूरज की भी फुल्टू मारकेटिंग हो गयी!

अंग्रेजी चैनल वैज्ञानिकों से टीका कराते रहे और ग्रहण के मौके पर प्रयोगों की बात करते रहे तो हिन्दी चैनल फिफ्टी-फिफ्टी यानी परम्परा और आधुनिकता का मिक्स देते रहे। हिन्दी खबर चैनलों में वैज्ञानिक और ज्योतिषी लोग रहे जो ग्रहण के पूर्व और उसके दौरान अपनी टीकाएँ देते रहे।

ढेर सारे चैनल और हर बड़े शहर से लाइव कवरेज। एक को देख लिया तो सब देख लिया!

बाईस जुलाई को सदी के सबसे लम्बे सूर्य ग्रहण का कवरेज इस बार एक हाथ और आगे निकल गया। सूरज एक 'आइटम हीरो' बन गया। यह नया तत्त्व बना इस बार के लाइव कवरेज में। टीवी कवरेज सूर्य भगवान की लाइव परफारमेंस बन गयी। सूर्य ग्रहण सूरज का आइटम बन गया।

टाइम्स नाउ की एंकर ने अपनी लाइव टीका में आखिरी वक्त में पूछा विज्ञान के प्रोफेसर दासगुप्ता से—बताइए सर कितना सफल रहा सूर्य ग्रहण? सर बोले—वैरी गुड। वैरी सक्सेसफुल! सबको पहले से मालूम था कि सूर्य ग्रहण कब होगा। अर्थात् टीवी ने लोगों को ग्रहण के बारे में पहले ही सब कुछ बता दिया था।

एंकर ने फिर पूछा—क्या सूर्य ग्रहण को देखना वैज्ञानिक नजरिया बनाता है?

प्रोफेसर बोले—जी हाँ ऐसी घटनाएँ बच्चों-युवाओं के मन पर असर डालती हैं कि वे विज्ञान पढ़ें, यही इस तरह की घटना का 'परिभाषित क्षण' होता है। एंकर ने एक बच्चे से बात की। वह सब कुछ जानता था कि कितने प्रतिशत सूर्य ग्रहण रहा और उसके पिता से पूछा तो लगा कि वह वैज्ञानिकों से ज्यादा सूर्य ग्रहण के बारे में जानता था।

पूछने वाली ने फिर पूछा कि यह घटना इतनी दुर्लभ और उत्तेजक है तो...

बच्चा बोला—यह जीवन भर का अनुभव है।

'अरे आपको सब मालूम है?' छोटे बच्चे की वयस्कता पर चकित हुई वाचिका।

सूरज नायक था। चन्द्रमा खलनायक था। टीवी माध्यम और दर्शक उत्तेजित, उल्लसित, प्रसन्न!

बाईस की सुबह सब टीवी चैनलों पर सूर्य ग्रहण कवरेज उतना ही सम्पूर्ण था जितना ग्रहण स्वयं था।

सबसे पहले सूरत में पूर्ण ग्रहण की खबर मय चित्र के दी गयी। एक ही समय सब चैनलों पर आयी। सबके अपने-अपने मचान रहे। चैनल कहाँ नहीं थे?

आगरा, पटना, कुरुक्षेत्र, वाराणसी, इलाहाबाद, उज्जैन, भोपाल, तारेगना, सूरत। लगता कि *टाइम्स नाउ* जहाँ है, वहीं *सीएनएन-आईबीएन* है और वहीं कहीं *एनडीटीवी* जमा है और *डीडी* भी है। *स्टार* है और *जी* है। बाकी को देखना मुहाल था।

सबकी प्रस्तुति एक जैसी थी। बस एक कसर थी। जैसी रचनात्मक भाषा इस ग्रहण के 'अनुभव' को लेकर सम्भव हो सकती थी, वह नहीं हुई। पिछली रात *टाइम्स नाउ* पर वैज्ञानिक यशपाल भोपाल से सूर्य ग्रहण देखने के लिए इतने उत्सुक और उल्लसित थे कि बादलों की 'धमकी' के बीच सीधे बोले कि 'हम देखेंगे'! वे किसी कवि की तरह उत्तेजित थे। लेकिन इससे आगे कविता नहीं आयी। आ सकती थी, आनी चाहिए थी।

अंग्रेजी चैनलों पर दुहरता-सा वैज्ञानिक गद्य था। सूरज पर एक कविता सम्भव थी। लेकिन अंग्रेजी में कवि हृदय नहीं था कि कविता करता। हिन्दी वालों के पास कविता सम्भव थी। लेकिन वे पंडिज्जियों और ज्योतिषियों के वैज्ञानिक छौंक की छाप वाले 'पुराधुनिक ड्यूट' में फँसे थे। एक चैनल पर दो-दो पण्डित स्पर्धात्मक ढंग से वाराणसी से बोलते रहे। एक पर पंडिज्जी कह रहे थे कि कुरुक्षेत्र जैसे पवित्र स्थलों में मन्त्र श्रवण का बड़ा भारी महात्म्य है। ग्रहण के समय मन्त्र सुनने से कल्याण होता है। एक अन्य चैनल पर ग्रहण में दान को सुधारवादी ढंग से 'गरीबों को दान' की तरह बताया जाता रहा। भई, ग्रहण में गरीब ही 'दान' पाने के लिए निकलते हैं, अमीर नहीं। दान 'विपत प्रबन्धन' का मिथकीय रूप है।

हर चैनल पर नेत्र विशेषज्ञों को ग्रहण ने काम दे दिया।

टीवी ने ग्रहण से जुड़ा 'पॉपुलर' डर निकाल दिया है और 'अवस देखिए देखन जोगू' वाला तमाशा बना दिया है। यह बहुत बड़ी बात है कि टीवी के लाइव प्रसारणों ने भय को बाहर कर आनन्द की सृष्टि कर दी है। एक विलक्षण खगोलीय 'अनुभव' बना दिया है।

और यह बात एक अंग्रेजी चैनल पर रात के बुलेटिन में नजर आयी।

'जेटलाइट' ने अस्सी हजार रुपये के टिकट पर अपने हवाई जहाज से बादल रहित साफ-सुथरे एंगल से ग्रहण का तमाशा दिखाने के लिए जो बन्दोबस्त किया था, उसकी खबर दी। अपने कैमरों को लिए देखने वाले वहाँ थे। अगली बार का ग्रहण हवाई जहाज की खिड़की से कवर होगा। आइडिया बढ़िया है!

'सच का सामना' पर 'ग्रहण' लगने वाला है। उस पर संसद में चरचा की खबर थी। एक चैनल की पट्टी बताती थी कि सरकार ने 'सच का सामना' को नोटिस दिया है।

'सच का सामना' अपने गन्दे 'सेक्सिस्ट सवालों' के लिए 'नोटिसेबिल' है। सामान्य मध्यवर्ग की नितान्त निजी गोपनीय जिन्दगी को 'सेक्सिस्ट' सवालों से घेरना कार्यक्रम का अपने ढंग का 'सेक्सिस्ट साडिज्म' है जो लोगों की निजी जिन्दगी में हस्तक्षेप जैसा है. और उसे बेहया बना, बेपर्दा कर, कराके निजी नंगई बेचकर अपनी तिजोरी भरना चाहता है।

अगर इस पर आपत्तियाँ आ रही हैं तो ऐसा स्वाभाविक है। आप इसे मध्यवर्ग के 'डबल स्टैण्डर्ड' कहकर या 'ये मिडिल क्लास हिपोक्रिट है' कहकर नहीं बच सकते! जिस मध्यवर्ग को दिखाकर आपको अपनी टीआरपी बढ़ानी है, उसकी निजी जिन्दगी को 'भाँग की पकौड़ी' मत बनाइए!

26 जुलाई, 2009

विज्ञापनी हिदायत

स्वाइन फ्लू अब आँकड़ा भर रह गया है। आज तीन मरे और अब इतने हो गये। बीमारी अब एक नक्शा भर रह गयी है। उपचार और बीमारी से बचने के लिए जरूरी सावधानियों के बारे में जितना जन जागरण 'करना' था, उतना किया हुआ मान लिया गया है। अब कहीं भी स्वाइन-सावधानियों के बारे में सूचनाएँ नहीं होतीं। निजी चैनलों पर तो नहीं दिखतीं। हाँ, *डीडी* पर जरूर दिखती हैं। सूचनाएँ वही होती हैं कि क्या सावधानियाँ बरतें। निजी चैनलों में बहुत हुईं स्वाइन फ्लू की सावधानियाँ! अब जरा दूसरी सावधानियों के बारे में बात-बिजनेस कर लेते हैं। इसलिए सावधान! दुनिया भर की माताओं और बहनों-किशोरियों गर्भ ग्रहण से सावधान!

अमेरिका में साठ के दशक में हुआ पिल रिवोल्यूशन अपने यहाँ पहली बार बहत्तर घंटे छाप। इंसटेंट। ऐसे विज्ञापनों में नयी औरत बनती है जो गर्भ गिराने के बारे में चिन्ता और प्रसन्नता के साथ बातें करती है। उन्हें कोई नहीं बताता, इनके नुकसान के बारे में। एक विज्ञापन में सावधनी नहीं बरतने के बाद चिन्तित हुई युवती से दूसरी कहती है, तुम ये लो, बहत्तर घंटे बाद भी असर करती है। नहीं बताती कि इसके नुकसान क्या हो सकते हैं। दूसरा विज्ञापन बेहतर बना है। रिक्शे पर बैठी दो औरतें बात करती जाती हैं सावधानियों के बारे में और बहत्तर घंटे की पिल के बारे में। सावधानी के जितने सन्दर्भ बनते हैं, वे कुछ सेक्सिस्ट से बनते हैं।

एक सावधानी हो तो क़हें। इधर सत्रह किस्म की सावधानियाँ बतायी जाती रहती हैं। चिदम्बरम जी दो-तीन दिन से टीवी पर उसी तरह के फ्रेम में बताते आ रहे हैं कि किस तरह नकली नोट पाकिस्तान से आ रहे हैं। किस तरह नेपाल का प्रिंस पारस इसका सरगना है। कहाँ-कहाँ से स्याही पेपर आया है। कौन छाप रहा है और दाउद के क्या लिंक हैं। टाइम्स नाउ इसे पाक पिटाई की एक पूरक कथा के रूप में देता है।

अगर नकली नोट की पहचान बतायी जाने लगे और नित्य बतायी जाने लगे तो बेहतर। लेकिन टीवी स्क्रीन पर इस सावधानी को भी कितनी बार बतायें। नकली नोट की कहानी सावधानी की ओर जरा देर ही बढ़ी, फिर पाक पिटाई की ओर मुड़

गयी। सवाल हलक में अटका रह जाता है कि वीर बहादुरों क्या इसके लिए पाक पर चढ़ाई करोगे?

क्रिकेट से सावधान! अब फुटबॉल की बारी है। एनडीटीवी पर अभिज्ञान फुटबॉल के कप की जीत पर इतने प्रसन्न लग रहे थे कि लगता था कि सुब्रत्त पाल वही हों और गोल उन्हीं ने बचाये हों। बताया कि दुनिया का सबसे लोकप्रिय खेल है और भारत ने अब अपना झंडा गाड़ दिया है। लेकिन बात करने के लिए लाये तो सलमान को लाये। एक विशेषज्ञ को भी लाये। वे सलमान पर किसी फैन की तरह फिदा होते दिखें। उनसे ज्यादा उनके इंट्रो पर सलमान फिदा हुए। सलमान को लाना फुटबॉल को लाना हो गया। सलमान फुटबॉल के फैन हैं। इतनी योग्यता काफी थी!

लेकिन सहारा नेशनल पर जब सलमान के 'दस का दम' पर दिये फीचर के टुकड़े देखे और उनकी और उनकी मेहमान की सेक्सी बतकही सुनी तो लगा कि यह दिन टीवी चैनलों पर सलमान के प्रोमो का होगा।

दस का दम सलमान के मसल का दम लगता है। एक लड़की आते ही उनसे शादी की बातें करने लगी और वे भी ऐसी बातें करने लगे। बैठे दर्शक सीत्कार करने लगे। सीटियाँ बजने लगीं... और क्या चाहिए? हल्की खुली-खुली बिंदास लड़कियाँ हल्की रसिक मिजाजी बातें और शो हिट। 'दस का दम' में ऐसे अर्ध-स्वयंवर कई बार होते हैं। वे ही इसे हिट करते हैं। इसके आगे अर्णव का मजा नजर आया। राजस्थान सरकार ने सरकारी कर्मचारियों को आदेश दिया है कि जब एमपी आदि आया करें तो तुरन्त आदर करें।

खबर मजेदार थी। उत्तर आधुनिकता के समय में बचा-खुचा सामन्तवाद हास्य का विषय बनने वाला था और बना। अर्णव ने कांग्रेस प्रवक्ता मनीष तिवारी की जो खिंचाई की, वह देखते ही बनती थी। मनीष ने भी 'इन्डिफेंसीबिल' को 'डिफेण्ड' करने में कोई कसर न छोड़ी। इस चक्कर में उनके तर्कों की जमकर धुनाई हुई। तर्क वाकई कमजोर रहे और जो छवि अब तक उनकी बनी थी। वह भी कमजोर हुई। गलत पार्टी लाइन का बचाव करना इन दिनों के कांग्रेसी प्रशासनों को डिफेण्ड करना महँगा सौदा है। अर्णव को इस धुनाई कराने के पुण्य कर्म में मजा भी आता लगा।

6 सितम्बर, 2009

सादगी और इस तरह

राहुल को कुछ हो जाता तो? राहुल को कुछ हो जाता तो? राहुल को कुछ हो जाता तो?

राहुल निशाने पर!
'राहुल को कुछ हो जाता तो'?
एक पत्थर... डर गये मुसाफिर!
दूसरा पत्थर... मच गया हड़कम्प!
तीसरा पत्थर... साजिश या शरारत?

कितनी ममता, कितना वात्सल्य उमड़ रहा है। एक चैनल राहुल को लेकर दादाजी भाव में पजैसिव हो उठा है—कहीं कुछ हो जाता तो? राहुल सबके प्यारे-दुलारे लगते हैं?

एकदम 'अमर सिंह राठौर नौटंकी' की 'बहर' की तरह चैनल कहने-कहने को हो आया कि 'जहाँ तुम्हारा बहै पसीना वहाँ मैं खून बहाऊँ'!

दूसरा चैनल उस ट्रेन की उसी बोगी के बारे में चिन्तन करने बैठ गया और रिपोर्टर से पूछता रहा कि बताओ क्या यह वही डिब्बा है? और वह बताने लगा।

घटना निकल चुकी। लेकिन चैनलों के लिए कोई घटना घटित होते ही बढ़ने लगती है। ऐसा गजब फॉलोअप होता है।

कभी सीन ऐसे भी हो सकते हैं—

फेंके गये पत्थर से किसी चैनल का रिपोर्टर पूछेगा—तुम्हें कहाँ से उठाया गया? किसने मारा? मारे जाने के बाद तुम कहाँ गिरे? तुम्हें कैसा लग रहा है?

उधर दूसरा चैनल आहत बोगी से पूछता फिरेगा कि हे बोगी, बता तो जरा कि जब तुझे पत्थर लगा तो कैसा लगा? क्या शीशा टूटने का दर्द अब भी है? क्या तुम मारने वाले को पहचान सकती हो? राहुल जब पधारे तब तुम्हें कैसा लगा?

राहुल भइया सबके लिए मानो सन ऑफ इंडिया हो लिए। जै हो!

इंडिया लाइव को ऐसे में देखना कुछ तोषदायक लगा। यहाँ यह सब नहीं था। वीआईपी सुरक्षा और राहुल की सुरक्षा पर बातचीत थी। बात दरअसल यही थी, पूछा जाना था कि आखिर राहुल जी ने ऐसा क्यों किया? क्या यह सुरक्षा संहिता विरोधी नहीं है? अरुण भगत ने एक शरीफाना चुटकी लेकर इसे छोड़ दिया। कहा

कि राहुल को खतरों की जानकारी नहीं होगी, यह ठीक नहीं लगता। अगर कोई मजबूरी हो गयी है तो भले आप ट्रेन से चलें वरना ऐसा नहीं किया जाना चाहिए।

आह! नये मालिक ने 'मवेशी क्लास' की ईजाद कर ली। मालिक एक चैनल पर जरा देर को टिमटिमाये। उनके ट्विटर में उनकी क्लास ने जनता क्लास पुकारा और जनता मवेशी बन गयी। गजब की वर्गवादी लाइन एक पल को एक चैनल पर कौंधी और ओझल हो गयी। यह अंग्रेजी चैनल रहा। भई, जनता क्लास को आदमी न माने आपकी खुशी, लेकिन चैनल तो आपको मानुष मानते ही हैं। जनता को उसकी क्लास को, उसके डब्बे को जिस भाषा में उचारा गया, उसके लिए थरूर साहब के प्रति मवेशी क्लास को आभारी होना चाहिए। साहब लोग अब भी जनता को इस कदर प्यार करते हैं कि वे उसे मवेशी कहकर दुलारते हैं। परम्परा कायम है। कैसा सोफिस्टिकेशन कितनी शिष्टता है कि सिर्फ मवेशी तक बात रह गयी! बहस करनी थी तो जरा जनता के बीच बिठाकर बहस करनी थी मवेशियों का टच तो कुछ मिलता मालिक को। मालिक इतने कृपालु हुए कि उनके ऊपर वालों ने घबराकर उनके मवेशीवाद से अपने को अलग किया।

डीडी के पचास साल हो गये। उसने बताया कि किस तरह हुए। गजब का इतिहास है *डीडी* का।

इस सप्ताह की खबरों में सबसे ज्यादा पिटने वाला शब्द रहा 'आम आदमी'! हाय कैसे मनोहर दिन आ गये हैं कि हर आदमी अपने को आम आदमी बताने-जताने निकल पड़ा है।

राहुल की ट्रेन यात्रा में भी आम आदमी आता-जाता रहा। आम आदमी के बाद नम्बर लगा 'सादगी' शब्द का। हाय! मुई एक बहस भी ऐसी न आयी कि कुछ देर सादा-सा आनन्द देती। आम आदमी की चरचा भी हुई। लेकिन वही करते रहे खास-उल-खास। सादगी की चरचा आयी। लेकिन एक दम 'बे-सादा' वही लकदक, साफ-शफ्फाक।

किसी ने इस पर मजाक तक न उठाया कि आम आदमी अचानक क्यों याद आया है मालिको!

जेट हड़ताल की खबर एक अंग्रेजी चैनल पर शुरू से ही एअरलाइन के पक्ष में मुड़ी हुई थी क्योंकि चैनल ने कई बार 'जनता को परेशानी होती है' का हवाला दिया। इस दौरान पायलटों की बात ज्यादा नहीं दी गयी।

डीडी न्यूज की खबरें इस तरह की पोजीशनल नहीं होतीं। निजी चैनलों पर आप पीएम को ढूँढ़ना चाहतें तो वे प्रायः नहीं मिलेंगे। वे तब भी नहीं दिखेंगे जब वे नरेगा के बारे में बोलेंगे।

बहुत दिन बाद निजी चैनलों का एक दिन अमिताभ का हो गया। वे बिग बॉस तीन में आएँगे। इसकी बड़ी खबर एक चैनल के प्राइम टाइम में रही। अमित ने कहा कि वे आएँगे। *इंडिया न्यूज* मौलिक खबर निकालकर लाया कि बाबा रामदेव के भी रीयलिटी शो में आने की सम्भावना है!

एफएम गोल्ड और *रेनबो* पर कुछ विकासात्मक विज्ञापन आते हैं जो बेहतर लगते हैं। नवजात शिशु को माँ का पीला दूध देने की बात कहने वाला बेहतर बन पड़ा है।

एफएम गोल्ड पर सुबह के समय एक दिलचस्प कार्यक्रम आता है। इसमें किसी हिन्दी साहित्यकार का परिचय दिया जाता है और संग में साठ-सत्तर के दशक के हिट गीत सुनवाये जाते हैं। यह शायद अकेला ऐसा कार्यक्रम है जिसमें हिन्दी के प्रख्यात साहित्यकारों का परिचय और मनोरंजन दोनों का मजेदार मिक्स मिलता है। त्रिलोचन, हरिशंकर परसाई, मुक्तिबोध तक की रचनाओं के अंश गानों के बीच-बीच में पढ़े जाते हैं। प्रस्तुत करने वाले कोशिश करते हैं कि रचनाकार की रचनाओं के साथ बजाये जाने वाले गानों में 'संगति' रहे।

हिन्दी दिवस पर (शायद) रेडियो मिरची पर रेडियो जॉकी ने हिन्दी की महिमा को बताया और उदाहरण में वही रघुवीर मार्का शुद्ध अनुवादी हिन्दी देकर हँसी पैदा की। ऐसी शुद्ध किताबी हिन्दी के साथ यही हो सकता था। जरा अपनी हिन्दी का भी खयाल करते? आपकी हिन्दी भी हिन्दी है!

20 सितम्बर, 2009

खंजरवादी खेल

एक गुफा है। अन्दर खूब रोशनी होती हुई दिखती है। एक खंजर चमकता है—'यही है वह शक्ति जो मिटा देगी धरती को, इनसान को और शैतान का राज होगा चारों तरफ...'

फिर वैसी ही आवाजें फचाक धड़धड़ धड़ाम होने लगती हैं। उस खंजर को एक आदमी हाथ में ले चमकाता है, चमकाता है, चमकाता है।

सीन बदलता है।

दो सफेद साये दूर से पास आते हैं। वे हिन्दी में बात कर रहे हैं। ये विक्रम हैं जिसका उच्चारण ठीक नहीं है। यह 'शैतान के सब दुश्मनों को धूल 'चुटा' चुका है'। यह अपने दादा के शैतानराज के लिए आगे बढ़ रहा है। हू हू हू हू धड़ाम चमकार।

एक पुरानी-सी हवेली जो चर्च लगती है। एक सफेद कपड़े वाला फादर निकलता है उसे रोक दोनों खतरनाक सफेद साये डरावनी आवाज में पूछते हैं—कौन हो तुम? हू हू हा हा? पहचाना मुझे हू हू हा हा? फादर मरगिल्ला-सा है, जो कोई किताब लिए है। वे पूछते हैं—फादर डिकून्हा कहाँ है?

फादर—कौन हैं आप?

दोनों साये—मौत हैं हम! साये चले जाते हैं।

फादर मन-ही-मन कहता है—ये लोग कुछ भी हों इनसान तो नहीं हैं।

इस बीच सफेद औरत को प्यास लगती है। वह विक्रम से कहती है, मुझे पीने को खून चाहिए? कहाँ है खून? बड़ी प्यास लगी है।

विक्रम कहता है कि उसके पीछे श्मशान है, वहाँ जाकर अपनी खून की प्यास बुझाओ, पेट भर पियो फ्री में।

इस बीच विक्रम की मुलाकात अचानक एक कोठी की मुंडेर पर टहलते हुए दादाजी से होती है जो उसे आगे का एक्शन प्लान बताते हैं।

देखो विक्रम—

अब मानवजाति का अन्त आ गया है। जो बागी रास्ते में दिखायी दें उसे खत्म

कर दो। विक्रम वो बिल्डिंग शैतानी ताकत के खिलाफ खतरा है। तुम्हें बस वह खंजर हाथ लग जाए। तुम्हारी चूक नहीं है विक्रम। उस खतरनाक मसीहा का सामना करने से पहले पता कर लेना...विक्रम–बस आप आदेश दीजिए दादाजी।

– और हाँ एक बात और।

उस खतरनाक मसीहा से पहले पता कर लेना कि कहीं वह खतरनाक खंजर उसके पास तो नहीं? नहीं तो वह हमारी शैतानी दुनिया को खत्म कर देगा...

विक्रम–आप बस आदेश दीजिए दादाजी

–क्या मिल चुका है वह खतरनाक हथियार?

–किसकी जीत होगी इस जंग में? बुनियादी अस्तित्ववादी सवाल गूँजते हैं टीवी में।

फचाक चमकार कड़कड़ धड़ाम हा हा हा...

रास्ता था। रात थी। नीली-नीली। एक पुलिस जीप गुजरी कि विक्रम ने अपनी गर्दन पहले दायें चटकायीं, फिर बायें। पुलिसवाले को खूनी खंजर मारा, दूसरे को मारा, तीसरे को मारा। जीप ली और चल दिया। उधर मरते-मरते पुलिस ने ऊपर वाली पुलिस को खबर दी। वह जीप लेकर निकल पड़ा। दोनों का सामना हुआ। लेकिन इससे पहले ये खतरनाक, सुपर खतरनाक खतरा हॉरर देखिए नाम है 'सम्भव क्या'?

कभी-कभी हादसे होते हैं। यहाँ वहाँ एक बिल्डिंग में एक नहीं दो नहीं, पैंतीस मौतें देखिए। थोड़ी देर में धड़ाम, धूम पटाक।

उधर पिछले सीन की कंटीन्यूइटी न भूलें–

पुलिस इंस्पेक्टर ने सफेद औरत का पीछा किया। वह उसे मारने आयी। लेकिन इन्स्पेक्टर ने अपने चमत्कारी खूनी खंजर से उसका काम तमाम कर दिया। जब उसे खंजर लगा तब उसमें आग लग गयी। खून एक कतरा न निकला।

इंस्पेक्टर ने कहा–मैं शैतानी दुनिया को खत्म कर दूँगा।

विक्रम ने दूर खड़े रहकर ये सब देखा। उसे पता लग गया कि यह खतरनाक चमत्कारी इनसानी खंजर इंस्पेक्टर के पास ही है। इंस्पेक्टर अपने खंजर इधर-उधर सबको दिखाता रहा। दिखाता रहा।

इसके बाद एक असम्भव सम्भव वाली कहानी–एक बच्चा एक लड़की हॉरर फिल्म देख रहे हैं। कातिल लड़की को बार-बार मारते-मारते छोड़ देता है। बार-बार वह भागती-चीखती है। कोई बचाने नहीं आता। टीवी पर हॉरर फिल्म देखती हुई लड़की डरती है। बच्चा उसे और डराने लगता है। यही लड़की दसवीं मंजिल से गिरकर मर गयी थी। रहने वाले सचमुच कहते हैं।

डीडी के 'सुरभि' की ख्याति वाले सिद्धार्थ काक का इन दिनों हॉरर-हॉरर करते

हैं। पेश करते हैं—'सम्भव क्या?' 'हादसे, हत्या, आत्महत्या और कत्ल का रहस्यवाद बनाकर हॉरर बनाते हैं'।

इस समय कुछ भी सम्भव है काक साहब!

'खतरों के खिलाड़ी' नजर आते हैं। खिलाड़ी क्यों? खिलाड़िनें ही खिलाड़िनें हैं। मस्त मॉडल चुस्त एक्शन। वह सुस्त घड़ियाल इनके दर्शन कर मुँह खोलता है तो निरीह क्यों दिखता है?

खतरनाक खिलाड़ी अक्षय एक कोका कोला की बोतल की खातिर अपनी गाड़ी को कचरा बना देते हैं। लेकिन कोक को पाकर रहते हैं।

बताइए अक्षय के हिसाब से एक कोकाकोला की बोतल की कीमत क्या हुई?

क्या उस सफेद औरत ने खून पिया? पिया तो कितना पिया? जब खंजर लगने से मरी तो खून क्यों न निकला? कहाँ गया वह टनों खून जो वह पीती रही? क्या उसके शरीर में कोई ऐसी तकनीक फिट थी कि खून आग बन जाता था जो खंजर लगने के बाद प्रकट हुई? क्या इस पर इसरो को रिसर्च नहीं करनी चाहिए?

इस शैतानी दुनिया के बारे में सरकार का बयान क्यों नहीं आया? 'खतरनाक' में खतरा बड़ा है या उसकी नाक?

नाइन एक्स ने एक के बाद एक खतरनाक होकर खूनी खतरनाक, सुपर खूनी खतरनाक, महाखूनी खतरनाक, ग्रेट खूनी खतरनाक किस्म के सीरियल दे रखे हैं।

क्वालिटी जीरो, कहानी शून्य, चरित्र शून्य सिर्फ खंजरवादी खेल।

आइए इस तरह डरें और इसी तरह डरकर मरें... हूहूहाहा चमकार। धड़ाम धड़ाम...

टीवी देख अब कोई नहीं डरा करता भइए! कहाँ हो?

13 सितम्बर, 2009

हे राहुल अहो राहुल

टीवी चैनलों ने जनता को 'बनाया' तो जनता ने एक झटके में टीवी को 'बनाया'। पुकार उठी। एंकर पुकार उठे : राहुल, राहुल, राहुल।

सोलह की सुबह बुरी गुजरी। सीएनएन, आईबीएन, एनडीटीवी और बाकी तमाम खबर चैनल अपने ही अनन्त विश्लेषणों को पिटते देखते रहे।

सोलह की सुबह-सुबह मार खाये चैनलों का कोरस उठा : राहुल जी, राहुल जी, राहुल जी!

चढ़े हुए सूटित-बूटित चटर-पटर चर्चा करने वाले अपनी कहानी बदलने लगे। पल-पल 'बढ़तें' आती रहीं और पल-पल पट्टियाँ सरकती रहीं, पलटती रहीं और पल-पल 'ये आगे' 'वो पीछे' होने लगा।

दोपहर तक सबको सब मालूम पड़ गया कि जनता ने किसके संग कैसी की है?

सोलह का दिन, जनता का दिन था या कि फिर राहुल का दिन था!

शाम तक सारे चैनल अपने कहे के लिए पछताने लायक तक नहीं रह गये थे। शाम तक सारे पिटे नेता-चेहरे चैनलों को अपने भाई बिरादर से लगने लगे।

सबकी मुख्य खबरें कोरस गाने लगीं : 'राहुल राहुल पुकारूँ मैं गलियन में!'

यह शाम का 'टीवी-देखन' नहीं था, बल्कि तमाम पिटे-बुझे गिरे अहंकारों की नुमाइश थी।

यह 'जनता का जोक' था। दर्शकों के विरेचक की तरह बनता हुआ। कामेडियों के बाद अचानक हो गयी त्रासदी की तरह। कॉमिक रियलिटी टीवी ट्रेजिक रियलिटी शो दे रहा था। राहुल का चेहरा सोचता हुआ गम्भीर-गम्भीर था! और कोई चेहरा कैमरों की नजरों में नहीं जँचा।

टीवी में 'चढ़े चेहरे' ही बढ़िया लगते हैं। चिढ़े, निराश-हताश, गिरे-बुझे लोग टीवी के नहीं होते। वे टाइम खोटा करते हैं।

सोलह की शाम तक अचानक ऐसे चेहरे हर जगह नुमाया होने लगे कि उनकी दुखद कथाएँ सुननी दूभर लगने लगीं। यहाँ भी मन मारकर कहे गये वाक्य कि हम हार मानते हैं। उन्हें जनता ने मेंडेट दे दिया है।

एक महीने भर बनायी कॉमेडी अचानक ट्रैजिक हो उठी। जिसने मारा है उसका नाम नहीं ले पा रहे।

दण्ड देने वाली वही 'जनता' रही, जिसका नाम लेते चैनलों की जुबान कटती थी।

सोलह मई की शाम के कुछ सीन :

जो चमक-दमक कर अपनी चुटीली बात कहकर चलता था, वही चेहरा बुझा हुआ बोलता है। आशय है : हाँ हम दिल्ली हार गये हैं। वो जीत गये हैं। हम विचार करने जा रहे हैं।

दस जनपथ पर आइसक्रीम के ठेले। भीड़, नाचते-गाते लोग, चैनलों के कैमरों के फोकस में अदबदाकर आ जाते लोग। नारे लगाते।

अब तक आँकड़े सब कुछ बता चुके थे। चर्चाकार बेकार थे। जनता विश्लेषण कर सकती थी।

हाँ एक तकनीकी इजाफा हुआ है : एनडीटीवी, सीएनएन, आईबीएन के पास, स्टार के पास टचस्क्रीन वाले कम्प्यूटर स्क्रीन आ गये हैं। अपने आँकड़ों को छू-छूकर जगाते-सुलाते इधर-उधर करते एंकर स्क्रीनों से 'टचम-टचाई' खेलने लगे हैं। बाकी सब वही है।

सत्रह मई की शाम के कुछ सीन :

'आपका अमर सिंह के साथ पंगा है?'

दिग्विजय सवाल पर हँसते कहते हैं।

'अमर बीमार थे। फोन किया। कहा कि भई भूल-चूक लेनी-देनी। आपने संन्यास लिया था। अब क्या कहना है?'

'मैं संगठन का काम पसन्द करता हूँ।' हँसते हुए दिग्विजय ने कहा।

तीसरा मोर्चा कटपेस्ट था : सीताराम येचुरी का चेहरा उदास-उदास। सीएनएन आईबीएन पर पत्रकार-अमर सिंह संवाद :

'आप निराश हैं?'

'नहीं' अमर सिंह ने कहा। उनका चेहरा बुझा-बुझा-सा था।

'नहीं, आप हैं।'

'मैं कांग्रेस के छुटभैयों के वचनों से निराश हूँ।'

'सुना है कि वे चौथे मोर्चे को तोड़ने पर तुले हैं?'

'ये सब गॉसिप बनाने वालों का काम है।'

'आपने सोनिया जी से मिलने का टाइम माँगा था?'

हमने आज सोनिया जी से टाइम लिया था, फिर हमने ही कहा कि आप कैंसिल कर दें।

सरदेसाई अमर सिंह संवाद :

आपने दो दिन पहले कहा था कि मैं अपना हिस्सा माँगूँगा। अब आप कह रहे हैं कि बिना शर्त समर्थन देंगे।

नाराज अमर सिंह : राजदीप आप ऐसा क्यों बोल रहे हैं? हैव यू ऐनी प्राब्लम?

सरदेसाई : अब अनकंडीशनल सपोर्ट करने की बात करते हैं?

'पीएम का फोन मुलायमजी को आया था। मेरे साथ बरखा और वीर सांघवी बैठे थे।'

सरदेसाई ने फिर अपनी बात पर जोर दिया।

अमर सिंह : अपने शब्द मेरे मुँह में न डालो राजदीप। मैं जॉब सीकर नहीं हूँ।

गिव मी आनेस्ट आन्सर अमर जी?

और अठारह। उन्नीस। बीस। न्यूजमेकर बदल गये हैं। खबरों का मजा खत्म हो गया है।

सारे रणबाँकुरे समर्पण कर रहे हैं। अनकंडीशनल समर्थन दे रहे हैं। 'जनता का जोक' इस कदर ऐन कान के नीचे बैठा है कि 'अहि मयूर मृग बाघ' सब कह रहे हैं, हमारा समर्थन लीजिए हजूर! हमारा खयाल रखिएगा हजूर।

राहुल संसदीय दल की मीटिंग में। कैमरे बार-बार उन्हें ढूँढ़ते, फोकस करते हैं।

चैनल अपने पुराने खेल में फिर व्यस्त हैं, जनता की मार खाकर वे अपने नये ईश्वर को ढूँढ़ने निकल पड़े हैं! वे 'हे राहुल, अरे राहुल अहो राहुल' पुकारते दिख रहे हैं। राहुल उनकी ओर अपनी नजर तक नहीं फेंकते!

हाय! ये क्या करते हैं राहुल जी!!

24 मई, 2009

अन्तिम दिन का संकट

साल भर का रोजनामचा एक-दो घंटे में समेटना हो तो हमारे बड़बोले मुँहफट चैनल किस तरह समेटें? तिल को ताड़ बनाने वाले ताड़ को तिल कैसे बनायें। बड़ी रचनात्मक समस्या आती है हर साल।

रेटिंगों पर जीने-मरने वाले चैनलों की इससे भी ज्यादा बड़ी समस्या साल के किसी नायक या नायिका की रेटिंगबाजी की हो जाती है। हर चैनल 'बेस्ट ऑफ द ईयर' बनाता फिरता है। इसी इकतीस की रात को देखिए कि एक अंग्रेजी वाला चैनल आमिर को बेस्ट ऑफ द ईयर बताता रहा। तर्क इतना भर था कि उनकी एक के बाद एक हिट फिल्म आयी और आखिर में गजनी ने तो सारे रिकॉर्ड ही तोड़ दिए! रकीब चैनल अपने दूसरे प्यारे हीरो को लेकर बैठा रहा जिसके बारे में आमिर ने अभी जो कहा था वह बहुत अच्छे अर्थ में तो नहीं था।

इस सबमें एक चैनल मुंबई में फिर जा फँसा। वह जाहिर में मुंबई के दर्शक को अलग जगत् का दर्शक मानकर उसी तरह बात चलाता रहा जिस तरह आतंक के तीन दिन चलायी थी। यह *सीएनएन आईबीएन* था जो 'सलाम मुंबई' कहता कोर्निश बजा रहा था। वह लोकल जनता को विशेषीकृत करता रहा। काश! यह मुई दुनिया मुंबई से बाहर नहीं होती। 'मुंबईकर' की इतनी दुलराहट किसलिए? क्या बाकी लोग कम हैं भई? क्या और जगह पूरे साल कोई हमला नहीं हुआ था? क्या वहाँ के लोग, वे शहर अपनी स्पिरिट नहीं रखते। तब मुंबई की स्पिरिट क्या अलग बनके आयी है निगोड़ी? भइए बतायें कि यह स्पिरिट क्या है? कहाँ मिलती है? किसी शहर की आत्मा है तो किस रूप में है? या यह सिर्फ डॉक्टर की सुई वाली स्पिरिट है जो जरा-सी देर में उड़ जाती है?

चैनलों की आफत 'उससे अलग' दिखने की भी बन चली है।

पूरे साल तो चैनल अपने रंग खरबूजे की तरह बदलते रहे। अब दो-तीन घंटे के लिए जरा मौलिक होने का मौका हाथ लगता है तो अलग-अलग आइटम बनवाते हैं। एक पूरे साल का रोजनामचा होगा। पहले राजनीतिक इतिहास होगा। फिर मनोरंजन का इतिहास होगा। खेल का इतिहास होगा। खेलों के नायक-नायिका होंगे। फिल्मों के

होंगे। इस सबको कट-पेस्ट करने में बड़ी मेहनत आन पड़ती है। चैनलों को मूल्यांकित करना हो तो इस 'उगालदानी' कला को परखिए। पूरे साल को संपादित करना टेढ़ी खीर है।

संपादित कर कराके जरा अलग दिखने की ओर चलते हैं और गाज हास्य-कला पर गिरती है। *एनडीटीवी इंडिया* के एक टुकड़े को छोड़ दें तो इस बार स्टार न्यूज ने सबसे आसान लेकिन बेहतरीन काम किया। उसने राजू श्रीवास्तव के सारे पुराने टुकड़ों को जरा नये फ्रेम में पूरे दो घण्टे तक दिया और जनाब यह भी दूसरे चैनलों की हास्यास्पद मुंबईबाजी से बेहतर बन पड़ा। राजू का सत्यानाश जाए कि हजार बार वही चुटकुला सुनाकर वह हर बार नया हास्य देते रहे।

और इस वर्ष को भी इस तरह बताया जाना जरूरी है कि आधी रात तक माहौल बना रहे और उस दुर्लभ मूर्खता यानी 'हैप्पी न्यू ईयर' कहने के लिए गले की ताकत को बचाये रखा जाए।

तो साल के आखिरी दिन खबर चैनल अपनी-सी पर उतर आते हैं। कमबख्ती है कि सब स्टूडियो से करना-बोलना पड़ता है। कहाँ से लाइव करें? कुछ लाइव-लायक बचा नहीं। कनाट प्लेस के किस कोने से? गेट वे ऑफ इंडिया को किस तरह से दिखायें कि अर्थ बदल जाएँ? चौरंगी को किस तरह से बतायें? किस होटल से, कहाँ से लाइव करें? गोवा से करें। लेकिन वहाँ तो पाँच सितारा प्राइवेट भी अब उस तरह से नहीं मिल रहा। वो मजा नहीं है जो कि पिछले साल तक था। कितना आसान था पिछले साल का मनाना?

पब्लिक को पूरे साल हैप्पी रखते आने वाले चैनल इस दिन को अपने लिए अनहैप्पी-सा पाते हैं। अपना मौज-मजा तो गया न! अतिरंजना में कहना हो तो अपने चैनल वाले हरदम तैयार हैं, लेकिन संक्षेपण करना हो तो क्या करें? बस, यहीं उनकी किरकिरी होती है।

इतिहास से ये क्या निकालें? नित्य पिटी राजनीति और राजनेता को कितना पीटें? नेताओं की गड्डी दिखायें कि फिर राज्यों के चुनावों की टीका करें। इतने अन्तर्विरोधी आइटमों को किस तरह से एक-दूसरे में पिरोयें? चुनावों में किस को हीरो बतायें? कौन खलनायक रहा, कौन नायक?

साल जाते-जाते *एनडीटीवी इंडिया* में लिंग समस्या हो गयी न! पुल्लिंग में स्त्रीलिंग कर दिये। 'ठाठ' शब्द पुल्लिंग है। कहना-लिखना तो चाहिए था 'ठाठ गया आठ में', लेकिन कहा-लिखा 'ठाठ गयी आठ में'! अइसन तो न कीजिए हजूर, करना ही हो तो फिर भोजपुरी आइटम बनाकर करिए। नये साल में इस गलती को दरकिनार करें। कहानी चोखी ही थी एनडीटीवी की। मजे-मजे में कही आठ की कहानी। चंद्रयान की उपलब्धि के साथ हरियाणे के चाँद की कहानी मिक्स करके

कहानी ने आठ को हल्के-फुल्के किस्से की तरह सुनाया। सारी टोन मजाहिया रही और यही सबसे अच्छा था।

डीडी हमेशा की तरह अपनी डगर पर चला। सधा हुआ एक-एक बात कायदे से बताता हुआ। यहाँ हँगामे और खबर की मिक्सिंग कम की जाती रही।

नये साल में नया क्या हो सकता है?

नये साल में चैनल नया संकल्प करें। अपने 'कोड' का ध्यान करें तो सबका और मीडिया का हित होगा। नये साल में पुरानी भाषा को छोड़ें और अपनी भाषा को नये ढंग से बनायें। प्रस्तुतियों को बनायें। अपना नया मुहावरा खोजें। शुभ खोजें।

अफसोस! एक भी चैनल ने अपने किये-धरे पर एक फब्ती नहीं कसी! अपनी खिल्ली नहीं उड़ायी। अपनी पैरोडी नहीं बनायी जो होशमन्द करने वाली होती। यह भी बनायी तो राजू श्रीवास्तव ने बनायी।

4 जनवरी, 2009

गहरा रहस्य

पीछे-पीछे लम्बा आलाप! सजी-धजी लड़की बिसूरती रही। लड़का चला गया।

तीखे रंगों में बड़े भवन के 'इनडोर' में सब कुछ भव्य है। राजसी ठाठबाट दिखता है। पात्रों की वेशभूषा, लेकिन डिजाइनर है। लड़की वही चमकती साड़ी में। तगड़े मेकअप में। लड़का पैंट-शर्ट में।

अब कुछ अधेड़ाएँ सीन में हैं। वही 'क्यूँ कि सास भी बहू थी' छाप! आँखे तरेर कर, नाक सिकोड़कर, मुँह मरोड़कर, लिपिस्टक सने होंठों को खोलकर-'अब देखना मैं क्या करती हूँ' वाले अंदाज में अपनी ताकत जताती है। दूसरी औरत भी उसके समकक्ष है। एक युवती सदा सादे लाल कॉटन साड़ी पहने घूँघट में। अधेड़ाओं के सीने के ऊपर का एक हिस्सा, दायीं ओर की हँसली से जरा नीचे, ब्लाउज से दिखता हुआ गोदने का निशान। एक आयताकार चमकदार, नीला चौकोर डिजाइन। दोनों अधेड़ाओं की अदा एक जैसी। इनमें एक बुआ है।

अब राजा 'तस्वीर' उतारेंगे। अधेड़ बुआ का भय है। राजा से तस्वीर उतरवानी है। अगले सीन में 'राजा' आता है। वह 'कुँवर जी' कहता है। अब अधेड़ा बोलती है : वे हमारी 'प्रतीक्षा' करेंगे। एक कहानी है : आप 'चित्रकलाकक्ष' नहीं जाएँ।

यह *स्टार प्लस* पर 'राजा की आएगी बारात' का एक हिस्सा है। मिडिल क्लास जीवन-शैली में रंगीन है और दिमाग से सामंती है। ड्राइंग रूम को असल राजा युग में 'चित्रकलाकक्ष' कहते होंगे! यह 'कुँवर' कुछ पहले स्कूल के 'चित्रकलाकक्ष' में चित्र न बना सकने पर मार खा चुका होगा।

चरित्रों का ऐसा ऊटपटाँगपन और कहानी में 'कंटीन्यूटी' का अभाव सीरियलों की विशेषता है। आप चार-पाँच एपीसोड देखकर भी कहानी नहीं जोड़ सकते। ऐसा सब चैनल पर है।

जीटीवी पर 'मायका' आ रहा है। नयी नौकरी करता पति। ईमानदारी हाँकता। बैंक में 'प्रमोशन' होगा, कहते हुए पत्नी को इठलाना था। पति सिर्फ तौलिया लपेटे थे। पति को देख डायलॉग कहा तो ऐसे जैसे किसी अपरिचित से कहती हो। पति को पता नहीं क्यों भावहीन प्यार उमड़ा कि पत्नी को चूमने लगा। इतने में पड़ोसन का

एक मुँहलगा बच्चा बोला, 'अरे अंकल! कपड़े तो पहन लिया करो।' फिर एक मिनट बहस। पति : मैं मर्सिडीज वाला नहीं। पत्नी : मैं तुम्हारे साथ ठीक हूँ! बैंक में प्रमोशन मना। फिर टेलीफोन, एक्सीडेण्ट। उसके बाद 'मायका' का शीर्षक गीतालाप आता रहा।

सीरियलों में 'आदित्य' 'आदित्या', 'अशोक' 'अशोका' है। हिन्दी के नाम, अंग्रेजी उच्चारण। 'सब टीवी' अब भी हास्यमूलक धारावाहिकों को अपनी पहचान बनाये है। 'तारक मेहता का उल्टा चश्मा' हास्य सीरियल है। लेकिन 'सिटकॉम' के पुराने वाले रंग का नहीं। यहाँ शोर है। अति है। 'श्रीमान जी श्रीमती जी' वाला हास्य नहीं है।

'बालिका वधू' के रंग और डिजाइनर कपड़े बताते हैं कि राजस्थानी पृष्ठभूमि की ऐसी बूढ़ी औरतें अभी भी वहीं हैं जो अति सम्पन्न हैं और ताले-कुंजी उन्हीं के पास रहते हैं और बाकी सब दबे रहते हैं। लगता है 'बालिका वधू' के पात्र मध्यकाल में रहते हैं। यही शायद उसका यूएसपी है। अधकचरी आधुनिकता में सामन्ती वातावरण जमता है।

चरचा चैनलों की। चरचाकारों की एक बड़ी उपलब्धि है शशि थरूर। मंत्री बने हैं। एकदम बढ़िया मौके के अनुसार कपड़े पहनने वाले सुन्दर। मधुभाषी। *एनडीटीवी* पर सफेद बन्द गले का कोट। जेब में बड़ा-सा लाल रूमाल। बात करें प्रणय पाकिस्तान के नये तेवरों पर और शशि थरूर कहें सब कुछ मगर हँसते-हँसते। शशि थरूर सबके चहेते चरचाकार बनेंगे।

हिन्दी चैनलों ने खबर बनाने में, खबर प्रस्तुत करने की कला में 'मिक्स' और 'फ्यूजन' के नये मानक स्थापित किये हैं। फ्रांसीसी जहाज चार-पाँच दिन पहले डूब गया। जब *स्टार न्यूज* ने डूबने के कारण खोजे तो बताया कि 'यह पाँच किलोमीटर गहरा रहस्य है'। सवाल यह है कि दो सौ अट्ठाईस लोगों का क्या हुआ? सवाल में निहित जिज्ञासु भाव मार्मिक है : वाचक कहना चाहता है कि सोचिए और एसएमएस करके बताइए कि वे कहाँ होंगे? वे समुद्र में होंगे या कि स्वर्ग में या नर्क में? वे मछलियों का चारा बन गये होंगे या कहीं तैरकर बचने की जुगत में होंगे? बताने के बाद इनाम जीतिए। इन बुनियादी सवालों को अपने आप सुलझाता वॉयस ओवर बताने लगा और सीन बार-बार प्यार से रिपीट होने लगे। देखिए इस तरह बिजली गिरी होगी। अन्दर यात्री इस तरह घबराये होंगे। इस तरह पायलट तनाव में आया होगा। उसने विमान को सुरक्षित करने के लिए यह सोचा होगा। ये सारे रिपीट सीन दिखाये जाते रहे। किसी हॉलीवुडीय फिल्म के टुकड़े इस घटना को समझाने के लिए मिक्स किये गये ताकि बैलगाड़ी वाला भी समझ ले कि जब विमान गिरता है तो उससे पहले विमान में बैठे लोग किस तरह घबराते हैं। वाचक कहता

रहा : गिरने के पहले तीन टुकड़े हुए होंगे। तीन सम्भावनाएँ हैं : ये, ये, ये। वाचक पहले पक्केपन से बता चुका था कि ऐसा-ऐसा हुआ है तब सम्भावनाएँ क्यों पूछ रहा था?

ज़ी न्यूज भी इस मामले में कम्पटीशन देता है। इधर दाउद इब्राहीम के बारे में खबर उछली थी कि लपक ली और उसे रामगोपाल वर्मा की फिल्म 'डी कम्पनी' से 'मिक्स' कर दिया। वॉयस ओवर बात दाउद के शार्पशूटर भुल्लर की करता रहा। लेकिन विजुअल्स 'डी कम्पनी' के दिखाता रहा। इस तरह *जी* ने *स्टार* की तरह, खबर में 'फिल्म' का, 'फिल्म' में खबर का मजा दिया। इससे ज्यादा खबर रहस्य-रोमांच से भरपूर आप बना सकते हैं तो आ जाइए *जी* या *स्टार* के पास!

7 जून, 2009

लाजवाब लालू

लालू ने लोकसभा के प्रसारण से बता दिया कि चैनल वालों! अब तुम लालू को ढूँढ़ते रह जाओगे। लालू की हानि तुम्हारी हानि है। उस जैसा बतकही करने वाला कहाँ से लाओगे? चुटीली बात, खबर के सुपर आइटम की तरह बनाने वाला कहाँ से लाओगे?

मंगल का दिन लालू का रहा। शुरू में लोकसभा चैनल में रहा और फिर हर चैनल पर वह टुकड़ा छाया रहा जिसमें लालू ने पहले अपनी खबर ली। फिर सबकी खबर ली और जो खबर ली वह लालू मार्का ठहाके लगवाते हुए। ऐसे आत्म-व्यंग्य ने सब पर मीठा व्यंग्य किया। कांग्रेस और सोनिया की ओर इशारा करके किया कि इन्होंने हमें इधर बिठाया है। सीपीआई की चार है तो हमारी भी चार है। लालू धन्यवाद में व्यंग्य-बाण बरसाते गये। लालू खुद नहीं हँसते, दूसरों को हँसते-कसते हैं। अफसोस! दूसरे उन्हें सुनकर सिर्फ हँसते हैं! इतने दिनों बाद लालू की फुलझड़ियाँ आयीं : 'मैं कांग्रेस का दस साल फ्रीलांसर रहा।'

सांसदों को देर लगी बात की मार पकड़ने में। मीरा कुमार ने कहा कि अब बस करिए तो बोले कि आप तो हमारी तरफ की हैं। हमारा पक्ष लीजिए! वे हँसते हुए चुप हो गयीं।

अपने पर कोड़ा मारकर दूसरों को चोट का अहसास कराना बड़ी अभिव्यक्ति है। *जी न्यूज* पर यह पूरा टुकड़ा यथावत रहा। इतना चुनने की तमीज भी तो हर किसी में नहीं!

डायस्पोरा की पिटाई की वजह से देशभक्ति का पोर-पोर दुख रहा है और इधर अपने पीपल 'ये क्या हुआ, कैसे हुआ, क्यों हुआ, कब हुआ' वाले फिल्मी गानों को गाने लगे हैं :

एक पीपल : 'अब वे अपने होने को बताने लगे हैं। आत्मविश्वास बढ़ा है...'

दूसरा पीपल : ऑस्ट्रेलिया ईदी अमीन नहीं है, ग्लोबली ट्रीट करिए...

तीजा पीपल : अपने दिमागी 'घेटो' से निकलिए। साँस्कृतिक बार्डर को लाँघना होगा...

चौथा पीपल : मीडिया ने इस तरह की घटनाओं को नस्लवादी बनाया है...

संयोजिका : टीवी तो नैरेटिव बनाता है...
निष्कर्ष : ऑस्ट्रेलिया जाने वालों की संख्या घटी है...
'ऑस्ट्रेलिया को खुद भी सोचना चाहिए...'
देशभक्ति ने कहा : भारतीय सब देशों में पॉपुलर हैं।

एक ऑस्ट्रेलियाई अधिकारी : ये छिटपुट घटनाएँ हैं। कुछ पिछड़े दिमाग लोग ऐसा करते हैं... ऐन बीच सड़क पर जहाँ गाड़ियाँ आ-जा रही हैं और ट्रैफिक का शोर है। उसे पीठ देकर पीस टू कैमरा करना एकदम गजब का आइडिया है। *टाइम्स नाउ* की रिपोर्टर उस दिन ऐसा ही कर रही थी। उसे जोर से चीखना पड़ रहा था। खबर सुनने वाले को उसका लेवल डरावना लग रहा था।

उधर के सुअरों को जरा बुखार-सा क्या हुआ कि अपने चैनलों को सन्निपात हो गया। जिस दिन से खबर फूटी, उस दिन से हर दिन स्वाइन फ्लू की खबर एक बड़ी खबर की तरह दी जाती है। टीवी चैनलों के पास एक से पैकेज होते हैं, वाचक-वाचिकाएँ बदले होते हैं। एक ही साँचे में ढली खबर बनती है। 'एच वन एन वन' से पीड़ित एक और रोगी मिला है। संख्या ग्यारह पहुँच गयी है। एक सौ ग्यारह की जाँच की गयी थी। कट। गुलाम नबी आजाद कहते हैं-दवाओं का पूरा इंतजाम है, टीकों का भी है।

कभी उन्हें जुकाम होता था तो हमें बुखार होता था। अब उन्हें बुखार हो गया तो इधर सन्निपात हो गया है। पंद्रह दिन से हो रहा है। हर चैनल को हो रहा है। जिस देश में हर आदमी की नाक बहती हो और बुखार आता-जाता रहता हो वहाँ बाहर से आने वाले यात्रियों की टर्मिनल पर ही जाँच करने की खबर इस तरह से दी जा रही है, जैसे बाहर वाला बुखार मंगल ग्रह से आया हो।

चैनल वालों की नाक बहती है कि नहीं? सिरदर्द-बुखार होता है कि नहीं? चौबीस गुना सात में तो सब कुछ बहने लगता है भइए! तब आप सब इसे इतनी बड़ी खबर बनाये देते हो जैसे महामारी हो। उनके आइटम को अपना बनाना खुद एक बड़ा रोग है। इस ज्वर के मुकाबले अपने जूड़ी ताप, मलेरिया, फ्लू की कहानियाँ क्या हुईं? क्या ये खत्म हो गये?

सबसे ऊपर *एफएम* वाले उनमें भी *गोल्ड* वाले ठहरे। रोज बताते हैं कि अगर आपको कहीं किसी 'एचवन एनवन' वाले देश से किसी आने वाले की खबर हो तो तुरन्त सावधान हो जाएँ! इन फोनों पर सम्पर्क करें और यह भी कहेंगे कि 'वैसे यह कोई खतरनाक बीमारी नहीं है।' सबसे खतरनाक बीमारी ऐसी खबर की अति है।

चलिए धोनी को ठीक करते हैं। नटिंघम में एक प्रेस कान्फ्रेंस। धोनी से सवाल करते पत्रकार। जवाब देते धोनी : सब बीसीसीआई जाने सहवाग के दर्द के बारे में।

पत्रकार चकित हुए! हाय ये कैसा बेदर्द कप्तान है जो सहवाग के दर्द को नहीं जानता। हम जानते हैं, लेकिन ये नहीं जानता। झट लाइन लगा दी : धोनी ने प्रेस को 'धप' किया है!

हबीब तनवीर को सबसे अच्छी श्रद्धांजलि *स्टार न्यूज* की रही। तनवीर का अच्छा परिचय बताया। साहित्यिक भाषा में उनके अवदान की चर्चा की।

इसी दिन हिन्दी के तीन मंचीय कवि भी असमय स्वर्गवासी हो गये। उनका जीवन-वृत्त ज्यादा नहीं बताया गया। मंचीय कवि चैनलों की जान रहे हैं। कॉमेडी शो से पहले वे ही छाये रहते थे। उनके जाने पर उनकी ऐसी विस्मृति उचित नहीं लगती।

तालिबान और स्वात घाटी के फुटेज अब नहीं के बराबर आ रहे हैं। लेकिन एचबीओ पर 'माइटी हार्ट' फिल्म डेनियल पर्ल नामक पत्रकार की कहानी कहती है जिसमें बन्धक बनाये गये पत्रकार पर्ल की नृशंस हत्या कर दी जाती है। फिल्म मुंबई में ही शूट हुई थी। पत्रकार की पत्नी (एंजलीना जोली) द्वारा की जाती अपने पति की खोज के जरिये आतंकवादी तंत्र का एक-एक परदा गिरता जाता है और आखिर में जब लगता है कि पर्ल तक पहुँच गये हैं तभी एक वीडियो दिया जाता है जिसमें पर्ल की गला काटकर हत्या करने की फिल्म दर्ज है। हत्या के सीनों वाले इस वीडियो को फिल्म दर्शकों को नहीं दिखाया जाता। कुछ पात्र उसे देखते हैं और उसके प्रभाव की अभिव्यक्ति से तालिबानी दरिन्दगी का संचार करते हैं। गजब का असर पड़ता है। आतंक की रिपोर्टिंग करने वाले हर पत्रकार को इसे देखना चाहिए।

सप्ताह में भाजपा की कहानी दयनीय भी नहीं बन सकी। कुलकर्णी के लेख को लेकर चर्चाओं में पत्रकारों ने बातें कीं। भाजपा उस विचार से अलग है, यह बात सुषमा जी को बतानी पड़ी। कुलकर्णी के विचार इसके बाद चर्चा का विषय नहीं बने। एक खबर चैनल ने नक्सलियों पर रिपोर्ट दी। लाल रंग से वह खुद भी आतंकित लगा। माओवादियों की ऐसी कवरेज पहले भी आयी हैं। यह रिपोर्ट उनसे अलग नहीं थी। चैनल की अपनी रिसर्च नहीं लगती थी।

14 जून, 2009

सत्यम नित्यम मिथ्यम

वह विज्ञापन कितना सच साबित हुआ कि सीन में ही आ गया, जो कि एक मोबाइल सेवा का है जिसमें शेरो-शायरी की बात की जाती है।

एक सीईओ अपने बोर्ड की बैठक में सबको ग़ालिब का शेर अपने ढंग से पैरोडी बनाकर सुनाता है : दिले नादाँ तुझे हुआ क्या है/ज्यादा प्रोफिट बनाने की दवा क्या है।

और सारे बोर्ड सदस्य वाह-वाह करते रहते हैं।

जब बोर्डों में ऐसे शौकीन लोग बैठेंगे तो सत्यम 'नित्यम' होगा।

यही इस हफ्ते की सबसे बड़ी कहानी में रहा। विज्ञापन ही मानो स्टोरी बन गया।

क्या टीवी समय है कि पक्का घपलेबाज सामने बिना परेशान हुए बोलता है और आप घर में बैठे सुनते हैं, देखते हैं और अब छटपटाते भी नहीं। ऐसे टीवी दर्शन को क्या कहेंगे? पिस्सू दर्शन? पेसिव दर्शन?

टीवी पेसिव दर्शक नहीं बनाता, लेकिन कवरेज की शैली कोई चाहे तो ऐसी बना सकता है कि चोर-उचक्का भी मधुर लगे, अपना-सा लगे। आप उसके अपराध पर नहीं, उसकी टाई के रंग की चर्चा करने लगें। आपको उससे हमदर्दी होने लगे। आप चर्चा करने लगें कि कौन अपराधी नहीं है? इस दुनिया में सब चोर-चोर। आप सोच न पाये और चैनल बदलकर 'स्लम डॉग मिलिनेयर' के प्रोमो को देखने लगें और आप को फिर लगे कि राजू रामलिंगम भी तो स्लम डॉग मिलिनेयर ही रहा। क्या हुआ जो पैसा खा गया? कोई नैतिक विमर्श तक नहीं बनने दिया।

सत्यवादी चैनलों ने 'सत्यम-मिथ्यम' का ऐसा जादुई निर्माण किया कि मजाल आप रामू की लाइव तस्वीर देख सकें? किसी खोजी पत्रकार ने नहीं पता किया कि महान खाताचोर कहाँ है। किसी ने उस पर एकतरफा मुकदमा नहीं चलाया और तुरन्त फाँसी देने की पुकार नहीं की। किसी ने क्रोध नहीं किया, जितना अपराध था उसे शालीनता से बताते रहे।

देखा कितने अच्छे ढंग से अपनी बनायी आचार-संहिता का पालन किया!

जरा-सी अफरातफरी नहीं दिखायी। प्रेस कांफ्रेंस में सवाल करने वाले पत्रकारों ने चैनलों के सवाल करने वालों ने कोई तकलीफ नहीं पहुँचाई। कपड़े नहीं खींचे। वे जैसे आये थे, वैसे चले गये। बड़े मर्यादित इत्मीनान से दिखाते रहे सत्यवादियों को कि हमें नहीं मालूम... हम देखेंगे।

पब्लिक के सात हजार करोड़ निकल गये हवा में और आपको नहीं मालूम कि कहाँ गये? जिसने उड़ाये वह एक चित्र में है। साक्षात लाइव नहीं है ऐसे कवरेज़ को क्या कहेंगे?

हमदर्द? फ्रेंडली कवरेज?

वे छह थे। सूटों में और कह रहे थे कि हमें नहीं मालूम। सब लाइव-लाइव था और कह रहे थे कि हमें नहीं मालूम। हमें नहीं मालूम कि वे कहाँ हैं?

नीचे पट्टी कहती जा रही है *एनडीटीवी* की कि बही-खाते जाली बनाये थे। यह सबसे बड़ा स्कैण्डल है। हिसाब-किताब में गड़बड़ है।

सात हजार करोड़ का स्कैम है।

अब बॉक्स था और नारायणमूर्ति कहते पाये जा रहे थे कि हमारा सिर शर्म से झुक गया है। टीवी की स्क्रीन ऐसी बेहया है कि मुख शर्मिन्दगी के बारे में कह भर रहा था सिर किसी का झुका नहीं था। छह सत्यवादी सीधे तने बैठे थे। कह रहे थे कि हमें मालूम ही नहीं कि क्या मामला है। हमें देखना है, हमारी चिन्ता तिरपन हजार लोगों की है। हाय री चिन्ता!

छह लोगों में एक बोल रहा था कि प्रबन्धन को बहुत तकलीफ हुई है। वह दुखी है। दुखियारा बोर्ड जल्द मिलेगा।

खोजी स्टिंगवादी पत्रकारिता का एक रणबाँकुरा खोज नहीं लगा पाया कि असली बन्दा कहाँ है? उसके घर पर ताला बन्द है या क्या?

आह, धन्धे में अपने पेट पर लात नहीं मारी जाती। यही टीवी चैनल रहे और यही सत्यम रहे और उसके विज्ञापन तक रहे। जिस कम्पनी के शेयर कल तक उड़ते बताये जाते रहे, अब गायब बताये तो किस तरह? पोजीशनल पत्रकारिता के युग में पत्रकारों के पास पलटे हुए सच को कहने की कला नहीं है। उनका चेहरा पहले चुगली खा जाता है।

जितना गुस्सा इन चैनलों पर सरकार के खिलाफ निकलता है, उसका पासंग नहीं था इस कारपोरेट घपले को लेकर। एकदम ठण्डा करने वाला। पानी के छींटे मारने वाला कवरेज रहा।

चैनलों की रिपोर्टिंग में अचानक आये इस ठण्डेपन से बचाया शेखावत ने। एक धर दिया और लीजिए चैनल बीजेपी के नायक को प्रतीक्षारत दिखाने लगे और शेखावत को 'कट-टू-कट' करते रहे। तीन दिन इस कहानी ने बढ़िया गुजारे। बाकी

काम सरकार ने किया। फ्रिज का पानी डाल दिया, सब कुछ ठण्डा कर दिया। तीन लोगों को सौंप दिया सत्यवादी उद्योग को।

पिछले पखवाड़े पुंछ में गोलीबारी सात-आठ दिन बड़ी कहानी बनती रही। पाक पिटाई बनती रही। उसे काटती लीला सत्यम ने कर डाली तो क्या मुख्य कहानी। 'पाक पिटाई' को छोड़ रामू की लीला को अखण्ड करते रहते?

चैनलों ने अपनी कहानियों से प्राइम टाइम को बनाना शुरू कर दिया है। वे हमारे 'माइंड मैनेजर' की तरह है। चित्त और चिन्तन का प्रबन्धन करते हैं।

तब राहत देने वाली खबर आयी। 'स्लम डॉग' ने उबारा। चैनल पर विकास स्वरूप की किताब का टाइटिल दिया 'स्लम डॉग मिलिनेयर', लेकिन दूसरे ने बताया कि किताब का नाम 'क्यू एंड ए' है, जिस पर फिल्म बनी है। इस सच पर कहीं झगड़ा नहीं था। समारोहित भाव था कि गोल्डन ग्लोबल मिल सकता है और फिर दो-तीन गोल्डन ग्लोब होता रहा।

प्रोमो होता रहा। एक चैनल पर एक बोली किं झोपड पट्टी के नायक की कहानी है।

मेम जी! हिन्दी फिल्में तो हमेशा से गरीब से अमीर बनने की कहानी कहती हैं!

18 जनवरी, 2009

हवा हवाई

आसमान में ब्लू लाइनें उड़ती थीं। अपने ब्लू लाइनी ड्राइवर जहाज उड़ाते थे। उनके करतब चर्चा का विषय थे।

टीवी के सभी खबर चैनल एनीमेशन में जुट चुके थे। सुबह अखबारों की सुर्खी टीवी पर ही आयी थी कि किस तरह दो विमान पास से गुजरे। पूरा दिन था एनीमेशन बनाने के लिए। सब खबर चैनलों के एनीमेशन एक से ही रहे। इस मामले में सब खबर चैनलों की कल्पना शक्ति एक स्तर की रही। एनीमेशन करने वाले भी एक ही स्कूल के बंदे रहे। गजब का लोमहर्षक आनन्द बरसा। हवाई जहाज आमने-सामने से आते जैसे रामायण वाले रामानन्दी स्पेशल इफेक्ट्स वाले तीर आते थे और अचानक एक तीर नीचे झुककर दूसरे को नमस्कार करता निकल जाता। स्वर ने इस सीन को 'वाह क्या सीन है' वाली शैली में पता नहीं कितनी बार दिखाया। खबर चैनलों पर सर्वत्र ऐसा ही होता रहा। स्टार शैली शिष्ट रही। एक विमान दूसरे को जरा आदाब अर्ज-सा करता गुजरा। इस काम में विमानों ने बड़ी मेहनत की। ऊँचाई बताने वाले अंकों की इबारतें आती रहीं। एक सोलह हजार पर था, वह सत्रह हजार तक आया। दूसरा उन्नीस हजार पर था। सत्रह पर आया। इस तरह आमने-सामने आये और सलाम ले-देकर गुजर गये। यह विमानों का भयानक वेलंटाइन भाव-सा लगा।

लाइव इंडिया में विमान आमने-सामने आते-जाते। फिर एक विमान को नीचे झुककर निकलते दिखाया एनीमेशन में। वाचक ने कहा भी : ऐसे निकले होंगे। ऐसा यकीन था। *एनडीटीवी* ने राष्ट्रपति के हेलीकॉप्टर के अचानक जमीन से जुड़ने की इच्छा को दिखाया। सारा एनीमेशन में दिखाया। काम बढ़िया था।

एक बड़ा-सा जहाज पट्टी पर रेंगता आया। सामने ऊपर से तीन हेलीकॉप्टर आते दिखे। फिर वे ऊपर ही रुके रहे। विमान आगे सरका। अचानक एक हेलीकॉप्टर की तबीयत नीचे उतरने को हुई। उसने नीचे बैठना शुरू किया और बैठ गया। हेलीकॉप्टर की इस हरकत से शर्मिन्दा होकर विमान के पायलट को एकदम ब्लू लाइन के माफिक एक ओर काटा। तब तक दूसरा हेलीकॉप्टर भी जमीन से जुड़ने

को बेचैन हो उठा और उतर पड़ा। तीसरी हवा हवाई कहानी बंगलूर की रही जो इन दो कहानियों के आगे फीकी रही। एयर फोर्स के करतब दिखाने वाले फाइटर प्लेन उड़ाने वालों की नुमाइश चल रही थी। उसके टुकड़े भी खबरों में थे, लकिन उनमें वे बेमिसाल करतब नहीं थे जो सिविल उड़ानों में थे। हेलीकॉप्टरों में थे। सबसे अच्छे फाइटर बांबरों की तरह सिविल वालों ने ही काम किया। एयर फोर्सवाले उनका मुकाबला क्या खाक करेंगे? उनमें क्या ब्लू लाइन के ड्राइवर जैसी चुस्ती है कि ऐन सामने आते हवाई जहाज को बस की तरह देखा सेकंडों में नीचे की ओर काटा और सवारियों को लोमहर्षकता का पूरा मजा दिया।

कोई भी जाँच इस मजे से दर्शकों को तब तक वंचित नहीं कर सकती जब तक कि ब्लू लाइन ड्राइवरों को आकाश से नीचे उतारकर बसों में नौकरी नहीं दी जाती। आसमान में ब्लू लाइनी ड्राइवर यों बुरे नहीं हैं। सचमुच के पायलट होते तो क्या वे ऐसा कमाल दिखा सकते थे कि जब चाहे हेलीकॉप्टर उतारकर खड़े हो गये जब चाहे हवाई आमने-सामने ले आये।

खबर चैनलों को सीन के हिसाब से कमेंटरी करना आने लगा है। लेकिन यूपी विधानसभा में बना सीन बिना कमेंटरी के भी सभी चैनलों पर एक ही तरह से आया जो अपनी कमेंटरी आप था। कागजी गोले राज्यपाल महोदय की ओर तक-तक कर मारते विधायक अच्छे निशानेबाज लगे। सामने बचाव में खड़े रक्षक अपनी बिना लाइन तोड़े बिना उन्हें लपकने लगे। वे निशाना लगाते रहे। ये लपकते रहे।

ये विधायकों की कन्दुक-क्रीड़ा ही तो थी। नित्य आनन्दकारी थी!

इन दिनों *अल कायदा* भारत को वीडियो के जरिए धमकियाँ देने लगा है। चैनलों को यह कतई गवारा नहीं है कि कोई धमकी भी दे। इसलिए जब वे ऐसे टुकड़ों को दिखाते हैं तो उनके कमेंटेटरों की आवाजों में एक अलग किस्म की सनसनी फैलाने वाला तत्त्व पैदा हो जाता है जैसे वे सबको होशियार-खबरदार वाले अन्दाज में बोलते जाते हैं।

एफएम गोल्ड पर दिल्ली पुलिस का एक विज्ञापन आता है : किन्हीं होशियार सिंह से उनका दोस्त पूछता कि सुना है उसने नया किरायेदार रखा है? वह कहता है कि हाँ रखा है और नया नौकर भी रखा है। पूछने वाला कहता है कि क्या इनका पुलिस वेरीफिकेशन करा लिया है? होशियार सिंह कहता है—नहीं! तो पूछने वाला कहता है—तू काहे का होशियार सिंह है? हो सकता है कि किरायेदार या नौकर आतंकवादी हो। जाँच तो करा लेता! कुछ ऐसा ही विज्ञापन है जो हर नौकर को हर किरायेदार को संदिग्ध मानकर चलता है। मकान मालिक संदिग्ध क्या नहीं हो सकते जी? ऐसा विज्ञापन आतंकवाद से लड़ने के चक्कर में आदमी से ही लड़ जाता है।

15 फरवरी, 2009

मनी मनी–कामन मनी

टीवी 'मारने' के तरीके सिखाता है तो 'बचने' के तरीके भी सिखाता है। एक सप्ताह में दस-बारह तरीके सिखा डाले हैं। यह काम खबरों के जरिये हुआ है।

सब चैनल सब चैनलों जैसे हैं। सबके पास एक-सी खबरें रहती हैं। ब्रेकिंग न्यूज किसी के पास। एकदम नया कुछ नहीं होता। कुछ के पास एकाध बाइट भर 'अतिरिक्त' रहती है और वही उसकी मेहनती मौलिकता होती है।

इस सप्ताह अंग्रेजी का शब्द 'मनी' और हिन्दी के 'मनी'; मणि का अपभ्रंश हिन्दी के बार-बार प्रयोग में नया 'मिश्र यमकालंकार' नजर आया। एक शाम सब चैनलों पर पहले 'मनी जी' आये और 'मनी जी' अकथ कहानी कही। कहा कि कॉमन वेल्थ में कॉमनमैन की मनी लुट रही है।

दो दिन तक कहीं-कहीं नैतिक दबाव मसखरी-सी करता रहा। टाइम्स नाउ ने मनी की ट्रेल ढूँढ़ निकाली। पहुँचा लन्दन और उस दो टके की खोकेनुमा कम्पनी से खबर रिकॉर्ड कर लाया और कलमाड़ी की दाढ़ी में तिनका ढूँढ़कर दिखाना शुरू किया।

कलमाड़ी ई-मेल का कागज हिलाकर बोलते रहे कि हम मनी को हाथ नहीं लगाते। सब विदेश मन्त्रालय का काम है। लेकिन चैनलों ने मनी की बात लपक ली और मनी की कनी ढूँढ़ते फिरे और फिर टाइम्स नाउ ले आया आस्ट्रेलिया से मनी की पूँछ उखाड़कर।

टाइम्स नाउ गुस्से में दिखा। अर्णव का फ्रेम में आना ही गजब ढाता है। पहले बायीं ओर जरा से टिल्टायमान हुए फिर दायीं ओर टिल्टायमान हुए। कभी-कभी तो वे साठ के कोण पर टिल्ट होते दिखे। एकदम 'तिरछे' 'जुड़े' वाली मुद्रा में। फिर कहा कि टाइम्स नाउ आगे से 'दागी' लोगों को अपना मंच नहीं देने वाला है। फिर उसी रौ में कलमाड़ी से पाँच सवाल पूछे। दो बार कहा-देख सुन रहे हैं न कलमाड़ी जी! जवाब दीजिए। फिर बहस करायी, यह सुन्दर भ्रष्टाचार हुआ तो इसका कौन जिम्मेदार हुआ। टाइम्स नाउ के 'आरोपों' के जवाब में कलमाड़ी कैम्प ने चैनल को अदालत में घसीटने की बात कही थी। यह अर्णव ने ही बताया और उसका जवाब यह कहकर

दिया कि टाइम्स नाउ दागी लोगों को अपना मंच इस्तेमाल नहीं करने देगा। क्या वाकई? क्या ऐसा हमेशा सम्भव है? कौन दागी है, कौन बेदाग है। इसका पता कर पाना ऊपर वाले के लिए भी कठिन है।

आह! खबरों के दुर्दिन। कल तक के बड़े तर्कवादी नायकों को अगले ही पल कितना निरीह बना डालते हैं। तीन-चार दिन से मनी पर मनीष तिवारी के तेवर ढीले-ढीले से दिख रहे हैं। अच्छा नहीं लगता। उनकी जबर्दस्त तर्कशैली के फैन हम उन्हें अपने रंग में न पाकर निराश हो रहे हैं। वे भी क्या करें? दो दिन से वे कई-कई चैनलों पर चर्चाओं में आ-आकर कहते रहे कि कॉमनवेल्थ गेम्स होने दें उसके बाद जो दोषी हो उसे पास के खम्भे पर लटकाकर फाँसी दे दें। ये राष्ट्रीय गर्व और गौरव का मामला है।

उनकी प्रार्थना कोई नहीं सुन रहा। भ्रष्ट को भ्रष्ट रूप में नंगा देखना गजब का उत्तेजक क्षण हो सकता है जिसे टीवी हर बार बनाता है। इसी इन्तजार में दर्शक हर बार सबसे बड़े भ्रष्टाचारी से लाइव मुलाकात करने के मूड में आ जाते हैं। भ्रष्टेश्वर को अभी इसी वक्त हाजिर करो! कोई मोहलत नहीं दी जा सकती। कल किसने देखा है। यह भ्रष्टाचार का कॉमनवेल्थ है। 'कामन मनी' का मनी में तब्दील होना है।

भ्रष्टाचार की खबर मीडिया के हाथ पड़कर बेकाबू हो जाती है उसे मैनेज करना असम्भव होता है। तो भी, लोगों के पास मनी बनाने के कुछ मासूम तरीके अब भी बचे हैं।

कोबरा पोस्ट के सीएनएन-आईबीएन पर प्रसारित स्टिंग यह बताता था कि विधायक लोग बहुत आगे निकल गये हैं और अब किसी तरह की 'स्टिंग फिस्टिंग' की परवाह नहीं करते। किसी के साथ भी खुले बाजार के ओपन रेट पर बेधड़क डील कर सकते हैं। वे अनजान आवाज के साथ भी सौदा पटाने के फेर में रहते हैं।

और स्टिंग की बदकिस्मती और बुरी 'साइत' देखिए कि इस बार के स्टिंग का पब्लिक ने कोई खास नोटिस तक नहीं लिया। संसद महँगाई पर बहस के होने न होने की चिन्ता में जाम रही। यह ऑपरेशन इन पंक्तियों के लिखे जाने तक किसी के लिए बड़ी आपत्ति का विषय नहीं बना।

विधायकों की कामनाएँ मासूम बच्चों की-सी थीं। एक सज्जन को किसी 'म्नी' वाले के पक्ष में राज्यसभा चुनाव में वोट करने के बदले दो करोड़ चाहिए थे। उसके पास दस-बारह विधायक आइटम थे जो बिकने को तैयार थे। एक ने रेट गिराकर कहा कि पचास लाख चलेंगे लेकिन संग में एक ठो कार की दरकार है। एक बीजेपी के विधायक इस रेटिंग में शामिल बताये गये। राज्यसभा चुनाव 'ऑन सेल' हुआ लगा।

टीवी पर ऐसी कहानियाँ देख-देख लोग इस तरह के भ्रष्टाचार के प्रति नरम और उनके आदी बन गये हैं। लगता है कि हम 'भ्रष्टाचारी नम्बर वन' का रीयलटी शो देख रहे हैं। इन शोज ने सबको दीक्षा दे दी है कि 'मनी' बनाना सबसे आकर्षक और मस्त काम है। भण्डाफोड़ से अब कोई लज्जित नहीं होता।

मनी बनाने के स्पर्धात्मक तरीके भी हैं। टीवी देता रहता है। इमेजिन पर 'बिग मनी' बनाने का आइडिया आ रहा है। दाँव लगाइए। भाग्य आजमाइए।

'मनी' बनाने के लिए 'कौन बनेगा करोड़पति' का चौथा संस्करण आने को है। नीले पिन स्ट्रिप सूट में सजे अपने बालों में सफेदी का उदार छिड़काव किये कुछ क्षीणकाय से दिखे लेकिन अपनी पुरानी सुपरिचित दमदार आवाज और अच्छी हिन्दी में अमिताभ दर्शकों को नित्य बता रहे हैं कि इन फोन नम्बरों पर इस तरह डायल कीजिए। 'कौन बनेगा करोड़पति-चार' के प्रतियोगी बनिए। इस सवाल का जवाब दीजिए-चौदह साल तक वन में कौन रहा? अर्जुन या लक्ष्मण या ये या वे? हर रोज एक सवाल पूछा जाएगा। करोड़पति बनाने वाली लाइनें खुली हैं। एसएमएस करना हो तो इस नम्बर पर करें। इस तरह करें। और नाम के साथ उम्र बतानी है तो इस तरह यहाँ लिखकर बतायें।

अमिताभ दर्शकों को चेताना नहीं भूलते-देर न करें। चूकें नहीं। फिर न कहना हमें बताया नहीं!

8 अगस्त, 2010

मीडिया का न्याय

फैसला बताया गया। फैसला क्या था? उसके लिए उपहार-सा था। इस उपहार को देख राठौर निकला। उसने कैमरों के आगे अपनी भारी मूँछों वाली मुस्कान मारी। एकदम फिल्मी खलनायक की खराब-सी कॉपी बनाने वाली राठौर की मूँछें ही कठघरे में आ गयीं। अब तक की उस अत्याचारी की विजयी कहानी कठघरे में आ गयी।

मूँछों के इस चिह्नशास्त्र को *एनडीटीवी* ने सटीक ही पकड़ा। इकतीस दिसम्बर तक आते-आते लिख डाला कि 'राठौर स्माइल फेड्स'। खबर थी कि मामला फिर खुलने वाला है और जनहित याचिका आ रही है। खबरों के बीच राठौर पहली बार बिन मुस्कान नजर आये। कैमरों से चेहरा बचाते निकल गये।

यह मीडिया न्याय था जो सहज प्राकृतिक न्याय से वंचितों को मीडिया से मिलता है। मिलना चाहिए।

पहले ही दिन एक चरचा करते साधारण-से व्यक्ति ने कहा—उसका यों घमंड से मुस्कुराना अच्छा नहीं लगता! उसकी मुस्कान को भगाना होगा। पाँचवे दिन वह मुस्कान उतर गयी। दो-तीन दिनों तक मुस्कान छायी रही। फिर गायब।

न्याय दिलाने के लिए कई कोणों से बातें हुईं लेकिन सब कुछ पब्लिक में हुआ। मसलन अगर रुचिका वयस्क नहीं थी तो कौन-सी धारा लगेगी और केस फिर खुल सकता है। कानून मन्त्री मोइली ने कहा कि कानून बदला जाएगा और ऐसे मामले में जाँच की जाएगी। केस फिर लग सकता है।

रुचिका गिरोत्रा की त्रासद कहानी पूरे साल टीआरपी की बिगबॉसी मारामारी में लगे रहे रीयलिटी शोज की ओर ललक पड़े मीडिया को एक रेडिकल भूमिका दे गया। हर चैनल ने अपनी वाजिब भूमिका निभायी भी। न्याय की पुकार में स्पर्द्धा तक की। लेकिन उसे खेल नहीं बनने दिया।

टाइम्स नाउ ने 'जस्टिस फार रुचिका' अभियान चलाया। *एनडीटीवी* ने चलाया। *सीएनएन आईबीएन* ने चलाया और हिन्दी चैनल भी पीछे नहीं रहे।

अचानक ऐसी ही एक और कहानी जग पड़ी। यह अन्याय की राजस्थानी कहानी थी जो भुला दी गयी थी जिसे रुचिका के केस ने जगा दिया। चैनलों ने इसे भी सन्दर्भ और अपना विषय बनाया। बारह साल पुराना एक ऐसा ही न्यायवंचना

का शिकार केस सामने आने लगा। पता नहीं ऐसे कितने केस दफन पड़े हैं। उसे देख लगा।

मीडिया न्याय 'बाइट टू बाइट' बनता है। बाइट टू बाइट चलता है। बाइट दूसरी से, तीसरी से, हजारवीं से मिलती चलती है और सन्दर्भ बनते चलते हैं एक कहानी दूसरी को जगा देती है। यही मीडिया न्याय की प्रक्रिया है।

किसी ने आरोप लगाया कि यह 'मीडिया मुकदमा' है। शायद नहीं, मीडिया ने अत्याचार की शिकार रुचिका के खिलाफ एकतरफा चले मुकदमे को इतने दिन बाद दोतरफा किया है। बस!

ऐसे माहौल में एक अंग्रेजी चैनल ने 'ब्रेकिंग ऑन द न्यूज रूम' वाली शैली में खबरें देनी शुरू कर दीं। रुचिका की खबर ऐसे अस्थिर सीनों के बीच देना खबर के असर को घटाता है। 'ब्रेकिंग ऑन न्यूजरूम' की शैली कुछ जमी नहीं। एंकर का अपने पीछे कम्प्यूटर स्क्रीनों पर, काम करते पत्रकारों को रखकर, न्यूजरूम में होती हलचल को लाइव कवर करते हुए खबर देने में दर्शक का ध्यान खबर पर कम जाता है। अन्दर की हलचल पर ज्यादा जाता है। स्थिर एंकर की स्थिर छवि द्वारा दी जाती खबर, खबर की तरह लगती है। अस्थिर पृष्ठभूमि खबर देखने वालों को एकाग्र नहीं होने देती। यह शैली खबर को स्थिर करने की नहीं, खबर को अस्थिर करने की है।

साल जा रहा है दशक भी जा रहा है। जाते साल को याद करना और फिर दशक भर की महत्त्वपूर्ण घटनाओं की खबरों को याद करना एक महत्त्वपूर्ण मीडिया कर्म है। इसी क्रम में एक चैनल ने दस साल में ही नहीं, पिछले पच्चीस साल में टीवी की खबरों के बदलते रूप और प्रस्तुति पर अच्छा कार्यक्रम दिया। पुरानी स्थिर सम्पादित लगभग ड्राई खबरें किस तरह से लाइव तक आकर बदलीं। अनेक चैनलों के बीच खबरें स्पर्धात्मक ढंग से बनने लगीं और अब खबरें नागरिक हितों के साथ प्रो-एक्टिव भूमिका में भी उतरने लगी हैं। जैसिका के केस से लेकर रुचिका के केस तक की यात्रा कराने वाला यह कार्यक्रम हमारी खबरों के बदलते रूपों का अच्छा परिचायक था।

साल की हिट फिल्मों का इतिहास। राजीव मसन्द की कुछ बातें गौरतलब लगीं। मसलन ज्यादातर चर्चित फिल्में लीक से हटकर चलने वाली रहीं। नये मुहावरे आये। गुलाल-देव डी, कमीने, लव आजकल, और थ्री ईडियट्स खूब चर्चित भी रहीं और चलीं भी। थ्री ईडियट्स ने चार दिन में सौ करोड़ का बिजनेस कर डाला। यह हिन्दी फिल्म कला में आ रहा नया क्रिटिकल यथार्थवादी मुहावरा है कि वे एकदम जीवन की समक्षता में खड़ी हो रही हैं। एक अजीब का क्षोभ और हास्य का मिक्स है उनमें।

बुधवार को राजदीप सरदेसाई के साथ *सीएनएन आईबीएन* चैनल पर सेक्स प्रकरण से आहत नारायण तिवारी का ओबीवैन सम्पर्क के जरिये बातचीत करना शायद सबसे दयनीय कहानी की तरह दिखा। किसी को तिवारी से हमदर्दी नहीं हो पायी। राजदीप से काटखाने वाले सवालों का जवाब देते हुए यह वयोवृद्ध नेता वृथा ही टीवी पर आया। अपने बचाव में वह कमजोर लगा और राजदीप उससे उन सब शब्दों में बात कहते गये जिनके लिए कोई नया दबंग नेता उनसे नाराज होकर उन्हें डपट भी सकता था।

लेकिन तिवारी जी हर बार कमजोर लगे। अपने कांग्रेसी अतीत की दुहाई को अपना तर्क बनाते रहे और सेक्स सम्बन्धी फुटेज के बारे में कहते रहे कि वे बनाये गये हैं। मीडिया ने किया है। अलग-अलग फोटोज के कॉम्बीनेशन हैं। और सच नहीं हैं। कहते रहे। कालगर्ल्स के राजभवन में आने के सवाल पर भी वे कमजोर जवाब देते नजर आये।

टीवी के सामने यह साल अपने आखिरी दिनों में कितनी तरह के नैतिक प्रश्न छोड़ चला है?

3 जनवरी, 2010

मीडिया की अदालत

आपको खबर बुलेटिन अच्छी लगती हैं या उनकी बुलेटें। हर बुलेटिन में कई बुलेटें होती हैं। हर रोज प्राइम टाइम काटने के लिए एक खास खबर बुलेट निकालकर धाँय कर देनी होती है। धाँय का पक्ष-विपक्ष सहज ही जुटता है। इसे ही 'आज का सवाल', 'राष्ट्र के आगे सवाल', 'सवाल का घंटा', 'आपका फैसला' कहा जाता है।

हर शाम खबरों के साथ दो-चार फैसले फटाफट शैली के होते हैं। अपने चैनल बड़े ही फैसलाकुन हैं। हर खबर पर फैसला होता है। वहीं। उसी वक्त। पन्द्रह मिनट में। इसीलिए हर रुके हुए फैसले पर अपना इस्तगासा ठोकते हैं और चुटकियों में फैसला करते हैं। दो टूक।

भैया जी इस मामले में सबसे आगे हैं। उस शाम इस निकम्मे देश पर, केन्द्र सरकार पर, दिल्ली सरकार पर, राज्यपाल पर, अफजल गुरु पर, फाँसी के फन्दे पर पहले कट में आते ही फैसला कर डाला और पूछ डाला क्यों जी उसे फाँसी क्यों नहीं दी अभी तक? फाँसी की फाइल पर अनन्तकाल तक नहीं बैठे रह सकते आप! हम नहीं बैठने दे सकते। लटकाओ अभी उसे फाँसी पर। तुरन्त। देर न हो। सोली सोराब जी समझायें या कोई और। देनी है तो फाँसी देनी है। बताइए सवा अरब का देश एक फाँसी का सीन नहीं दे सकता!

अगले दिन कनाडा वालों ने एक बड़ी गलती कर दी और फैसला हो गया। भैया जी ने फैसला दे दिया—ये कागज मेरे हाथ में है। देख लीजिए। और मैं पूछता हूँ आज ही, इसी वक्त, यहीं जवाब दें। कनाडा वाले कि क्या बीएसएफ का एक जवान जिसने इतने साल सर्विस की क्या आपकी गाली खाने के लिए है? आपने गाली क्यों दी? कहा मानव अधिकार का हनन करती है बीएसएफ? ये मजाल!

वे हर शाम पन्द्रह मिनट से आधे घंटे तक अपने वाचिक क्रोध का संयोजन करते हैं। दो टूक एकदम गले-गले। जंगजारी वाली कैफियत होती है खबरों की। ऊब में उत्तेजना पैदा होती है। खबर से ज्यादा चरचा बिकती है। इसीलिए वे नित्य करीब आध घंटे तक चरचा पर गुस्सा करते हैं। हिमाकत देखिए कि मुए कनाडा का जवाब भी इतना बेशर्म कि इतनी फटकार खाने के बाद सामने नहीं आया।

अपने भैया जी के मुकाबले दूसरे अंग्रेजी भैये भद्र-भद्र वार्ताएँ करते हैं। एक चैनल ने बताया एक्सक्लूसिव राजा जी पधार रहे हैं। राजी जी आये। राजा जी ने 'टूजी' 'थ्रीजी' खेला। राजा जी ने समझाया कि टूजी आम आदमी का। थ्रीजी खास का। राजदीप ने बीच में सवाल टपकाया–

क्या पचास हजार करोड़ टू जी में खाये?

नहीं। कामन मैन का है टू जी। थ्री जी महँगा होगा। दोनों में तुलना नहीं है। लीजिए हो गया हिसाब। सब साफ। सब माफ!

आखिर में मूँछों पर ताव देने वाले, विजयी मुस्कान मारने वाले एसएसपी राठौर जी ने सीएनएन-आईबीएन की पट्टी पर आकर मुस्कान मारकर कहा–'मैं जेल में भी मुस्कुराऊँगा!'

उधर फैसला आया, इधर अपने चैनल फैसले पर फैसला देने बैठे और खुद मीडिया पर ही चकित हो उठे कि हाय यह तो अपना ही सुलाया-जगाया केस था। अब जग उठा सो मीडिया की भूमिका को परख लो। बहरहाल अखिला शिवदासन ने पते की बात कही कि मीडिया मुकदमा और स्क्रूटिनी में फर्क करे। लोग उसकी ओर देखते हैं लेकिन जब पत्रकार उत्तेजित होकर पक्ष में आ जाते हैं तो ठीक नहीं लगता। हर जिले में, हर कस्बे गाँव में रुचिराएँ हैं, राठौर हैं। मीडिया बड़े शहरों के बड़े लोगों की स्टोरी ही पकड़ता है।

नलिनी ने मीडिया को उर्दू के शेर से नसीहत दी कि मीडिया को ऐश और तैश से मुक्त रहना चाहिए–

'जिसे ऐश में यादे खुदा न रही, जिसे तैश में खौफे खुदा न रहा'।

पीएम मनमोहन सिंह की बहुप्रतीक्षित प्रेस कांफ्रेंस। एकदम सुव्यवस्थित। खुली जवाबदेही। एक से एक तीखे सवाल और सदा अनुत्तेजित रहने वाले पीएम के सटीक सन्तुलित जवाब। न एक लाइन इधर, न उधर। न उनमें लाइम लाइट लेने की आपाधापी। पत्रकारों के बीच एक सलीका। सवाल पूछने की होड़ा-होड़ी और मारामारी रहित एक प्रेस कांफ्रेंस बहुत दिन बात दिखी। इस सुव्यवस्था के लिए हरीश खरे को बधाई।

लेकिन इस पर भी 'मुकदमा' होना था। शाम तक आते-आते तुरन्त टीवी मुकदमा हो ही गया। बीजेपी ने पहला गोला दागा। जेटली ने तर्क की तोप सँभाली। कहा कि पीएम ने एक भी सवाल का जवाब नहीं दिया। बताइए सत्तर-पचहत्तर मिनट में भी जिन्हें जवाब न मिला हो उन्हें कौन जवाब देगा?

सप्ताह का सबसे मजेदार आकर्षण है इमेजिन का नया रीयलिटी शो 'देसी गर्ल'। आठ मुम्बइया मॉडलिंग फैशन टशन वाली लड़कियाँ पंजाब के सियालबा माजरी गाँव में 'देसी गर्ल' बनाने के लिए लायी जाती हैं। दो-दो लड़कियों को गाँव

के चार घरों में रहना है। घर के बताये काम करने हैं। झाड़-पोंछा करना है। सुबह उठकर सबके लिए चाय बनानी है। गोबर साफ करना है। भैंसों का दूध निकालना है। उन्हें चारा खिलाना है। नहलाना है। सजाना है। उनकी फैशन परेड करानी है। उनका रैम्प शो कराना है। उनमें से एक को सियालबा माजरी चुना जाना है।

विकसित गाँव है। पक्के घर हैं। नल, वाश-बेसिन है। बिजली भी है। भैंसों का तबेला है। खेत हैं। लड़कियाँ नितान्त मेट्रो जीवनशैली वाली हैं। उन्हें गाँव में जीना है। अर्बन-रूरल कल्चर का यह सीधा कंट्रास्ट है जो बात-बात पर सहज लेकिन मजेदार प्रसंग पैदा करता है। एक पंचायत भी है जो मूल्यांकन करती है कि लड़कियों ने गाँव का अनुशासन कब कहाँ तोड़ा। गनीमत है कि यह पंचायत खाप छाप नहीं है। रीयलिटी शो की है। यहाँ बुजुर्ग दारा सिंह भी हैं। अभी उनके सुपुत्र नहीं पधारे हैं।

कश्मीरा को चाय बनानी नहीं आती। बनानी पड़ती है। एमटीवी रोडीज की अनमोल ने कभी गोबर नहीं देखा है। इशिता को गोबर उठाना और आँगन साफ करना है। मोनिका बेदी को भैंस का दूध दुहना है। सम्भावना सेठ नखरे दिखाने लगी है। कोई नियम नहीं मान रही। रोशनी मैडम गायब हो गयी हैं। मुर्गी पकड़ने में मोनिका फर्स्ट आती है। 'देसी गर्ल' का आइडिया मौलिक और मजेदार है। अच्छा टीआरपी झटकेगा।

एक कैंटीन का सीन।

- दाखिला कराने का कितना लोगे?

- दो लाख। इतने में तो सीधे डिग्री ही मिल जाएगी।

- लो करप्शन की पढ़ाई पूरी हो गयी।

- सन्देश है—'खिलाओ नहीं पिलाओ'

यह है एक चाय के विज्ञापन का 'मनोहर सामाजिक' रंग!

30 मई, 2010

पुराने का तमाशा

साठ पार के इकसठवें गणतन्त्र दिवस पर वे सब 'आइडॉल आइडॉल' ढूँढ़ने लगे। बहुत खोजबीन के बाद निजी चैनलों को पुराने 'मिले सुर' फिर मिलते लगे। कहने लगे 'फिर मिले सुर'। लेकिन इस बार सुर बेसुरे ज्यादा लगे। आइडॉल तो एकाध होता है यहाँ बारात ही आ गयी। भीड़ ज्यादा लगी। नजारे ज्यादा बनाये। सुर कम ही लग पाये। कई सुर तो बेसुर लगे। पुराने 'मिले सुर' का विस्तार नहीं लगा। पुराने की पैरोडी या तमाशा ज्यादा लगा। साठ साल के हो चुके गणतन्त्र में गिनती के साठ सुर लगाओगे तो खींचतान होगी ही। सात सुरों को साठ करोगे तो व्यर्थ सुरों की खींचतान होगी ही। सो जिस तरह से सुर, पहले दूरदर्शन पर मिला करते थे इस बार नहीं मिले।

मिलते भी कैसे? अमिताभ से अपने सुरों का गद्यानुवाचन-सा करा डाला। शाहरुख खान को देख-सुन लगा कि वे फिल्मी परिचित ककहरा पढ़ने की जगह 'मिले सुर' का मर्सिया-सा पढ़ रहे हैं। आमिर ने जरूर समाँ बाँधा। सलमान ने भी मूक बच्चों के आंगिक अभिनय से सुर को मिलाया। ऐश्वर्या राय के साथ अभिषेक बच्चन का आना किसी हद तक ठीक लगा लेकिन ये क्या भाई जी कि कन्हेरी की गुफाओं में ऐश्वर्या अभिषेक की शूटिंग पर अलग से फीचर ही देने बैठ गये। क्या यह उनकी फिल्म थी? ऐश्वर्या बोलीं कि उन्हें अपने बचपन के सुने गाने को गाना अच्छा लगा। लीजिए दीपिका पादुकोण तक बोल उठीं कि उन्हें इस गाने को गाने का मौका मिला। बताइए भाई जी दीपिका जी आइडॉल हो ही गयीं!

अन्धा आइडॉल बाँट रहा था। गानों में साठ साल में दिलीप भी हैं, देवानन्द भी हैं। राजकपूर चले गये। लेकिन फालके वाले वीके मूर्ति भी हैं। क्लासिकल गाने-नाचने वाले पुराने बन्दे हैं कुछ चले गये हैं। लेकिन बहुत-से हैं। जितेन्द्र हैं, धमेन्द्र हैं, राजेश खन्ना हैं और पता नहीं कौन-कौन हैं जो दीपिका जी से तो ज्यादा बड़े या कहें ऐश्वर्य-अभिषेक से ज्यादा बड़े हैं भई। भाई, सुर मिलवाने थे, गवाने थे तो साठ सालों के इतिहास में गये होते। आइडॉल चयन कठोरता से किया होता। दिखाया गया चयन दो-चार साल के हिट हीरो-हीरोइनों का ही दिखा। साठ साल, साठ साल होते हैं सात साल नहीं।

अरसे से छब्बीस जनवरी का प्रसारण नियमित-सा है। सुबह परेड हो गयी। उससे पहले सुरक्षा का ऐसा भीषण जयगान कि राष्ट्रगान बनता-सा लगा। एक बड़ा चैनल बताने लग गया सुबह-सुबह कि किस-किस शहर में सुरक्षा को खास खतरा है और उससे निपटने के इन्तजाम कैसे हैं? ऐसी टिप्पणी के साथ ही सड़क के किनारे खड़े सैनिक को जरूर दिखाया जाता। एक हिन्दी चैनल ने आदत के मुताबिक कहा कि 'परिन्दा पर नहीं मार सकता'! बेचारे परिन्दे!

उसके बाद परेड आयी। कुहरे पर बातें हुईं लेकिन दूरदर्शन का सीधा प्रसारण अपने कायदे के भीतर किसी भी तरह के फालतूपन से बचता हुआ काम की बातें करता रहा। मेहमानों का संक्षिप्त परिचय देता रहा। उसके बाद वही सीन आया जो हर साल इस दिन, इस घड़ी आता है। जिन्होंने अपनी जान देश की रक्षा में गवायी उनकी विधवाएँ, इतनी कम उम्र की दिखीं कि देखकर रोना आने लगा। अरे असली आइडॉल तो ये थे, जो देश के लिए मर गये। लेकिन ऐसे सीन हर साल इसी घड़ी आते हैं। राष्ट्रपति धीरज से सनदें देती हैं। फिर राज्यसत्ता की ताकत का प्रदर्शन होता है और सब उसमें खो जाता है। इस बार महाराष्ट्र के डब्बेवालों की झाँकी अकेली मौलिक टच वाली थी। त्रिपुरा की झाँकी में महान संगीतकार-गायक सचिन देव बर्मन का गाना—'सुर मेरे बन्धु रे...' बेहतर था। जिसे देख ममता जी ने प्रसन्नता से ताली बजायी। रेल आयी तो ताली बजायी। उधर फारुक अब्दुल्ला ने कश्मीर की झाँकी पर प्रसन्नता जतायी।

ऐसा हर बार होता है। इस बार कुहरे ने अपनी मौलिकता दिखायी। वह बैठे दर्शकों के बीच पसरता दिख रहा था। कैमरों की पकड़ में ठंडी हुई हवा के कण थे। *डीडी* का कैमरा-कर्म बढ़िया था।

दोपहर होते न होते चर्चा के भूखे चैनल साठ साल का हिसाब लिखने बैठ ही तो गये। इन साठ सालों में *सीएनएन आईबीएन* पर साठोत्तरी शोभा डे और शर्मिला टैगोर के बीच सीनियर सिटीजन और उनके बच्चों के बीच सम्बन्ध-विहीनता पर बातें शिष्ट होती रहीं।

साठ साल की परेड में विदेशी मेहमान सहित पूरा इंडिया गेट ताली मार रहा था और टीवी चर्चाकार निराशावादी हो रहे थे। मानो साठ साल में कुछ हुआ ही न हो। ऐसी अतिवादी चर्चाओं को *सीएनएन आईबीएन* के सुपर आइडॉल बनाने के तमाशे से ही थोड़ा विराम लगता नजर आया लेकिन राजदीप अपने आदर्श गिनाने के चक्कर में मनोरंजन का संविधानीकरण करते-से लगे, कि लगने लगा कि ये सब जो दिखने जा रहा है उसे भी संविधान सम्मत होना था। मानो संविधान की यही माँग थी। हर आइडॉल को गणतन्त्र की शिला पर पटककर देखने की जरूरत शायद नहीं थी इससे सुपर आइडॉल की थीम जरा बेसुरी हो गयी। आमिर से उनकी फिल्मों

में 'उनके दिल के नजदीक कौन थी' मार्का सवाल तो रोजमर्रा की चर्चावाला ही था। *एनडीटीवी इमेजिन* पर आ रहा सच्ची कहानी पर आधारित सीरियल देवी गाँव के लोगों के पिछड़ेपन, अन्धविश्वास और छलकपट की दिलचस्प कहानी है। यहाँ गाँव सजीव है और अभिनय बेहतर है। घसीटा का किरदार अच्छा है। ब्रजभाषी टच वाले संवाद बोली को जीवित करते हैं। हिंग्लिश को पीछे करते हैं। कहानी चार दिन की बच्ची की है। उसे देवी बताकर घसीटा का भाई चढ़ावे से मालामाल होना चाहता है। संग में पंडित जी मिले हुए हैं।

बच्ची की माँ कहती है कि यह चार दिन की बच्ची है, देवी नहीं है उसको आप कुछ नहीं खाने-पीने दे रहे। वह मर जाएगी। उसे बच्ची रहने दो। देवी नहीं बनाओ। अच्छी कहानी। अच्छा काम। बहुत दिन बाद बेहतर सीरियल देखने को मिला!

31 जनवरी 2010

इन्दरसभा और दन्तेवाड़ा

चैनल में खलल पड़ा है। आईपीएल की इन्दरसभा का मजा खराब हो गया है। नक्सलियों ने सारी पटकथा अपने हाथ में ले ली है। सारा मजा किरकिरा कर दिया है। प्राइम टाइम कहानी दन्तेवाड़ा में पहुँच गयी है। साफ्ट न्यूज की जगह हार्ड मैदानी न्यूज़ के लिए दन्तेवाड़ा की खाक छाननी पड़ रही है। नक्सल कथा ने एक सप्ताह के लिए कहानी बदल दी है।

विचलन देख आईपीएल ने नया प्रोमो देना शुरू कर दिया है। प्रोमो इन्दरसभा में आने का निमन्त्रण है। मीठा-मीठा, अजब-गजब!

हेवाड्र्स है तो हौसला बुलन्द है। हेवाड्र्स सोडे का प्रोमो है। नाचती-गाती लड़कियों के कट-टू-कट के साथ खिलाड़ियों के कट-टू-कट चित्र हैं। चीयर लीडर्स की अदाएँ हैं। रैम्प पर कैटवाक करती आती सुन्दरी के सीने पर क्रिकेट-बॉलों की तिरछी पट्टी कसी है। आगे चलकर वह एक ओर बॉल उछाल देती है। एक युवक उसे लपक लेता है।

सुन्दरी का एक सन्देश बॉल पर लिखा है—ज्वायन मी। मेरे संग आओ।

इन्दरसभा के इस मोहक निमन्त्रण के बीच विघ्न पड़ गया है। दन्तेवाड़ा हो गया है। माओवादी इन्दरसभा की कहानी को बेस्वाद कर रहे हैं।

टीवी की खबरों का एजेण्डा बदल गया है।

पिछले सात दिनों में टीवी पर सबसे कम दिखने वाला चेहरा गृहमन्त्री चिदम्बरम का है और सबसे ज्यादा जिक्र में आता और बातें करता चेहरा अरुंधती राय और वन्दना शिवा का है।

कुछ चर्चाकार सामने आ गये हैं। आदिवासी जन गायब हैं। दन्तेवाड़ा पृष्ठभूमि में है। दन्तेवाड़ा, नक्सल, माओवादी, सीआरपीएफ और युद्धनीति पर सबका पॉप-ज्ञान बढ़ने लगा है।

अंग्रेजी के तीनों चैनलों की टीमें वहाँ होकर आ चुकी हैं। एक हिन्दी चैनल भी जा चुका है। सब रिपोर्ताज ला चुके हैं। सबके पास एक-सी तस्वीरें और एक-सी कहानी है। लगता है कोई कण्डक्टेड टूर है जो उसी सीआरपीएफ ने कराया है, जिसकी बेचारगी की खबरें कवर ज्यादा की जाती हैं।

एनडीटीवी के रिपोर्ताज को बनाता कैमरा उसी तरह से उस जगह को दिखाता है जिस तरह से सीएनएन-आईबीएन का कैमरा दिखाता है या टाइम्स नाउ का दिखाता है।

यह ग्राउंड जीरो है। यहीं पर सीआरपीएफ के जवानों का माओवादियों ने संहार किया है। यह सड़क चिन्तलगुफा तक जाती है। क्लोजअप में सड़क के पत्थर पर लिखा है 'वे टू हेवन'। एकदम व्यंजनात्मक है। 'मसेकर' हुआ है। यहीं हजारों माओवादियों ने घेर लिया। सुरक्षा बलों के जवान मारे गये हैं।

हृदयेश के रिपोर्ताज में बीच में अभिज्ञान के निमन्त्रित कुछ विशेषज्ञ विराज गये हैं।

चैनल की जिज्ञासा-हवाई हमले की चर्चा तो आयी है।

एक विशेषज्ञ—अपनी जनता के खिलाफ हवाई हमले ठीक नहीं। भई इससे 'कोलेटरल डेमेज' (यह आर्नल्ड श्वार्जनेगर की एक फिल्म का नाम भी है) हो सकता है। सेना की फायर पावर बहुत ज्यादा है।

एक एक्टिविस्ट-लोगों के भोजन की समस्या है। स्वास्थ्य सेवाओं की जरूरत है। बेहतरीन प्रशासन चाहिए। पुलिस दमनकारी साबित हुई है।

विशेषज्ञ—नक्सल और आदिवासियों में फर्क करना होगा।

अभिज्ञान—उन्हें स्थानीय सपोर्ट है।

विशेषज्ञ—बन्दूक के डर से सपोर्ट है।

कट। एरियल शॉट। नीचे घने जंगल निकलते हुए। वाचक बताता है कि ये घने जंगल यहाँ से दूसरे राज्यों में निकल जाते हैं।

कट। ताबूत ही ताबूत। पुलिस सैलूट। कट।

एक्सपर्ट वन—जंग जरूरी। रिहेबिलिटेशन भी जरूरी।

एक्सपर्ट टू—पहले इनकी मिलिटरी पावर तोड़नी होगी।

एक्टिविस्ट—आपकी पुलिस बलात्कार करती है, औरतों के स्तन काटती है। एक बच्चे की उँगलियाँ काटी हैं। ये देखो फोटो। माओवादी फोटो बाँटते हैं। अगर यह जंग है जो जनता के खिलाफ है। आप मात खाएँगे।

रिपोर्ताज और चर्चा के साथ एसएमएस मत संग्रह हाजिर—सत्तानवे फीसद कह रहे हैं—जंग जरूरी है। तीन फीसद ने कहा है—नहीं। टाइम्स नाउ पर 'वार ऑन टेरर' है। अर्णव का कार्यक्रम है, जो पूछता है—माओवादियों को बाहर से मदद मिलती है?

एक्सपर्ट—आदिवासी उनके हमदर्द हैं।

बिग्रेडियर—हमला हो सकता है। पुलिस की गाड़ियाँ सड़क से निकलती हैं। कोई भी खबर दे सकता है।

शीर्षक रह-रहकर पूछता है—माओवादियों को बाहर से कोई मदद मिलती है? जवाब में टीवी देशभक्ति के इस साप्ताहिक दौर में 'न' कौन कह सकता है?

सीएनएन-आईबीएन ने शीर्षक दिया है—'बेटलिंग द नक्सल्स'। वाट इज द सोल्यूशन? हल क्या है? राजदीप को हल की चिन्ता है। अथ चर्चारम्भ।

आईबी अफसर—कानून व्यवस्था पहले है। विकास साथ चलता है।

वन्दना शिवा--जहाँ नक्सल नहीं वहाँ विकास हुआ है क्या?

इस कठिन घड़ी में कांग्रेस के खेवनहार मनीष तिवारी हमेशा की तरह गम्भीर मुद्रा में हैं—विकास के लिए वातावरण चाहिए। सीपीएम का प्रवक्ता—हमने एमएनसीज को जंगल नहीं बेचे।

चन्दन मित्र से सवाल—आप इतिहास के हैं, ऐसे हालात में गाँधी जी क्या करते?

जवाब—अरुंधती राय हड़ताल करतीं तो मैं अपनी राय एक सौ अस्सी डिग्री पलट लूँगा। हर हाल में आतंकवादियों को खत्म करना है।

फाइटों की फाइट बिगफाइट। विक्रम चन्द्रा। शीर्षक—नक्सल मेनेस। नक्सली खतरा... एक से एक चर्चा वीर। पीपल में भी चर्चा वीर।

सबकी रिपोर्ताज का नतीजा एक है—एक सप्ताह बाद भी हालात नहीं बदले। अरे भाई टीवी की चर्चा के हालात भी तो वहीं के वहीं हैं।

18 अप्रैल, 2010

चैनल चक्र

चैनल जिसके पीछे पड़ जाएँ, उसको कहीं ठौर नहीं।

थरूर की कुर्सी के पीछे पड़े थे, कुर्सी लेकर छोड़ा।

इन्तजार करते-करते रात के दस बज गये। अगली ताजा खबर को खोजते-खोजते आँखे फिरकी हो गयीं। चैनल चक्र चलाते-चलाते उँगलियाँ थक गयीं।

रविवार को *एनडीटीवी* पर सब ताक झाँककर विदा हो चुके थे। आशीष नन्दी अपने थरूर की स्मार्टनेस के दिखाऊपन पर और देसी नेताओं के दिखाऊ भोंदूपन पर बढ़िया कटाक्ष कर चुके थे। कुछ चुटीले संवाद लिखे जा चुके थे-

—शशि खुद ट्विटर है।

—आईपीएल ब्रांड दागी है।

—पारदर्शिता नहीं है।

—खेल बहुत महँगा होता गया है।

अन्त में हँसते हुए सबका धन्यवाद था। शाम सात बजे से चैनल लोट रहे थे कि खबर अब टूटे कि अब टूटे। रात के नौ पच्चीस हो गये। अचानक स्टार न्यूज दिखा। उसकी घड़ी नौ छब्बीस का टाइम दे रही थी। नीचे की लाइन कह रही थी कि थरूर अभी-अभी अपनी निजी गाड़ी में बाहर निकले हैं। ऐस्टीम है। लालबत्ती वाली गाड़ी नहीं है। एकदम फिल्मी क्लाइमेक्स था। कोई पहाड़ी पर दौड़ा जा रहा है। छलाँग लगाने कि हीरो पुकारता है—रीना! ये क्या कर रही हो?

ये थरूर थे, फिल्मी रीना नहीं थे। चैनल थरूर के पीछे लग चुके थे। बचने ना पाये कोई टुकड़ा। पीछा करो। यह भाव था। पीएम हाउस पर आकर गाड़ी रुकी तो जान में जान आयी। चैनलों पर इस्तीफा नहीं था। फुल स्केल ड्रामा था।

नौ पैंतीस हुए। *सीएनएन आईबीएन* ने लगाया—

पीएम उन्हें हटने के लिए कह सकते हैं। इस संजीदा खबर को राजदीप ही सँभाल सकते थे।

नौ बयालीस-

—इस्तीफा अभी रात में हो सकता है। कल सुबह उसके बारे में बताया जा सकता है।

नौ पचास हुए, दस हुए...

मन में गाना बजा—इन्तजार और अभी। और अभी। और अभी चार दिल चार राहें।

टीवी पत्रकार बाहर जुटे हैं। ठठ के ठठ। एकदम फीज शॉट माफिक। रिमोट से चैनल चक्र चल रहा है। हर इस्तीफे की बात कह रहा है। अब फिर बेचैनी है अगली खबर क्या? क्या?

अगले रोज कहानी टीवी न्याय यानी मोदी जी की ओर मुड़ती है। अब से तीन दिन तक मोदी ही मोदी होने हैं। जब तक वे 'ठीक' नहीं हो जाते। लगता है चैनल पानी नहीं पीने वाले।

कहानी खोजी हो गयी है। *टाइम्स नाउ* ने कहा—दफ्तरों पर छापे। इधर छापे, उधर छापे। संसद में लालू आईपीएल को नेशनलाइज करने चल दिये हैं। गुरुदास जी जुए का अड्डा बता चुके हैं। बीजेपी चुप-चुप है।

मोदी-ऑपरेशन जारी है। हर चैनल की अपनी ऑपरेशन टेबिल है और डॉक्टर हैं—

टाइम्स नाउ पर विजय माल्या-मोदी ने नया ब्रांड दिया है। मोदी ने श्रेष्ठ कार्य किया है। कट। आईपीएल की मस्त नाच पार्टी का सीन जिसमें हाथ में जाम लिए मोदी एक सुन्दरी के बाजू में थिरक रहे हैं। मनोहर रास रंग। मस्ती। पटाखा।

दिलीप पडगाँवकर, महेश जेठमलानी, मनीष तिवारी, अयाज मेनन, एडवोकेट राहुल और कौन-कौन? बातें नहीं फैसले हैं। मार-मार, मार-मार की पुकार है।

मुँह को खून लग चुका है। चाहिए मोदी का सर! और सब कुछ हो सामने। लाइव! टीआरपी टॉप पर!

ईब के टीवी की जाण लेगा ताऊ?

मंगल का दंगल देख। आईपीएल तमाशा देख। पूरे एक घंटे तक *सीएनएन आईबीएन* ने आईपीएल के खातों पर छापे मारे। ज़ानकारी बढ़ने लगी।

—आईपीएल की ब्रांड वैल्यू-19000 करोड़ रुपये

—ईपीएल की ब्रांड वैल्यू-56000 करोड़ रुपये

—प्रसारण अधिकार की कीमत-7500 करोड़ रुपये

सवाल—वैल्यू किसने बनायी?

मोदी ने बनायी।

राहुल-मोदी ने नहीं बनायी। वैल्यू दर्शकों की आँखों, आईबॉल्स की संख्या ने बनायी। सारी जाँच को संसद में रखा जाना चाहिए। पब्लिक को सब कुछ बताया जाना चाहिए। बताइए कि क्या बीसीसीआई की वेबसाइट है? नहीं। वह आज तक बन रही है! इतनी बड़ी कम्पनी है। आज तक बन रही है। ये धंधा है।

राजदीप—नीलामी की बोलियाँ पहले से तय लगती हैं।

सब कुछ ऐसा ही है।

लतिका खनेजा जो एक खेल मैनेजर हैं, कहती हैं कि उनकें पाँच खिलाड़ियों के दाम मोदी ने बात-बात में खुद ही घटा दिये। नीलामी कहाँ हुई?

सब कुछ गड़बड़ है, कीचड़ है।

लेकिन फाइट क्यों शुरू हुई?

लतिका—सब ईगो की लड़ाई है।

इति सिद्धम। मोदी को हटाओ।

25 अप्रैल, 2010

जागो सरकार

कवरेज खूब था। बहुत दिन बाद किसी आन्दोलन का लाइव पूरे-पूरे दिन था। विपक्ष का भारत बन्द था। दिल्ली, मुम्बई, कोलकाता, चेन्नई, बंगलूर, भोपाल। बन्द कवरेज लाइव था। महँगाई के खिलाफ बन्द था।

दिन में बन्द था। शाम बन्द का विश्लेषण टीवी पर होना था। सफलता-असफलता का हिसाब होना था। इस चक्कर में मुद्दों को गायब हो जाना था।

बन्द वाले कह रहे थे। सौ फीसद सफल था। चैनल सत्ता के हमदर्द से शीर्षक लगाते थे। 'वेकअप सिड' की तर्ज पर।

जीन्यूज ने लगाया 'जागो सरकार'। *टाइम्स नाउ* ने लिखा 'इंडिया ब्लॉक्ड'। एक ने कहा 'वेकअप कॉल' है।

भाजपा को एक बेहतरीन निर्मला सीतारामन के रूप में बढ़िया प्रवक्ता मिल गयी हैं। जम के बात करती हैं। जिरह करती हैं। मनीष तिवारी इस मुद्दे पर भी सरकार का बचाव करने को मजबूर थे। सरकार के प्रवक्ता थे। बन्द उनके तर्कों से परे था। विपक्ष के प्रवक्ता भारी पड़ रहे थे। पहली बार ऐसा दिखा।

सीएनएन-आईबीएन पर एक वक्त पर, सरकार का बचाव सबसे कमजोर नजर आया। या तो सरकारी प्रवक्ता आये नहीं या नफीसा अली ही उसे मिलीं या चैनल अपने तरीके से उन्हें ही बन्द के विरोध में स्वतन्त्र प्रवक्ता मानकर बुला लाया था। सच कहें नफीसा अली जी भाजपा की स्मृति ईरानी की मैच तो नहीं ही थीं।

जी न्यूज पर राजीव शुक्ला ने जरूर जीदारी से विपक्ष की सत्ता के दौर में बढ़े दाम और इस महँगाई के मामले में अपनाये जाते दोगलेपन पर जवाबी हमले किये लेकिन वे करते भी क्या? महँगाई की समकालीनता ने उनके तर्क पहले ही कैच कर लिए थे। बन्द ने मध्यवर्गीय दर्शकों के कान विपक्ष की ओर कर दिये हैं। सचमुच का वेकअप कॉल है।

कश्मीर में मौजूदा हालात पर अगर मर्सिया पढ़ना हो तो अर्णव भाई के कश्मीर कथा के इंट्रो को देख लें। गजब ढाते हैं। दस बार पूछा 'संयम कौन बरतने वाला है?' फिर उसी साँस में लाइन दी 'बट प्रोवोकेशन इज कंटीन्युइंग'। पहले कह चुके थे कि उत्तेजना की कार्रवाई में अलगाववादी पत्थरबाजी और प्रशासनों की

पुलिस-सीआरपीएफ दोनों बराबर से हैं। तब पहले संयम कौन रखेगा? कौन बोलेगा? अर्णव का बस चले तो अलगाववादियों को अपने शाप से भस्म कर दें। सुरक्षा बलों को भी शाप दे दें। चौबीस घंटे में सुरक्षा बलों की गोलियों से चार नागरिक मारे गये। ये क्या हो रहा है?

ऐसा क्षुब्ध अर्णव के बोल-वचन सुनने के बाद मुर्दे की भुजाओं में भी फड़कन हो सकती है। एलान कर दिया—'हम यों ही हाथ पर हाथ धरे यह सब देखते नहीं रह सकते'। लेकिन क्या करें अर्णव भाई आप हमें दिखाते रहेंगे तो हम देखते रहने को मजबूर होंगे।

अर्णव को सुनने, देखने के बाद लगता है कि बाकी के न्यूज एंकर बेकार हैं। मधु किश्वर ने कहा-उमर अब्दुल्ला किसी आन्दोलन को हैंडिल करना नहीं जानता। चर्चा में एक मूँछों वाले सुरक्षाबल अधिकारी भी दिखे। ऐसी एंकरिंग और चर्चायें अलगाववादियों के लिए मनचीती लगती हैं। मनोरंजन का बढ़िया सामान होती हैं।

आईबीएन सेवन पर कानपुर के आईआईटी में 'पीएम को मिलावटी भोजन परोसा गया' एक सुबह की सबसे बड़ी खबर बतायी गयी। देर तक बताया जाता रहा कि दाल में रंग मिला था। खरबूजे के बीज में फूँद लगी थी। उसे परोसा गया। फलों में कीड़े थे। सब जाँच के लिए भेजा गया, मिलावट पायी गयी। रोका गया। बाद में यही भोजन दिया गया। वगैरह-वगैरह।

इतनी मजेदार खबर थी लेकिन आईबीएन इसे गम्भीरता से लेकर आईआईटी के खिलाफ मुकदमा-सा बना बैठा। खबर का मजा जाता रहा। यह देश पीएम को प्यार करता है तो कभी जोक भी तो कर सकता है। ऐसे मौकों पर कभी-कभी कर लेना चाहिए।

इसे आईआईटी के किसी मसखरे के एक 'प्रेक्टिकल जोक' की तरह भी पढ़ा जा सकता है। जिस देश में हर चीज में मिलावटी मिलती है उस मिलावटी दाल का स्वाद पीएम भी जान सकें कि देश की जनता कितनी तरह से मिलावटों में जिन्दगी बसर करती है। किसी षड्यंत्र की जगह शायद इतना सन्देश देना जोकर का लक्ष्य रहा हो! कौन जाने? लेकिन खबर को पीएम के प्रोटोकोल के सन्दर्भ में ही पढ़ा गया। अगले दिन की खबर कहती थी—पीएम को कानपुर आईआईटी में जो खाना परोसा गया वह ठीक था।

टीवी चर्चा के विषय घिस जाएँ, उनके मुलम्मे और चमक उतर जाएँ तो छोड़ देने चाहिए। 'फ्रीडम ऑफ स्पीच का नियन्त्रण-अनियन्त्रण' हजार बार घिसा गया टीवी मुद्दा है। एक शिव सैनिक रहे, एक मैचिंग मुसलमान रहे जो आखिरी लाइन में वही कहे जो फतवे से कमतर न हो, एक उदार पत्रकार, एक सामाजिक हो, एक सुहेल

सेठ न हो, तो प्रहलाद कक्कड़ रहें तो टीवी का टाइम काटू 'फाइट' तो हो ही जाती है। तर्क सब परिचित तरीके से रिपीट होते हैं। आप किसी तरह से मौलिकता का छौंक मारते हैं तो तर्क की तंग गली में पकड़े जाते हैं। मौलिक दिखने के लिए विक्रम अपने पश्चिम से भिड़ गये। कहा कि आप फ्रीडम के लिए वेस्ट से कोट नहीं कर सकते। वेस्ट हमारा आदर्श नहीं हो सकता।

कुर्बान जावाँ! अंग्रेजी में वेस्ट के ऐसे तिरस्कार का अपना मजा था। विक्रम की मानें तो सोहेल लोखंडवाला साहेब की लाइन को नमन करना चाहिए जो कहती थी-सेक्युलर होने का मतलब यह नहीं कि कोई हमें हर्ट करे। पहले एक प्रसंग में सोहेल कह चुके थे। अगर आप ठेस पहुँचाएँगे तो मौत का फतवा भी दिया जा सकता है। वेस्ट की फ्रीडम से निकलोगे तो इधर फतवे में गिरोगे।

बाल कल्याण मन्त्रालय वाले ध्यान दें। डांस इंडिया डांस में लिटिल मास्टर्स में खुशबू नामक बच्ची के हाथ में फ्रेक्चर हो गया। प्लास्टर लगवाते दिखाया गया। माँ बोली—मैं अपनी बच्ची को कम्प्टीशन में हर हाल में रखूँगी। फरहा ने कहा कि आप इलाज करायें। वत्सल नामक बच्चा आया। एक जटिल चक्र में फँसकर करतब दिखाता रहा गाने के। यह कार्यक्रम अब दो-तीन कोरियोग्राफरों के स्टंट शोज के औजार बन रहे हैं। माता-पिता उन्हें नेम-फेम के लिए धकेल रहे हैं। कोई बड़ी दुर्घटना हो सकती है इस पर ध्यान दिया जाना चाहिए।

11 जुलाई, 2010

हर साल वही-वही

जाते को विदाना और आते की अगवाना पूरा टीवी कर्मकाण्ड है और हर साल के अन्त में बारह बजे तक आते-आते वही होता है जो अब तक टीवी करता आया है। बारह बजे के आसपास अपनी ही बनती हुई उत्तेजना को पाकर वह एंकर खुद उतनी ही उत्तेजित हो उठी कि बाहर का गजर खड़का और अगले साल का दिल धड़का कि वह चीख पड़ी। हैप्पी न्यू ईयर।

सारे चैनल जब वही हैप्पी-हैप्पी करें और बाहर के नाचों को डीजे वीजे छापों को स्टूडियो में ही मनाने लगें तो लगता है कि आप भी अपने घर में वही कॉपी करें और अन्ततः आप अपने को एक टीवी सीन की तरह गढ़ें। हर साल के आखिर में यही होता है।

सप्ताह भर से अंग्रेजी चैनल साल का टीवी-इतिहास गढ़ने में लगे थे जो उन्होंने पूरे साल गढ़ा था। मन्दी को अलग निकाल दिया गया था और रिकवरी को बढ़ा-चढ़ाकर बताया गया। सबसे बड़ी रिकवरी 'थ्री ईडियट्स' की बतायी गयी। साल का हीरो वही था। साल की हीरोइन वही वही थी। साल का खलनायक अलबत्ता नहीं बताया गया। राहुल साल के सर्वत्र में थे।

साल का इतिहास सुज्ञात था। सुज्ञात इतिहास रिप्ले करता है। इतिहास न होकर बुलेटिन भर रह जाता था।

आखिरी पलों में जो दिखाया जाता है। उसे एंकरों की लायी गयी प्रसन्नता से उल्लास तक, उल्लास से उत्तेजना तक, उत्तेजना से परमानन्द तक पहुँचना होता है। दूरदर्शन इसके लिए मनोरंजन का अलग से पैकेज करता है लेकिन निजी चैनल अपने सारे बन्दों को ही पेश करते हैं। सारी समस्या साल को सम्पादित करने की हो जाती है। सम्पादित साल ही इतिहास होता है। आने वाले साल के पहले पल भी उसी तरह पूर्वपरिचित ढंग से मनाये जाते दिखे। जो गाने पिछले साल के अन्तिम पलों में बजे वही नये साल के पहले पलों नचे। सब चैनलों पर वही अब तक नाचते थे।

लेकिन इस बार नये साल में 'अमन की आशा' टाइम्स पर जरा नयी अदा से आयी।

अदा क्या हुई कि अमन की नयी कविता-सी हुई कि बच्चन ने गम्भीर आवाज में सुनायी, कि कहा कि

चलो कबड्डी खेलें सरहद पर...
जो आये फिर लौटकर न जाए...
सुर मिलायें...
नजर में रहते हो जब तुम नजर नहीं आते...
इन लकीरों को जमीनों में ही रहने दो...
दिलों में मत उतारो...

नये साल में एक विज्ञापन 'अमन की आशा' का दिखा। कहता था इंडो-पाक अभियान है। दूर अफगानी बियाबान में एक अफगान अपने 'दिलवाले दुल्हनिया ले जाएँगे' वाला अभिनय कर रहा है देखने वाले मस्त हो रहे हैं और फिर दूर बैठा एक कापी राइटर कहता है—मिल गया फोन लगाओ और फिर एक अफगानी पुराने से टू इन वन को ऑन करता है, फरमाइशी प्रोग्राम पर कहता है कि 'दिल वाले दुल्हनिया ले जाएँगे' वाला गाना सुनवाओ।

अमन फरमाइशी है टीवी पर! एक प्रेमगीत की तरह निरीह! इस अमन की हवा निकली छह जनवरी के श्रीनगर के लाल चौक पर होती गोलीबारी से। वही बर्फबारी की मारी सड़क लाल चौक की और वही साक्षात! उसी लाइव सीन में गोलीबारी का कवरेज। सीआरपीएफ के अफसर ने बताया रात भर भी चल सकती है गोलीबारी।

'अमन की आशा' की फरमाइश में यह गोली कैसी लगती है? गोली जब चलती है तो कविता की तरह नहीं सुनायी पड़ती।

अजीब ठाँय ठाँय के कंट्रास्ट में पड़ गया 'अमन की आशा' का विज्ञापनी अभियान! नये साल में कूटनीति की भाषा निजी क्षेत्र में आकर कविता बनकर कहती लगी कि 'न जाओ सैंया छुड़ा के बैंयां'! कैसी मासूमियत!

उधर, पिछले साल मूँछों की लड़ाई छिड़ी रही। गये साल की मूँछें नये साल में ताव देती लगीं। गिल साहब ने हाथ लगाकर मूँछें ऊपर उठाई और जवाब दिये। बिनमूँछक राजदीप बिना मूँछ वाले सवाल किये। गिल साहब ने उन्हें दूर से ही स्टूडियो में डाँट पिलायी-ऐ मिस्टर पुलिस अफसर की कॉप न कहो पुलिस अफसर कहो और मीडिया ट्रायल बन्द करो... हर केस को अलग देखो... राठौर पर कुछ नहीं कहूँगा, प्रोबेशन कंविक्शन नहीं होता। राजदीप ने जरा खुशामदी टच दिया—आप वे हैं जिसने पंजाब में आतंकवाद का सफाया किया। क्या मेडल लौटाने वाली बात से आपको चोट लगी है? नहीं हास्यास्पदता से हर्ट फील करता हूँ। मैं सरकार पर टिप्पणी नहीं करता। मेडल का मजाक न बनाइए।

आखिर में मूँछें जीतीं। सफाचट चुप हो गये।

आरुषि की कहानी सीबीआई ने ताजा की तो टीवी ने भी ताजा की। चैनलों ने केस को उसी तरह बन्द कर दिया था जिस तरह तन्त्र ने बन्द किया था। उसी तरह उतना ही खोजा जितना सीबीआई ने खोला। नामी चैनलों की टीवी खोजी पत्रकारिता इसी तरह होती है।

नये साल के पहले दस-बारह दिन में तीन सौ करोड़ की कमाई करने वाले 'थ्री ईडियट्स' से आशुतोष को क्या मिल गये कि उन्होंने ईडियट्स को शोले से टकरा दिया। 'थ्री ईडियट्स' का रूपक गजब गति से फैला। सब ओर 'थ्री थ्री' दिखने लगे। आईबीएन सेवन पर राजीव मसंद, कोमल नाहटा के साथ तीसरे आशुतोष। उधर शोले के जय, वीरू और गब्बर। आशुतोष तुलना में इतने मगन हुए कि भूल गये कि दोनों फिल्मों से लेकर तीसरे चैनल स्टूडियो में भी तीन-तीन ही हैं। यारो इन दिनों असल महानता कमाई से तय होती है, कहानी से नहीं!

मन्दी में कमाई के दिन भी कितने घटिया हो गये हैं कि आमिर को 'थ्री ईडियट्स' की मार्केटिंग खुद करनी पड़ी और अब किंग खान की मार्केटिंग खुद शाहरुख को करनी पड़ रही है। जल्द आप किंग खान और 'थ्री ईडियट्स' की तुलना देखेंगे। हर तुलना में हर बार मिलेंगे वही 'थ्री ईडियट्स' और गाते रहेंगे ऑल इज वेल!

10 जनवरी, 2010

सच के कारोबार में

जो दिखता-सुन पड़ता है उसे दिखाया-सुनाया जाता है। जो दिखाने वाले हैं उन्हें जो दिखता है वह कैमरे से दिखाया जाता है, ऑडियो से सुनाया जाता है। तो भी, जो एक-दो दिन दिखाया जाता है, सुनाया जाता है उसे ही फिर गलत बताया जाता है। जब दिखाये-सुनाये को बाजाब्ता गलत बताया जाता है तो उसके बाद गलती करने वाले को सामने आना चाहिए। माफी माँग लेनी चाहिए। लेकिन मीडिया कभी माफी नहीं माँगता। मीडिया कभी गलती नहीं करता। यही मीडिया की अदा है। सच के कारोबार में सीनाजोरी एक ब्राण्ड है।

उन्होंने किसी का कहा हुआ दुहराया। उन्होंने उसे कैमरे में कैच किया। कहा जा सकता था—थरूर ने भिखू पारेख के भाषण का सार संक्षेप प्रस्तुत किया, जो इस प्रकार है। लेकिन ऐसा कहते ही निजी चैनलों की फड़कदार शैली अखबारी या दूरदर्शन वाली हो गयी होती। वही सब सप्रसंग करना होता। इससे खबर की निजी अदा की मैया मर जाती।

तो जो नहीं कहा गया, जिसने नहीं कहा। उसे कहा गया बताया। उसी का कहा गया बताया। पैकेज की प्रक्रिया में वाचक सन्दर्भ बदल गया। बदल दिया गया या कि अनजाने हड़बड़ी की कट-पेस्ट में हो गया या कि बाइट की फाइट ढूँढ़ने के लिए बन्धुओं को बाइट बनाने की सम्भावना नजर आयी। खबर में सच का अक्सर बहुत कुछ खो जाता है।

थरूर ने कहा कि उन्होंने वह नहीं कहा जिसे उनका कहा बताया गया। लेकिन तब तक उस बनाये गये 'हाइपर रीयल टच' से चरचा जारी हो गयी। सन्दर्भ निकल गया। अर्थ खबर बनाने वाले का हो गया। इस पर खंडन हो गया। फिर खंडन-मंडन हो गया। सफाई जारी रही।

थरूर मीडिया के लिए सबसे आकर्षक चेहरा हैं। मीडिया की राशि उनसे कुछ इसी तरह की बैठती है कि वे एक वाक्य बोलते हैं तो वह 'टीवी-टीवी, टुट-टुंट' होने लगता है।

बन्धुओं, थरूर से ऐसी लगावत क्यों करते हो जो उनकी एक लाइन पर आप दो दिन प्राइम टाइम के निकालते हो। पूरे विदेश मन्त्री को पाँच सेकण्ड और थरूर

जी को पन्द्रह-बीस मिनट। गजब का कमिटेड जर्नलिज्म है।

चैनलों का बहुत-सा पॉलिटिकल पर्सनल-सा लगता है। बहुत कुछ पर्सनल-सा पॉलिटिकल बन जाता है। यह थरूर के साथ सच्ची-मुच्ची की ले-दे है या कि मिलीभगत। थरूर ने मीडिया को जमकर फटकारा। कहा कि रिपोर्ट करने की तमीज नहीं। अनकहे को कहा बताया। भिखू पारेख की बातें वे कह रहे थे लेकिन चैनल समझ रहे थे कि वे ही कह रहे हैं।

अब आइए हफ्ते के सबसे बर्बर कारुणिक सीन पर जिसमें एक पुलिसमैन सड़क पर खून में लथपथ पड़ा है, आर्तनाद कर रहा है। उसकी टाँग दराँती से काट दी गयी है। दराँती पास पड़ी है। खून से सनी हुई। पुलिसवाले का चेहरा दिखता है। चेहरे पर दर्द पसरा है। कटी टाँग को धुँधला कर दिया गया है। किसी ने अपने कैमरे से उसकी पीड़ा को खींचा है। ऐसे में ही तब दो नेता-मन्त्री आते हैं। उनकी सफेद लुंगियाँ घुटनों तक चढ़ी हैं। वे उस घायल से दूर से बात करते हैं और फिर चले जाते हैं।

ये हृदय विदारक सीन कहानी में उस जगह का बनाते हैं जिसमें मन्त्रियों के दर्शक मात्र होने से ज्यादा की उम्मीद की गयी है। मन्त्री तमिल में बोलते हैं। जिसका अर्थ है उनका दिल पत्थर का नहीं है लेकिन वे इस्तीफा नहीं देंगे।

उनकी प्रकट हृदयहीनता पर जो 'पब्लिक क्रिटिक' सम्भव रहा उसे चैनलों ने बनाया, सन्तुलित ढंग से बनाया। अगर यही कोई हिन्दी पट्टी का नेता होता तो इतनी आसानी से न छूटा होता। लेकिन राजनीति के अखाड़िए अपनी-सी पर जमे रहे। जयन्ती नटराजन ने जो कुछ बोला वह राजनीतिक रूप से सही होने की तरह था। हमारी खबरों में राजनीतिक अवसर के साथ अचूक अनुकूलता बनती है।

हफ्ते की सबसे कॉमिक खबर अमर सिंह के सपा पद से 'त्याग' की दिखी। जिनसे पंगा रहा उन्होंने त्याग को भाव नहीं दिया। लेकिन मुलायम ने कहानी को सुखान्त टच दिया कि अमर का इस्तीफा हम स्वीकार ही नहीं करेंगे। बताइए बन्दा बाहर होना चाहता है लेकिन भैया-भैया का वातावरण ऐसा है कोई भैया को बाहर नहीं जाने दे रहा।

मॉलेस्टेशन पर बहस। एकदम सामयिक। तीखी। बरखा ने सारी बहस का निचोड़ निकाला कि आहता को आवाज उठानी जरूर चाहिए। फाइट फॉर योरसेल्फ। डोंट बी साइलेंट। खामोश न रहो। बोलो। अच्छी बात रही। इसी तरह जन दबाव बनते हैं।

नकुशा को एक पुलिस अफसर कहता रहा। डालना इसके चेहरे पर पानी हम भी तो देखें नकुशा का चेहरा। 'लागी तुझसे लगन' अगर बहुत फिल्मी न हो जाए तो

वह औरत के चेहरे के दमन की बेहतर टेक्स्ट बन सकती है। कहीं उसे आगे चलकर प्रसाधन उद्योग के हवाले न कर दिया जाए।

कार शो की जितनी कारें रहीं उनमें से कुछ बड़ी ब्राण्डें विज्ञापनों में आकर ठहर गयी हैं। कार अब वाहन मात्र नहीं है। एक छोटे बच्चे के लिए वह खरीदने की चीज है। एक बच्ची के लिए वह इस गारण्टी की चीज है कि तीन साल तक आपसे कुछ नहीं लिया जाएगा। इन दिनों बच्चे गाड़ियाँ तय करते हैं। एक स्कूल जाने वाला बच्चा रेडलाइट पर एक कार के पास साइकिल रोके खड़ा है। कार वाले की बात पर तमककर कहता है बस कुछ दिन की बात है अंकल इधर भी चार पहिये होंगे। कुछ दिन पहले एक अन्य विज्ञापन में एक बच्चा अपने बाप को शोरूम में कार देखकर ललककर रोकता था।

और 'जब हम होंगे साठ साल के और तुम होगी पचपन की' वाले गाने को गाने वाले युवा जोड़े को भी सब कुछ गाड़ी के लिए ही करना है। एक गाड़ी रेगिस्तान में शेर की तरह गरजती हमला करती आती है।

कुछ भी कहिए ऑटोमोबाइल क्रान्ति के उत्तर-मारुति दौर में नैनो की जगह विज्ञापनों में बड़ी गाड़ियाँ ज्यादा आती हैं। विज्ञापनों की कॉपियाँ बेहतर से बेहतर बन रही हैं गाड़ियों की तरह।

17 जनवरी, 2010

शिवजी के कवच

जनता पर पड़ने वाली हर लात जहाँ आकर एक बात बन उठे उसे नौ बजे की खबर कहते हैं। 'ज्यों चैनल की बात में बात-बात में बात'। इसी भाव से बातों को लेना चाहिए।

चैनलों को नित्य चिन्ता सताती रहती है—समस्या कैसे ढूँढ़ें? कैसे पैदा करें? मन्त्री जी ने कहा है कि दूध के दाम बढ़ेंगे? इसे समस्या समझें या समाधान? उनकी नीयत पर शक करने वाले समझते हैं कि कहीं ऐसा तो नहीं कि प्रमुख समय की खबरों वाले कम से कम दस मिनट के लिए एक समस्या ढूँढ़ ही निकालते हैं। बताइए जी कि क्या टैक्सी वालों को पुराने कानून की याद भर दिलाना कोई समस्या है। शरद पवार ने कहा कि दूध महँगा हो सकता है... ऐसा कहना कोई समस्या है?

चैनल वाले चीखते हैं क्योंकि उन्हें नित्य चीखना होता है रात के नौ बजे। पूछने लगे कि जवाब दो, जवाब दो। आपने अभी टैक्सीवालों के लिए ये कानून क्यों बनाया?

देखिए, परिप्रेक्ष्य समझिए। बनाया नहीं। याद किया है।

अच्छा बताइए, आपने अभी याद क्यों किया? आखिर क्यों?

माई फ्रेंड अर्णव! इसलिए कि ये नब्बासी का था लोग भूलने लगे थे। अच्छी बातों को याद करना होता है। याद करना जरूरी था। सब करते हैं।

मेरे सवाल का जवाब नहीं हुआ, बताइए आपने इसी टेम क्यों याद किया? पहले क्यों नहीं?

अर्णव अर्णव! मुझे बोलने तो दो। जरा परिप्रेक्ष्य में रखकर बात करो। और बहुत सी यादों के बीच पहले याद नहीं आया। क्या करें?

एक आवाज उठी—ये भेदभाव है।

अच्छा मैं इस बात को इस तरह पूछूँगा कि जवाब दीजिए कि यह भेदभाव है कि नहीं?

माइ फ्रेंड अर्णव कोई भेदभाव नहीं है। हरगिज नहीं है। यह नब्बासी को याद करना भर है। हर राज्य में ऐसा है। वहाँ की भाषा को जानने की परीक्षा की बातें हैं।

तो क्या परीक्षा होगी?

नहीं भई बात को परिप्रेक्ष्य में समझो...

अंग्रेजी के तीन चैनल हैं। रात के नौ बजे सबकी खबर लेने वाली बहस खुल जाती है। आप रिमोट दबाकर जरा दूजे की रंगत देखिए। अहा! यहाँ दूसरे हैवीवेट से पूछा जा रहा है कि ऐसा क्यों किया? जवाब वही है। याद किया है।

एक ने कहा, दूजे ने कहा, तीजे ने कहा और करीब एक टोन में कहा कि शिवसेना के एजेण्डे को कांग्रेस लागू कर रही है? सबको हैवीवेट जी समझाते हैं कि हमीं ने तो शिवसेना के साथ फाइट की है। एक एंकर कहता है कि कहीं नहीं की। पहले किया करते थे। अब तो उन्हीं की-सी बात हो रही है। नेता कहते हैं नहीं-नहीं। ऐसा नहीं है।

अब तीसरे चैनल पर एक शिवसैनिक बैठा है जो कह रहा है कांग्रेस 'देर आयद दुरुस्त आयद'। हम तो कब से मराठी को कम्पल्सरी करने की बात कर रहे थे...

अचानक अपने चैनल पर 'माई फ्रेंड अर्णव' ने देखा कि सिंघवीभाई के चेहरे पर मुस्कान खिल उठी है। बोले 'आयी रे आयी रे हँसी आई' फिर तो अर्णव भी खिल उठे और इस तरह टैक्सी भेदभाव की नीति का सुखान्त हुआ।

राहुल कार में। कार भीड़ में। भीड़ उत्पात में। उत्पात के फुटेज में। फुटेज में राहुल। क्या कोई सुरक्षा नियम टूटा? नहीं। राहुल की यात्रायें छापामार यात्राओं की तरह नजर आती हैं। राहुल को देखने के लिए भीड़ें उमड़ती हैं। भीड़ें सुरक्षित नहीं होती हैं इस देश में राहुल भाई! आपको देखकर दर्शकों को भी भय सताता है। ऐसे न करिए प्लीज!

शरद पवार जी ने कह दिया है कि अब दूध के दामों के बढ़ने की बारी है। आखिर क्यों कहा उन्होंने? भई कहा होगा उनसे पूछो, मुझसे क्या पूछते हो। हर दिन ऐसी ही बातें हैं। ये बातें हैं बातों का क्या?

ज़ीटीवी पर 'झाँसी की रानी'। अखाड़े में समर सिंह लड़ रहे हैं नकाब वाला रानी साहिबा पर आक्रमण कर चुका है। समर सजा देना चाहता है। सारी लड़ाई में तलवार तक कायदे से नहीं चलती। लड़ते हुए योद्धा लम्बी बातें करते हैं। समर सिंह नकाबपोश से कहता है—तू मारता क्यों नहीं मुझे? वह कहता है कि वह न मारने के लिए वचनबद्ध है। अंग्रेज लोग पहले अखाड़े के ऊपर बन्दूक तानते हैं। चलाते नहीं हैं। वार करने वाली लड़ाई से ऊबकर नीचे आकर रेफरी का काम करने लगते हैं। ये अंग्रेजों को क्या हो गया है कि वे सीरियल में नौकर की तरह लगते हैं। बैंड बाजे वालों की ड्रेस पहनकर गिड़गिड़ाते हैं। झाँसी की रानी के आसपास षड्यन्त्र। महल की एक औरत उसी तरह की मुखमुद्रा बनाती है जो सास-बहू ाप सीरियलों में दिखा करती थी।

'झाँसी की रानी' और 'मीराबाई' के बीच एक से एक बोर सीन पैदा करने वाला मुकाबला चल रहा दिखता है। झाँसी की रानी के चेहरे में और मीरा के चेहरे एक जैसे चमकदार त्वचावाले मेकअप के लगते हैं। एकदम भावहीन। अभिनय विहीन। ये चेहरे चरित्र नहीं बन पा रहे। चरित्र प्रधान कहानियाँ षड्यन्त्र प्रधान सीरियलों में बदल दिये गये हैं। यारो इतिहास को परिहास तो न बनाओ। कहानी तो कहो। चरित्र तो उठाओ। क्या आप लोगों ने दूरदर्शन पर आ चुका 'मीराबाई' देखा है? देखते तो कुछ सीखते।

'फिरंगी' नाम से लगता था और अब तक जो वह दिखाता रहा उससे लगता था कि यह मामूली स्तर की अंग्रेजी फिल्मों को हिन्दी में डब कर दिखाने वाला चैनल है लेकिन अब जाकर साफ हुआ है कि वह तो वही शिव का मन्त्रपूजित तीन कवच का फुल-पैकेज बेच रहा है। एक मौलिक तत्त्व उसका अपना है कि यहाँ शिवजी की वेशभूषा में एक व्यक्ति सीधे शिवजी के तीन कवच—जीवन कवच, भवन कवच और वाहन कवच को शिवकृपा की गारंटी के साथ बेचता है। बीच में कवच का लाभ उठाने वाले भी कहते हैं कि इसे जब से लिया है तब से सब शुभ ही शुभ हो रहा है।

कवच का नया ब्राण्ड मैदान में आ गया है कि कम से कम चार चैनल इस वक्त ऐसे कवचों का मार्केट कर रहे हैं। शिव जी के नाम से बड़ा ब्राण्ड कौन-सा है बताइए? शिवजी की मार्केटिंग शिव! शिव!

24 जनवरी, 2010

फासिस्ट लीला के बीच राहुल

यह टीवी का राहुल समय है। राहुल टीवी पर ज्यादा बार पुकारा जाने वाला नाम है। राहुल टीवी पर ज्यादा बार दिखने वाला चेहरा भी है। चाहे तो हिसाब लगा लें। एक नहीं दो-दो हैं।

राहुल नाम सर्वत्र है। इस चैनल पर राहुल। उस चैनल पर राहुल, इस फ्रेम में राहुल। उस फ्रेम में राहुल। इत राहुल जी। उत राहुल जी। जित देखो तित राहुल-राहुल। एक राहुल ये। एक राहुल वो। टीवी का जनतन्त्र है। चुनिये अपना अपना राहुल। तीसरा राहुल वह बालक भी रहा जो एक विज्ञापन में आता रहता था कि जिसमें माँ पुकारते हुए कहती थी राहुल। वह माता वाला बालक राहुल अब क्रम दिखता है। यहाँ भी एक बार एक माँ पुकारते-पुकारते रह गयी कि राहुल।

इस तरह टीवी में दो राहुल हैं। एक राहुल यात्री हैं। दूसरा राहुल महलों का जैसा लगता है। एक यात्रा पर जाता है तो फ्रेम में आता है। खबर बनाता हुआ। एक महल के कमरे से निकलकर आता है तो पहले से कैमरे तैयार रहते हैं। वह मनोरंजन बनाता है।

एक है जिसे कॉलेज की छात्राओं ने घेर लिया है। छात्राएँ चहक रही हैं, हँस रही हैं। दूजा वो है जिसके लिए घेर कर लड़कियाँ लायी गयी हैं। वे बेहद सजी-धजी हैं।

ऐसे फ्रेम कहते से लगते हैं कि लड़कियों के लिए राहुल एक डेट है। वे उसमें एक साथी ही ढूँढ़ती हैं। कैसी कमबख्ती है कि खबर में भी वही लड़का-लड़की सीन बनते हैं जो दुल्हनियाँ में बनते हैं। लड़कियों के लिए हर राहुल एक कंडीडेट है। डेट है।

टीवी पर लड़कियों के सीन लड़कियों के सीन होते हैं। वे टीवी के लिए मुस्कान के सीन होते हैं। वे कोलगेटी मुसकानित रहती हैं। निरन्तर प्रसन्न मानो मुख की मुस्कान बनाये रखने वाली कॉस्मेटिक सर्जरी कराके आयी हों। लड़कियाँ अधिक बिन्दास दिखती हैं।

एक राहुल सिम्पल है। उसके गाल पर डिम्पल है। दूजा सजा-धजा है।

एक जमीन पर पाँव रखते ही खबर बनता है दूसरा जमीन पर नहीं आता। वो रहने वाला महलों का! महल में दिखता है तो उबाऊ मनोरंजन बनता है। एक टीवी की खबर में नजर आता है तो जिज्ञासा होती है कि देखें कैसा है? क्या कहता है? उसके कहे की कीमत है। दूसरा जब भी मुखारविन्द खोलता है तो आवाज आती है हा हा हो हो। आप कैसी हो? क्या आप मुझसे फ्रेंडशिप करोगी? यह टीवी का इमेजिन किया राहुल है जो एक अदरकी विज्ञापन के लड़के की तरह हर लड़की से पूछता फिरता है। लड़कियाँ भी डेटिंग के लिए मचलती हैं।

एक राहुल बेचैन लगता है। एक राहुल तृप्त। एक राहुल सोचता लगता है। एक राहुल नोचता-सा लगता है। चुन लीजिए टीवी में अपना-अपना राहुल!

एक दिन ऐसा हुआ कि टीवी वाला राहुल तो टीवी में रह गया और दूसरा राहुल मुम्बई पहुँच गया। उसकी यात्रा सबसे बड़ा सीन बन गयी और बाकी सीनों को किनारे कर गयी।

मुम्बई का मतलब सिर्फ ठाकरे है। टीवी में हमेशा एक ठाकरे सीन होता है। मुम्बई में कुछ सेनाएँ रहती हैं। उनमें ठाकरे रहते हैं। ठाकरे ठोकते हैं। ठोककर ठाकरे खबर बनते हैं।

एकदम डेविड धवन की फिल्म का कादर खान छाप डायलॉग सीन बनता है—'ठाकरे पहले ठोंकता है।' फिर ठोंक-खबर बनाता है, जरूरत पड़े तो खबर बनाने वालों को ठोंकता है। खबर बनानेवाले समझते हैं कि वे खबर बना रहे हैं।

ठोंकने के बाद पूरे सप्ताह ठाकरे ने खबरों को अपनी ओर किये रखा और मुम्बई की जगह ठाकरे की ठुकाई की धमकी की खबर रोज बनी। रोज बहस हुई। रोज नये हीरो उद्धव ठाकरे से हर कहीं जिज्ञासा-सी की गयी कि सर जी आप क्यों ऐसा कर रहे हैं और ठोंककर ठाकरे ने कहा कि हम महाराष्ट्र के लिए कर रहे हैं।

राजदीप ने अपने चैनल पर लाकर उद्धव ठाकरे को घेरा। उद्धव टीवी के कसे फ्रेम में आते देख प्रसन्न थे कि राज ठाकरे से आगे हो रहा हूँ। आज खबर मेरे हाथ में है।

राजदीप ने उद्धव को एकदम खरी-खरी सुनायी। कठोर सवाल किये और उद्धव ने बिना उत्तेजित हुए जवाब दिये। सवालों का उन पर कोई असर नहीं था। सवाल करने वाले राजदीप जरूर उत्तेजित हुए दिखते थे। उनकी समझ में न आता था कि समझ क्यों नहीं रहे कि वे फासिस्ट हैं? ऐसे सीनों में दर्शक को लगता है कि पूछने वाला हिम्मतवाला है। पत्रकार की साख बढ़ती है। फासिस्ट का रुतबा बढ़ता है। ठोंकने वाले की कसकर खबर ले रहा है। आप लाख फासिस्ट कह लीजिए। फासिस्ट टीवी पर दिखना चाहते हैं। इससे उनका पव्वा बढ़ता है।

निधि राजदान ने *एनडीटीवी* पर उद्धव से कुछ-कुछ नरमी से बात की कि ठाकरे

साहब ये तो ठीक नहीं लेकिन वो बोले जो भी मुम्बई के साथ कुछ ऐसा करेगा हम उसके साथ करेंगे।

टीवी चर्चा कराने वालों को बात देर से समझ आयी और फिर बहस में बिला गयी। शायद विक्रम ने बिग फाइट में बात पकड़ी और पूछा कि क्या मीडिया को शिवसेना के ठोंकवाद को खबर बनाना चाहिए? चैनल वाले बोले कि दिखने से उन्हें लाभ होता है लेकिन जनतन्त्र है दिखाना तो है ही। यह बहस का महत्त्वपूर्ण मोड़ था जहाँ से बात आगे निकलती लेकिन तभी 'टाइम खतम पैसा हजम'!

इस फासिस्ट-प्रिय प्रसारण को विराम लगाया यात्री राहुल की छापामार शैली की रेल यात्रा ने। साथ में कैमरे दौड़ते रहे। राहुल लोकल में लोगों के बीच बैठकर बात करते, हाथ मिलाते दिखे। आप देख सकते हैं कि उसके बाद मीडिया में शिवसेना आउट हो गयी और फिर लौटी। चर्चाएँ फिर लौटीं। इन दिनों टीवी पर मिनी फासिस्ट अपनी लीला का कवरेज देख खुश दिखते हैं। सरकार लाचार नजर आती है। हर बहस में, बातचीत में ऐसा दिखता है।

14 फरवरी, 2010

फोकस में माला

बरेली जल रहा है। दस-बारह दिन से कर्फ्यू लगा है। टीवी पर इसकी अल्प-खबर है। बस चलता-सा जिक्र कि वहाँ ये है। कुछेक पुराने स्टॉक फुटेज। शहर के सन्नाटे में पुलिस दस्ते दिखायी पड़ते हैं। इस कर्फ्यू का खलनायक कौन है? खलनायिका कौन है? स्पष्ट नहीं होता। वह बड़ी खबर नहीं है। उपद्रव की खबरें सख्त आलोचना की दरकार रखती हैं। सन्तुलन माँगती हैं। लेकिन उपद्रव के बारे में तटस्थ भाव से सख्ती न बरतना या उसे कम करके दिखाना अफवाह भी पैदा करता है। यह ऊपर से आया आदेश है।

हाँ मायावती की नोटों की माला जरूर फोकस में है। एक विराटतम माला है। हजार-हजार के नोटों की है। रैली है, बीएसपी के पच्चीस साल का सन्दर्भ है। रैली और माया की माला का मंजर सब चैनलों पर एक ही तरह उभरता है।

एक अंग्रेजी चैनल पर चर्चा हो रही है। तीन गैर-दलित बुद्धिजीवी हैं, चन्द्रभान प्रसाद अकेले दलित बुद्धिजीवी हैं। गैर-दलित के लिए यह दिखावा है। दलित के लिए यह पावर का प्रदर्शन है। आपको दिखावे में शर्म लगती होगी। आपकी शर्म ही दलित का गर्व है। हे गैर-दलित बुद्धिजीवियों! दलित अस्मितामूलक विमर्श इसी तरह अपनी ताकत और पहचान स्थापित करते हैं। तुम्हारे कथित भद्र मानक यहाँ लागू नहीं होते। तुम दिखाओ तो मानक! वे दिखायें तो दिखावा! ये क्या बात हुई? टीवी में माला का दूसरा पाठ ऐसा भी बनता था।

माया की माला ने भद्र संस्कृति के बरक्स दिखावे की संस्कृति की जिरह पैदा कर दी है। कैमरे इस माला के ऊपर कटाक्षित खबर देते हैं। सारे चैनलों की वाणी में कटाक्ष के स्वर हैं।

टीवी की बलिहारी जाऊँ कि इसने सबकी मालाएँ दिखायी हैं। एक बार सोनिया जी को बड़ी माला में घिरा देखा है जो फूलों की थी, नोटों की नहीं। भाजपा के नेता भी फूल की बड़ी माला के बीच देखे गये हैं, जिसमें तीन-तीन नेता जन अपना मुखड़ा दिखा रहे थे। सबकी अपनी-अपनी माला है। तो भी माया की माला पर कटाक्ष है। क्यों? क्या यह चैनलों के चित्त में व्याप्त कोई वामन देवता बोलता है या उनका 'पेशेवर' टीवी का खबरिया बोलता है? टीवी का खबरची है तो बामन वाली, क्यों

कर रहा है और अगर बामन वाली करनी है तो वह टीवी पर क्यों है? यह सवाल टीवी के लिए है।

माया की माला ने माया की जाति जितनी जतायी उससे कहीं ज्यादा खबर देने वालों की जाति की खबर दी। टीवी वाले इतना तक नहीं समझ सके कि टीवी अगर तमाशा है तो माला उसका एक सीन भर है। क्या दलित को तमाशा करके आपको डिस्टर्ब करने का हक नहीं? टीवी इसी तरह से काम करता है। आप कटाक्ष करें तो आप पर ही लगता है। आपकी भद्रजाति खुल जाती है।

दूरदर्शन में अरसे तक काम करने वाले एक कैमरामैन की मौत हुई तो दूरदर्शन नेशनल ने उसकी फोटो सहित खबर दी। उसके योगदान का स्मरण किया। उसके कैमरे ने क्या-क्या कमाल किये यह बताया, लेकिन एक भी चित्र नहीं दिया। इसके बावजूद अपने कर्मी के अवसान का स्मरण एक प्रोफेशनल का-सा काम किया। इन दिनों कौन चैनल है जो इस तरह अपने काम करने वाले के अवसान के बारे में याद करता है? कश्मीर में एक पत्रकार मारा गया था। कई घायल हुए हैं। क्या उनके चैनल उन्हें याद करते हैं? *एनडीटीवी* एक शाम पूरी तरह हरा-भरा दिखा। हरे-भरे प्रणय राय ने हरी-भरी दिल्ली की मुख्यमन्त्री शीला दीक्षित से हरी-भरी बात की। उनके संग उनके एक प्राचीन मित्र थे जो खुद हरे-भरे थे। अपनी प्राचीन मित्रता की बात प्रणय राय ने ही बतायी।

इतना हरा-भरा हुआ कि मन मरा-मरा कहने लगा। इतना हरा-हरा भी ठीक नहीं भई। इतना हरा भी न हो कि पुरानी कहावत याद आने लगे—'सावन के अन्धे को हरा-हरा ही दिखा करता है'।

करन थापर सिर्फ सख्त साक्षात्कारकर्ता दिखते हैं। *सीएनएन आईबीएन* पर वे 'डेविल्स एडवोकेट' देते हैं और जब देते हैं तो 'अवस देखिए देखन जोगू' वाली कैफियत होती है।

उस शाम कानून मन्त्री वीरप्पा मोइली को करन ने अपने शिकंजे में कस ही लिया था। बात महिला आरक्षण बिल पर सरकारी लाइन के स्पष्टीकरण पर थी। कम से कम एक बार मोइली परेशान हुए। सीटों के रोटेशन पर करन रगड़ रहे थे कि महिलाओं को सीट रोटेशन से अपने क्षेत्र की सेवा करने का सतत अवसर नहीं मिलेगा जो कि पुरुषों को मिलता रहा है। जवाब में मोइली ने इतना भर कहा कि यही ठीक है। उनके पास ठीक के लिए ठीक-ठीक तर्क नहीं थे। करन ने कहा कि प्रणव मुखर्जी सबसे बात करके आगे बढ़ने की बात कह चुके हैं। इस पर मोइली बोले—आप गलत कह रहे हैं संसद का अधिकार है। संशोधन करना। यह बदल जाए तो बदल जाए। करन—तब आप लोगों ने राज्यसभा में ऐसा क्यों नहीं किया?

मोइली हकलाये। इसका ठीक से जवाब नहीं दे सके। बस इतना बोले कि यही सही तरीका है। करन ने न छेड़ा। पूछा—क्या आप संशोधन के लिए तैयार हैं? मोइली—मैं विचार के लिए सहमत हूँ। देर तक करन ने इस बिन्दु पर रद्दे लगाये। करन किसी को नहीं बख्शते।

एक चैनल पर 'टोटल रिकॉल' आता है। प्रख्यात पुराने फिल्मी गीत संगीतकारों की, निर्देशकों की 'समग्र स्मृति'। पिछले दिनों शैलेन्द्र का आया। उससे पहले साहिर का आया। एक अंग्रेजी कार्यक्रम अच्छा लगता है। चैनल रिपीट करता है। कार्यक्रम का जादू कहिए या कार्यक्रम में आने वालों की यादों का जादू कि रिपीट भी कमबख्त अच्छा लगता है।

टीवी निरन्तर वर्तमानता का माध्यम है। अतीत को भी वर्तमान के मर्तबान में बनाता है। यह वर्तमानता अतीत को खत्म नहीं करती, बल्कि याद दिलाती है। यही अच्छा लगता है।

शैलेन्द्र की बेटी अमला मजूमदार ने एक नयी बात बतायी कि 'मेरा नाम जोकर' का मशहूर गीत 'जीना यहाँ मरना यहाँ, इसके सिवा जाना कहाँ' का यह मुखड़ा शैलेन्द्र ने लिखा था। 'तीसरी कसम' के बाद तबीयत खराब हो गयी थी। पापा अस्पताल से रास्ते में राजकपूर के स्टूडियो उतरकर राज साब से मिले थे और कहा था कि तुम्हारा ये तमाशा; बर्थडे बैश चौदह दिसम्बर को हो जाए। उसके बाद मैं गीत को पूरा करूँगा। और अगले दिन यानी चौदह दिसम्बर को उलटा हुआ। पापा चले गये। राजकपूर उनके शव के पास दहाड़ें मार-मारकर रोये कि शैलेन्द्र तूने ये क्या किया? यह कार्यक्रम पुराने फिल्मकारों के कृतित्व पर किसी सुन्दर लेख की तरह खुलता है?

21 मार्च, 2010

चैनलों की मुसाहिबी

संसद इतनी तीखी कभी नहीं थी जितनी आठ तारीख और फिर एक दिन बाद यानी नौ तारीख को। आप संसद को दूरदर्शन पर अभंग भाव से देख सकते हैं। लोकसभा टीवी लाइव दिखाता रहता है। दूरदर्शन बुलेटिन दिखाता रहता है। आठ तारीख के संसद में स्त्री विरोधी घृणा और लम्पटता के दर्शन थे वे हर चैनल पर थे और 'सौजन्य दूरदर्शन' थे।

एक दिन पहले संसद में स्त्री विचार गिरा। उसके बाद हर चैनल पर चखचख चर्चा थी वाम और उससे ज्यादा भाजपा चीख रही थी कि सरकार ने बीच में सब कुछ छोड़ दिया हम तो साथ थे। पास कराना था।

शाम होते-होते संसद की राजनीति चैनलों पर आ विराजी और बहस में लग गयी। इतनी थी कि आप ऊब सकते थे।

एनडीटीवी पर बरखा दत्त ने बल देकर कहा कि सोनिया गाँधी महिला दिवस पर इस कानून को गिफ्ट देना चाहती थीं।

क्या यह आपत्तिजनक प्रस्तावना नहीं थी? क्या यह सोनिया जी की अभ्यर्थना नहीं थी? क्या यह आठ तारीख को जो हुआ दिखा वह एक प्रक्रिया में सोनिया जी के निजी महत्त्व की स्थापना नहीं थी? क्या बरखा के पास कोई ऐसा प्रमाण पत्र था जिसमें लिखा था कि वे राष्ट्र को ये गिफ्ट देना चाहती हैं? यदि यह बरखा के मुहावरे में भी था तो समीचीन नहीं था, प्रसंगानुकूल नहीं था। एक राजनीतिक फैसला क्या किसी की मेहरबानी थी? पत्रकारिता में मुसाहिबी के लिए जगह नहीं। और हे पाठक, उस चैनल में किसी भी हिस्सेदार विचारक ने इस बात पर कटाक्ष नहीं किया! विनोद मेहता कहने लगे कि कांग्रेस के भीतर असहमति थी पास कराने पर! गजब की विशेषज्ञता रही कि अगले दिन यही बात बिल के पास होते ही गिर गयी!

बरखा जी ने कहा, 'इंटरनेशनल सेबोटाज' रहा। अगले दिन सेबोटाज रचनात्मक हो गया! टीवी पर इस तरह की बातों को इस तरह से कहना ठीक नहीं है। अभिषेक कहने लगे नहीं—यह सच नहीं है। शोर मचाने वाले सांसदों पर एक्शन हो सकता है।

विनोद मेहता बोले कि कांग्रेसी सोनिया जी के पास जाके कहेंगे कि आइडिया अच्छा था मैडम लेकिन पास नहीं हो पाया। अभिषेक से पूछा अब कब पास होगा?

अभिषेक ने कहा—शायद कल भी हो सकता है। यह आठ तारीख की बात रही। पूरे दिन महिला दिवस की बात होती रही। एक प्रदर्शन भी था जिसका फुटेज ज्यादा जगह पाता रहा था। लेकिन इस एन्टीक्लाइमेक्स के लिए टीवी तैयार नहीं था। चैनल तैयार नहीं थे और पत्रकार? वे तो हरगिज तैयार नहीं थे।

सोनिया कुछ देना चाहती हैं? यह बात कई चैनलों के कुछ टिप्पणीकार पत्रकार कुछ इस तरह पेश करते थे जैसे देवी वरदान देने वाली हों। कोई अनूठी कृपा होने वाली हो। एक राजनीतिक प्रक्रिया का ऐसा सरलीकरण! उफ!

ऐसा वरदानी रूप खुद सोनिया को पसन्द न हो! लेकिन पत्रकार इसी रूप में कहकर सही जगह मुसाहिबी का सन्देश भेज रहे थे।

आठ तारीख को जिस तरह की नाटकीय निराशा विचारों में दिखी, वह कहती थी कि अपने पत्रकार भी टीवी के तुरन्तवाद के शिकार हो चले हैं। अभिषेक मनु सिंघवी ने पूरा संकेत दे दिया था कि कल भी पास हो सकता है लेकिन कोई इस बात पर यकीन करने को तैयार नहीं था।

टीवी पत्रकार, पत्रकार से ज्यादा एक्टिविस्ट थे जो 'एक्टिविस्टों' से ज्यादा आतुर दिखे! यह सीन अच्छा था! एक आरक्षण विचार ने इतनी मीडिया जगह बनायी! यह कम बात नहीं थी लेकिन मीडिया का यह प्रोएक्टिव वातावरण समाचार देने में अपनी तटस्थता क्यों नष्ट करने लग गया? क्या ऐसा किये बिना काम न होता?

सबसे बड़ी खबर में संसद में अध्यक्ष पद की गरिमा पर सीधे हमले की थी जो अशोभनीय थी और अनागरिक भी। इसे देख निराशा थी जो पत्रकारों की अपनी भी थी कि मानो एक कहानी अपनी पूर्णता को प्राप्त नहीं हुई।

और वे तीन यानी 'यादव त्रिमूर्ति'; यह जुमला एक पत्रकार ने ही कहा जिन्होंने एक पवित्र स्त्री विचार को धकियाया, एक साथ चहक-बहक रहे थे। यह आग में घी का काम करता था। हर चैनल बार-बार उन हाथों को दिखा रहा था और संसदीय इतिहास में काला धब्बा बता रहा था जो बिल के कागजों की चिन्दियाँ कर रहे थे।

नजमा हेपतुल्ला नाराज थीं। रविशंकर प्रसाद कभी नरमी से बोलते भी हैं या नहीं? लेकिन इस मामले में तो नरमी होनी ही नहीं थी। जयन्ती नटराजन कांग्रेस की पोजीशन को जोर लगाकर बचाव करती रहीं। मनीष तिवारी जवाब दर जवाब देते रहे। राजीव प्रताप रूडी तो अर्णव के कांग्रेस के हमदर्द-सी बात करने पर नाराज होते दिखे।

अगले दिन बिल पास हो गया।

पास होने ने पिछले दिन की बहसों को व्यर्थ कर दिया और कहा 'पहली

बाधा' पार हुई। लेकिन फिर सोनिया गाँधी का अहसान जताया गया। बार-बार जताया गया। मनीष तिवारी ने ऐसा जमकर किया तो रविशंकर प्रसाद ने चिढ़कर कहा कि मनीष चाहें तो हजार बार सोनिया का नाम जप सकते हैं।

टाइम्स नाउ पर अर्णव ने तो साफ कहा कि इसके पीछे सोनिया की प्रेरणा रही! टाइम्स ने सोनिया जी के साथ 'पहला साक्षात्कार' एक्सक्लूसिव दिया। सोनिया जी ने कहा—कोई कमान नहीं थी मेरी। मैंने कभी कमान नहीं दी।

इसे टाइम्स ने बार-बार रिपीट किया। रिपोर्टर नंदिता सुनेजा ने 'पी टू' किया कि सोनिया किसी महिला पत्रकार से ही बात करना चाहती थीं। इसके बाद सारा श्रेय सोनिया जी के नाम होने लगा।

माना कि सोनिया जी की महती भूमिका रही होगी लेकिन जिन्होंने इसे पास किया क्या वे सब हकदार नहीं थे। इस बात को भी जो न्यूज वाले टुकड़ों में सोनिया जी ने ही सही किया कि हम उन सबके धन्यवादी हैं जिन्होंने इसे पास कराया।

सोनिया में विनम्रता दिखी लेकिन श्रेय बाँटने की होड़ चैनलों के रिपोर्टरों में दिखी।

इस महिला दिवस पर पिछले महिला दिवस के कवरेज के मुकाबले महिला बिल के प्रति हमदर्दी साफ दिखी। यह अच्छा रहा!

टाइड और रिन अब एक-दूसरे के खिलाफ जंग में चले गये हैं। क्या सोप मार्केट में इतनी मारामारी है कि साबुन पर सेठों में झगड़ा हो?

14 मार्च, 2010

अगर हम न होते

यह खबर हमीं ने ब्रेक की थी। दोपहर में दो बजे के बाद इतने मिनट पर ब्रेक की थी। टाइम्स नाउ ने ब्रेक की थी। हमीं ने बताया देश को कि पाकिस्तान में भारतीय दूतावास में यह औरत, जिसका नाम माधुरी गुप्ता है, पाकिस्तान के लिए जासूसी करती थी। देखिए इनसेट में तस्वीर। वह जासूसी करती पकड़ी गयी है। गिरफ्तार है।

अर्णव ने जैसा कहा दर्शक ने वैसा ही किया तो पाया कि एक धुँधली-सी तस्वीर है, जिसमें कोई चश्मिश औरत नजर आती है। इससे आप क्या खाक पहचान सकते हैं, मगर अर्णव सचमुच अर्णव थे। खबर से ज्यादा का खबर के असर पर जोर देकर खबर का असर डालना चाहते थे। कहा—देखना, अब इस्टेब्लिशमेंट हिल जाएगा।

हमारे कान अब तो आदी हो चले हैं अर्णव भाई की दमदार प्रस्तुति के। उनकी प्रस्तुति दिल से होती है। खबर शैली दूसरों से अलग है। हर दिन ऐसा लगता है कि कुछ-कुछ अब हिला, अब गिरा, अब सवाल लाजवाब आया। अब सरकार हिली, अब हिली। आपका दिमाग सनसना उठता है। अच्छा अब हिली तो गिरेगी भी। जरा देखें किस तरह गिरती है? गिरावट आइटम बन जाती है।

प्रमुख समय में खबर खून-म-खून बनायी जाती है। अपने चैनल इसी तरह से खबर बेच पाते हैं। अगर खबरों में सनसनी का टच न दें तो कौन देखे-सुनेगा?

अर्णव इस शैली में आगे-आगे दिखते हैं। इसी बुलेटिन में अर्णव ने खबर को 'मेरा दर खुला है खुला ही रहेगा तुम्हारे लिए' वाले अन्दाज में कहा—'टाइम्स नाउ ने शिल्पा शेट्टी से अपना पक्ष रखने को कहा था, वे सहमत थीं, लेकिन बाद में पीछे हट गयीं। टाइम्स नाउ की लाइन उनके लिए खुली है उनके लाइन पर आने की मुन्तजिर है! इसे कहते हैं 'अभी बिल्कुल अभी'। इन्स्टैंट खुला निमन्त्रण ऑन लाइन!

इस सप्ताह दो अचम्भे देखे—

एक बार विनोद मेहता ने कोई दो दर्जन बार पुकारा—अर्णव, अर्णव, अर्णव, अर्णव... खबर के उस चर्चा-घमासान पर हर आदमी अपनी ठेले जा रहा था। ऐसा

कोहराम मचा था कि कोई किसी की नहीं सुन रहा था। इसी बीच होता रहा अर्णव-अर्णव! बहुत बाद में अर्णव ने सुना! भई मनीष तिवारी जी से सीख लो वे अपनी बात पूरी कहकर रहते हैं चाहे कोई हो, कोई सुने, न सुने वे अपनी बात कहकर रहते हैं। प्रवक्ता हो तो ऐसा हो।

दूसरा अचम्भा, एक ही समय में दो-दो चैनल लाइव हैं—सीन कुछ इस तरह से बने—एनडीटीवी पर विनोद मेहता एक कागज बाँच रहे थे कि यह फोन टैपिंग नहीं है, इंटरसेप्शन है। यह नया तकनीकी ट्विस्ट है, इसमें बातचीत सुनने के लिए किसी के आदेश की जरूरत नहीं होती है। उन्होंने अपनी पत्रिका की अगली कहानी को भी बात-बात में ब्रेक कर दिया—हम अगले सप्ताह कुछ और तथ्य सामने ला रहे हैं वीकली है हमारा इसलिए अब एक सप्ताह बाद ही होगा। क्या होगा, इसे नहीं बताएँगे।

लगभग इसी समय विनोद मेहता टाइम्स नाउ पर भी रहे। वही-वही बताते। कांग्रेस प्रवक्ता अभिषेक मनु सिंघवी भी दोनों चैनलों पर एक ही समय दिखे, एक ही तरह की बात करते।

किस तरह से यह एक ही समय दो चैनलों में लाइव गोता मारने का योग साधा होगा प्रभुजी? भगवान जी कण-कण में व्याप्त हों, न हों, लेकिन विनोद मेहता और सिंघवी चैनल-चैनल व्याप्त लगे। बाद में यही हाल सीताराम येचुरी का दिखा।

नामी प्रवक्ताओं की किल्लत है नपे-तुले हैं। बुलेटिन टाइम सबका वही है, सो खींचतान है। कर्री बुकिंग है।

इस सप्ताह तीसरा झटका भी रिजर्व में था। कहा नहीं जा सकता कि हमारी अकल मारी गयी रही या देखने-सुनने वाले आँख-कान-नाक की नेटवर्किंग आपस में गड़बड़ा गयी! बहरहाल, जब सारे चैनल मोदी को लटकाने पर तुले थे तब राजदीप खबर की धारा के खिलाफ बेधड़क तैरने लगे। राजदीप ने पूछा—क्या सरकार ललित मोदी को फिक्स करना चाहती है? इनकम टैक्स की रिपोर्ट में ऐसा कुछ नहीं है कि मोदी फँस सकें? रिपोर्ट पर किसी के दस्तखत तक नहीं हैं! मोदी के खिलाफ कोई आरोप सिद्ध नहीं हुआ है! इनकम टैक्स विभाग फिर भी छापे मार रहा है। इनकम टैक्स विभाग की रिपोर्ट अफवाहों के सहारे बनायी गयी है। इसका मोदी के केस पर कोई असर नहीं होने वाला। मोदी को फिक्स करने का प्लान है।

सीएनबीसी आवाज पर भी यही सुर था—'यह जाँच नहीं हो रही है, राजनीति हो रही है।'

राजदीप हिम्मती हैं। वक्त आ जाता है तो किसी को भी झटका दे सकते हैं।

2 मई, 2010

खबर के पीछे का सच

बुधवार की शाम को इंडिया टीवी ने सत्रह बार चेताया—सावधान सुपर चोर आ रहे हैं। सुपर चोर आये। दिखे। कुल मिलाकर अच्छे लगे। मामूली आदमी जैसे ही चोर थे। बेचारे सुपर चोर बता दिये गये। कुल मिलाकर चोर मनोहर दिखे।

मत पूछिए कि *इंडिया टीवी* का यह आइटम, 'खबर' था या कि फीचर था या मिथक? इंडिया टीवी खबर-फीचर-किस्सा-मिथक सब कुछ मिक्स कर देता है। उसके शीर्षक बता देते हैं कि आप हर पल एक 'सुपर कहानी' देखने जा रहे हैं। *इंडिया टीवी* की शैली सबसे अलग है। इसीलिए दुकान चलती है। यहाँ आकर हर खबर सनसनीखेज किस्म की प्रस्तुति बनती लगती है।

स्टार ने पाया कि इम्तहानों में नकल चौकाने वाला नया उपक्रम है सो उसकी प्रस्तुति-शैली सभी 'सच का उद्घाटन' करने वाली शैली ही थे। यहाँ नकल करने कराने वाले चोरों का किस्सा था। टीवी फीचर की तरह था। इम्तहानों का मौसम है। उनकी कहानी का आदी टीवी नकल की बात को भी चकित होकर देखता है। नकल की अकल का रस नहीं लेता। यह इम्तहानों में नकल के यथार्थ को इस तरह बताने की गलती करता था मानो कौई मौलिक बात बता रहा हो या कह रहा हो कि ये यूपी में ही होता है।

तो भी कहानी में नकल के उद्योग की खबर ठीक-ठीक बनी।

सब स्तर के इम्तहानों की नकल का रेट तय था। बारहवीं का इत्ता, दसवीं का इत्ता, शाम के चार बजे तक आप कापी दे जाएँ या चाहें तो घर बैठे रहें। सब काम हो जाएगा। सिब्बल जी कितना भी शिक्षा की सफाई करें। नकल की सफाई के आगे सब बेकार है। इसमें सब लगे हैं। इम्तहान बेकार हो रहे हैं तो भी इम्तहान हो रहे हैं, भले इसी तरह हो रहे हैं।

दिल्ली सरकार को गैस सिलेंडर के दाम बढ़ाये जाने से ऐन पहले शायद *आईबीएन सेवन* चैनल पर एक फीचर आया जो बताता रहा कि दिल्ली में गैस सिलेंडरों में पूरी चौदह किलो गैस नहीं होती। फिर बताया कि किस तरह गैस के भरे सिलेंडरों में नली लगाकर गैस खाली सिलेंडरों में डाली जाती है। और दो-चार

किलो खाली करने के बाद उस सिलेंडर में किस तरह नल से पाइप लगाकर पानी भरा जाता है और किस तरह सीलबन्द होकर यह घरों तक पहुँचते हैं। यह सब कितना खतरनाक है? पब्लिक के नाम पर एक गृहिणी नजर आ रही थी जो इस आसरे से टीवी पर कहे जा रही थी कि यह धोखा है मानो टीवी पर 'धोखा हो रहा है' कहने से धोखा होना रुक जाएगा।

बुधवार की सुबह *एफएम रेडियो गोल्ड* पर खबरों के बीच बच्चों का एक कोरस विज्ञापन की तरह सुनायी पड़ा-'गाँव-गाँव में सड़क चलो। घर में आयी गैस चलो।' दिल्ली सरकार ने गैस के दाम बढ़ाए हैं उधर समारोही गायन है कि 'घर में आयी गैस चलो...' यह महँगाई के कष्ट पर छा जाता है। वह सारे विपक्ष पर भारी है। कुछ बहरा विपक्ष भी है जो नहीं सुनता कि रेडियो पर क्या आता रहता है?

एक चैनल पर एक और कहानी आयी जो मुम्बई में एक स्टिंग की थी जिसमें एक लड़की गायब कर दी गयी थी और पुलिस उसे बरामद करने के लिए यूसुफ पटेल के नाम के माफिया को बीच में लाकर पाँच लाख माँग रही थी। जो दिये गये दिखाये गये थे। देने-लेने के बारे में स्टिंग बताता रहा। ऐसी स्टिंग कहानियाँ सच लगती हैं। लेकिन इतना-इतना दस्तावेजी सच भी बदमाशों का कुछ नहीं कर पाता। टीवी पर 'भंडाफोड़' करने की शैली घिस गयी लगती है। बदमाशों के रेट बढ़ा देती है।

टीवी से समाजवादी किस तरह अपनी खबर बनाने का खेल खेलते हैं, इसका उदाहरण मुलायम जी ने दिया। *स्टार* ने लोहिया की मूर्ति के अचानक माल्यार्पण के सीन को अपने कटाक्ष का निशाना बनाया। वे सीढ़ी पर चढ़ रहे थे। सीढ़ी खिसक रही थी। रैली में अफरातफरी मची थी। कैमरे भी हिल रहे थे। वे कवर नहीं कर पा रहे थे। मुलायम की रैली को पुलिस ने रोका। अपने इस एक्शन के बाद मुलायम पहली बार इस तरह से बोले कि लगा कि वे साफ हिन्दी बोलते पाये जा रहे हैं—कह डाला-'वर्तमान विधेयक में ऐसी लड़कियाँ आएँगी, उद्योगपतियों की, बड़े अफसरों की, जिन्हें देखकर लड़के सीटी बजाएँगे।' कहकर वे हँसते से प्रतीत होते हैं। नीचे बैठे लालटोपी वाले ताली मारते हैं मानो संसद में जाने से पहले ही ऐसी लड़की छेड़ ली हो!

कोलकाता की आग की खबर इस बार कई चैनलों ने घड़ी की टिक-टिक के साथ दी—कितनी देर तक लोग फँसे रहे? राहत पहुँचने में देरी कितनी हुई? इसके बाद की खबरें आप पहले ही भाँप सकते थे कि कहा जाएगा कि सब महानगर आग के आसान शिकार हो सकते हैं? कहीं भी पूरे इन्तजाम नहीं हैं। हर गर्मी ऐसी खबरें देख लगता है कि हिन्दुस्तानी लोग आग से वाकई खेलते रहते हैं वे जीते-जागते 'खतरों के खिलाड़ी' हैं।

सरकारी एफएम रेडियो चैनलों पर विकासमूलक विज्ञापन सुनना अच्छा लगता है-

-नीम हकीमों से सावधान करता एक विज्ञापन कहता है कि मिरगी और शुगर के रोगों का शर्तिया इलाज का दावा करने वाले ऐसे विज्ञापन 1954 से कानूनन निषिद्ध हैं।

-बॉस कहता है कि तुमने गाड़ी चलाते वक्त मोबाइल क्यों नहीं उठाया तो बॉस को बच्चे की तरह समझाते हुए मातहत बताता है कि किस तरह गाड़ी चलाते वक्त मोबाइल पर बात करना हादसे का कारण हो सकता है। इसलिए मैं बात नहीं करता।

पापा-लड़की की बातचीत—लड़की तेज रफ्तार पसंद रॉकी की मोटरसाइकिल चलाने की तारीफ करती है पापा कहता है कि रफ्तार पर खुश मत होओ। जल्द ही तुम को धक्का लगेगा और अगले पल रॉकी के एक्सीडेंट की आवाज आती है। सबक यह कि सड़क पर तेज न चलाइए।

ऐसे सरकारी विज्ञापन अधपके, क्रूड किस्म के होते हैं। तो भी, भला-सा सन्देश देते हैं।

28 मार्च, 2010

निष्ठुर प्रसंग

सोमवार की बड़ी खबर सब चैनलों पर लगभग एक ही तरह से उतरी।

पथराव करने वालों का एक पत्थर ग्यारह दिन के बेबी इरफान को लगा और वह माँ की गोद में ही ढेर हो गया। कुल खबर का सार यह था। उसके बाद माँ-बाप के बिलखते चेहरे थे, फिर अलगाव की राजनीति में छके चेहरे थे। सद्यःमृत बेबी का चेहरा धुँधलाया था।

टाइम्स नाउ के अर्णव को जाहिर गुस्सा था। बेग साहब से बार-बार पूछा, कस के पूछा कि ग्यारह दिन का बेबी मार डाला गया, आपको क्या दर्द नहीं होता?

और हे पाठक! इस टीवी ने ऐसे निष्ठुर संवाद सुनाये कि लगा ऐसे लोगों के लिए अब किसी मासूम शिशु का 'मरना' भी विषय नहीं है 'अपना मरना' ही विषय है। मरने की राजनीति के बारे में आप खूब पूछिए। बेग साहब ने एक बार भी हमदर्दी की उसाँस नहीं ली। अर्णव उलाहना देते रहे-मिस्टर बेग क्या इरफान नामक शिशु का कोई मानवाधिकार नहीं है? जो प्रो-आजादी आन्दोलनकारी हैं वे तो भाड़े के आन्दोलनकारी हैं। बेग साहब ने शिशु के मानवाधिकार के बारे में। कुछ न कहा अपने दल के अधिकार के बारे में कहा—पीडीपी पर तोहमत न लगायें। हमें सेपरेटिस्ट की ओर न धकेलें। हाय! देखो तो घोषित सेपरेटिस्ट कह रहे हैं कि हमें और सेपरेटिस्ट न बनाओ! हिंसा में भाषा इसी तरह खत्म हुआ करती है।

अर्णव ने कोई चार बार कहा—बेग साहब एक बच्चा मरा है आप कुछ कहते क्यों नहीं? बेग ने कहा कि यह तो पुलिस की गुंडागर्दी है!

री निष्ठुरता! तू भी ऐसी निपट निर्लज्ज हो चली है कि बच्चे को मारकर कहती है कि 'हाय बच्चे से न मारो मेरे प्यारे दल को'। जम्मू-कश्मीर की ऐसी घटनाओं की खबर उसी तरह से बनती है जिस तरह सेपरेटिस्ट खुद बनाते हैं। उनमें सेपरेटिस्टों का चेहरा और भी निष्ठुर दिखने लगता है। वे अपनी निष्ठुरता का आनन्द-सा लेते प्रतीत होते हैं।

निष्ठुर की खबर के और भी चेहरे हैं। बंगलूर में लगी आग की खबर तब कुछ ज्यादा दर्दनाक हुई जब रिपोर्टर ने बताया कि यहाँ दमकल वालों ने कुछ लोगों को

कूदने को कहा। वे कूदे तो उस जगह नहीं गिरे, जहाँ बचाने-सँभालने के लिए लोग खड़े थे। फिर बताया कि नीचे खड़े कर्मियों के ताने हुए कपड़े पर जब वे गिरे तो कपड़ा फट गया और बचने के लिए कूदे लोग इस तरह मर गये। फिर खबर बनी कि उन्हें कर्मियों ने कूदने के लिए नहीं कहा होगा। वे खुद कूदे होंगे या किसी अज्ञानी ने ऐसा किया होगा। कहा गया कि दमकल वाले ऐसे नहीं बचाते। जाँच करेंगे। करने वाले मर गये यारो! मरने वालों पर बहस नहीं किया करते! बस देखा-सुना करो।

टीवी के परदे में उन्हें ऊँचाई से गिरते न देखकर भी आप उनके गिरने की चीख और धमक सुनते देखते हैं। टीवी में न अदृश्य सीन भी दर्शक के लिए कल्पित दृश्य बनकर दिखने लगते हैं, टीवी की खबरों में निष्ठुर भी एक रंग-दृश्य-सा बनकर खत्म हो जाता है।

माओवाद पर बेभाव चर्चाएँ आपस में फँसी हैं। माओवाद एक करेक्ट विषय है। बिग फाइट में है। वी द पीपल में है, लेकिन चर्चा करने वाले कई दोनों में समान हैं। इस तरह आप बिग फाइट न देख पाए हों तो पीपल से काम चला सकते हैं।

जयन्ती नटराजन कहती हैं कि वे सशस्त्र पुलिस बलों को मार रहे हैं। एक वैधानिक सरकार को सत्ता की चुनौती दे रहे हैं, वे सरकार को झुकाना चाहते हैं। ऐसे में क्या बात करें?

बुद्धिजीवियों की ऐसी चर्चाओं में अक्सर कोई-न-कोई राज्यसत्ता के सॉफ्ट स्टेट होने की शिकायत लेकर बैठ जाता है मानो स्टेट न हो कोई सॉफ्ट ब्रेड या सॉफ्ट ड्रिंक हो! भला हो शेखर गुप्ता का, जिन्होंने साफ किया कि भारतीय राज्य सत्ता हिंसा से कस के लड़ती है। कहीं भी नहीं सहती। नगाओं से इतने दिन लड़े फिर बात की। विक्रम ने भी ताईद की। स्टेट के चरित्र चित्रण के ऐसे गाढ़े सोच के समय जब एक रेडीकल से दिखने वाले भाई ने इंडियन स्टेट के सॉफ्ट या हार्ड के विवाद के बीच मजा लेकर बोला कि यह स्टेट न सॉफ्ट है न हार्ड, बल्कि 'कन्फ्यूज्ड स्टेट' है तो सब फिस्स कर के हँसने और ताली बजाने लगे।

भाजपा के अधिवेशन पर जितनी चर्चा अपेक्षित रही उतनी नहीं देखी-सुनी गयी। या तो टीवी चैनल ज्यादा रेडिकल हो उठे हैं या भाजपा के अधिवेशन में कलह का अभाव उन्हें निराश कर गया है। वर्ना भाजपा में भीतरी बदलावों पर इस कदर कम समय देने का कोई कारण समझ नहीं आता।

एक चैनल पर विनोद मेहता ने भाजपा के बदलाव पर धनात्मक टिप्पणी की कि गडकरी ने शाहरुख के सवाल पर शिवसेना से अपने को अलग किया है और गडकरी ने फ्रैंक सिनेत्र की तरह स्टेज पर गाना गाया है। गडकरी ने अपना काम सही तरह से शुरू किया है। जै हो!

'इमोशनल अत्याचार' कितना बड़ा अत्याचार है कि बेड-रूमिया सीन निजी जीवन के गोपनीय प्रसंग नंगे होकर टीवी पर और फिर उससे आगे निकलकर घरों में बेशर्मी की तरह फैल रहे हैं। इमोशनल अत्याचार करने वाला प्रायोजक सोशल गेम्स के लिए विज्ञापन देता कहता है—'प्ले सोशल गेम्स विद फ्रेंड्स'। 'सोशल गेम्स' एक नया खेल है, जिसे टीवी चलाने में लगा है। सोशल में सोशल कितना है?

एक गेम चलाया अभिषेक बच्चन ने बिंगो, कहता था मेरे साथ खेलो। हे दर्शक तूने अपने सहज विवेक से उस गेम को पहले शो में ही ऐसा गिराया कि आज तक उठ नहीं सका है। क्या ऐसी ही एक लात इमोशनल अत्याचार के सोशल गेम्स को नहीं मार सकते? क्या हर लड़की, हर लड़का एक-दूसरे को धोखा देता रहता है या कि कहीं कोई कोमल भरोसा भी है? 'इमोशनल अत्याचार' प्रेम तत्त्व के दुश्मन की तरह नजर आता है। यह साँस्कृतिक अपघात है। निष्ठुरता का आवारा समारोह है।

28 फरवरी, 2010

धमाके के बीच बातचीत

लड़के को चॉकलेटी गोली खानी है। उसके सपने में चॉकलेट एक लड़की की तरह आती है, जिसे वह पाना चाहता है। सपने में लड़की को आता देख आवाज कहती है—बेटा मन में पहला लड्डू फूटा? लड़का चॉकलेटी गोली चबाने लगता है। इसी तरह लड़की सपने में फिर आती है तो आवाज कहती है—बेटा मन में दूसरा लड्डू फूटा? पता नहीं चलता लड़का चॉकलेट खाता है या लड़की को! ऐसा परम मिक्स है इस विज्ञापन में। लेकिन चॉकलेट चालू है। विज्ञापनों में चॉकलेट को लड़की मानकर चाटने के चिह्न नये नहीं हैं। रोजाना की बमबारी ने इतना आदी बना दिया है कि भाषा का ऐसा उजड्ड अश्लील संकेत खटकता तक नहीं।

यह टीवी चैनलों की रोजाना की सुबह है। अपना मनपसन्द इंडिया टीवी खुल जाता है। सवेरे के मुहूर्त में सारे पाप निरमा से धोता दिखता है। निर्भय करता हुआ हमसे बात करता है। उसमें सुबह-सुबह एक पंडितजी विराजमान होते हैं। अहा क्या तो वेशभूषा है। गहरे लाल रंग का बड़ा चोगा है, उसमें कन्धे से गुजरती स्वर्णाभा फेंकती पट्टी है। क्या स्वास्थ्य है? चमकता खलवाट सुन्दर चेहरा गोरा है। और आवाज? क्या कोई डीजे वीजे की होगी। एकदम खनकदार रोबीली कि सुनें तो सारे अपशकुन यों ही छू मन्तर हो जाएँ। लम्बी कुर्सी पर विराजमान हिंग्रेजी में दिशाशूल निकाल रहे हैं। गजब का आत्मविश्वास है। दिशाशूल का कंट्रोल है कि आतंकवादी कहीं मारें पंडितजी के बताये चलें तो आपको कतई नहीं छू सकते। भारत सरकार को चाहिए कि इनसे पूछ ले कि भारत किस दिशा में जाए? पुणे में कैसा दिशाशूल था पंडितजी? क्या मालूम था?

आप जब घर से निकलें तो पंडितजी से पूछ लें। पंडितजी इंडिया टीवी पर सुबह आठ बजे के आसपास थड़ी लगाते हैं। किस दिशा में जाना है? किस शहर में जाना है? पूछिए। पूछिए। नहीं शर्माइए। अच्छा आपको उस शहर में यात्रा करनी है तो आप आराम से कीजिए कोई विघ्न नहीं है अच्छा आप महाराज किधर का मुँह किये हैं, पूरब कर लीजिए शहर की दिशाकुंडली बता रही है कि सब कुछ ठीक गुजरेगा।

सो जब आप घर से चलें तो आप पंडितजी से पूछ लिया करें कि सुबह-सुबह

आठ बजे के आसपास आपके सारे दिशाशूल ठीक हो जाएँगे, जो लोग ज्योतिष पर यकीन नहीं करते, अंकशास्त्र पर करते हैं, पंडितजी के पास उनके लिए भी पूरी-की-पूरी गारंटियाँ हैं। वे अचानक बताने लगते है कि अगर आपका मूलांक 'एक' है आपका पूरा दिन मजे में गुजरेगा। फायदा ही फायदा होगा। अगर आपका 'दो' है तो पौ बारह होगी, जिनका तीन है उनका खर्चा बढ़ सकता है।

एक चैनल पर सुबह-सुबह स्वास्थ्य की कुंडली आ रही है और संग में दोष निवारण के नुस्खे चल रहे हैं। 'माई नेम इज खान' रिलीज हो गयी तो एक अंग्रेजी चैनल ने उसका हीरो महाराष्ट्र के मुख्यमन्त्री को बनाया। दूजे ने कहा कि यह महाराष्ट्र की जीत है। इस प्रसंग में मुंबईकर की आबादी इस बार बढ़ी दिखी। पहले राहुल बोस थे उनके संग कबीर बेदी, पूजा बेदी और जुड़ गये। चौथी गौरी खान होती दिखती हैं, पाँचवीं उनकी बेटी। जनता की जगह मुंबईकर के चेहरे नजर आते हैं। फिल्म रिलीज का मामला निपटा तो उनकी छूँछ भी गायी बजायी गयी।

लीजिए पुणे में धमाका आतंकवादियों ने जिस तरह से पेश करना चाहा उसी तरह चैनलों ने पेश किया। 'आतंक का हमला', 'टेरर स्टाइक्स' हिन्दी चैनलों में 'आतंकवादी' की जगह 'आतंकी' कहना कम जगह घेरता है। आतंकवादी अलग अर्थ रखता है आतंकी अलग। आतंकवादी जरूर, इस एक्शन के बाद टीवी चैनलों पर, खासकर अंग्रेजी चैनलों पर, पाक-भारत की आसन्न बातचीत की सम्भावना के बारे में जानना चाहते होंगे। सरकार की पिटाई होगी ही बातचीत के खिलाफ बीजेपी होगी ही। आतंकवादियों ने अपनी बम-लीला के नतीजे के रूप में इतना तो सोचा ही होगा। बातचीत विरोधी एजंडा बनेगा। दर्शकों ने वही सोचा जो आतंकवादियों ने चाहा होगा। कितना गजब का सन्देश प्रसारण होता है आतंकवाद का?

और वही-वही उसी-उसी तरह होने लगा। रविशंकर प्रसाद ने जमकर मनीष तिवारी की खबर ली। साफ कहा ऐसे में बातचीत का मतलब क्या है? बात तब हो जब कोई रिजल्ट निकले?

हॉलीवुड की फिल्म 'एनिमी एट द गेट्स' छाप वाला तीखे विषैले कंट्रास्ट वाला फ्रेम तब बनता है जब आपके मानी-अभिमानी अंग्रेजी टीवी चैनलों पर पाकिस्तानी, जनरलों को चर्चाओं में हिस्सा लेने ऑन लाइन हाजिर कर लिया जाता है या हामिद मीर टाइप के लोगों को लाया जाता है और अर्णव या राजदीप या कोई और यहाँ के प्रवक्ताओं, विशेषज्ञों को बिठाकर बातचीत कराया करते हैं। उन्हें कायल करने के लिए टाइम्स नाउ हाफ फ्रेम में मक्की से लेकर हाफिज के भाषणों के टुकड़े दिखाकर कहलवाता है कि यह तो आपकी जमीन से ही बोल रहे हैं और उनके खिलाफ कुछ नहीं कर रहे? वे इस सबका जवाब देते हैं जी उनके खिलाफ सरकार कार्रवाई कर सकती है लेकिन कानून के अनुसार। इससे बातचीत क्यों रुके?

सीएनएन-आईबीएन वाला पूछता है कि पुणे में जो हुआ उसमें पाक आतंकवादियों का हाथ है तो वहाँ के मुख्तार कहते हैं कि मैंने मीडिया में ब्लास्ट का फुटेज देखा ही नहीं। ये तो इधर भी होते रहते हैं। आइए बात करें, कश्मीर पर करें, आतंक पर भी कर लेंगे।

इतनी साफ बातें होती हैं। ऐसे ही बातें होनी होती हैं। बचते हैं दर्शक। वे बम के बाद पाक से बातचीत को नकार चुके हैं। सरकार कहती है बात होगी। इस लम्बी दो दिन की बाइट फाइट के असली हीरो बनते हैं आतंकवादी। इधर सरकारी लाइन पिटती है और भाजपा की लाइन जमने लगती हैं।

ऐसे होता है आतंकवाद बनाम कट्टर राष्ट्रवादी भाव का ध्रुवीकरण। ऐसी हर घटना और उसका 'फिर-फिर उसी तरह का' ट्रीटमेंट सरकारी लाइन को कमजोर कर दिखाता है।

दस मनीष तिवारी भी मिल कर हार्ड लाइन को नहीं रोक सकते।

21 फरवरी, 2010

लाइन बरास्ते मोबाइल

वह किशोर एक कठिन-सा गाना ले बैठा है और गाने की कठिनाई की परवाह किये बिना किसी तरह गाये जा रहा है। जब गा लेता है तो एक जज कहती है कि आपका गाना ऐसे है जैसे चाय के कप में शक्कर नीचे बैठ गयी हो।

किशोर ने कहा—थैंक्यू मैडम!

दूसरे जज इस तरह की व्यंजना का भी सहारा नहीं लेते।

आखिर में बड़ी कुर्सी पर विराजमान अनु मलिक कहते हैं—जब तुमने इस गाने में आये सरगम के टुकड़े गाये तो ऐसा लगा उन्हें खाये चबाये जा रहे हो। अरे यार उनमें गमक है।

किशोर ने कहा—थैंक्यू सर! थैंक्यू-थैंक्यू!

किशोर चुटीली व्यंजना नहीं समझता। अनु मलिक भी इस पॉइंट को छोड़ देते हैं और कहते हैं कि यह 'टैलेंट' है। इसे आगे आना चाहिए।

किशोर जजों के व्यंग्यों से बेपरवाह है। थैंक्यू-थैंक्यू कहता है। एक अन्य किशोर गाकर आया है, उसके सामने एक लड़की बैठी है और पास में एक हारमोनियम है। वह कहता है कि जब मैंने दीदी के साथ अभ्यास किया तो मुझे मालूम हुआ कि रियाज किसे कहते हैं, कितना पक्का रियाज करती हैं। मैंने उनसे सीखा और यहाँ तक आया!

यह सोनी का वार्षिक 'इंडियन आइडल' हो रहा है। गायक प्रतिभाएँ खोजी जा रही हैं। एक के बाद एक किशोर-किशोरी आते हैं। अपने सधे हुए गाने को गाते हैं और जमाते हैं। जजों की बात का वे बुरा नहीं मानते। बेहद आभारी दिखते हुए वे थैंक्यू बोलते हैं। सम्मान में झुककर कोर्निश-सी बजाते हैं और चले जाते हैं।

दूसरे चैनल पर 'लिटिल मास्टर्स' हो रहा है। सीन अजब-गजब बन रहा है। एक दो-ढाई साल की बच्ची एक गाने पर बस फुदक रही है। ताल सही बैठ रहा है और गाना चल रहा है। बच्ची लोटन कबूतर हो रही है। वह छोटा लहँगा, छोटी अँगिया पहने है। मेकअप है। बच्ची नाचकर आती है तो बहुत खुश दिखती है। उससे ज्यादा उसके माता-पिता मस्त हैं। जज उसकी छोटी काया के लचीलेपन पर कुर्बान हुए जाते हैं।

यह नये रियलिटी शो हैं जो दन्तेवाड़ा के नक्सलों के बनाये 'रियलिटी शोज' के बरक्स नजर आते हैं।

टीवी के लिए रियलिटी बनती है। रीयलिटी के लिए टीवी नहीं बनता। 'हेडलाइंस टुडे' दंगा करने वालों का स्टिंग देता है। हीरो हैं मुतालिक। 'किराये पर दंगा उपलब्ध है'। फिर टीवी पर भी मुतालिक हाजिर है। स्टिंग में बोलता है कि साठ लाख में दंगा कराया जा सकता है। किसी की परवाह नहीं। पुलिस को पटा लेंगे। वहाँ कराना हो तो इतना यहाँ कराना हो तो इतना। हाँ हमारे पर केस जरूर बनाना...

टीवी पर आकर मुतालिक मुकर जाता है कि यह तो मैंने नहीं कहा। मैं पैसे लेकर दंगा नहीं कराता हूँ।

इसके बाद दिग्विजय सिंह की पुकार—अरे इसे तुरन्त गिरफ्तार करो।

प्रशांत भूषण कहते हैं—इन्हें अरेस्ट करो।

चैनल में बैठा मुतालिक कहता है—आज तक और तहलका वालों को भी गिरफ्तार करो। एक भी दंगा पैसा लेकर नहीं किया, मैं गलत हूँ तो फाँसी दे दो। कोई किसी को गिरफ्तार नहीं करता।

मनु सिंघवी कहते हैं कि 157 आईपीसी में केस बनता है। उधर स्टिंग चलता रहता है—उसमें मुतालिक पूछता रहता है—

दंगा कहाँ कराएँ? बेंगलूर में या मंगलूर में—

हर खबर में उसको मैनेज करने के तत्त्व हैं। मुतालिक चैनल पर दीदा दिलेरी से बोलकर अकेला मैनेज कर रहा है।

सेंट लूसिया के टकीला पब का मैनेजर हर चैनल पर खबर दे रहा है कि खिलाड़ियों से कहा-सुनी भर हुई। झगड़ा नहीं हुआ।

कितना निर्मल कितना सुव्यवस्थित झगड़ा है। बदमाशी जब मैनेज की जाती है तो उसका ढीठ सौन्दर्य बड़ा मारक होता है।

सोमवार की शाम दन्तेवाड़ा नक्सली हिंसा का आइटम सीन बना है—नागरिक बस उड़ायी, इतने मारे गये,

वही ढीठ नृशंस रक्तपाती सौन्दर्य!

ऐसे रियलिटी शोज टीवी में शहरी वीर रस की बरसात कर देते हैं—टाइम्स के अर्णव नक्सलों के बरक्स सबसे बड़े टीवी वीर नजर आते हैं। नक्सलों को लेकर जिस तरह की 'तीखी समक्षता' वे पैदा करते हैं दूसरा कोई नहीं करता। वे अनिवार्य दर्शनीय, श्रवणीय होते हैं।

'दे आर बूचर्स'। 'मानवाधिकारवादी बतायें कि इस पर उन्हें क्या कहना है?' 'क्या नागरिकों के मानवाधिकार नहीं हैं?'

इसके बाद एक-एक कर आठ विशेषज्ञ हाजिर, जिनमें एक मानवाधिकारवादी भी!

दो लाइनें। दो लाइनों में दस लाइनें। एक-दूसरे को काटती-पीटती।

इस घटना के बाद 'गेम चेंज हो जाएगा'। यह 'गेम चेंजर' है।

—प्रोवोक करोगे तो ऐसा ही होगा।

—वे जालिम हैं। उन्हें किसी की जान की परवाह नहीं।

—विकास और एक्शन दोनों साथ चलें।

—नीति की बहसें टीवी पर नहीं की जातीं।

—जंगलों में वे आपका टीवी नहीं देखते।

टीवी और आतंकवाद में चोली-दामन का साथ है। एनडीटीवी पर चिदम्बरम की एक्सक्लूसिव बातचीत प्रणव और बरखा के साथ—मुझे सीमित आदेश मिला है।

ठण्ड रखें बबुआ जी। बिंदास पर 'डी थ्री कमाण्डोज' देखें ट्रेनिंग लें। 'दादागीरी अगेंस्ट टेररिज्म' नामक रियलिटी शो को देखें। सेना के कप्तान लोग आकर सिविलियन नौजवानों को ट्रेनिंग दे रहे हैं। वे तैयार हो रहे हैं। उन्हें करनी है 'आतंकवाद के खिलाफ दादागीरी'।

लड़का बोलता है—यस सर! जै हिन्द!

यह है स्पाइस मोबाइल प्रायोजित 'डी थ्री कमांडोज' की 'दादागीरी अगेंस्ट टेररिज्म'।

आतंकवाद के खिलाफ असल लाइन दी तो, तो मुए मोबाइल ने दी!

23 मई, 2010

आत्मा से मुलाकात

आलू बकरियाँ ले जाएगा, वाली इस कहानी में आप एक बड़ा-सा आलू लें। उसे उबालें। उसे छीलें और उस पर शहनाज हुसैन से लेकर महान का गहरा मेकअप लेपन करें। आँखों में कजरा डालें। होठों पर गहरी लाल लिपिस्टिक लगायें और वही नफीरी बजाने वालों का लिबास जो इन दिनों दूल्हों का बना दिया गया उसे पहना दें और उदयपुर के महल में घेरकर लायें। सबके लिए एक सख्त नियम लागू कर दें कि सबको सब समय अपनी पूरी बत्तीसी दिखानी होगी। निर्देशन दे रखें कि जब भी आलू छोरियों के पास आये तो वह पुलकित-हुलकित लार डालता-सा लगे मानो कभी छोरियाँ न देखी हों। उधर छोरियों को भी इठलाने दें। तरह-तरह की मेट्रो अभिसारिकाओं का रोल करने दें। हर लड़की आलू को तरसे। हर आलू जो छोरियों की हर बात थुलथुल, होहो-होहो सीन दें।

हाय राम जी! कैसा तो आपका आलू और कैसी तो आपकी बकरियाँ! लार टपकाऊ सीन बनते-बनते रह जा रहा है। आलू जी हर बात पर होहो-होहो कर उठते हैं ऐसा लगता है जैसे उबले आलू को किसी ने परमानेंट गुदगुदी-सी कर दी हो!

'राखी का स्वयंवर' की पलट में इस रियलिटी शो में आकर धन्य हो रहे आलू जी राजकुमार हैं और बकरियाँ जी राजकुमारियाँ जी हैं। आलू जी को एक दुल्हन की तलाश है, बकरियों को एक ठो आलू जी की। बकरियाँ कहती हैं कि एक आलू पन्द्रह बकरियों को कैसे झेलेगा? आलू हर बात पर होहो-होहो करने लगता है। आइए सब मिलकर करें एनडीटीवी इमेजिन की रियलिटी पर होहो-होहो।

टीवी की खबरों के सबसे आकर्षक सीन वे होते हैं जिनमें जनता किसी नेता को पब्लिक में हूट करने लगती है। कैमरे उत्तेजित होकर सारे सीनों को पकड़ने में व्यस्त हो जाते हैं। वह खबर लाइव ही थी लेकिन चैनल वाले लाइव शब्द लिखना भूल गये थे। रिपोर्टर कैमरामैन से बार-बार कह रही थी कि जरा इधर वहाँ पैन तो करो। उधर करो। और पैन करते ही कुछ लोग फिर हाथ उछालने लगते। उन्हें मालूम हो जाता कि अब उन्हें सीन देना है।

उतने समय तक जयराम रमेश का धवलकीर्ति चेहरा कुछ लचकित-सा लगा।

पब्लिक के हाथ 'नो टू बीटी ब्रिंजल' हो रहा था। एनजीओ फ़ैल गये थे। रिपोर्टर बता रही थी कि तीस मिनट से यही हाल है। जयराम रमेश को बोलने नहीं दिया जा रहा है। रमेश को मंच पर जाने से रोका जा रहा था। इस समूचे 'कैंची सीन' में आन्दोलन कुछ इस कदर छाया रहा कि रमेश ने क्या बोला यह पहले क्षण ही अर्थहीन हो गया। 'प्रोटेस्ट' प्रमुख कहानी बन गया। टाइम्स नाउ की रिपोर्ट ने सीन ऐसा ही बनाया।

फिर रात बीटी समस्या लाइव खबर से निकलकर दस मिनटीय चर्चा में आयी जिसकी नायिका वन्दना शिवा बनीं। वैज्ञानिक नारायणन जवाब देते रहे लेकिन वन्दना उनकी बोलती बन्द करती रहीं। वैज्ञानिक कहते रहे कि अस्सी फीसद किसान बीटी काटन उगा रहे हैं, उन्हें कमाई करने का हक है और सिर्फ काटन उगाने वाले आत्महत्या नहीं कर रहे। वैनाड में भी कर रहे हैं तो आत्महत्या की वजह बीटी नहीं है। लेकिन बीटी को तो रक्षात्मक होना था। बीटी साम्राज्यवादी साजिश ही बनी रही!

एक कहानी में से अपने मतलब की कहानी बनाना हीं खबर बनाना है। इसे खबर की बाइट के किसी पढ़े-लिखे की राय से फैंट-फिक्स करके चलाया जाता है। एनडीटीवी के विक्रम चंद्रा दावोस में थे और विश्व आर्थिक मंच उनके सामने रिपोर्ट के लिए था जिसमें एक भारत बनना था। ग्लोबल में भारत की बात ढूँढ़ना कठिन काम है मगर एनडीटीवी ने अपना बन्दा पीछे लगा दिया था तो दावोस की बर्फ में 'मेरा भारत महान' क्यों न नजर आता। मेरा भारत महान के भाव के आगे सवाल दरपेश था–

ये दुनिया 'मेरा भारत महान' से क्या चाहती है? विक्रम चंद्रा ने इसका जवाब देना जरूरी समझा कि भारत में एक 'सेंस ऑफ पावर' आयी है। 'दूर हटो ऐ दुनिया वालों...' से लेकर 'बुरी नजर ना हम पे डालो' से होते हुए 'चक दे इंडिया' वाले टुकड़े इस खबर में मिलाये जाते तो कुछ मजा आता। आनन्द शर्मा ने कहा कि विश्व व्यवस्था में भारत की जगह होनी चाहिए। भारत की ताकत की ब्रांडिंग का यह एक तरीका हुआ। परदेस में बनती बड़ी कहानी में से एक देशभक्त भारत बना।

कुर्बान जाऊँ इंडिया टीवी पे कि बेनजीर की आत्मा ही साक्षात् बुला डाली। मुए वैज्ञानिक इतना भी मजाक न समझ सके। रजत शर्मा आत्माओं से मजाक करते हैं। विज्ञान कब समझेगा इतनी-सी बात!

सीन मजेदार था। बेनजीर की आत्मा आ चुकी थी। वह साधुओं को फील होने लगी थी। वह डिस्टर्ब तक हो रही थी। वह चिड़चिड़ा रही थी कि उसे तंग किया जा रहा है। वे महसूस करने लगे थे कि आत्मा उनके अन्दर हिलडुल रही है और फिर बताया कि बेनजीर की आत्मा अन्दर से निकलकर मोबाइल में आ गयी है।

परम गतिशील आत्मा मोबाइल में फोटो देने आ बैठी थी और बाबा लोग कह रहे थे कि देखो ये रही बेनजीर की आत्मा!

वैज्ञानिक कह रहे थे कि उन्हें कुछ फील नहीं हो रहा और बाबा लोग कह रहे थे कि उन्हें फील हो रहा है। एक मैडम 'प्लेनचिट' में माहिर थीं। मोमबत्तियाँ जलाकर आत्माओं का आवाहन करती थीं। पता नहीं इन आत्माओं को भी क्या मजा आता है कि जब आती हैं तो मोमबत्ती ही जलवाती हैं। बिजली के लट्टू से शर्माती हैं।

कुछ पहले अनीश्वरवादी सनल साहब को कुछ ज्योतिषियों के आगे अपने स्टार न्यूज रूम में किशोर अजवानी ने पेश कर दिया। सनल अंग्रेजी वाले। टूटी-फूटी हिन्दी बोलने वाले। दो ज्योतिषियों ने उनकी दो तरह की कुण्डली बना डाली। एक ज्योतिषी ने कहा कि इस जातक को पारिवारिक कलह रहती है। चैनल ने सनल की बीवी से कहलवाया कि कलह बिल्कुल नहीं रहती। आप गलत बोल रहे हैं। पंडितजी इस बालोवाच पर तनिक न गुस्साये। अचल धीरज से बोलते रहे कि उनका आकलन सही है वे उनका बुरा नहीं चाहते। उधर स्टूडियो में ज्योतिषी सनल पर उग्र हो उठे और जबर्दस्ती-सी करते दिखे। दो ज्योतिषनियाँ भी रहीं एकदम आक्रामक मुद्रा में। वैज्ञानिक यशपाल ने कहा कि आप लोग गजब के मनोवैज्ञानिक हैं यार! लेकिन वहाँ सुनने वाला कौन था?

7 फरवरी, 2010

चैनलों की दिहाड़ी

सानिया मिर्जा और शोएब मलिक की ग्लोबल 'लव, शादी और लोचा' वाली दो दिन के लिए अजब शादी की गजब कहानी चल रही थी। तीन-चार दिन से सारे चैनल बढ़िया दिहाड़ी कमा रहे थे। नम्बर वन कहानी को कौन-सा ट्विस्ट देकर बतायें, इस पर प्रतिभाएँ कुरबान हो रही थीं। सब चैनल होड़ा-होड़ी में 'ये शादी नहीं हो सकती' वाली सीरियली लाइन से लेकर 'ये शादी अगर होगी तो तेरी भारत की लाश पर' वाली लाइनों में मस्त थे। तीन दिन में कहानी भारत-पाकिस्तान के बीच एक प्रकार की 'ऑनर किलिंग' के भाव में बदल दी गयी। तभी कुछ दिनों से रुकी हुई नक्सल कहानी शुरू हुई! सारा मजा खराब हो गया!

माओवादियों ने खबर के दरवाजे पर दस्तक दी। यार अभी करना था यह सब! शादी तो हो जाने देते। हमें दिखा तो लेने देते! लेकिन माओवादी खबरों में घुस पड़े। रस विरस हो गया।

दन्तेवाड़ा में माओवादियों के हमले में मारे गये सीआरपी जवानों के 'फुटेज' नहीं दिखे। फुरसत नहीं थी। स्ट्रिंगर नहीं थे। किसी को मालूम ही नहीं था। नक्सलियों ने बताया तक नहीं कि एक्शन करने वाले हैं। कहाँ करने वाले हैं, बता देते तो कैमरे भेज जमा देते। ओबी वैन भी लगा देते। क्या करें? पता नहीं था! सरकार तक को नहीं पता था। हमारे चैनल को भला पता क्यों होता? हम तो सानिया-शोएब की शादी में उलझे थे!

खबरें बताती रहीं। किसी के पास मरने वालों की संख्या का सही आँकड़ा नहीं था। यह नक्सल असर था। मारे गयों की संख्या किसी के पास सही नहीं थी। किसी के पास पक्का कुछ नहीं था। चैनल सानिया की कहानी में मस्त थे। उनके पास क्या होता? घंटा!

एक चैनल ने सत्तर बताये। दूसरे ने पिचहत्तर बताये। किसी ने छिहत्तर। एक चैनल ने बताया कि सौ से ज्यादा सीआरपीएफ के जवान गायब हैं।

एक्शन है। एक्शन की खबर पक्की है। लेकिन एक्शन के पूरे प्रकरण की खबर नहीं है। एक स्थानीय साधना टीवी चैनल सब चैनलों से पहले वहाँ पहुँचा है।

वारदात के तुरन्त बाद। उसका फुटेज ही सब चैनलों पर चल रहा है। अंग्रेजी वाले उसका 'आभार' लिखकर जताते हैं लेकिन हिन्दी वाले चैनल इसकी जरूरत नहीं समझते। अरे भाई 'सबै माल गोपाल का!' है। आभार में क्या रखा है?

इसके बाद की नक्सल कहानी मन्त्री जी के पास जाकर बननी थी। चैनल गृहमन्त्री के पास पहुँचे। वे मिले। वे खड़े-खड़े बोले—यह माओवादियों की बर्बरता का प्रमाण है। इसकी निन्दा की जाती है। गजब!

इसके आगे राजनीति का काम शुरू हो जाता है—एक चैनल भाजपा नेता रूडी को ले आता है। वे कहते हैं कि हम इस मामले में सरकार से कहते आ रहे हैं कि वह सख्त से सख्त कदम उठाये। ज्ञानियों में नक्सल चरचा शुरू है।

सारी खबरें एक जैसी हो चुकी हैं। कैमरे छत्तीसगढ़ के एक्शन के 'उधारू' फुटेज को फुल या स्प्लिट स्क्रीन में दिखाते रहे। चिदम्बरम बार-बार वही-वही बोल रहे हैं।

सीएनएन-आईबीएन पर एक अफसर ने ट्रैप लगाने का तरीका बताया। बनावटी चीजें कुछ कम हुईं। पहले नक्सल एक हल्का-सा विस्फोट करते हैं। पुलिस बल वहाँ नक्सलों की उपस्थिति समझकर जल्दबाजी में पहुँचते हैं। वहाँ सुरंगें लगी होती हैं। असावधान पुलिस वाले मारे जाते हैं।

पत्रकार पूछता है कि कोई पहले से सुराग लगाने वाली पार्टी थी कि नहीं? जवाब भी देता है—पता नहीं। कहता है कि हजार नक्सलियों ने हमला किया। घेर लिया। चैनल की टिप्पणी आती है—क्या 'ऑपरेशन ग्रीन हंट' फेल हो गया है?

टाइम्स नाउ नक्सलियों को माफ करने को कतई तैयार नहीं! वह नक्सलियों के हमदर्दों के साथ भी है। साथ इसलिए है कि उसे तीन-चार बड़े नाम अपनी खबर में बोलने के लिए मिल रहे हैं और नहीं भी है, क्योंकि—वह कहता है कि यह नक्सल प्रदर्शन दिल्ली में दुश्मनों के पक्ष समर्थन में हो रहा है। देख लो दिल्ली वालो!

और वह दिल्ली में माओवादियों के इस प्रदर्शन को रिपोर्ट करता है। कहता भी है—यह दुश्मन के समर्थन में किया जा रहा है। ऐन दिल्ली में। टाइम्स पर वरवर राव बोलते हैं। अपर्णा सेन बोलती हैं-लोग तकलीफ में हैं उन की तकलीफ जानिए। समझिए। मैं ग्रीन हंट के खिलाफ हूँ!

नक्सली हिंसा हिंसा न भवति। सरकारी हिंसा हिंसा भवति! पुलिस बलों का मरना उनका कर्तव्य है! मारना हमारा हक! एकदम बेधड़क दो टूक बात है!

बुरा हो नक्सलियों का। सानिया-शोएब मलिक की कहानी को नक्सलियों ने दूजे नम्बर पर डाल दिया। अब तो इंडिया टीवी का ही सहारा था। देखा। इंडिया टीवी-सा कोई नहीं है। बताये देते हैं। नक्सल कहानी उसने भी दी लेकिन जमकर प्रोमो करके। पहले नक्सली शब्द को 'इलू, इलू' की तर्ज पर ढाला—

'ये नक्सली नक्सली क्या है?'

देखिए आज रात के साढ़े आठ बजे!

'मुट्ठी भर नक्सली पीएम की नींद हराम कर देते हैं? देखिए आज रात के साढ़े आठ बजे'

'आज मुट्ठी भर नक्सली देश को हिलाकर रख देते हैं!'

देखिए रात के साढ़े आठ बजे!

बताइए कहाँ जाएगा देश, कहाँ जाएँगे नक्सली, इंडिया टीवी से बचकर!

11 अप्रैल, 2010

महँगाई का तराना

संसद में महँगे लोग महँगाई पर बहस करने को आतुर थे। सुषमा जी क्रोधातुर थीं, लालू भी क्रोधातुर थे, मुलायम भी वैसे ही दिखे। लोकसभा टीवी के सौजन्य से लिए टुकड़े में। सब चैनलों पर।

लेकिन उधर प्रणव दादाजी—वे बोले—ना ना ना। महँगाई होबे ना! बहस होबे ना!

एक दिन पहले विपक्ष की भाषा—हाँ हाँ।

सत्ता की भाषा—ना ना।

दो दिन पहले विपक्ष की भाषा—ना ना।

सत्ता की भाषा—हाँ हाँ।

एक दिन विपक्ष की भाषा—ना ना; दो—तीन दिन पहले भाजपा के अमित शाह पर आरोपों पर टीवी बहसों का सन्दर्भ।

उस दिन सत्ता की भाषा—हाँ हाँ।

एक दिन पहले टाइम्स नाउ पर महँगाई पर चार पाँच महँगे लोग टूट ही पड़े। खूब बहस हुई। लगा महँगाई और महँगी हो गयी। विनोद मेहता ने अपनी तर्जनी उठाकर कहा—जो बहस संसद में होनी चाहिए वह टीवी में हो रही है। संसद में वोट होना चाहिए। अर्णव ने चतुराई से भेदनीति का तराना मिक्स किया—इस महँगाई के मसले पर माकपा, भाजपा के साथ खड़ी होगी।

मेघनाद देसाई ने अर्णव की इस भेदनीति पर कटाक्ष करके कहा कि तुम विपक्ष को विभाजित करने पर क्यों तुले हो जी? इस तरह के सवाल करके विपक्ष सरकार को गिरा न सकेगा। विपक्ष के विभाजित होते ही सरकार बच जाएगी। अर्णव ने फिर भी अपना हठ न छोड़ा। कांग्रेस के मनीष तिवारी हमेशा की तरह एक मुश्किल स्थिति में भी यूपीए के पक्ष में महँगाई पर लाइन-ब-लाइन तर्क देने को तैयार दिखे। कहा कि आँकड़ों से सिद्ध किया जा सकता है कि महँगाई नहीं बढ़ी है। फिर भाजपा के एक बन्दे ने बीड़ा उठाया। हाथ में कागज लहराकर बोले कि ये आँकड़े बताते हैं कि महँगाई बढ़ी है। मनीष ने पहले ही कह दिया कि पहले चार बार महँगाई पर महँगी-महँगी संसदीय बहसें हो चुकी हैं।

संसद में महँगाई जब भी पहुँची कुछ महँगी होकर ही निकली है। किसी ने नही कहा कि महँगाई पर बहस को आमादा सांसद अपनी बढ़ायी पगार, पेंशन आदि जनता के पक्ष में क्यों नहीं त्याग देते।

इस बात को मंगल को महँगाई की सीएनएन-आईबीएन की टीवी चर्चा की दूसरी किस्त में सलमान खुर्शीद ने कहा—महँगाई किसी के लिए मुद्दा नहीं है। असल मुद्दा सरकार को गिराने का है। राज्य सरकारें बढ़ाती हैं महँगाई तो चर्चा क्यों नहीं होती? चंदन मित्रा ने महँगाई का परिचय दिया—मैं जब बाजार जाता हूँ तो महँगाई को और महँगा होता पाता हूँ। ये—वो खरीदता हूँ तो महँगा होता है और बढ़ता जाता है। अचरज के साथ राजदीप पूछने लगे-चंदन क्या वाकई आप खुद बाजार जाते हैं, सामान खरीदने? वे बोले कि हाँ मैं खुद जाता हूँ।

यह महँगाई की बहस के दूसरे दिन की किस्त की बानगी थी।

जिस दिन सांसदों ने स्थगन को लेकर नाराजगी प्रकट की उस शाम महँगाई की बहस टीवी पर कोई बड़ी खबर नहीं थी।

सीएनएन-आईबीएन कॉमनवेल्थ में वेल्थ की हेल्थ और तैयारी खराब होने के बारे में कॉमनवेल्थ खेल का 'गेम' बजाने में जुटा लगा। एनडीटीवी पर डेविड केमरून साहब सई साँझ आकर बैठ गये थे। उनकी खबर बीबीसी वर्ल्ड पर भी थी। महँगाई किसी के जीवन-मरण का विषय नहीं थी।

मीडिया महँगाई के विपक्ष में नहीं दिखा। नहीं तो, मंगलवार को कुछ और ही सीन दिखते। मंगल को टाइम्स नाउ पाकिस्तान के पूर्व आईएसआई चीफ हमीद गुल से जवाब-तलब कर रहा था। अर्णव तिरछे देखते भिड़े थे कि बताइए गुल साहब 'विकीलीक्स' में जो नब्बे हजार दस्तावेज हैं। उनमें आप अफगानिस्तान में भारतीयों का खून बहाने के आदेश देते बताये गये हैं।

बिना पलक झपकाये हमीद गुल बोले—ना ना ना। सब बकवास है। कल्पना है। अमेरिका की साजिश है।

अर्णव ने चार्जशीट आगे पढ़ी—जनाब तथ्य कुछ और ही कहते हैं। हक्कानी को आपने हमले करने को कहा। 'इंडियन ब्लड' बहाने को कहा, 'इंडियन वर्कर्स' को मारने को कहा।

गुल—मैं हक्कानी से कभी मिला हूँगा किसी पार्टी में। आई डिनाई द चार्जेज!

अर्णव—आपने इंडिया को टारगेट किया है।

गुल—अब समझा। आपकी बातों से साजिश की बू आ रही है। अफगानिस्तानी इंटेलीजेंस पर भारत की इंटेलीजेंस का गहरा असर है। सारी कहानी उनकी गढ़ी है।

अर्णव—आप आरोपों के कठघरे में खड़े हैं। आपने हत्याओं की निन्दा क्यों नहीं की। अब करिए।

गुल—ना ना। ना ना। ना ना। हरगिज नहीं। उस बातचीत में न रिकॉर्डिंग डेट दी गयी, न 'ऑन लाइन' या 'वीडियो रिकार्डिंग' या लाइव प्रसारण ही लिखा था। लगता था कि जैसे यह बातचीत दो फ्रेमों को आपस में जोड़कर बनायी गयी है। क्या ऐसा था? अगर ऐसा न था तो गुल को सीधे चार्जशीट करने के लिए अर्णव की दाद देनी होगी।

कामनवेल्थ की हेल्थ खराब है। इस पर बात करने के लिए अगर राजदीप ने मणिशंकर को बुलाया तो ठीक ही किया। बात इतनी दो टूक होगी, सोचा न था। सुन-देखकर आनन्द आ गया। मणि ने अपनी ही सरकार के आयोजित खेलों का 'गेम' बजा डाला। आयोजन को लेकर एक से लेकर एक सुन्दर धिक्कार और कटुक्तियाँ उनके पास थीं। उनके प्रहारों से क्षत-विक्षत आयोजकों पर तरस खाकर राजदीप ने कटाक्ष किया कि सरकार आपकी, आप सरकार के। तब आप ही सरकार की खटिया खड़ी कर रहे हैं। क्यों? मणि बोले—'सत्यमेव जयते'। सरकार की कच्ची करने वालों को दर्शक खूब मिलते हैं।

सिटी एफएम पर 'पीपली लाइव' का सुपर हिट गीत बजने लगा है और श्रोता सुर मिलाने लगे हैं—

'सखी सैयाँ तो खूब ही कमात है।
महँगाई डायन खाय जात है!'

यह गाना महँगाई और कमाई के बीच का तराना है—महँगाई बढ़ी है, लेकिन कमाई भी बढ़ी है। उदारीकरण का गुणगान और महँगाई की मीठी शिकायत भर है यह गीत!

1 अगस्त, 2010

भविष्य बाँचते चैनल

यकीन न हो तो सुबह सात से आठ के बीच किसी भी खबर चैनल को ऑन करें। गारण्टी से सब कुछ पायें। सब कुछ अच्छा। पूरा दिन भला-भला लगेगा। फुल फील गुड फैक्टर। अच्छा भविष्य। अच्छी हैल्थ। कामयाब शादी। कामयाब बेटा। इम्तहान में फेल से पास। नौकरी मिलेगी। जो माँगोगे वही मिलेगा।

सुबह के साढ़े सात बज रहे हैं। किसी भी सुबह की तरह की एक सुबह हो रही है। किसी भी खबर चैनल की तरह एक चैनल ऑन हो गया है और सबका भविष्य दिये जा रहा है। एक लड़की भविष्य बाँचे जा रही है। भविष्य का नाश्ता हो रहा है। स्टार न्यूज टेरो कार्ड खेल रहा है। राशि बता रहा है। राशि के अनुसार भविष्यफल बता रहा है।

मीन राशि—जीवन में कोई शामिल होने वाला है। आपको हम बता चुके हैं। आपके काम से वरिष्ठ सहयोगी होंगे खुश। दफ्तर में कोई खास पद मिल सकता है। परिवार की मदद से निकलेगा समस्या का हल। व्यवसाय मन मुताबिक होगा। सेहत में सुधार होगा। प्यार के मामले में यह दिन खास है।

राशि पर राशि आये जा रही है। हरेक राशि को एक-एक लाइन में निपटाया जा रहा है—तुम्हारी राशि क्या टेरो वाचक? तुम्हारी चैनल की राशि क्या है टेरो वाले? राशि कितनी मिली?

बीच में लाइन—श्रीलंका ने भारत को हराया। टीम इंडिया ने बेइज्जत किया। सौ करोड़ लोगों को धोखा दिया।

पूरी दुनिया के सामने बेइज्जत किया। लंका से धुलाई करायी।

सेंट लूसिया से एक दर्शक कह रहा है—हमें जीतना पड़ेगा।

एक औरत कहती है—मेरा हीरो भज्जी है, धोनी है—हम ब्रेक करने आये हैं। तीसरा—मैच के पहले की उम्मीद रही। मैच के बाद धोखा हुआ है। चौथा—वे लोग जब आते हैं तो पार्टी करते रहते हैं खेल पर ध्यान नहीं देते। पाँचवाँ—पार्टी से फुरसत हो तो खेलें। हम निराश हुए हैं। छठा—हमने हरेक टीम को देखा। वे अच्छी स्ट्रेटजी बनाते थे ये नाचते रहते थे। धोनी ने जो लास्ट ओवर में बैटिंग की। सोच न सकते थे। दो सौ रन भी नहीं बना पाये।

कुंभ राशि वाले हैं। आप भी निकल पड़िए अब। जितना चलेंगे हौसला बढ़ेगा। तसल्ली होगी। जो चाहेंगे वही होगा। गारण्टी।

मीन राशि का नम्बर लग चुका है आप जो चाहेंगे वही मिलेगा। आप लॉग ऑन कीजिए टेरो कार्ड का अपना राज जान लीजिए आपकी किस्मत के सितारे।

यह *जी न्यूज* है। वाचक इस तेजी से बोलता है जैसे लोन वाले विज्ञापनों में 'कंडीशन अप्लाई' कहा जाता है। गोदरेज फ्रिज का विज्ञापन टेरो कार्ड के बीच आ गया है। विज्ञापन में एक लड़का टीवी मैच देख रहा है। लड़की कुछ पूछती है तो ध्यान नहीं देता लड़की नाराज होती है। कमेंट होता है—ध्यान नहीं है। बीवी चाहिए या टीवी? अरे दोनों क्यों नहीं। लीजिए इस ब्राण्ड का टीवी। इससे दोनों सधेंगे।

डीडी न्यूज पर भविष्य नहीं दिख रहा। राजस्थान से खबरें आ रही हैं। वहाँ की रिपोर्टर निजी चैनलिया की तरह स्मार्टी नहीं दिखती। समाचारों की सुर्खियाँ पढ़ रही है।

लाइव इंडिया की सुबह की सुर्खी—मस्तियों में रही टीम इंडिया। आधे क्रिकेटर खेल रहे फुटबॉल। सुरेश रैना और कप्तान बास्केट बॉल खेल रहे थे। दो मैच गँवाने के बाद टीम इंडिया सँभल जाती। ये भला कैसे हो सकता है? लंका से मैच से पहले 'बीच बॉलीवाल' खेल रहे थे। आम की चुस्कियों का मजा लेने के बाद। अब आप टीम इंडिया के खिलाड़ियों के हाव-भाव देखिए। क्या कहीं कोई परेशानी नजर आ रही है?

सेंट लूसिया से रिपोर्ट करते हुए रिपोर्टर की क्रिकेट की टीम की 'ऑनर किलिंग'-सी किये दे रहा है। चैनल में सुबह हो रही है।

हिसाब जारी है—पूरी तरह से रणनीति विफल हुई। कप से बाहर बैठना है।

आईबीएन सेवन। यहाँ भी आपका भविष्य बँट रहा है।

काम के साथ जीवन के लिए समय निकालें। लकी नंबर नाइन। केप्रीकॉर्न छात्रा अलर्ट रहे। स्ट्रेस रहने वाला है। एनर्जी वेस्ट न करें जॉब मिलने के चांस हैं। आपका लकी रंग व्हाइट। लकी नम्बर टू है। एक टेली-सवाल-मेरी ज्वेलरी की शॉप है जी, कब अच्छी चलेगी जी? पेट की समस्या भी है। शॉप छठे महीने के बाद ठीक होगी, पेट की समस्या है तो हरी सब्जी दान दें। किसी किन्नर को पाँच रुपये दान दें। पीला पपीता दान करें।

सवाल—कोई बच्चा नहीं है। पति-पत्नी का योग देखना होगा। हस्बैंड का योग देखना होगा। जुलाई के बाद योग है। एक लड़की लेपटॉप से बाँचती है।

इंडिया टीवी पर पौने आठ बजे ब्रेकिंग न्यूज है—दन्तेवाड़ा के चिंतलनार कैम्प पर हमला। किसी के हताहत होने की खबर नहीं है। *आजाद न्यूज* पर कुंडली

चिकित्सा है। दशा, महादशा दिख रही है। जो सब तरह के इलाज से हार चुके हैं। वे आचार्यों के पास आयें।

किसी ज्योतिषी ने इस हमले की नहीं बतायी जी।

आखिर में—एफएम गोल्ड अकेला रेडियो चैनल है जो इस बेसुर-बेताल समय में भी साठ और सत्तर के दशक की मनभावन मेलोडीज बजाता खूब सुना जाता है। उसके अन्दरूनी हालात चिन्तनीय हैं। इन दिनों गोल्ड के कार्यक्रमों के इरफान जैसे ब्राण्डनेम परेशान हैं। जमे जमाये प्रस्तोता अमृता शरद, आशिमा, अपर्णा घोषाल के अलावा अन्य पाँच सौ से ज्यादा कैजुअल कलाकार अपने पेमेण्ट के लिए चक्कर लगा रहे हैं। साल भर से पेमेण्ट नहीं मिला है। सप्ताह में अधिकतम छह कार्यक्रम दिये जा सकते हैं। दिये एक-दो ही जाते हैं। मनमानेपन से नये कच्चे प्रस्तोता उपकृत किये जाते लगते हैं। न शब्दोच्चारण सही न यति-गति का ध्यान। लगता है गोल्ड को निजी स्वार्थों की व्याधि लग गयी है। इसका उपचार होना चाहिए। जाँच होनी चाहिए। कैजुअल भरती में मनमाना तदर्थवादी रवैया बन्द होना चाहिए। क्वालिटी पर जोर होना चाहिए।

मन्त्री जी कृपया ध्यान दें!

16 मई, 2010

देश देख रहा है

देश टीवी में देश को देख रहा है। देश देखता आया है। देश देखता रहेगा। देखने का अपना मजा है। देश मजेदार है। जब देश ही मजा लेने लगे तो नसीहत क्यों?

देश को देखना ही चाहिए। जो सीन वे बनाते हैं देश के लिए बनाते हैं। बिना पटकथा के रियलिटी शो। सीधे विधानसभा से। लाइव।

'*सहारा समय*' का सौजन्य कि वह चलती कुर्सी मेजों को, उनके चलाने वालों को सबसे पहले शूट किया। टाइम्स नाउ ने सहारा समय का सौजन्य माना! आभार विधानसभा सदस्यों का मानना चाहिए था।

लेकिन इन सीनों में असामान्य क्या था राजदीप? क्या ऐसा असाधारण था इस सब में अर्णव जो रूडी से फाइट करने बैठ गये।

हमें तो ये सीन एकदम रियल लगे। अचानक बने। बनाये गये। आपके कैमरों ने उनको बार-बार फिक्स कर उनकी स्वतःस्फूर्तता की रेड़ मार दी। सीधे ब्लेम गेम ने सारा मजा किरकिरा कर दिया। जरा कुर्सी चालन के बाद टीवी खबर के सीन देखिए—

नागरिक व्यवहार की दुहाई देते। राजदीप पूछते हैं—

देश देख रहा है। चुने लोग हैं। विधानसभा में कुर्सियाँ फेंक रहे हैं। आप क्या एक्शन लेंगे?

स्पीकर उदय नारायण जी-यह एक्शन का सवाल नहीं है। जनता के प्रतिनिधि हैं। हम बात करेंगे।

राजदीप चकित होकर-आप एक्शन नहीं लेंगे? मैं स्कूल में कुर्सी फेंकता तो मुझे बाहर हटाया जाता था। आप एक्शन नहीं लेंगे?

कूट-पाठ में लगा कि राजदीप खुद एक्शन लेने जा रहे हैं।

उदय नारायण जी—यह स्कूल नहीं है। जनता देख रही है। जनता के प्रतिनिधि हैं।

कूट-पाठ में अर्थ-जनता के मनोरंजन के लिए सब कर रहे हैं।

अन्त में राजदीप-जी आपने हमसे बात की इसके लिए शुक्रिया! क्या यह किसी रियलिटी मजाक से कम था?

टीवी पर दूसरे नसीहतवादी अर्णव मिले जो कुर्सी लीला को असभ्यता समझ बैठे। टीवी नसीहत नहीं दे सकता। लेकिन अर्णव जब ठान लें कि चरचा का खरचा नसीहत से निकलता है तो कौन है जो रोक सके।

चरचा में अर्णव ने निन्दनीय कहा, सबने निन्दनीय! कह दिया, रूडी ने परम निन्दनीय कह दिया! जब रूडी ने निन्दनीय कह दिया तो अर्णव ने उन्हें याद दिलाया कि आप निन्दनीय नहीं कह सकते। रूडी ने कहा कि भाई जब आप कह सकते हैं तो मैं भी कह सकता हूँ निन्दा निन्दा निन्दा! अर्णव ने कटाक्ष किया तो रूडी को खुरचट आयी। बोले—आप कटाक्ष न करें। नलिनीजी को पॉलिटिकल थियरी की शरण लेनी पड़ी।

इससे पहले ब्लेम गेम पर फाइट होते-होते रह गयी। मौत ने फाइट को टाइट कर दिया। कुछ देर में दीदी ने कहा—असामान्य है दुर्घटना।

उसके बाद इस कथन को कम बजाया गया। भिड़ी ट्रेनों के परिचत दृश्य थे। भिड़न्तों के इतिहास की और भूगोल की ओर सारे चैनल निकल गये कि अब तक इतने एक्सीडेण्ट और ढाई सौ जानें जा चुकी हैं।

गृह मंत्रालय को इस बार मालूम ही था कि कोई साजिश नहीं थी। ऐसे दुर्घटित सीन देखकर पत्रकारों को गुस्सा आ ही जाता है। वे जनता के गुस्से के साथ सिंक में बोलते हैं।

आइबीएन सेवन पर लाइन लगी-सोती ममता मरते लोग। इस नाम से फिल्म बनायी जा सकती है।

हेडलाइंस टुडे के दफ्तर में संघ कार्यकर्ताओं ने जो किया उसे चैनल वालों ने, बाकी चैनल वालों ने और कंडेम करने वालों ने गलत समझा। यहाँ भी निन्दनीय ब्लेमगेम था।

सबसे समर्पित राष्ट्रवादी संगठन के चरित्र हनन की कोशिश थी। हेडलाइंस टुडे और उसके वाचक राहुल इतनी-सी बात नहीं समझ पा रहे थे।

सीन साफ कह रहे थे—जो लगा उस दफ्तर में एक्शन करते दिखे उनके कर-कमल तो वहाँ डण्डी लीला करने गये थे। उनके हाथों में डण्डों की जगह अति ही अहिंसक कोमल कमल के फूल थे जिन्हें वे हेडलाइंस के चरणों में एक्शन के साथ समर्पित करने आये थे। इसकी लीला की तारीफ की जानी थी। लेकिन अपने को सेकुलर समझने वाले लोग इसे कंडेम कर डण्डी लीला के प्रति हिंसा कर रहे थे। डण्डी लीला का असल भाव नहीं समझ रहे थे। तो उसे शान्तिपूर्ण तरीके से समझाना जरूरी था न! इसमें भी बहस? समझाने का सौन्दर्य इस तरह प्रकट हुआ—

लीला का एक पक्षधर-देखिए अगर दो हजार लोग आये होते तो आप यहाँ न

बैठे होते! बात समझिए सर जी! दो बार समझाया कि राहुल अगर वैसा हुआ होता तो तू यहाँ न होता? राहुल बातचीत की गरमी में पूछा नहीं कि तब मैं कहाँ होता? इसका जवाब असली बाइट बनता।

लीला का दूसरा पक्षधर—अगर मैं अपने ड्राइंग रूम दोस्त के साथ तुमको जान से मारने की बातें करता हूँ तो क्या वह मेरा अपराध हो जाएगा?

लीला का आखिरी पक्षधर; जो खबर पैकेज में सबसे पहले दिखा—हमारे संघ को या हमारे व्यक्तियों को बदनाम करने का मीडिया को कोई हक नहीं है। प्रोटेस्ट पीस फुल था।

समझे कि नहीं? या फिर से समझाना होगा। रेडियो सिटी के महाकवि मार ही डालोगे वाले बबर शेर पेश किया करते हैं। एक से एक गजब शेर। वाह वाह की बरसात। मुलाहिजा फरमाइए—

धन चाहे मत दीजिए हे जग के पालनहार
बस इतना कर दीजिए कि मिलता रहे उधार। वाह वाह वाह वाह वाह
-जब मैं मरूँ तो मेरा जनाजा उसकी गली से न निकालना
वरना उसका बाप कहेगा कि—
साले ने मरने के बाद भी गली का चक्कर लगाना नहीं छोड़ा। वाह वाह वाह वाह वाह!

25 जुलाई, 2010

अर्चक-चर्चक

ये 'दज' से 'सारे' तक, 'सारे' से 'दज' तक के दिन हैं। सारा संसार इन दो पतों में सिमट गया है। नयी सरकार को बनाते-दिखाते कैमरे और नयी सरकार के अर्चक-चर्चकों की जुबान पर यही पद विराजते हैं। पते सरकार के पते से बड़े हैं। *टाइम्स नाउ* ने दोनों अमर पते समर में खड़े कर दिये हैं। 'दजसारे' शब्द अंग्रेजी में एक चैनल में लिखे आये 'दस जनपथ सात रेसकोर्स' का प्रथमाक्षरी रूप है। अंग्रेजी में इस प्रथमाक्षरता का बड़ा चलन है। हिन्दी में बनाओ तो शब्द मूल पद का पूरा अर्थ संकेत नहीं देते।

'दजसारे' को याद कर लें। हिन्दी में अंग्रेजी वाली संक्षिप्ति का चलन नहीं, 'दजसारे' एक तकनीकी पद है इन दिनों। आगे बड़ा काम आना है।

जिस तरह से 'दजसारे' है, उसी तरह एक चैनल में 'एनआर' और 'एनसी' है। 'एनआर' यानी 'न्यूजरूम' और 'एनसी' यानी 'न्यूज सेंटर'! एक चैनल में इन दो जगहों में कितनी दूरी हो सकती है? उस चैनल के एक फ्लोर पर सब कुछ हो सकता है। लेकिन इन दिनों खबर बीच विशेषज्ञ की टीका की जरूरत के बिना खबर खुलती नहीं। खबर खोलने के लिए विशेषज्ञ चाहिए। वह मिलता है वहीं पास में न्यूजरूम में या न्यूज सेंटर में! कितना आराम है?

खबर थी : डीएमके से बात फेल हो गयी है।

भाव था : हाय राम ये क्या हो रहा है? बिजली फेल हो सकती है। इंजन फेल हो सकता है बच्चे फेल हो सकते हैं। लेकिन बातचीत फेल हो गयी है? बात कुछ समझ में नहीं आ रही है तो खबर खोलने के लिए विशेषज्ञ को लाना पड़ेगा। विशेषज्ञ के लिए दूर नहीं जाना है। एक ही फ्लोर पर सब मिलता है। खबर देने वाला, खबर खोलने वाला।

क्या होगा जी?

देखिए सोनिया जी बात करेंगी। सब हल हो जाएगा।

मेम जी ये बताइए कब बात करेंगी?

ये भी कोई पूछने की बात है? जब बात करेंगी तब करेंगी। खबर इतनी ही खुलती है और बन्द हो जाती है सोनिया जी के नाम में।

‘डीएमके नौ सीट माँग रही है। सात देने की बात थी, बात सात पर टूटी।’

जनार्दन गम्भीर हैं। उनकी बात में सब साफ है जिसे किसी व्याख्या की जरूरत नहीं है। वे कहते हैं, बहुत ज्यादा माँग रहे थे। बातचीत टूटी है। डायलॉग नहीं टूटा है! वे मीडिया को विदा कह देते हैं। लेकिन मीडिया को ‘रुई’ मिल गयी है। वह खबर की रुई पाकर उसे न धुनें तो फिर ऐसे ‘खबर-धुन्ना’ को धिक्कार है।

चैनल बदलते ही दूसरे खबर-धुन्ने के सामने हैं। एंकर जी इस बात पर चिन्तित हैं कि यह क्या हो रहा है? सरकार क्यों नहीं बन पा रही है? कौन है खलनायक और नायक क्या कर रहा है? ‘नायक मनमोहन ने करुणा को फोन से सम्पर्क किया है। परेशान न हों।’ पत्रकार संकर्षण : कुछ नामों पर आपत्ति है। एक ब्रॉडबेस्ड सरकार चाहिए। ज्यादा जिद ठीक नहीं है।

एंकर की चिन्ता ‘दस जनपथ’ की ओर मुड़ गयी है। पूछता है : क्या दस जनपथ मनमोहन की बात मानेगा?

ऐसे सवाल के बाद अर्णव को बातचीत से पहले जासूसी जाति का रहस्य-रोमांच से भरपूर संगीत देना चाहिए था। नहीं दिया। रहस्य तो बना। रोमांच नहीं बना। संकर्षण बोले : दोनों में कोई मतभेद नहीं होंगे। ऐसे रहस्यवाद में *सीएनएन आईबीएन* देखना जरूरी हो गया। मनीष तिवारी जी दिखे। बोले : हमें हाइपर नहीं होना चाहिए। उनका यह वाक्य टीवी खबर चैनलों के लिए था कि भाई लोग इस खबर को सुनने से परहेज करें।

इस बीच राहुल तत्त्व विचार शुरू हो चला था जो इस पूरे सप्ताह स्पर्धात्मक ढंग से चैनलों पर अरचा-चरचा का विषय रहा।

राहुल तत्त्व क्या है? विकल होकर ज्योतिरादित्य से पूछा एंकर बाबू ने।

वे बोले : ही हैज ए विजन।

उसके बाद मनीष : राहुल तत्त्व मतलब ‘आनेस्टी, सिंसियेरिटी, ट्रांसपेरेंसी, डिजायर टू स्पीक अ डिफीकल्ट...’

ज्योतिरादित्य : लैगेसी है, मगर खुद भी वह एक इनसान है। सेकुलर फाउण्डेशन है।

कट : ‘यूपी में बदलाव आये।’ राहुल बोलते हुए दिखाये गये। चुनाव में उनकी भूमिका की व्याख्या चलती रही।

जयंती नटराजन : युवाओं के लिए संगठन के दरवाजे खोले। मनीष : अठारह साल का वोट अधिकार दिया पिता ने...

राहुल तत्त्व अपने बिग फाइटिए लोग भी एक-दूसरे से पूछ रहे थे : बिरादर इस जनादेश का माने क्या?

बात पीपल लोगों के हाथ लग गयी। और राहुल तत्त्व 'राहुल यंग ब्रिगेड' के रूप में आया। ब्रिगेड के कुल तीन एमपी दिखे पीपल बने।

यंग एमपी आ गये हैं। भिन्न किस्म की संसद होगी!

एक लड़की बोल पड़ी : इनमें से ज्यादातर तो लैगेसी वाले हैं। डायनेस्टी वाले हैं। इस तत्त्व पर चरचा केन्द्रित होती तो कुछ मजेदार निकलता। उसमें असल तत्त्व निकल जाने का खतरा था। इसलिए बात आयी गयी हो गयी।

तब तक पंजाब हो गया। पिछली रात को टीवी खबर ने पंजाब में प्रभाव दिखाया। इसे *एनडीटीवी* में सोनिया ने ठीक सँभाला। दो सिख विद्वान बुलाये और चरचा कराई जिसका सन्देश यह था कि यह दंगा नहीं है। ऐसे ही कुछ तत्त्व कर रहे हैं। हजार से ज्यादा डेरे हैं। पंजाब में और दलित लोग इधर आते हैं जिनकी आबादी उनतीस फीसद है।

इन दिनों विज्ञापन बहुत सेक्सी आ रहे हैं। एक विज्ञापन एक आंटी और यंग छोरे के बीच एकान्त पार्टीबाजी के आइडियाज सम्भव करता है। एक विज्ञापन वियाग्रा टच वाली खुशबू का है जो लड़कियों को खुशबू पर समर्पण करने की सीख देता है।

वर्जिन मोबाइल के कई विज्ञापन बोल्डनेस वाले हैं!

एक यंग ब्रिगेड यह भी है।

31 मई, 2010

गरिमा से गरमी तक

दो दिन तक टाइम्स नाउ बार-बार दिखाता रहा। उतनी ही बार रोता-बिसूरता रहा कि देखो-देखो संसदीय परम्पराओं का अचार डाला जा रहा है यहाँ विधान सभा में।

जो सीन दिखते थे उनमें विधान सभा का हाल एक तबेले की तरह लगता था। वे अपने आप में किसी तबेला कॉमेडी का मजा देते थे।

कोई विधायक एक-एक चने को मुँह में फेंककर चबा रहा है कोई ऐंठकर लेटा हुआ है। कोई बिसलेरी पानी की दस किलो वाली खाली बोतल की ढोलक बजा रहा है। कोई उढंग बैठा है कोई लुढ़का फर्श पर सो रहा है। इधर मेज़ पर दो कप रखे हैं एक पॉलीथिन रखा है जिसमें पीले रंग का द्रव्य-सा नजर आता है। गजब तबेला था।

अर्णव नौ बजे के आसपास चिर परिचित रुद्र-मुद्रा में कहते हैं देखिए ये क्या हो रहा है? क्या हो रहा है ये? संसदीय परम्परा की धज्जियाँ उड़ायी जा रही हैं।

यार! जो हो रहा है वह कहाँ नहीं हो रहा है? किसलिए नकली गुस्से का नाटक है? किसलिए आक्रोश की वाणी है? क्यों रक्तचाप ऊँचा करते हो करते-करवाते हो भई! इसका तो आनन्द लो।

मंगलवार तक बात संसदीय 'गरिमा' से ज्यादा संसदीय 'गरमी' पर होने लगी। उसके बाद तो वही होना था जिसके हम सब अभ्यस्त हैं यानी ले-ले। दे-दे।

कुश्ती शुरू थी। भाजपा ने कहा राज्यपाल राजनीति कर रहे हैं। चैनल कहता था कि अब मामला राज्यपाल के दर तक पहुँच गया है, विधायक दूसरे दिन तक गीत गायन का अभ्यास करने लगे थे। विरोध का ऐसा राजनीतिक कल्चर राजनीतिक कॉमेडियों को पीछे छोड़ता था।

याद करें पिछले सप्ताह कश्मीर के पत्थर लड़कों के हाथों में दिखते रहे। गली-चौक पर चलते रहे। एकदम पास के सीन में भीड़ के हमलों के आगे पुलिस रक्षात्मक ही नजर आती थी। इन सीनों को देख अखिल भारतीय दर्शक विचलित होता था लेकिन खबरों में कोई न कोई पत्थर फेंकने वालों की परेशानी की बात कर फेंकने को स्वाभाविक बताकर चलता था। सीन उग्रता लिए हैं और दर्शक के मन में प्रतिउग्रता

पैदा कर रहा है। ऐसे सीन देख-देख कठोर एक्शन के लिए उचित भूमिका बनती है। सेना के फ्लैग मार्च के साथ ही सारी खबर इण्डस्ट्री जो कश्मीर पर पल रही थी वह ठण्डी हो गयी। बरखा दत्त अपने एनडीटीवी पर सीधे अन्दर जाकर खबर न ला सकीं। सेना ने मीडिया को लक्ष्मण रेखा में रहने को कह दिया। एक ने उसे न लाँघा। अगर पत्थर मारने के सीन न दिखाये जाते तो सीन बनाने की खातिर पत्थर मारने वाले कम होते। टीवी ने भी पत्थरबाजी को आइटम बनाया है। पॉपुलर किया है।

सुबह तो बिग बी का नाम जप, शाम को शाहरुख का नाम जप। बुध की सुबह की खबरें एक अंग्रेजी चैनल पर इन्हें अवतार की तरह पेश करती हैं। बिग बी 'कौन बनेगा करोड़पति-चार' में आ रहे हैं। वाचिका खुश है आवाज खनक रही है मानो वही करोड़पति होने जा रही है। उधर बादशाह शाहरुख खान बिगबॉस का काम सँभालेंगे।

कोई नहीं बताता कि बॉलीवुड संकट में है। जब-जब बॉलीवुड में फ्लॉप का दौर बढ़ता है सितारे टीवी में शरण लेते हैं।

भाई राजीव मसंद जी जरा इस 'इण्डस्ट्री की क्राइसिस' पर जरा-सी 'लाइट थ्रो' कर दीजिए? भाई मयंक शेखर जी बताइए कि बॉलीवुड के रोजगारयाफ्ता लोगों की जगह है। टीवी तो उसके बेरोजगारों की जगह है। धोनी ने किया दो सौ दस करोड़ का करार और इस तरह से वे सचिन से भी ज्यादा बड़ा विज्ञापन करार करने वाले पहले अरबपति बने। एक विज्ञापन वाले ने तो जोश में आकर यहाँ तक कह दिया कि धोनी का करार शायद दुनिया का सबसे बड़ा करार है। आईबीएन सेवन ने लाइन लगायी। साक्षी साक्षात लक्ष्मी साबित हो रही है धोनी के लिए। लाइव इंडिया ने लाइन लगायी कि धोनी नहीं अब 'धनी' कहिए।

इस 'बधाई भाव' को क्या कहेंगे? कमाई करे कोई! बधाई गाएँ हम!

लोग पुराने जमाने में ही जैकारा नहीं लगाया करते थे। अब भी लगाते हैं और अंग्रेजी चैनलों में तो कई ऐसी चिरौरी मिश्रित प्रसन्न वदनाएँ हैं जो फिल्मी हस्ती से बात करते हुए कुर्बानी का भाव चेहरे पर ले आती हैं। बताइए हालीवुड में अधेड़ हो रही एंजलीना जोली अगर आप से बात कर रही हैं तो आपको क्या मिल रहा है? हाँ आप अपने देश को एक बाजार उसके लिए बनाये दे रहे हैं। सेवा का यह काम बुरा नहीं। लेकिन उसे बातचीत न कहिए। उसे एंजलीना जोली के लिए दर्शक-निर्माण कहिए।

चैनल समस्या छूते हैं। बताते हैं और फिर जल्द हीं ऊबकर बॉलीवुड-हॉलीवुड करने लगते हैं।

दो-तीन दिन चैनल वालों ने हरियाणा-पंजाब की बाढ़ को रिपोर्ट किया। लेकिन उसके बाद जिन्दगी कैसी बीत रही है? ये सब छोड़ दिया।

चमत्कारी 'भविष्यवक्ता' ऑक्टोपस ने अपने अंग्रेजी हिन्दी चैनलों को मोह लिया। वे उस पर खूब ही कुर्बान हुए। उसकी खबरें दैनिक बनीं और अब तक बन रही हैं। जो बाहर के मीडिया ने दिया उसे बेखटके लिया। जम के दिखाया। कम ने ही इस 'चमत्कारी' बाबा पर शंका जतायी। पीछे के खिलाड़ियों की खोज किसी ने नहीं की। ऑक्टोपस को खाना देने वाला क्या कोई संकेत न देता होगा? क्या उसका कोई बड़ा खेल न होगा? सट्टेबाज सट्टे से बाज कभी आये हैं?

18 जुलाई, 2010

अन्तर्पाठ का ठाठ

मोगेंबो चुप रहा! मोगेंबो खुश भी नहीं हुआ!

उस दिन दोपहर और शाम और फिर देर रात न जाने कितनी बार 'हत्या' शब्द सुना। न जाने कितनी बार उस हत्यारे का चेहरा देखा। अब उसे बार-बार आतंकवादी नहीं कहा जा रहा था। लोगों का 'हत्यारा' कहा जा रहा था। उसे 'हमलावर' भी कहा जा रहा था। 'वार अगेंस्ट इंडियन स्टेट' छेड़ने वाला कहा जा रहा था। उसे 'किलिंग मशीन' कहा जा रहा था। इंडिया टीवी ने तो सीधे इस 'किलिंग मशीन' पर सबसे बड़ी किलिंग मशीन टाइप का भाव देने वाला कार्यक्रम ही रख दिया। उसे 'किलिंग मशीन' बताने वाला वाक्य वकील उज्ज्वल निकम का था। इंडिया टीवी ने इसी कहानी को लेकर बनी फिल्म 'समन्दर' का प्रोमो जड़-सा दिया। जो टुकड़े दिखे वे बी श्रेणी की किसी फिल्म के सीन से थे। देखकर हँसी आने लगी। पाकिस्तान में साजिश करने वाले हेलिकॉप्टर को टीवी में उतरता देख कह रहे थे कि 'ये उतर रहे हैं। इन पर गोली चलाओ। ग्रेनेड फेंको' हाय मार ही डाला रे!

आतंकवादी हमला एक साल चार महीने बाद 'हत्या', 'हत्यारा', 'हमलावर'—जैसे शब्दों से बनाया जा रहा था। बार-बार आया अन्य शब्द 'सजा' था जो कानूनी प्रसंग में एकदम संगत था। तीसरा शब्द 'फाँसी' था जो कई बार आया। 'सरे आम फाँसी', 'चौराहे पर फाँसी' शब्द कई बार दुहरे। गनीमत हुई कि किसी ने नहीं कहा कि टीवी के चैनलों पर फाँसी दी जाए और लाइव प्रसारण भी किया जाए!

स्टार न्यूज पर एक औरत ने चीखकर कहा—'फाँसी से भी अगर कोई सख्त सजा हो तो उसे वह दी जाए।'

सीएनएन आईबीएन ने लाइनें उठायीं और लगायीं—अज्ञात कुलशील चन्द्रशेखर ने, राजबीर और दो-तीन और ने फैसला दिया, 'कड़ी सजा' 'फाँसी'।

एक ओर फाँसी माँगती भीड़ थी।

हाय! अंग्रेजी चैनलों की बलैयाँ लूँ जो हर ऐसे क्रूशल मौके पर कितने कुशल हो उठते हैं। लौट फिरकर अपने 'टीवीलाइटों', 'सोशलाइटों', 'विचाराइटों' को बुला भेजते हैं कि अइयो रे चलियो रे भैया-बहिन अपना मत दीजियो रे! ये मुआ देश फिर

भ्रमित हुआ जाता है। सँभालियो रे कि पटरी पर रहे देश!

सो पहली वाली निचाट निजी-सी घृणा के कुछ सुथरे सीन आगे इस तरह बने। इंगलिशिया आदरणीया जी एक चैनल पर आकर पूछने लगीं कि बताइए सिर्फ एक को सजा दी बाकी दो के खिलाफ प्रमाण पुलिस क्यों नहीं जुटा सकी? बात इस तरह आयी कि लगा कि पुलिस ने भी सजा वाला काम किया है!

फाइट के भीतर फाइट थी। हत्या के भीतर हत्या थी। अन्तर्पाठ का ऐसा ठाठ था कि एक ओर कसाब था दूसरी ओर पूरा देश और फिर भी हत्यारापन तुष्ट नहीं था। फाँसी से आगे और क्या?

सोमवार की सारी बातें कसाब पर थीं। जितनी बाइट कसाब की थी उतनी उन मरने वालों की नहीं थी। फैसले का समारोह था। चैनल उसे इसी तरह मना सकते थे। एनडीटीवी ने अदालत में गुजरे सीन के रेखाचित्र बना के दिये कि कहाँ किस तरह कसाब खड़ा होगा, वकील कहाँ था। इतनी हत्याओं के जिम्मेदार के दिमाग़ में सजा सुनते वक्त क्या चल रहा होगा इसे सोचने की फुरसत नहीं थी।

हाँ एनडीटीवी पर वह बच्ची जरूर बोली जो गवाह थी। उसने कहा कि वह नीचे झुक गया था ऊपर नहीं देखता था। अंग्रेजी चैनलों ने दो-दो शब्दों की लाइनें दीं। 'कसाब नान इमोशनल रहा।' 'खामोश रहा' 'मोगेंबो चुप रहा!'

कसाब की सजा पंद्रह मिनट की विचारोत्तेजना के कई दरवाजे खोल चुकी थी। सीएनएन आईबीएन पर राजदीप ने हमलों को परमानेंटली रोकने का आइडिया फेंक पूछा कि क्या फाँसी प्रतिरोधक हो सकती है? सवाल में कैसी मासूमियत थी!

इस सबके अपराधी पाकिस्तान की धुलाई का इतना बड़ा मौका हो और धुलाई न हो यह कैसे हो सकता है? यह काम पूरा किया टाइम्स नाउ ने!

मेमन, पडगाँवकर, सुहेल सेठ, मारूफ रजा, और दो। एक से एक रद्दे। दे मार! दे मार!

टीवी पर घृणा निरे निजी मध्यवर्गीय निठल्लों, क्रोध से बजबजाता साँस्कृतिक तमाशा न बने इसकी गारंटी नहीं दी जा सकती! सो ज्ञान चर्चा का आनन्द लें।

सुहेल सेठ—माना कि पुलिस ने बढ़िया काम किया लेकिन फहीम और सबाउद्दीन को सजा क्यों नहीं? 'मोगेंबो खुश नहीं हुआ!'

मारूफ रजा—पाकिस्तान की भूमिका कीलित हुई है। अब पाकिस्तान से साफ कहना होगा कि जब तक वह हाफिज सईद को सजा नहीं देता हम कोई बात नहीं करेंगे।

इससे पहले 'मोडरेट मुसलमान' की खोज पीपल में बरखा जी ने की। वहाँ शाहरुख खान थे। सोहा अली थी। करन थे। मदनी थे। अलीक थे। डॉक्टर जाकिर थे। मुंबई के पंच सितारा होटल के मंच पर बातें हुईं-

एक मुसलमान—बिन लादेन छाप अतिवादी इस्लामीकरण हमें पसन्द नहीं।

मदनी जी बोले—जो लोग अतिवादी हैं वे हिन्दू ही नहीं मुसलमानों के भी दुश्मन हैं।

कार्यक्रम की बौद्धिक हद यह प्रस्ताव दिखाती थी—हिन्दी फिल्मों ने मुसलमानों को स्टीरियो टाइप बनाया है? यारो पॉपुलर फिल्में बौद्धिक जुगाली नहीं करतीं। फॉर्मूलों से काम करती हैं और भावात्मक एकता का सन्देश ही दे सकती हैं।

सोहा अली ने कहा—धर्म का मामला खुदा और मेरे बीच का है।

शाहरुख ने कहा—धर्म तो अफीम है। अलीक पद्मसी—मॉडरेट मुसलमान हैं कहाँ?

सवाल के क्रम में उनके मुँह से निकल गया 'जिन्ना' जो उन्होंने जल्दी सटक लिया। जिन्ना शब्द आते ही सीन में एक सरसराहट तो हुई थी।

जो टीवी पर आ रहे 'लिटिल मास्टर्स' वाले रीयलिटी डांस कम्पटीशन को देखिए। गजब के बच्चे आ रहे हैं। गरीब फटेहाल लेकिन नाचने में बड़ों के भी कान काटने वाले और उनकी माताएँ? तौबा! उनसे भी ज्यादा फाइट मारने वाली! सबको फर्स्ट रहना है। सब रोने लगते हैं। नाचने से पहले रोते हैं। नाचने के बाद रोते हैं। जज हलो कहें तो रोने लगते हैं। मुझे सेलेक्ट करो! नहीं तो रो पड़ँगी। जज मुश्किल में लगते हैं।

यह भी आइटम लगता है!

9 मई, 2010

लकी की त्रासद कामदी

सामाजिक कार्यकत्री रंजना–हरियाणा में हत्याओं को बढ़ावा मिला है।

खाप का वीर–ऐसी ही बातें हत्या को उकसाती हैं।

रंजना–ये ऑनर किलिंग नहीं हॉरर किलिंग है।

हरियाणा का वीर–बड़े शहरों में रहने वाले आप लोगों ने ठेका नहीं लिया है कि हमें बताएँ कि क्या करें।

खाप के दो शिकार भी थे।

प्रेमी प्रवीण कभी टीवी की ओर, कभी अपनी पत्नी मीनाक्षी की ओर डरा-सा ताकता है।

आखिर में मीनाक्षी ही कहती है–'हम टीवी देखते रहते हैं कि कब कानून बने। कब लागू हो। मैं प्रशासन से हाथ जोड़कर रिक्वेस्ट कर रही हूँ।' वह हाथ जोड़कर विनती करती है। उसके चेहरे पर मायूसी का भाव है। 'हम जैसे लोगों को भी अपनी जिन्दगी जीने का हक है।' तीसरा शिकार बोला–कानून से क्या होगा जी?

अरे बावली किससे करती है तू विनती? तेरे लिए कौन बना रहा है कानून? कब बनेगा? तेरे दो वोट। उधर दस लाख वोट! क्यों हाथ जोड़ती है री। तू किसके आगे रिरियाती है?

तो भी टीवी और चर्चा उन निरीहों में भी कमजोर-सी आशा जगाती है। इस छलिया आशावाद की ही जय हो!

टीवी चर्चा-वोटिंग जारी रही। ज्यों ही खाप वीर ने कहा कि हमें कोई नहीं समझता है, उसका वोट बढ़ गया। पाँच दस मिनट में ही एसएमएस वोट तिरासी से छियासी होकर पचासी से लुढ़ककर अस्सी पर बंद हुआ नये कानून के पक्ष में। कुछ देर बातचीत और होती तो शायद सारे वोट नये कानून के विपक्ष में होते। खाप के पक्ष में होते!

फिल्म 'रावण' फ्लॉप हो गयी। बबुआ लोगों का दिल टूट गया। उसके चक्कर में एनडीटीवी की बिगफाइट फ्लॉप होते रह गयी। अरे भई दर्शक बहुत चालाक है। यह तक जानता है कि चर्चा से बाहर हो चुकी 'रावण' फिल्म पर प्रकारान्तर से यह

चर्चा करायी जा रही है। 'क्या विवादों से फिल्में प्रमोट होती हैं?' इस धँधई सवाल पर महेश भट्ट से लेकर एक ब्रांड मार्केटर और कुछ फिल्मी इल्मी लोग रहे। सौ करोड़ लगे थे 'माई नेम इज खान' पर। विवाद की क्या बात है? मार्केट उस्ताद बोला—माल में दम न हो तो विवाद क्या कर लेगा? अन्त में मौजूद सामाजिकों ने माना कि दर्शक ही कम्बख्त चंट हो गया है। विवादों की असलियत जान गया है।

इसके आगे मॉडल विवेका बाबजी के पंखे से लटकने की खबर थी। खबर इतनी धो-पोंछकर दी गयी कि विवेका के पंखे से लटके होने के सीन नहीं थे। स्टार न्यूज ने उसकी कहानी को फैशन फिल्म की मेघना और कँगना रानाउत की कहानी से मिलती-जुलती बताया। उसकी मौत और फिल्म के सीन आमने-सामने दिखाये। जिसके दोस्त का फोटो भी दिया, जिसके लिए मृतका ने लिखा—'यू किल्ड मी' लेकिन खबर इतनी साफ-शरीफ रही कि दोस्त को सन्देह का पूरा लाभ मिलता दिखा। रोहित वर्मा कमर लचकाकर बोला/बोली; बिगबॉस में वह 'बोला/बोली' की भाँति ही 'था/थी'। वह अच्छी लड़की थी। फोन पर ऐसी नहीं लग रही थी। दूसरी मॉडल आइरिस मैनी बोली—ऐसी उम्मीद नहीं थी। डिजाइनर संजना बोली—बहुत खुश थी वो। हीरोइन प्रियंका चोपड़ा बोली—हमने कई शो किये थे। इसके बाद ग्लैमर का सतही समाजशास्त्र बाँचा जाने लगा।

आईबीएन सेविन ने जमकर चर्चा करायी। सोशलाइटों मॉडलाइटों के साथ।

लेकिन इंडिया टीवी ने यहाँ भी धाँसू काम किया। चर्चा की जगह 'प्यार तूने क्या किया' और 'फैशन' फिल्मों के टुकड़े लगाकर बताया कि मॉडलें डिप्रेशन में आकर क्यों आत्महत्याएँ कर लेती हैं। गाने के गाने सीन-दर-सीन और आत्महत्या का सरल मनोरंजक समाजशास्त्र।

इस बार एक अंग्रेजी चैनल पर परिचित स्त्रीत्ववादी प्रखर चेतना को थपकी देकर सुलाया गया और यौन उत्पीड़न के केस के लिए कुछ नये सहनीय स्पेस बनाये गये। अरे भई जमाना बदल गया है न! पहली बार खुलकर बात आयी कि भई वर्कप्लेस में औरतों द्वारा मर्द भी हरेस किये जाते हैं। अकेले संजय श्रीवास्तव थे, जिन्हें बोलने का कम ही मौका दिया गया, फिर भी वे बोले कि 'मर्द हरेस किये जाते हैं' सूत्र से तो ऐसा लगता है कि जैसे हिन्दुस्तान में औरतों का ही राज हो? वे सचमुच ताकतवर हैं! मर्द हरेस होते हैं कि यह एक भ्रम ही है। उनका यह व्यंग्य तक किसी से न पढ़ा गया।

प्रसंगात एक महिला विशेषज्ञ ने असल बात खोल ही दी भाई डेविड डेविडार की। विशेषज्ञ ने कहा—वह उम्र में उस औरत से बड़ा है। अपना सेक्सुअल हरेसमेंट कह नहीं पाया। रिजाइन कर आ गया। इस तरह सेक्सुअल हरेसमेंट नहीं है। कंसेसुअल भी हो सकता है! सवाल उदार फिसलन में था। विज्ञापन उस्ताद प्रहलाद

कक्कड़ ने कहा—इन दिनों तो अधिक आजाद सेक्सुअलिटी है। ऐसे में हरेसमेंट का आरोप जमता नहीं।

लाइव इंडिया ने जेल से छूटे प्रख्यात चोर बंटी; 'ओए लकी ओए' फिल्म के मुख्य चरित्र—की रियल कॉमिक-त्रासदी को पेश किया और खूब किया। कायदे से यह काम तो किसी बड़े चैनल को भी करना था। उसे करना था जिसने 'बंटी और बबली' फिल्म के लांच पर उसके अभिनेता-अभिनेत्री से ही अपनी खबरें पढ़वा डाली थीं। लकी वहाँ होता तो उसकी परम्परा में होता। बहरहाल, लाइव इंडिया टीवी ने जेल से छूटे बंटी से बातचीत के साथ 'ओए लकी ओए' फिल्म में दिखायी गयी चोरी की वारदात की दस कहानियों के टुकड़े देकर उसकी अपनी रियल कहानियों से तुलना करके कार्यक्रम पेश किया। जोगिंदर सिंह और अग्गिवेश फ्रेम में फालतू लगते थे। लाल शर्ट और कैप में वह अपनी रियल कहानी हँसते हुए कहता जाता था। वही हीरो था।

4 जुलाई, 2010

पाठ-कुपाठ

टीवी पर बहुत से काव्यपाठ सुने, लेकिन वैसा न सुना, न देखा। गजब की प्रस्तुति। अर्थों को गुंजाती गहरी आवाज, उसके उतार-चढ़ाव-दुहराव और मर्म को रेखांकित करते शब्दों का सही उच्चारण।

वह कोई और नहीं हो सकते थे। अमिताभ ही हो सकते थे जो *स्टार न्यूज* द्वारा दिखाये जा रहे थे। वे मराठी साहित्य सम्मेलन में बोल रहे थे। एक दिन पहले पहुँच कर अपनी हाजिरी देकर चले आये सीएम अशोक चव्हाण को आना है, लेकिन अब तक इंतजार है। वे नहीं आये हैं। अमिताभ आ गये हैं, की खबर बार-बार आ चुकी थी। इस तरह यह कवरेज महत्त्व पा चुका था।

अमिताभ ने पहले मराठी भाषा के बड़े कवियों की कविताओं का पाठ किया, फिर महाराष्ट्र में चालीस साल से ज्यादा गुजारने की बात और अपने करियर में महाराष्ट्र के अवदान को स्वीकार किया और बताया कि पुणे में ही जया को पत्नी बनाना तय किया था। इस पर तालियाँ पड़ीं।

इसके बाद उन्होंने अपने बाबूजी की कविता पढ़ी। उसे अर्थाया कि जीवन की आपाधापी में कब वक्त मिला? उसके बाद आयी दो कविताएँ जो अचानक राजनीतिक अर्थ बनाती लगीं। उनका प्रसारित पाठ अपने अर्थ इसी तरह खोलता लगा। एक कविता खूनी पंजे की बात करती थी, दूजी कविता भारत के साँपों के बारे में थी। अमिताभ पढ़ें और पाठ का अर्थ सीधे न खुले यह असम्भव है। लेकिन टीवी तो कमबख्त पाठभेदी माध्यम है—आपने जो अर्थ माना उससे अलग अर्थ सुनने-देखने वाला कर सकता है।

यही हुआ। चैनल लपक बैठे। पाठ भेद से अर्थभेद में अमिताभ फँसते नजर आये। अमिताभ के कटाक्ष-काव्य से विचलित कांग्रेस ने पूछ ही लिया कि गुजरात के दंगों पर अमिताभ अपना मानी साफ करें?

मल्टी मीडिया का जमाना। अमिताभ ने अपने ब्लॉग पर लिखा। ब्लॉग कथन टीवी चैनल पर आया। एक चैनल का नाम लेकर अमिताभ ने टिप्पणी की।

ऐसा नित्य होता है। आपके शब्दार्थ टीवी से नीचे पहुँचते-पहुँचते बदल जाया करते हैं बाबू। हर पाठ कुपाठ है, हर कुपाठ का भेद है। शिकायत कैसी?

निजता के पाठ की लीला इस सप्ताह लगातार रही। इस मामले में सारे चैनल एक से नजर आते हैं। उनकी नजर में निजतामूलक राजनीति बढ़िया कहानी बनाती है। *टाइम्स नाउ* ने पट्टी दी कि जया बच्चन ने कहा है कि वे सपा में अमर सिंह की कमी महसूस करती हैं तो अगले ही दिन अमर सिंह ने कहा कि इतनी ही कमी महसूस करती हैं तो वे सपा में क्यों बनी हैं?

सब कुछ इतना 'पर्सनल' है फिर भी कितना 'पॉलिटीकल' है! दिल्ली सरकार के 'धरती प्रहर' में से अभिषेक का वीडियो हटाया। *टाइम्स नाउ* समेत तमाम चैनलों की खबरों ने एक समान अर्थाया कि अमिताभ से पंगा जो है।

इन दिनों टीवी पर 'निज पंगा' ही 'राजनीतिक दंगा' है।

आईपीएल में उस फुटेज में साइमंड्स ने पठान पर 'शब्द प्रहार' किया। तत्काल सर्वत्र बड़ी खबर बनी।

आईबीएन सेवन ने इस सबसे ऊबकर 'फेकिंग न्यूज' का आइटम शुरू करके उस ऊब से उबार लिया, जो टीवी चैनलों की खबरों में बन चली है। साइरस ब्रोचा द्वारा प्रस्तुत सीएनएन आईबीएन पर अंग्रेजी में 'द वीक दैट वाजंट' जैसी सुपरहिट खबरिया पैरोडी आती है, उसी की तर्ज पर हिन्दी में खबरिया पैरोडी कार्यक्रम शुरू किया गया है। एकदम मजेदार पैसा वसूल। सबकी हवा निकालता सबको उपहास का विषय बनाता, मारक मर्मांतक व्यंग्य करता 'फेकिंग न्यूज' कार्यक्रम अपने एंकर से लेकर प्रस्तुति तक में गजब ढाता है। 'अब तक छप्पन' से निकलकर 'फेमस फूड़ी' कुणाल विजयकर के साथ लम्बे-तगड़े साइरस ब्रोचा अपनी चोंच-लड़ाई के साथ इसे पेश करते हैं।

'फेकिंग न्यूज' पूरी तरह बकवास है, फालतू है। राखी सावंत की बॉडी की तरह पूरी तरह नकली है। आप चाहें तो हिंग्रेजी में 'फेकिंग न्यूज' की तरह पढ़ सकते हैं। न्यूज की नकल उतारी जाती है। नकली खबर की नकल में व्यंग्य असल की खबर देता है और खबर के भारीपन का मजाक बनाकर उसकी हवा निकालता है। किसी वक्त *एनडीटीवी* ने गुस्ताखी माफ शुरू किया था। उससे अलग आइडिया है यहाँ, लेकिन खूब मजेदार है। हिन्दी पैरोडी का जलवा देखना हो तो यहाँ देखें। यहाँ एमएमएस का मतलब मनमोहन सिंह होता है और सोनिया गांधी की हिन्दी साइरस की हिन्दी के मुकाबले प्रेमचंद की हिन्दी लगती है। बीजेपी का मतलब यहाँ 'बबलू जयप्रकाश' नामक एंकर है, जिसकी जुल्फ किसी कस्बाती छैले की लगती है—यार क्या छल्ले पड़े हैं पेशानी पर। एकदम तैलाक्त, चिपके हुए। और मुलायम का एक कट-पेस्ट छाप साक्षात्कार, जिसमें मुलायम का बोला हर वाक्य सन्दर्भ से कटकर उलटे अर्थ मारता हुआ मुलायम का मजाक उड़ाता चलता है। औरतों को कौन सीटी मारेगा? का जवाब बनता है—'पार्टी तय करेगी'! बढ़िया हास्य पैदा करता है कार्यक्रम!

टीवी चैनल किस तरह से एक-एक करके मानवाधिकार के पक्ष में खड़े होते हुए हैं इसका उदाहरण कैथल के गाँव के बबली-मनोज की प्रेम कहानी के पुनःनिर्माण में मिला। यह जी पर थी। यह *एनडीटीवी* पर थी। पहले कट से आखिरी कट तक खाप पंचायतों के मध्यकालीन दिमागों को सबने अपना निशाना बनाया, जी न्यूज उस गाँव तक गयी और बताया कि शिकायत करने वाली माँ अकेली है और एक सिपाही उसकी हिफाजत के लिए छोड़ा गया है। पंचायत वाले कह रहे हैं कि सजा हुई तो उसे नहीं छोड़ेंगे। अब अदालत को सजा देनी है, अगले दिन पाँच को फाँसी की सजा की कहानी भी चैनलों ने दिखायी। बेहतर है। मानवाधिकार पर तो चैनल एकमत हुए हैं।

4 अप्रैल, 2010

हँस-हँस रस-रस वीभत्स विद्रूप

गुरुवार की शाम आईबीएन सेवन का एक कैमरा अस्पताल के एक बेड पर नजर गड़ाये था। उसके फ्रेम में एक आदमी का सारा शरीर पट्टियों में बँधा दिखता था। आदमी का चेहरा बुरी तरह सूजा हुआ था। वह दर्दीली आवाज में अपनी कहानी बता रहा था—

मैंने सही बात बोली तो जिंदा नहीं रहूँगा। मैं खड़ा था। पीछे से किसी ने पेट्रोल डाला और आग लगा दी।

किसने डाला?

बैक से डाला। मैं मुड़ भी नहीं पाया कि सारी कहानी हो गयी।

विजय सिन्हा बिजनेस पार्टनर है नन्दा साहब का। साहब ने उसकी गाड़ी का पीछा करने को बोला, मैंने पहले करने से मना किया, फिर जाना पड़ा। विजय साहब को मालूम पड़ गया कि पीछा किया है। यहाँ बहुत गंदा काम होता है।

कमेंटरी कहती है—यहाँ सेक्सुअल रैकिट चलता है, 'गे' रैकिट चलाते हैं। वह फिट था बयान देने के लिए, लेकिन पुलिस ने नहीं रिकार्ड किया उसका बयान! जितेंद्र पांडे, अनिल नन्दा और धीरज बलानी तीन आरोपी हैं।

कैमरे पर जवाब देने कोई नहीं आया। न नन्दा के लोग, न पुलिस वाले।

अगले दो दिन कहानी मरने से पहले सिसकती रही। नन्दा से कुछ पूछताछ की गयी है। आगे? भविष्य की कोई खबर ही बताएगी कि सारे के सारे छूट गये हैं।

कहानी इस तरह 'एक खल सुखान्त' कहेगी।

गुरुवार को हिन्दी चैनल ने अपने साहस के बल पर यह मानवीय कहानी कही। अहसानमन्द हुए सीएनएन आईबीएन अंग्रेजी वाले राजदीप ने अपने सिस्टर हिन्दी चैनल आईबीएन सेवन का सौजन्य स्वीकारा कि उसने ही सबसे पहले उस जला दिये गये ड्राइवर जनेश्वर के मरने से पहले के आखिरी बयान को रिकार्ड किया, जिसके बयान पुलिस तक ने रिकार्ड नहीं किये। जलाने वाला बड़ा उद्योगपति अनिल नन्दा बताया गया। दो दिन चैनलों ने किसी न्याय की पुकार करती खबर बनायी फिर उनके पास और ढेर खबरें आ गयीं। कहानी स्थगित हो गयी।

ताकतवर की कहानी ताकत ही कहती है। वह कमजोर हो तो उसे ताकत देती है। कोई न माने तो डपटकर, कोड़ा मारकर कहती है—मान जा नहीं तो...

ताकत की कहानी ने शुक्रवार से पहले, एनडीटीवी के दुलरुआ 'रावण' ने बॉक्स ऑफिस पर दो-चार टिकट ज्यादा बिकवाने की खातिर एंट्री ली। देखा तो न्यूज में रावण-रावणी आ बैठे थे। राम-राम! पहले ही फ्रेम में रावण जी दिखें तो आगे फिल्म का जो हुआ वह छोड़िए, चैनल का क्या होगा?

रावण पर रीझने वाले राजीव मसंद 'रावण हँसोड़ी' करा रहे थे। रावण-रावणी जोड़ा बात-बात पर बुक्का फाड़कर हँसता। ओह मरगिल्ली ठगिनी हीरो-हीरोइन ग्रेटनेस तू जिन दर्शकों के बल पर नैना झमकाती है उन्हीं से बेपरवाह हँसती रहती है। हा हा हू हू।

रावण, रावणी के कन्धे पर लोट-पोट। रावणी, रावण के कन्धे पर लोट-पोट। आये युवा उनके पुरानी फिल्मों के डायलॉग सुनकर क्विज जीतते। रावणजी मुँह बनाते और फिर एक और खिल्ल खिल्ल!

चैनलों की सारी कोशिशों के बावजूद रावण की कहानी पिट गयी।

तब पिताश्री ट्विटित किये-

हयं मणिरत्नम को एडिटिंग नहीं आता। एडिटिंग गलत करता। हयं। रावण का सारा बढ़िया रोल काट दिया। पिक्चर फ्लॉप करा डाला। हयं! वही ताकत की कहानी न चली तो ताकत की बोली कि साजिश उसके दुश्मन की ही थी।

बहरहाल, शायद वह सिटी एफएम रेडियो ही था, जिसने रावण को लेकर एक पैराडी गवायी और इस तरह पिताश्री की वकालत को ढेर किया। बिग बी हैं नाराज। रावण की कट गयी नाक। हाय राम... टाइप की पैरोडी ही इस ताकत की हवा निकाल सकती है।

बिगड़ैल ताकत की कहानी को सिर्फ पब्लिक ही मार सकती है। इसके बाद सप्ताह की सबसे दुर्दान्त कहानियाँ जाति, कुल, गोत्र की महान मूँछों ने लिखी।

मोनिका-कुलदीप! कितने स्मार्ट, कितने मासूम और कितने वेध्य! कितने निरीह, कितने कमजोर। खाप के पाप की ताकत और तुमने शादी रचा डाली। लो चार साल बाद भी तुम नहीं बच सकते। तुमने हमारी नाक कटायी। अब गर्दन कटवाओ। इस कत्ल पर सबसे बेहतरीन चर्चा चलायी अर्णव ने। साफ कहा कि सारे दल नपुंसक हैं। एक दल नहीं बोला, एक नेता नहीं बोला। अब इन जाति-हत्याओं के खिलाफ! वोट चाहिए सबको! नलिनी ने कहा कि यह पोलिटिकल सोशल मर्डर है। एक जाट युवा नेता बोला कि ये पोलिटिकल सोशल हत्या नहीं है, यह सिर्फ हत्या है। मैं इसकी निंदा करता हूँ। अर्णव ने कहा, आप हत्यारों की वकालत कर रहे हैं तो बोला

यह पोलिटिकल सोशल किलिंग नहीं है यह सिर्फ मर्डर है। मैं निंदा करता हूँ। खाप मर्डर नहीं करती। परिवार करते हैं। माता-पिता करते हैं। खाय तो समाज को जोड़ने का काम करता है। अर्णव ने कहा कि यह कास्ट किलिंग है। वह बोला यह सिर्फ 'किलिंग' है। 'कास्ट किलिंग' नहीं है।

कास्ट को निकाल दो तो किलिंग भी सहनीय लगने लगती है।

ताकतवर कुछ बोलकर चले जाते हैं टीवी में। अंग्रेजी वाले उसकी पकड़ नहीं कर पाते। उन्हें इस कुत्सित कल्चर की बारीकियाँ नहीं मालूम रहतीं।

ट्विट गणतंत्र के पीपल में बैठे देर तक हँस-हँस रस-रस बस-बस कस-कस टीवी-टीवी ट्विट-ट्विट-ट्विट करते रहे। एक लेखक था। एक सोशल था। कुछ छोरे थे। कुछ छोरी थीं। बाकी हाहा-हीही थी! जाति खाप की जमीनी हकीकत से निस्संग निरपेक्ष ऊपर तैरती अंग्रेजी हा हा ही ही!

टीवी ने यथार्थ के कंट्रास्ट को तीखा कर दिया है—

एक ओर 'ट्विट गणतंत्र' दूसरी ओर 'जाति खाप लठतंत्र'! कैसा तो हँस-हँस रस-रस वीभत्स विद्रूप!

27 जून, 2010

याद रहेगा वह शिशु चेहरा

वह शिशु बार-बार दिखा। टीवी की भोपाल सम्बन्धी खबरों में दिखा। टीवी स्क्रीन के 'इनसेटों' में दिखा। उसने बताया कि टीवी सिर्फ भुलानेवाला माध्यम नहीं। वह परेशान करने वाली यादें दिलाने वाला माध्यम भी है। जब उखाड़ता है तो इतने गड़े मुरदे उखाड़ता है कि बड़े-बड़े हिल जाते हैं।

जब तक टीवी है। भोपाल रहना है। अपराधी रहने हैं। बार-बार आने हैं। भुलाए नहीं जाने हैं।

उस शिशु का चेहरा टीवी पर फ्रीज हो गया है। स्वस्थ गोल-मटोल सा, बड़ी आँखें जो एकदम स्याह हो गयी हैं। सर पर एक हथेली रखी है। ऐसा लगता है जैसे उस उखड़ी मिट्‌टी के बीच वह स्याह आँखों वाला शिशु किसी पौधे की तरह उग आया है और कोई एक हाथ उसके सर पर आकर उसे सहला रहा है और वह अपनी स्याह आँखों से भी हमें टुकुर-टुकुर ताके जा रहा है और हम हैं कि चेहरा छिपा रहे हैं।

अगर टीवी के खबर चैनल घंटों की जरूरत से ज्यादा चर्चा-राजनीति न करते और आरोपों के खेल को हवा न देकर भोपाल जाकर उन बस्तियों के रिपोर्ताज देते तो बेशर्मों को भी लाज आ जाती, पत्थर दिल भी रो दिए होते। सब फील्ड में जाकर अगर तकलीफें टटोलते तो जो कहानियाँ बनतीं वे अमेरिकी जनता तक को पिघला देतीं और एक एण्डरसन नहीं उसके 'सन' के 'सन' भी बरामद होते।

एक हिला देनेवाला रिपोर्ताज किया राजदीप ने। उफ! उसे पूरा देखना मुश्किल हो गया। जब राजदीप ने उसे किया तो उस पर क्या गुजरी होगी? कैमरामैन पर क्या गुजरी होगी?

यह भोपाल था, वही इलाका था, जो पच्चीस साल पहले गैस की चपेट में आया था। यह जो बारा जाना था उस अनाथ यथार्थ में जिसे भुला दिया गया था टीवी के भी द्वारा।

एक बच्ची है जो मानसिक विकलांग है। उसके हाथ-पैर लुंज-पुंज हैं। उसकी माँ है जो अब रोती नहीं बिलखती भी नहीं और अगर राजदीप न पूछते तो किसी से

कुछ शिकायत तक न करती। हतभागे, अभागे, अनाथ कैसे होते हैं? वे जब टीवी पर अपनी कहानी कहने आते हैं तो टीवी का दर्शक उस कहानी को झेलने की ताब नहीं रखता। उफ वह बच्ची जो यूनियन कार्बाइड की गैस की देन है। कितने न होंगे ऐसे?

यह तेईस साल का आदमी है लगता तेरह साल का बच्चा है। उसकी बाढ़ मारी गयी है। गैसकाण्ड के बाद गर्भ में आया और जब पैदा हुआ तो सात साल की उम्र में मधुमेह का रोगी हो गया। माँ कहती है कि अब डॉक्टर कहते हैं इंसुलिन दो। वह हमें जानवरों से भी बदतर मानते हैं। क्या बताएँ? कौन पूछता है हमें वहाँ? वह अपनी बहुत ही दयनीय देह लिए युवा खामोश बैठा है, उसकी आँखें बड़ी हैं। चेहरे पर शायद वही बची हैं सारी बाढ़ जैसे किसी ने दबा दी है। उफ! ये क्या देख लिया आपने!

राजदीप पूछ बैठते हैं। एक औरत से—आप कभी भूल पाएँगी? यार कैसी बात करते हो? एक जिन्दा लाश हुए बेटे के संग जो गुजरा है, जो गुजर रहा है उसे भूलने के लिए पूछते हो और वह भी एक माँ से? क्या पूछते हो भाई! कुछ बातें क्या कभी पूछी जाती हैं। वे यों समझ ली जाती हैं।

बहुत दिन बाद एक दमदार पत्रकार चेहरा दिखा राजकुमार केसवानी का। उन्होंने सप्रमाण बताया कि कार्बाइड कारखाने को सुरक्षा मुहैया कराने के लिए चेताने के बावजूद उसके मालिक किस तरह सुरक्षा इंतजामों को तरजीह देते रहे।

प्रख्यात पत्रकार केसवानी ने बेधड़क होकर एक बार वे सच टीवी पर बताए जिन्हें लोग छिपाने पर आमादा रहे। उसे भगाने के लिए जिम्मेदार लोग उसके बाद ही पहचाने गये।

करन थापर सीएनएन आईबीएन पर 'डेविल्स एडवोकेट' करते हैं। एकदम कसाई की तरह मेहमान की गर्दन पर तर्कों और तथ्यों का छुरा रेतते हैं और मजबूत आवाज में पूछते हैं कि अब आपको क्या कहना है?

इस बार के डेविल्स एडवोकेट में एक डेविल्स एडवोकेट आए। उम्मीद थी कि कुछ चटाक-पटाक खुली बातचीत होगी। करन थापर दो टूक बात करते हैं। दूसरे भी वेटेरन दो टूक करने वाले रहे। वे आये। और फिर एकदम शुरू में ही उखड़ गये। नाराज होकर कुर्सी से उठ गये कि तुम करन नहीं सुधरे हो। मैं बात नहीं करूँगा। मैं जा रहा हूँ। करन ने दो-तीन बार उनसे अपील की कि जेठमलानी जी प्लीज आप सीट पर बैठिए। प्लीज आफ तशरीफ रखिए।

अभी तो मैंने बातचीत शुरू भी नहीं की है। एक सवाल तक नहीं पूछा है और आप जा रहे हैं। बैठ जाइए प्लीज। लेकिन वे न बैठे। उसके बाद करन ने बताया कि वे क्या-क्या सवाल करने जा रहे थे और जेठमलानी जी ने भाजपा के स्टैंड के

बारे में संसद में कभी क्या कहा था और भाजपा में फिर से आने के बाद क्या कह रहे हैं? सवाल वाकई तिलमिलाने वाले थे। अगर जेठमलानी होते और सवाल-जवाब होते तो गजब की बातें सुनने को मिलतीं।

योगेश-आशा के हत्यारे पिता और ताऊ। और जनाब अपने किये पर रंचमात्र पछतावा नहीं। किसी चैनल ने यह न बताया इस हत्याकांड में जातिभेद भी भूमिका निभा रहा था कि आशा और योगेश की जाति अलग-अलग थी। अकेले तेज चैनल ने इसका संकेत दिया मगर यह न बताया कि किस-किस जाति के थे। जाति के उभरते विमर्श में जाति छिपाना क्या सम्भव है?

20 जून, 2010

आँसू की दुकान

टीवी प्रेम कहानियाँ कहने लगा है। यंगिस्तानी जगत् की प्रेम कहानियाँ। टीन-लव की कहानियाँ। इसे कहने का मुहावरा वही है—टेढ़ी आँखें और कुछ आँसू और ऐसे सीनों के पीछे रोते संगीत का पुट।

पुरानी कहानी नये ढंग से दी जा रही है। स्टार वन के नये सीरियली यंगिस्तान में इश्क की कहानी चल रही है। बीच-बीच में विज्ञापनों के पचास इंटरवल हैं। तो भी...

'दिल मिल गए' के यंगिस्तान में तीन-चार गवाह लड़कों के बीच दो लड़के, एक लड़की प्रेम त्रिकोण में प्रेम करने की कोशिश कर रहे हैं। एकदम 'मेरे महबूब' का पोस्टमॉडर्न-सा कैंपस-केस है। एक तनावग्रस्त लड़का, एक रोने के लिए तैयार-सी खड़ी लड़की से कहता है—'वो सारे वर्ड्स, वो सारे फीलिंग्स, वो सारी बातें जो तुमने अभी बोली हैं मैंने नहीं लिखे हैं। वो तो अमन ने लिखे हैं!'

अमन कहीं दूर नहीं, लड़की के पास ही खड़ा है। बात सुनकर स्लोमोशन में चकित होता है। लड़की जो पहले से ही रो रही है और रोते हुए बिल्कुल अच्छी नहीं लग रही है क्योंकि उससे सच्चीमुच्ची वाला रोना रोया नहीं जा रहा है। स्लोमोशन में अमन की ओर पलटकर देखती है तो पाती है कि अमन किसी वियोगी विलेन की तरह अपनी नीली आँखों में एडवांस में आँसू भरे पहले लड़के को, फिर लड़की को टेढ़ी नजर से देखता है। सीन के पीछे कहीं से मारा संगीत रो रहा है।

लड़का कहता है—हम रिश्ते की शुरुआत करना चाहते हैं। अमन टेढ़ा देखता रहता है। लड़की रोती रहती है। आँसू उसकी नाक तक आ गये हैं। लड़का अमन को डाँटते हुए-सा कहता है—अगर मैं झूठ बोल रहा हूँ तो तुम अपनी डायरी क्यों नहीं दिखा देते? फिर स्लोमोशन में अमन लड़के को घूरता रहता है। फिर कैमरा बिट्टू ब्रांड कापी को गिरते दिखाता है। कापी को गिरते देर तक सब देखते रहते हैं जैसे उसमें से कोई जिन्न निकलने वाला है। ईश कृपा से तभी हवा का एक तेज झोंका आता है और कापी के सारे पन्ने फड़फड़ाकर पलटते जाते हैं जिनमें कुछ भी तो लिखा नहीं दिखता!

इस यंगिस्तान में प्रेम का यह तुरंता त्रिकोण क्या ट्विस्ट ले? वही आँखें, वही आँसू, टीशर्ट जींस में!

यंगिस्तान के मिलन-विरह का दूसरा इंस्टेंट सीन इस प्रकार है जो एक विज्ञापन के जरिए बार-बार दिखता है—

छत पर कपड़े सुखाने जाती बाला की नाक में जब नीचे खड़े नंगे बदन सिर्फ जींस पहने खड़े छोरे के सेक्सी सेंट की खुशबू सेक्स निवेदन की तरह चली आती है तो वह तुरन्त अभिसार करने के लिए चल देती है।

जब टीवी में आते विज्ञापनों की लड़कियाँ एकदम अमेरिकी ढब की 'इंस्टेंट' हो चली हैं। लड़के भी इतने इंस्टेंटियाँ हैं तब पुराने अश्रुविगलित क्लैसिकल इश्क-मुश्क कहानी कैसे सम्भव है?

एक विज्ञापन में लौकी का बाजार बंद इस तरह किया जाने लगता है। अपने बाबा रामदेव इस निरीह लौकी की रक्षा करें! एक मेस में लड़के खाने के लिए प्लेट लेकर लाइन में आते हैं—और लौकी को बना देख सब मुँह बिचकाकर कहते जाते हैं-ओह! अरे! ये ये लौकी है? हुँह! लौकी? हुँह! लौकी? हुँह! लौकी? हुँह!

लौकी? हुँह! और अगले सीन में लगते हैं 'मैक्डानोल्ड'। 'आयम लविंग इट' स्लोगन को भी खा जाते हैं!

इस तुरन्ता में कैसे निभे पुराना प्रेम?

सहारा वन पर कुछ पुरानी राहते हैं। 'बिट्टो' सीरियल छोटी जात-बड़ी जात की ऊँच-नीच लाग-डाँट पर सीन देता चलता है।

बिट्टो कमजोर छोटी-सी लड़की जिसका मुँह काला कर दिया गया है, जमीन पर डरी हुई उकड़ूँ बैठी है। उसे घेरकर खड़े फिल्मी गुंडे ढेर सारे ठाकुर वाले डायलॉग मारते-हँसते—देखो ये है ठाकुर तेजेश्वर का फैसला गाँव वालो! अचानक बिट्टो के पक्ष में एक लड़की निकलकर आती है और मूक बने खड़े सारे लोगों को ललकार कर कहती है कि चूड़ियाँ पहन लो चूड़ियाँ! बिट्टो को उठाती है और न्याय के लिए संघर्ष की बात करती है तो बिट्टो कहती है, 'आप हमें हमारे भाग्य पर छोड़ दीजिए दीदी। हम छोटी जात हैं। हमारे भाग्य में यही लिखा है।' ठाकुर के डर के मारे वह रो भी नहीं पाती है।

एक ओर तुरन्ता इश्क, 'दूजी ओर छोटी जात पर बड़ी के अतिचार और उसका भाग्यवाद। टीवी भी अपनी तरह से इमोशनल टच वाला यथार्थ दिखाता है।

स्टार प्लस पर 'साथ निभाना साथिया' आता है। यहाँ हर पात्र या तो रोता दिखता है या क्रोध में बिफरता दिखता है। सास को गिल्ट होता है रोने लगती है। बहू कहती है आपको तो झूठ बोलना भी नहीं आता। फिल्म 'बागबाँ' का डायलॉग!

डायलॉग मारने वाली इस बहू के पति यानी सीन में रो रही सास के बेटे, प्रशांत या कि निशांत? सोनम का उच्चारण नाम को भ्रमित करता है। प्रशांत दफ्तर के लिए तैयार हो रहा है। उसकी दूजी नवेली आधुनिका सोनम है। बिस्तर पर पड़ी है। पहले सीन से फाइट है–

प्रशांत–सोनम मैं कल रात तुम्हारे माथे की लकीरें पढ़ता रहा।

सोनम–मुझे कल के बारे में कोई बात नहीं करनी है।

प्रशांत–आज कुछ भी ऐसा न करना कि...

सोनम–मैं तुम्हारी टिपिकल वाली बीवी नहीं हूँ। जो चला गया उसके बारे में क्यों देखते हो पलटकर?

कलर्स पर 'ये प्यार न होगा कम' सीरियल है। यहाँ लल्ला, माथुर की लड़की से प्यार करता है। माँ बीमार है। रोते-रोते भी डायलॉग मारती जाती है।

स्टार प्लस का 'सजन घर जाना है'। कल्चर लखनवी अदब वाले 'आप हम' का है। 'तुम तू' का नहीं। फिर भी ढेर सारा 'रोना-धोना-क्रोधना' है। 'आपने हमारे साथ छल किया है' 'आपने हमको एक की जगह दो थप्पड़ क्यों नहीं मारा दीदी'। कसी शर्ट, सफेद पैंट पहने लड़का अमर जी औरतों के रोने-धोने में कन्फ्यूज्ड! बाद में सब पात्रों का इस बात पर रोना कि गलती उसी की थी दूसरे की नहीं इसलिए दूसरा ज्यादा न रोए। 'सास बहू' वाले सीरियल युग में सम्पन्न घरों में औरतें लड़ती झगड़ती रहती थीं। रोने के कम्पटीशन का युग है। आँसुओं की दुकानें लगी हैं!

6 जून, 2010

फाँसी की हाँसी

बात आजकल गुरु की। चर्चा कसाब की। बात कसाब की तो चर्चा अफजल की। बात इन दोनों की तो चर्चा यूनियन कार्बाइड गैस लीक के लिए जिम्मेदार कातिल अमेरिकी एण्डरसन की। किसे दें, कैसे दें सजा-ए-मौत? दो तो पकड़ लिए हैं। एक तो सरकारी मदद से भागा। कोर्ट ने भागने दिया।

बड़ा लफड़ा है चर्चाओं में। एक कातिल। दूसरा कातिल। तीसरा कातिल। सब एक से नज़र आते हैं।

बात सजा-ए-मौत की। बात 'उसे' और 'इसे' दी जाने वाली फाँसी की जिसे दी जाती है उसे किस तरह से दी जाए फाँसी, इसकी?

सरकारें थीं। अदालतें थीं। एक ठो फाँसी का सीन नहीं दे पा रही थीं। चर्चा फाँसी में फँसी थी। हाउ टू डू इट। कैसे दी जाए? देनी है मगर कैसे? है कोई गाइड लाइन? है कोई माई का लाल या लाली जो बताए कि बिना विवाद के फाँसी किस तरह दी जा सकती है? एक टीवी में 'पीपल' चर्चारत थे। पब्लिक में फाँसी की चर्चा मजेदार थी। एकदम ढाबा गोष्ठी का मजा! अंग्रेजी का सुख अलग! पीपल में चर्चा पीपल से बाहर स्टूडियो में खबर संग चर्चा।

पीपल चर्चा में दो जेठमलानी रहे। महेश जेठमलानी भाजपा के दमदार पक्षधर हैं। बात अफजल की हो, कसाब की हो, सजा-ए-मौत कांग्रेस को। सजा-धजा बैठा कुर्सीबद्ध मध्यवर्ग। एनजीओ जैसा तर्क। एक के बाद एक निकलते रहे कि फाँसी की सजा दी जाए तो किसे? ज्ञानीजनों ने फर्क किया। सबको नहीं, आतंकवादी को। एक ने कहा कि मैं यों तो सजा-ए-मौत के पक्ष में नहीं हूँ लेकिन आतंकवाद! वह सजा के योग्य है। एक ने कहा विधान में 'विरल से विरल मामले में' कहा गया है। 'रेअरेस्ट ऑफ द रेअर' मामले में सजा-ए-मौत की बात है। मैक्स परेरा ने मदद की। बताया कि जो 'समाज की सामूहिक आत्मा के लिए खतरनाक हो' वह विरलतम है। जेठमलानी ने लाइन बदलकर कहा कि मैं कसाब को चाहता हूँ कि उसे जिंदगी भर की कैद दी जाए ताकि वह मुल्लाओं से जो सीखकर आया है कि काफिरों पर आतंकवादी कार्रवाई करे उसे जन्नत मिलेगी, हूरें मिलेंगी वगैरह-वगैरह, वह भारत की जेल में सड़ता खुद को देख सोचे कि मुल्ला झूठ कहते थे। यहाँ मैं सड़ रहा हूँ—

यहाँ कोई हूरें वूरें नहीं हैं। उसे कैद में सड़ने छोड़ देना चाहिए।

आह! तो भी जेठमलानी जी को छूट नहीं थी। अर्णव की खबर, अदालत में कोई छूट नहीं हो सकती थी। खबर में जेठमलानी थे और मुकदमा चलाने वाले खुद अर्णव थे।

भाजपा ने जेठमलानी से अपने मतभेद फर्श के नीचे सरकाए। अर्णव ने टीवी पट्‌टी पर लाइन दे-देकर इसी खबर संदर्भ को जेठमलानी की काट के लिए लगाए रखा। अर्णव ने ज्यों ही कहा जेठमलानी जी आपने कसाब पर लाइन बदली है तो जेठमलानी आक्रामक हो गये। चर्चा का यही लक्ष्य था। इसी से टीआरपी बनती है। अर्णव सफल रहे। इसके बाद की चर्चा विषय पर कम अर्णव की लड़ालड़ी और जेठमलानी की अड़ाअड़ी में फँसी।

जेठम्लानी ने एक बात पर उकता कर व्यंग्य किया।

'अर्णव तुम्हें मुझसे ज्यादा अफजल से प्यार लगता है। तुम्हें मजाक समझने की अक्ल होनी चाहिए।'

अर्णव–'आपके स्टैंड और भाजपा के स्टैंड में फर्क है।'

जेठमलानी–'अफजल को कैद में सड़ने दो'।

अर्णव–'यह स्टैंड में असंगति है'।

जेठमलानी–'तुम्हारी समझ में असंगति है अर्णव! मैंने तीस मई को भाजपा को पत्र लिखा है। मैं जानता हूँ कि पत्रकारों की तुम्हारी बिरादरी हमेशा विकृत करके प्रकाशित करती है। तुम इसे अविकल प्रकाशित करने की गारण्टी दो!'

अर्णव–'हम प्रकाशित करेंगे। यथावत!'

'मैं पत्र पढ़कर सुनाता हूँ'।

'कुछ अंश सुना दीजिए'।

'लीजिए'।

बात अफजल को सजा-ए-मौत की चर्चा से चली और गिरी पर्सनल मुहल्ले में। भोपाल गैस त्रासदी पर आये अदालत के महान फैसले पर। छह-छह मुकादम मैदान में रहे लेकिन असली अपराधी एण्डरसन को सजा-ए-मौत न मिली सो नहीं मिली। अदालत बोली कि वह तो भगोड़ा है हम क्या करें। आता तो सजा देते, अमेरिका में बैठा है क्या करें?

तब बात आई कि निकल कैसे गया मरदूद!

दो चैनलों पर अलग-अलग छह-छह पैनलिस्ट! एक जगह एण्डरसन को फाँसी देने के लिए सुहेल सेठ बार-बार क्रोधित होते दिखे। सुहेल सेठ बातों की फाँसी से कम किसी को देते नहीं। एकदम दो टूक लगाते हैं और इसीलिए जब वे बोलने आते

हैं तो सब सुनना चाहते हैं। बोले—'हमारी कूटनीति नपुंसक है। न्याय के नाम पर मजाक हुआ है। कारपोरेट इंडिया कहाँ है उसे शर्म आनी चाहिए। सीबीआई को शर्म आनी चाहिए!' शेम शेम शेम! 'ये राजा, इसने करोड़ों डकार लिए'।

सुहेल गुस्से में अपनी बातों का बुलडोजर चलाते रहे।

राजदीप ने कहा—अमेरिका ने अपने यहाँ नौ/ग्यारह वालों को एक दशमलव दस लाख हर्जाना दिया। भोपाल के शिकारों को कौड़ी तक नहीं? घोर अन्याय! जस्टिस अहमदी ने फैसला दिया था। बाद में उन्हें कार्बाइड के अस्पताल का चेयरमैन बना दिया गया! 'धिक्कार है'। छब्बीस साल लगे और वह भी दोसी लोगों को दो साल की सजा। धिक्कार है टीवी पर। 'कण्डेम' नहीं कहा जाता वरना आशय तो 'भर्त्सना' का ही था!

'द वीक दैट वाजंट' में साइरस ने इस बार श्री श्री रविशंकर आश्रम के गोली काण्ड पर अच्छी चुटकी ली। एक रिपोर्टर लड़की श्री श्री रविशंकर की जगह हर बार 'मिस्टर मिस्टर रविशंकर कहती और रविशंकर जी के चेला जो श्री श्री रविशंकर जैसा ही सजा-धजा था, हर बार कहता—नहीं 'मिस्टर मिस्टर' नहीं 'श्री श्री रविशंकर' कहो। पाँच बार लड़की ने 'मिस्टर मिस्टर रविशंकर' बोला। पाँच बार ही चेले ने उसे टोक कर 'श्री श्री रविशंकर' बोलने को कहा। इस सटीक अतिरंजना से श्री श्री की इतिश्री हो गई। समस्या गोली की रही 'वह अगली बार चले तो जरा निशाने पर चले' कहकर साइरस ने टिप्पणी जड़ी! मजा आ गया।

'देसी गर्ल' में लड़कियों की 'भूसा भराई लीला' हुई। उसमें सम्भावना सेठ वाला समूह जीता। जीतकर भी उसने हारने वाले अपने दुश्मनों को माफ नहीं किया। खूब तूतू-मैंमैं की। देख लेने की धमकियाँ दीं! यही 'देसी गर्ल फाइट' ही तो टीआरपी देती है!

13 जून, 2010

□□